新发展阶段青少年体质提升与健康促进

——首都高等学校运动增强体质与健康会议论文集

主　编◎贺　慨
副主编◎廖彦罡

首都经济贸易大学出版社
Capital University of Economics and Business Press
·北京·

图书在版编目（CIP）数据

新发展阶段青少年体质提升与健康促进：首都高等学校运动增强体质与健康会议论文集/贺慨主编．--北京：首都经济贸易大学出版社，2024.7
ISBN 978-7-5638-3690-1

Ⅰ.①新… Ⅱ.①贺… Ⅲ.①青少年—体质—健康教育—中国—文集 Ⅳ.①G479-53

中国国家版本馆 CIP 数据核字（2024）第 095908 号

新发展阶段青少年体质提升与健康促进
——首都高等学校运动增强体质与健康会议论文集
XINFAZHAN JIEDUAN QINGSHAONIAN TIZHI TISHENG YU JIANKANG CUJIN
——SHOUDU GAODENG XUEXIAO YUNDONG ZENGQIANG TIZHI YU JIANKANG HUIYI LUNWENJI

主　编　贺　慨
副主编　廖彦罡

责任编辑	彭　芳
封面设计	砚祥志远・激光照排　TEL：010-65976003
出版发行	首都经济贸易大学出版社
地　　址	北京市朝阳区红庙（邮编100026）
电　　话	（010）65976483　65065761　65071505（传真）
网　　址	http：//www.sjmcb.com
E - mail	publish@cueb.edu.cn
经　　销	全国新华书店
照　　排	北京砚祥志远激光照排技术有限公司
印　　刷	北京建宏印刷有限公司
成本尺寸	170 毫米×240 毫米　1/16
字　　数	422 千字
印　　张	25
版　　次	2024 年 7 月第 1 版　2024 年 7 月第 1 次印刷
书　　号	ISBN 978-7-5638-3690-1
定　　价	98.00 元

图书印装若有质量问题，本社负责调换
版权所有　侵权必究

前 言

体育强则中国强，国运兴则体育兴，中国体育与时代发展息息相关、命运与共。习近平总书记在2020年9月主持召开教育文化卫生体育领域专家代表座谈会时指出，体育是提高人民健康水平的重要途径，是满足人民群众对美好生活向往、促进人的全面发展的重要手段，是促进经济社会发展的重要动力，是展示国家文化软实力的重要平台。这一重要论述是对新时代体育发展的最新定位，是对中国特色社会主义体育理论的创新和发展，对于指导体育事业发展具有十分重要的意义。目前，我国已经进入新发展阶段，是全面建设社会主义现代化国家、向第二个百年奋斗目标进军的阶段，是我们党带领人民迎来从站起来、富起来到强起来历史性跨越的新阶段。立足新发展阶段，贯彻新发展理念，构建新发展格局，为全面建设体育强国、推动体育高质量发展擘画宏伟蓝图，具有引领全局的重大战略意义。

青少年是国家的未来，他们的体质健康问题关系着国民体质健康水平的发展前景。20多年来的体测数据显示，青少年体质持续下滑、状况堪忧的问题已经得到了国家的高度重视。随着物质生活水平的不断提高以及"久坐少动"等现象的普遍化，学生的力量、耐力、柔韧素质等下降明显，肥胖率、近视率逐渐提升，这些问题若得不到有效解决，将严重影响青少年的健康发展，乃至影响国家和民族的未来。

为深入贯彻实施《全民健身条例》，以"健康第一"的教育理念为指导，加快推进全民健身与全民健康深度融合，形成健康优先、改革创新、科学发展的新格局，由北京市大学生体育协会主办、学生体质研究会承办的"新发展阶段青少年体质提升与健康促进"学术论文报告会于2023年11月26日在首都经济贸易大学隆重举办。本次会议共收到来自全国各地的100余篇论文（来自北京市的29所学校，其他省市的32所学校）。呈现在我们面前的散发着油墨清香的论文集，就是由本次会议中40多篇优秀论文汇编而成的，包括体质健康测试、青少年健康促进、科学健身、体育教学改革等方面的内容，凝聚了诸多关心中国体育和健康事业者辛勤耕耘、潜心研究的点滴心得，体现了新发展阶段下高校体育健康促进的新内容。

积沙成塔，积水成渊，这些文章大都是高校体育工作者们科研工作中的记录和对健康促进的思考，希望能为促进高校体育教学研究，探索育人育才路径，为国家培养德智体美劳全面发展的优秀人才提供建设性参考。本论文集的编写工作得到了首都经济贸易大学、北京市大学生体育协会等相关部门的大力支持，在此深表感谢！

由于时间仓促，难免有误，请广大读者予以指正。

贺　慨　廖彦罡

目 录

不同中医体质类型大学女生心肺耐力差异的研究 ………… 张　茜　1

对高职院校护理专业学生体质健康测试结果的分析
　　及提升策略的研究 ………………………………… 杜雪玲　8

首都高校本科女生体质现状调查及发展对策研究
　　——以中国石油大学（北京）2017级本科女生为例
　　………… 王　晶　何　帆　张　旭　王合霞　李康慧　19

大课间体育活动促进小学生体质健康发展的实验研究 ……… 徐晓亮　29

体卫融合背景下青少年体质健康的机遇、挑战
　　与路径研究 ………………………………………… 王　珊　40

太极拳对手机成瘾大学生体质健康的干预研究
　　　　　　刘小学　许寿生　徐宏波　孙祥鹏　李昊益　49

"健康中国"背景下女子高等院校体育改革与发展研究 ……… 刘　壮　58

警体运动损伤发生的历史与现状调查比较
　　　　　　　　　　　　章小辉　卢兆民　冯得源　68

新时代普通高校"体育三全育人"工作方法改革实践初探
　　——以耿丹学院学校体育工作改革为例
　　………… 戴　雄　黄　霖　陈　希　王　永　李晓鹏　76

浅析表现性评价是提升体育健康行为素养的有效路径 ……… 李　佳　85

基于培养大学生体育锻炼坚持性的多维度教学实践探索
　　……………………………………赵苏妙　赵　汐　朱　峰　程凯威　92

对普通高校提升学生体质测试成绩的措施的思考
　　………………………………………………………………………黎　臣　101

大学生体质健康促进智慧化方案分析
　　——以首都经济贸易大学为例………贺　慨　吴春霞　王　伟　107

基于跆拳道运动探讨普通高校学生柔韧素质的
　　锻炼方法………………………………………许启晓　张怀成　120

"健康中国"背景下健康教育融入高校体育教学改革的
　　路径探索………………………………陈天庚　刘怡宏　刘振华　128

体医融合背景下大学生健康素养提升
　　策略分析………………………………梁　霄　盖良子　朱　睿　136

体质监测：大学生体魄健康发展之保障
　　…………………………………………盖良子　朱　睿　梁　霄　143

大学生体能锻炼的影响因素分析
　　——以首都经济贸易大学为例…………………………牟春蕾　151

探究大数据背景下大学生体质健康发展策略
　　……………………………朱　睿　梁　霄　盖良子　刘振华　158

新冠疫情对大学生体质健康的影响及体育教育教学改革
　　经验分析
　　——以首都某高校为例……………………………………方海涛　166

"健康中国"背景下数字化技术在学校体育改革中的
　　机遇与挑战……………………………彭家澍　杨君建　杜承润　173

首都大学生体质健康测试现状与优化管理研究
　　…………………………………………杨君建　彭家澍　杜承润　182

"体育强国"视阈下健美操运动对于提升大学生体质健康的
　　有效策略分析 …………………… 刘怡宏　陈天庚　刘振华　192

素质拓展训练对大学生抑郁情绪和体质的
　　影响研究 …………… 曹　峰　苏日塔拉图　刘贞宏　王　昊　200

体卫融合背景下科学健身促进大众健康的困境与对策 ……… 丁思劼　213

医学院校大学生课外体育活动参与及运动损伤的
　　现状研究 ………………………………………………… 王新磊　219

高校大学生体质健康现状与对策研究
　　——以北京印刷学院为例 …………………… 韩　旭　王　威　234

《国家学生体质健康标准》对高校体育教学的影响
　　——以北京印刷学院为例 …………………… 王　威　韩　旭　243

大学生睡眠质量与运动锻炼相关性研究 ………………… 陈　磊　248

11~16岁青少年自主健身运动负荷监控与健身效果
　　评价量表的研制 ………………… 潘　娣　杨洪志　刘广凯　257

首都高校学生体质健康测试工作的实施现状调查
　　及对策研究 ……………………………………………… 廖彦罡　268

基于大学生体质健康测试结果的公共体育教学改革研究
　　——以首都经济贸易大学为例 …………………………… 廖彦罡　277

普拉提和健美操对高校女生健康体适能影响的比较研究 …… 高　寒　286

家校社协同育人视角下儿童体质健康发展的
　　路径探析 ……………………………………… 李芳馨　赫忠慧　293

以体教融合视角应对高校体质测试困局的策略研究
　　——以北京化工大学为例 …………………… 王昶岱　赵　震　301

增强式训练对儿童青少年篮球运动员运动表现影响的
　　Meta 分析 ………………………………… 周静一　王　鑫　曹梓涵　308

不同体育教学方式对小学生身体素质影响的实验研究
　　——以北京实验学校（海淀）小学二年级学生为例
　　……………………………………………… 陆雯斯　苏日塔拉图　326

首都高校大学生体质测试未达标学生体质状况追踪及影响因素分析
　　——以北京石油化工学院为例 ……… 于　丽　王　敏　董　煜　341

运动类 App 对提升高校大学生第二课堂体育锻炼效果的实证研究
　　——以中国石油大学（北京）为例
　　…………………… 王合霞　唐　亮　朱　静　王　晶　何　帆　348

大学生运用运动 App 提升身体素质的
　　实证研究 ………………………………… 刘振华　牟春蕾　王法涛　358

基于可穿戴技术的大学生身体活动与体质健康关联研究
　　…………… 刘　威　雷　燕　王思盈　祖佳薇　夏宇航　戴剑松　366

自编操运动处方对大学生久坐人群骨盆前倾的干预
　　效果研究 ……………………………………………………… 杨咏琪　379

不同中医体质类型大学女生心肺耐力差异的研究*

张 茜**

【摘 要】 在发展普通女大学生心肺耐力的同时，结合中医体质分型以及偏颇体质的纠正，可以取得更理想的运动效果。本研究运用中医体质分型及判定自测表，对102名普通本科在校女大学生进行中医体质情况调查。同时根据《国家学生体质健康标准》对调查对象进行耐力素质测试及成绩评定，选取肺活量、耐力跑为心肺耐力指标。结果显示：不同中医体质的（共分为9种类型）女大学生心肺耐力水平不同，其中：平和质女大学生心肺耐力最好，肺活量体重指数是60.3±3.2，优秀率女大学生占18.5%；其他偏颇体质女大学生心肺耐力较差，大多数与耐力跑成绩有显著的相关性。

【关键词】 女大学生；中医体质；心肺耐力

2016年2月22日，国务院印发《中医药发展战略规划纲要（2016—2030年）》，其中明确提出要"推动中医药进校园、进社区、进乡村、进家庭，将中医药基础知识纳入中小学传统文化、生理卫生课程"，各种旨在推动中医药进校园的活动由此逐步展开。《"健康中国2030"规划纲要》

---

* 基金项目：2023年首都医科大学教育教学改革研究重点课题（2023JYZ012）——基于"实践性知识表征"的体育课程思政案例立体化研究。

** 张茜，首都医科大学应用体育学学系教师，讲师。

明确指出要围绕体育运动与健康权的内在关联，全面探索体育和医疗机构、医护人员、医疗活动有机融合的路径与方式，通过政策法规增强体育对健康权的保障功效。体育产业和医疗卫生事业的有机融合是体育、医疗等行业人员的新目标。

心肺耐力素质是体现身体综合素质及健康状况的重要方面。《2014年全国学生体质与健康调研结果》显示，女大学生身体素质继续呈现下降趋势，各年龄段女大学生肥胖检出率持续上升。如何提高女大学生体质健康水平是困扰当今体育教育学界的重大问题之一。中医体质学是以中医理论为指导，研究人类各种体质特征，归纳不同体质类型的生理、病理特点，从而指导疾病的预防治疗以及养生康复的一门学科。中医体质分类将人的体质分为平和质、阳虚质、气虚质、阴虚质、痰湿质、湿热质、气郁质、血瘀质、特禀质等9种类型，这9种基本体质类型关系着人体的形体、生理功能、身体素质水平、心理素质水平、性格行为方式、与某些疾病的相关性等。

中医体质学对人体的养生、保健具有重要的指导作用。因此，本研究期望通过调查研究初步了解中医体质对女大学生心肺耐力素质存在的影响，并分析其原因，从而为提高女大学生的耐力素质水平和增进身体健康发展提供新的思路和参考。

一、研究对象与研究方法

（一）研究对象

2018年9月，调研组在首都医科大学右安门校区调查102名首都医科大学普通大一女生（19~21岁），得到有效数据102份，见表1。研究对象均无智力缺陷，无保健课学生，可以正常参加体育课程。

表1 受试女大学生的基本情况

指标	女大学生
人数	102
身高（cm）	162.3±6.13
体重（kg）	55.2±7.94
BMI（身体质量指数）	20.9±2.53

（二）测量指标与方法

由同一研究者对受试女大学生进行中医体质调查测试，调查测试前与女大学生积极沟通，得到她们的尽力配合，并进行肺活量和耐力素质测试，耐力素质测试统一安排在上午10点至11点这一时段，以确保调查测试过程的时间一致性。

调查测试过程中由调查对象填写中医体质分型及判定自测表，并严格按照该表的计算方法进行计算分类，全程由首都医科大学中医药学院专家指导监督。

（三）统计学分析

运用SPSS 23.0对相关数据进行统计分析，计量资料采用$\bar{X}\pm S$描述。两组间的比较采用独立样本t检验，多组独立样本比较采用单因素方差分析（One-Way ANOVA），$P<0.05$和$P<0.01$均表示差异有统计学意义。

二、结果与分析

（一）女大学生中医体质分布分析

由表2可知女大学生体质的分布情况，其中，平和质占总人数的比例最大，达到31.4%，但是对正处于青少年阶段的大一女学生来说这一比例并不算高。女大学生的偏颇体质覆盖了所有类型，除平和质外阳虚质的比例最高，占23.5%；接下来是湿热质，占10.8%。

表2 女大学生中医体质分布情况

体质	体质人数	占比（%）
平和质	32	31.4
阳虚质	24	23.5
气虚质	10	9.8
阴虚质	7	6.9
痰湿质	4	3.9

续表

体质	体质人数	占比（%）
湿热质	11	10.8
气郁质	5	4.9
血瘀质	6	5.9
特禀质	3	2.9

（二）不同中医体质肺活量评价结果

女大学生平和质的肺活量体重指数（VC 值）最高，为 60.3±3.2，优秀率为 18.5%。其他偏颇体质肺活量体重指数较低，其中湿热质最低，VC 值为 53.0±3.4，见表 3。

表 3　不同中医体质女大学生肺活量体重指数（VC 值）及等级情况

体质	VC 值	优秀率（%）	良好率（%）	合格率（%）
平和质	60.3±3.2	18.5	14.7	11.5
阳虚质	55.0±5.5	1.9	3.8	3.8
气虚质	55.0±3.9	1.9	3.8	3.8
阴虚质	57.5±2.8	3.8	1.0	1.9
痰湿质	56.2±1.2	1.0	1.9	1.0
湿热质	53.0±3.4	4.8	1.0	4.8
气郁质	55.0±1.9	0	3.8	1.0
血瘀质	54.8±3.5	1.9	1.9	3.8
特禀质	55.8±1.7	0	1.0	1.9

（三）不同中医体质耐力素质评价结果

女大学生其他偏颇体质的耐力跑成绩与平和质相比差异显著（$P<0.05$ 或 $P<0.01$），平和质女大学生耐力跑成绩明显优于其他偏颇体质，合格及以上的比率最高，达到 31%。阳虚质女大学生耐力跑成绩合格及以上的比率也很高，但相对平和质来说较低。痰湿质女大学生与特禀质女大学生的耐力跑成绩较差，见表 4。

表 4 不同中医体质女大学生耐力跑成绩及等级情况

体质	800m（s）	优秀率（%）	良好率（%）	合格率（%）
平和质	223±17.1	1.9	10.7	18.4
阳虚质	239±27.2*	1.9	2.9	18.4
气虚质	245±30.4**	0	0	9.7
阴虚质	228±19.7	1.9	1.0	3.9
痰湿质	263±15.1**	0	1.0	1.9
湿热质	227±52.9	1.9	3.9	4.9
气郁质	234±22.7*	1.0	1.9	1.0
血瘀质	236±27.4*	1.0	0	4.9
特禀质	273±20.6**	0	1.0	1.0

注：*、**分别代表与平和质相比存在显著性差异 $P<0.05$，$P<0.01$。

三、讨论

有研究显示，中医偏颇体质影响人体的外在表现，如身体形态、身体功能、身体素质和运动能力的变化。

本研究表明，大一女生以平和质、阳虚质为主，分别占31.4%，23.5%，平和质比其他几种偏颇体质耐力素质好，其他几种偏颇体质由于体质特性、体型、性格等因素造成耐力素质相对较差。大一女生的中医体质特点与耐力素质的相关性，提示我们应该关注女大学生体质的调理，并以其作为提高女大学生心肺耐力素质的重要思路和方法。

饮食营养、生活起居、精神情志、社会环境、自然环境、疾病等因素均可改变体质。痰湿质人群由于嗜食油腻，痰湿内盛，阳气内困，不易升发，故不好运动，喜欢长期久坐久卧，使气机不畅，体内痰湿更甚，再加上《素问·宣明五气篇》所说的"久卧伤气"，体型偏胖等因素影响，以致心肺耐力素质较差。气虚质人群元气不足，气短、自汗，运动时加重等，其原因是个体先天气血不足，后天饮食不当，过劳，七情失调，慢性疾病日久等，从而使得心肺功能不能适应运动时机体的需要。湿热质以身重肢倦、午后发热、脘痞腹胀、口苦、食欲缺乏为主要特征，其形成原因主要有先天禀赋不足，嗜油腻，常熬夜和偏于湿热的生活环境，等等，个别个体会出现形体偏胖，个体活力无法调动等特征，从而使得心肺耐力成绩偏低。

将中医学纳入女大学生体质健康的评价管理，在帮助她们建立起未病先防的正确认识，降低个人疾病发生率的同时，弘扬中华民族人文精神，传承中医药文化，这不仅关系国家"健康中国"建设的实现，也是关乎个人健康成长与全面发展的必然选择。中医体质学说应该在我国的体育教育事业中有进一步体现，以促进我国体育事业在更加广阔的领域发展。

四、结论

中医体质的不同对女大学生心肺耐力等方面存在一定影响。平和质女大学生耐力素质水平要优于其他偏颇体质学生。

参考文献

[1] 汪习根, 安效萱. 2030可持续发展议程下体育权利理念的优化[J]. 北京体育大学学报, 2018, 41 (3): 1-7.

[2] 宋素花. 对大学生实施中医健康管理的理论探讨[J]. 中国中医药现代远程教育, 2013, 11 (19): 135-136.

[3] 王琦. 中医体质学[M]. 北京: 中国医药科技出版社, 1995: 1.

[4] 王琦. 中医体质学说研究现状与展望[J]. 中国中医基础学杂志, 2002, 8 (2): 6-15.

[5] 王琦. 中国人九种体质的发现[M]. 北京: 科学出版社, 2011: 87.

[6] 张华, 亢建国, 刘镜明. 中医体质对普通大学生耐力素质的影响[J]. 四川体育科学, 2017, 36 (4): 37-41.

[7] 刘晨, 冯德琳. 不同体质健康等级大学生中医体质类型分析[J]. 中国运动医学杂志, 2014, 33 (4): 347-349.

[8] 冯莉,邱鹏飞.某高校气虚体质女大学生运动治疗效果研究[J].宁夏医科大学学报,2013(7):793-795.
[9] 敖翔,王宾,吴志坤.结合中医体质辨识理论的大学生体质健康管理体系探讨[J].中国医药导报,2018,15(24):152-156.

对高职院校护理专业学生体质健康测试结果的分析及提升策略的研究

杜雪玲*

【摘　要】本研究旨在分析高职院校护理专业学生的体质健康测试数据，分析其身体素质现状，发现问题并提出相应的提升策略。选取北京京北职业技术学院护理专业学生为研究对象，采用问卷调查和身体素质测试相结合的方法进行数据收集。研究结果显示，护理专业学生的身体素质整体偏低，在心肺耐力、肌肉力量、柔韧性等方面均存在一定的问题。针对这些问题，本研究提出了相应的提升策略，包括加强体育锻炼、改善饮食习惯、建立健康促进机制等。实施这些策略，可以有效提升护理专业学生的身体素质，为其未来从事医疗工作提供坚实的保障。

【关键词】高职院校；护理专业；身体素质；数据分析；提升策略

一、前言

随着社会的不断发展和进步，人们越来越重视身体健康。大学生是社会的中坚力量和未来的希望，他们的身体健康状况不仅关系到个人的成长

---

* 杜雪玲，北京京北职业技术学院教师，讲师。

和发展，也关系到整个国家的发展和建设。而护理专业大学生由于学习和实践任务的特殊性，长期处于较为单一的工作状态，容易出现身体机能下降、肌肉力量减弱、体能退化等问题。因此，对护理专业大学生进行体质健康测试和提升策略研究具有重要的现实意义。本文选择北京京北职业技术学院 2020—2022 年护理专业学生的体质测试数据进行统计分析，旨在通过对护理专业学生体质健康测试结果的数据分析，结合现有的相关理论和研究成果，提出相应的体质提升策略，以期为护理专业学生的身体健康提供科学、全面、有效的保障，同时为学科建设提供一些参考依据。

二、研究对象和研究方法

（一）研究对象

本研究选取北京京北职业技术学院 2020—2022 年护理专业学生为研究对象。

（二）研究方法

1. 文献资料法

通过中国知网、万方数据库等学术文献平台查阅有关高校学生体质测试的相关资料，提取重要文件和论文资料 35 篇，为本研究奠定基础。

2. 访谈法

访谈参与学生体质测试 10 年以上的教师，了解学生体质测试的现状及发展对策，探讨课堂教学与体质健康标准的关系。

3. 数理统计法

数据以 Excel 格式储存、统计、分析，对学生体质健康状况对比分析时采用百分比的方式进行。

三、研究结果与分析

（一）综合测试结果与分析

由表 1 可看出：①三年来优秀率处于极低的水平，均在 1% 以下，其中 2021 年最低；②良好率处于较低水平，均未超过 10%，且 2021 年、

2022 年较 2020 年更低；③及格率呈下降趋势，2021 年甚至低于 50%；④不及格率呈先上升后下降的不稳定趋势。综上可以得出：学生的体质较差并且总体呈下降趋势，其中 2021 年下降幅度较大，不及格率较高。

表 1 2020—2022 年学生综合测试成绩   单位：%

年份	优秀率	良好率	及格率	不及格率
2020	0.5	8.3	55.7	35.5
2021	0.2	4.0	48.1	47.7
2022	0.8	5.0	51.1	43.1

（二）不同性别学生的测试结果与分析

由表 2 可看出：①男生优秀率很低，女生优秀率三年均为零。②前两年女生的良好率都高于男生，2022 年略低于男生，且 2021 年、2022 年女生的良好率都较低，未到 5%；男生良好率较低，为 3%~5.1%。③男生的及格率都低于女生，2020 年及格率只有 35.7%；女生及格率除 2021 年外都在 60% 以上，其中 2020 年最好，达到 70.4%。④女生的不及格率低于男生，呈先升高后降低的趋势；男生不及格率较高，其中 2020 年达到了 60%。综上可以得出：三年来女生的整体体质状况优于男生，但男女生的优秀率都处于极低的水平。

表 2 2020—2022 年不同性别学生测试成绩   单位：%

年份	性别	优秀率	良好率	及格率	不及格率
2020	男	1.3	3.0	35.7	60.0
	女	0	12.1	70.4	17.5
2021	男	0.3	3.8	47.3	48.6
	女	0	4.4	49.0	46.6
2022	男	1.1	5.1	46.9	46.9
	女	0	4.9	60.7	34.4

（三）不同年级学生的测试结果与分析

由表 3 可看出：①优秀率方面，三年中各年级的优秀率普遍不高，2020 年、2022 年有两个年级的学生达到优秀，2021 年只有大一学生达到优秀，整体呈现出大一年级体能优于大二、大三年级的状况；②良好率方面，2022年大一良好率最高，2020年、2021年都是大二优于大一、大三；③及格率方面，2020年及格率较高，各年级均在50%以上，2021年大三及格率最低，2022年则是大二及格率高于大一；④不及格率方面，2020年大一不及格率最高，2021年大三不及格率最高（在60%以上），2022年大一、大二不及格率无明显差别。

表3　2020—2022年不同年级学生测试成绩　　　　单位:%

比率	2020年			2021年			2022年		
	大一	大二	大三	大一	大二	大三	大一	大二	大三
优秀率	0	0.5	1.3	0.5	0	0	1.0	0.5	0
良好率	8.6	10.3	5.2	5.4	5.9	1.4	5.9	4.2	0
及格率	51.3	58.1	57.8	52.2	57.1	37.2	49.7	52.6	0
不及格率	40.1	31.1	35.7	41.9	37.0	61.4	43.4	42.7	0

（四）各项测试结果与分析

1. 学生BMI（身体质量指数）测试结果与分析

由表4可看出：2020年和2022年，正常体型的学生占比最大，接下来是超重、肥胖、低体重的学生占比，且三年中女生的正常率均高于男生。2020年和2022年，低体重的女生分别达到11.1%和9.8%，均高于男生，这说明大部分女生都偏瘦，但2022年女生超重率较高；男生超重和肥胖的也不少，且超重率高于肥胖率。整体来说，测试结果表明学生的BMI不太理想，需要相关学生重视身型管理，为走上工作岗位做准备。

表4　2020—2022年学生BMI测试成绩　　　　单位:%

比率	2020年			2021年			2022年		
	总	男生	女生	总	男生	女生	总	男生	女生
肥胖率	16.7	18.7	15.3	23.8	22.5	25.5	24.4	25.5	22.1
超重率	19.9	28.7	13.4	22.8	29.5	14.3	25.7	26.9	23.0
正常率	54.8	47.4	60.2	48.8	42.6	56.6	42.1	40.7	45.1
低体重率	8.6	5.2	11.1	4.6	5.4	3.6	7.8	6.9	9.8

2. 学生肺活量测试结果与分析

由表5可看出：①2020年总优秀率最高，而2021年下降最为明显，降了20.3个百分点，2022年的总优秀率也在10%以下，但较2021年有所回升；三年中除2021年男女生优秀率相同外，其他两年都是女生的优秀率高于男生，2020年更是高出30.2个百分点。②2020年的良好率总体最高，2021年、2022年则都没有达到10%，说明整体肺活量良好率不高。③2021年、2022年学生肺活量的及格率比较高，均在60%以上，说明这两年学生肺活量能力多维持在及格水平。④2022年的总体不及格率最低，2020年、2021年无明显差别，男生不及格率呈下降趋势，女生则表现为先升后降。

表5 2020—2022年学生肺活量测试成绩　　　　　单位：%

比率	2020年 总	2020年 男生	2020年 女生	2021年 总	2021年 男生	2021年 女生	2022年 总	2022年 男生	2022年 女生
优秀率	23.5	6.1	36.3	3.2	3.2	3.2	6.0	5.1	8.2
良好率	11.2	11.7	10.8	8.5	7.3	10.0	9.1	9.5	8.2
及格率	37.7	37.0	38.2	61.1	58.4	64.5	64.5	63.6	66.4
不及格率	27.6	45.2	14.7	27.2	31.1	22.3	20.4	21.8	17.2

3. 学生坐位体前屈测试结果与分析

由表6可看出：①总体优秀率逐年降低，2022年不到10%。男生的优秀率在2020年最高，但2021年、2022年都低于10%；女生前两年优秀率都不错，但2022年较低。②良好率除2022年较低外，其余两年没有明显差别，总体来说女生的柔韧性略好于男生。③2020年、2021年总体及格率都在60%以上。男生2020年最高，之后逐年下降；女生则呈现出先升后降的特点，但总体还是高于男生。④2020年总体不及格率最低，之后两年都呈上升趋势。男生不及格率逐年上升，2022年高达30.2%；女生不及格率相对稳定，2022年略高。

表6 2020—2022年学生坐位体前屈测试成绩　　　单位：%

比率	2020年 总	2020年 男生	2020年 女生	2021年 总	2021年 男生	2021年 女生	2022年 总	2022年 男生	2022年 女生
优秀率	14.9	18.3	12.4	10.4	8.6	12.7	6.3	5.5	8.2
良好率	13.2	12.6	13.7	12.7	13.6	11.6	8.6	6.9	12.3

续表

比率	2020年			2021年			2022年		
	总	男生	女生	总	男生	女生	总	男生	女生
及格率	62.1	64.8	60.2	60.1	58.4	62.2	58.4	57.4	60.7
不及格率	9.8	4.3	13.7	16.8	19.4	13.5	26.7	30.2	18.8

4. 学生立定跳远的测试结果与分析

由表7可看出：①2020年总优秀率最高，之后表现为先降后升，整体较低；男女生优秀率也是如此。②良好率方面，三年无明显差别，2022年相对较好。③及格率方面，总体呈下降趋势。男生2020年的及格率最低，2021年最高；女生则是2022年最低，2020年最高。④2021年、2022年不及格率都很高，均在25%以上。男生的不及格率三年无显著差异；女生的不及格率则不断升高，2022年接近30%，也就是说有近三分之一的女生立定跳远成绩不及格。影响学生立定跳远成绩的因素主要有两个：一是没有掌握技术要领，导致动作不协调、无预摆、起跳不发力等问题；二是学生自身爆发力差，腿部没有力量。这些问题需要通过在课内外加强练习来解决。

表7　2020—2022年学生立定跳远测试成绩　　单位:%

比率	2020年			2021年			2022年		
	总	男生	女生	总	男生	女生	总	男生	女生
优秀率	9.5	9.2	9.9	3.2	3.2	3.2	5.0	4.7	5.8
良好率	10.5	11.3	9.9	10.8	8.9	13.1	12.1	13.1	9.8
及格率	61.6	53.0	67.8	58.6	60.9	55.8	55.9	56.4	54.9
不及格率	18.4	26.5	12.4	27.4	27.0	27.9	27.0	25.8	29.5

5. 学生50米跑测试结果与分析

从表8可看出：①三年总优秀率无显著差异。男生较为稳定，优秀率逐年上升；女生优秀率下降明显，尤其是2021年，只有0.4%。②2022年总良好率最高，其他两年差别不大。男生除2020年较低外，2021年、2022年都在9%以上；女生2020年最高，2021年最低，只有2.0%。③三年总及格率呈上升趋势，其中2022年最高，在68%以上。男生和女生的及格率也逐年上升。④三年总不及格率最高的是 2020 年，2022 年最低。男生 2020 年不及格率在 40% 以上，2022 年降低到 5.8%；女生 2022 年不及格率最低，其余两年均在 30% 以上。整体来说，2022 年 50 米跑测试成绩优于 2020 年、2021 年。

表8　2020—2022 年学生 50 米跑测试成绩　　　　单位:%

比率	2020年 总	2020年 男生	2020年 女生	2021年 总	2021年 男生	2021年 女生	2022年 总	2022年 男生	2022年 女生
优秀率	11.2	10.4	11.8	9.0	15.9	0.4	11.8	16.0	2.5
良好率	7.4	3.0	10.5	6.2	9.5	2.0	9.3	9.8	8.2
及格率	45.4	45.7	45.2	62.2	63.5	60.6	68.3	68.4	68.0
不及格率	36.0	40.9	32.5	22.6	11.1	37.0	10.6	5.8	21.3

6. 学生耐力跑测试结果与分析

由表 9 可看出：①三年中只有 2021 年有成绩优秀的学生，整体比率较低；②良好率逐年下降，2022 年为 0；③及格率下降明显，其中 2022 年接近 2020 年的一半；④不及格率逐年上升，2022 年高达 64.8%，这说明大部分女生的耐力跑都不及格，能力较弱，需要加强练习。

表9　2020—2022 年学生 800 米跑测试成绩　　　　单位:%

年份	优秀率	良好率	及格率	不及格率
2020	0	3.2	70.7	26.1
2021	0.8	0.8	39.8	58.6
2022	0	0	35.2	64.8

由表 10 可看出：①2020 年和 2022 年都有优秀学生，但占比很小；②良好率 2020 年和 2022 年相差不多，在 4% 左右，而 2021 年只有 0.9%；③及格率都在 30%~40%，其中 2020 年最高；④不及格率普遍较高，2021 年和 2022 年都在 60% 以上，其中 2021 年高达 68.9%，这个数值说明男生中长跑的能力同样较差。

表10　2020—2022年学生1 000米跑测试成绩　　　　单位:%

年份	优秀率	良好率	及格率	不及格率
2020	0.5	3.9	37.8	57.8
2021	0	0.9	30.2	68.9
2022	0.3	4.0	31.3	64.4

7. 学生仰卧起坐测试结果与分析

由表11可看出：①优秀率呈上升又下降的趋势，2022更是跌至4.9%；②良好率2021年最高，在20%以上，2022年最低；③及格率2020年和2022年都在70%以上，2021年稍低，但也达到了67.3%；④不及格率2020年较低，2021年和2022年无明显差别，都在3%以上。整体来说，仰卧起坐取得及格成绩对于大部分学生来说没有太大难度，但是良好及以上还需要多加练习才能达到。

表11　2020—2022年学生仰卧起坐测试成绩　　　　单位:%

年份	优秀率	良好率	及格率	不及格率
2020	6.7	19.8	73.2	0.3
2021	7.6	21.9	67.3	3.2
2022	4.9	16.4	75.4	3.3

8. 学生引体向上测试结果与分析

由表12可看出：①优秀率2020年最高，达到13%，2021年、2022年在7%左右；②良好率整体不高，其中2021年最低，只有3.5%；③及格率相差不多，2020年最高，达到23.1%；④不及格率普遍较高，都超过了50%，其中2022年高达70.9%。整体来说，引体向上对于大部分学生来说是个挑战，由于自身上肢、腰背部力量较弱，再加上技术动作掌握不足，很多学生此项测试无法达到标准。

表12　2020—2022年学生引体向上测试成绩　　　　单位:%

年份	优秀率	良好率	及格率	不及格率
2020	13.0	6.1	23.1	57.8
2021	6.7	3.5	20.9	68.9
2022	7.6	5.5	16.0	70.9

(五) 影响护理专业学生体质健康的因素分析

1. 缺乏锻炼机会

疫情防控期间，由于封锁场所或社交限制，学生可能无法获得足够的锻炼机会，缺乏锻炼就会导致身体素质的下降，直接影响到体测的成绩。

2. 饮食不合理的影响

疫情防控期间大部分时候都是居家学习，很容易造成饮食不合理的情况出现。营养摄入不足或摄入过量会影响体重、血压等指标，从而影响体质健康测试结果。

3. 生活习惯的影响

抽烟、喝酒、熬夜等不良的生活习惯都会对身体健康产生负面影响，导致身体负荷重，易疲劳，同时影响到心肺功能、心血管健康和身体耐力。

4. 环境因素的影响

疫情防控期间，学校无法如往常那样提供完整、全面的健康宣教和指导服务，学生也缺乏足够的知识和资源来加强自己的体能。此外，学习压力过大或生活环境嘈杂等也会对学生的体质健康产生影响。

5. 遗传因素的影响

个体遗传基因对体质健康也会有一定的影响。有些人天生就具有良好的身体素质，有些人则有遗传性的疾病，这些都会伴随其一生，自然对体育锻炼效果、体质测试结果有所影响。

四、提升策略

(一) 制订个性化的健康管理计划

学校通过分析学生体测结果，分类分层为学生量身定制个性化的健康管理计划，包括锻炼方法及时长、饮食、睡眠等方面，为学生提升身体素质和健康状况提供参考。

(二) 加强健康教育

通过学校体测制度解读、开展专家健康讲座、制作宣传栏和体测标准手册等形式，提高学生对体测的重视程度，同时加强对学生的健康教育，提高他们的健康意识和健康知识水平。

（三）优化课程设置

护理人员的工作环境压力大，需要很好的体能储备才能顺利完成自己的工作。在校期间就应该根据其专业特点设置课程，注重学生身体素质的提高，多开设一些体育锻炼和运动训练的课程，增强学生体能。同时定期开设一些医护情境中可能出现的体育活动，让学生有更深层的体会和理解，进而激发主动锻炼的意识。

（四）建立健康档案

从入校时就建立学生健康档案，跟踪记录学生的身体健康状况，及时发现问题，进行干预和管理。

（五）营造健康文化氛围

学校应大力推广体育运动，从教师到学生，从硬件到软件，营造积极健康又科学的校园运动氛围，激发学生的体育意识和积极性。

五、结语

通过对北京京北职业技术学院护理专业学生的体质健康测试数据进行分析，了解当前学生身体素质现状，有助于教师有针对性地安排教学内容，提高教学效果和学生的参与度，促进教师和学生之间的交流和合作，推动教师教学和学生学习的高效进行。在今后的研究和实践中，笔者将继续探索和完善具体的内容和教学方法，为提升高职院校护理专业学生的体质健康水平贡献力量。

参考文献

[1] 苏文涛. 构建学生体质健康测试与预警平台的相关分析[J]. 湖北科技学院学报，2017（6）.

[2] 万文博. 基于体质健康促进视域下的大学生健康云管理模式研究[J]. 中国学校体育，2018（6）.

[3] 王海. 大学生体质健康的多维监控与运动健身指导[M]. 北京：中国书籍出版社，2019.

［4］赵艳洁．高校大学生体质健康测试网络管理体系的构建路径研究［J］．文体用品与科技，2021（21）．

［5］熊冲．高校体质测试的意义及策略［J］．当代体育科技，2021（35）．

首都高校本科女生体质现状调查及发展对策研究

——以中国石油大学（北京）2017级本科女生为例[*]

王晶 何帆 张旭 王合霞 李康慧[**]

【摘 要】为了适应现代化建设的需要，高校女大学生不仅要有知识、学识，还要有强健的体魄。近年来随着"全民健身"观念的不断普及，加强体育锻炼，了解体育健康知识也成为许多人所重视和追求的方面。因此，在对女大学生进行体育技术教学的同时，应注重对女大学生进行身体科学、人体保健与康复知识、体育的社会保健功能相关知识、健康相关知识、科学体育锻炼的方法手段、自我医疗监督以及自我救助等内容的教学，引导她们树立"生命在于运动"的现代体育健康观念，使她们养成健康意识和运动健身习惯。为培养高校女大学生正确的体育锻炼动机打好理论基础，使其适应体育与健康教育相结合的发展要求，促进体育在大学女性群体中更好地发展，进一步推进我国"体育大国、

---

[*] 基金项目：ZX20220095 中国石油大学校基金——学院自主。
[**] 王晶，中国石油大学（北京）体育与人文艺术学院教师，讲师；何帆，中国石油大学（北京）体育与人文艺术学院实验员；张旭，中国石油大学（北京）体育与人文艺术学院教师，副教授；王合霞，中国石油大学（北京）体育与人文艺术学院教师，教授；李康慧，中国石油大学（北京）经济管理学院在读本科生。

体育强国"的建设，我们选取了中国石油大学（北京）2017级女生本科4年的体质健康测试成绩为样本，通过研究其各项测试指标的变化，探寻适合我国青年女性的体质健康规律，并以此为据进一步探讨女性如何在建设体育强国中更好地发挥作用。

【关键词】 首都高校本科女生；体质健康；体育强国建设

  大学生是高校体育教学的重要组成部分，是我国未来的希望和脊梁，是我国实现现代化的主要人才。女大学生作为大学生的组成部分，其身体健康水平关系到我国社会的发展和国家的兴衰。21世纪以来，中国全面推进素质教育，不断强调体育在校园生活中的重要作用。高校女生体育课程建设的指导思想也不断适应教育改革和发展的需要。高校是培养人才的基地，是大学生成长的摇篮。各高校坚持"身体健康第一"的指导思想，形成并建立了促进身心全面发展的"体育与健康教育"课程体系，正确合理地引导大学生参加体育锻炼。多年来，各高校通过开展各种活动来提高大学生的体质，常见的活动包括体育课、运动会、健身训练营、健康讲座和运动俱乐部等。这些活动有助于提高学生的体能和健康意识，促进他们积极参与体育锻炼，从而提高整体体质。另外，一些学校也会提供健身设施和教练，为学生提供更多的健身资源和指导。通过这些举措，高校可以帮助大学生建立健康的生活方式，提高他们的体质水平。当前，许多高校已全面实施《国家体质健康标准》，通过各种体育课程和阳光长跑等活动，全面加强学校体育工作，把提高大学生身体健康水平作为学校体育工作的重要任务，为促进大学生身体素质的提高做出了巨大贡献。尽管如此，我们也要清醒地认识到，我们距离实现覆盖学生全面健康，完全做到"将运动观念内化于心，外化于行"的体育目标还有很长的一段路要走；同时，高校女生的体育现状仍存在着许多问题。为更加全面地了解高校女生的体质变化情况，笔者选取中国石油大学（北京）2017级本科生本科4年体测数据作为研究样本，找出了影响高校女生体质的因素，并有针对性地提出进一步改善高校女生体质的建议。

一、研究样本与研究方法

（一）研究样本的构成

  各大高校女生的构成基本一致，身体变化也相对一致。因此，选择某高校的本科女生作为研究对象，不仅可以减少研究的样本量，提高调查研究的整体效率，而且可以客观、清晰地反映首都高校女生在本科期间的身体变化。故本研究以中国石油大学（北京）2017级本科女生4年的体测结果为样本基础，分析探讨高校女生体质变化的情况并探寻其一般变化规律，以了解现阶段首都高校女生体质健康现状，进一步得出改善现状的对策。

（二）研究方法

中国石油大学（北京）每学年的体质测试均遵循教育部《国家学生体质健康标准》严格执行，数据相对客观公正，能够很好地反映出中国石油大学（北京）2017级本科女生4年的体质变化情况，可以满足本研究的数据使用要求。通过整理和分析中国石油大学（北京）本科2017级女生4次的体质测试结果，并紧密结合大一至大四不同学年女大学生的学习任务等情况，分析其体质变化的特点和规律，进一步提出相对中肯的针对性意见与建议，以辅助促进现阶段高校女生体质健康的发展。

体质测试项目包括整体健康情况（总分）、身体基本素质（BMI〔身体质量指数〕、肺活量）、耐力素质（800米跑）、速度灵巧素质（50米跑）、柔韧素质（坐位体前屈）、爆发力素质（立定跳远）、力量素质（腰腹力量：仰卧起坐）。

二、数据分析

每学年的体质测试一般在下学期进行，时间间隔比较一致，因而可以较好地反映每一学年中样本数据的平均变化，通过对比分析，就可以得出中国石油大学（北京）2017级女大学生本科阶段的体质变化情况。

本研究选用SPSS 14.0统计软件对测试数据进行数据统计处理。SPSS与Excel属于数据分析软件，能够对数据进行统计和分析。不同的是，SPSS功能较多，适合更加学术等专业的使用场景。SPSS不仅统计方法十分丰富，而且功能较为齐全，可以支持多种常用的统计分析方法，如描述性统计、假设检验、回归分析、方差分析等，能够满足不同领域和不同层次的数据分析需求。

（一）身体素质整体情况的变化

中国石油大学（北京）2017级本科阶段女生身体素质整体情况的变化如表1所示，优良率的变化情况如图1所示。

表1 中国石油大学（北京）2017级本科阶段女生身体素质整体变化

单位：%

	大一	大二	大三	大四
优秀	1.17	2.18	2.02	0.55
良好	17.79	29.58	27.27	5.64
及格	75.34	65.21	67.00	70.73
不及格	5.70	3.03	3.70	23.09

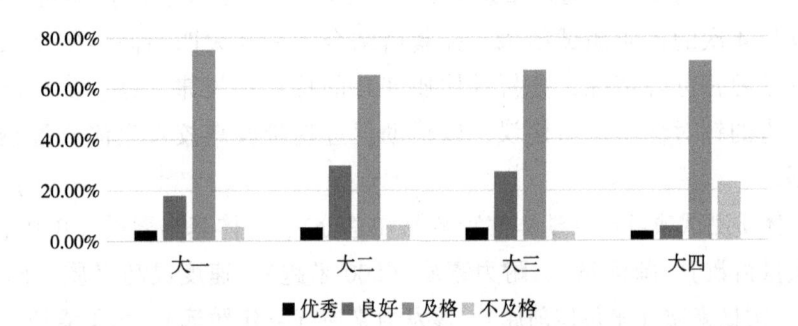

图1 中国石油大学（北京）2017级本科阶段女生身体素质整体变化情况

（二）单项身体素质指标的变化情况

中国石油大学（北京）2017级本科阶段女生单项身体素质指标的变化情况如表2所示。

表2 中国石油大学（北京）2017级本科阶段女生单项身体素质指标的变化情况

	大一	大二	大三	大四
身高（厘米）	161.50	1.60	161.69	161.98
体重（千克）	55.40	54.90	55.97	55.39
BMI（千克/米^2）	21.30	21.40	21.41	21.09
肥胖率（%）	3.05	2.69	3.27	3.23
肺活量（毫升）	2 735.00	2 779.00	2 854.44	2 899.42
耐力素质（秒）	227	223	233	266

续表

	大一	大二	大三	大四
速度灵巧素质（秒）	9.09	8.71	8.80	9.65
柔韧素质（厘米）	14.70	15.47	16.12	15.50
爆发力素质（厘米）	156.40	160.00	159.81	155.97
力量素质（个）	31.00	36.00	37.96	35.85

中国石油大学（北京）2017级女生本科阶段体重的变化情况如图2所示，肺活量的变化情况如图3所示，耐力素质（800米跑）的变化情况如图4所示，速度灵巧素质（50米跑）的变化情况如图5所示，柔韧素质（坐位体前屈）的变化情况如图6所示，爆发力素质（立定跳远）的变化情况如图7所示，力量素质（腰腹力量：仰卧起坐）的变化情况如图8所示。

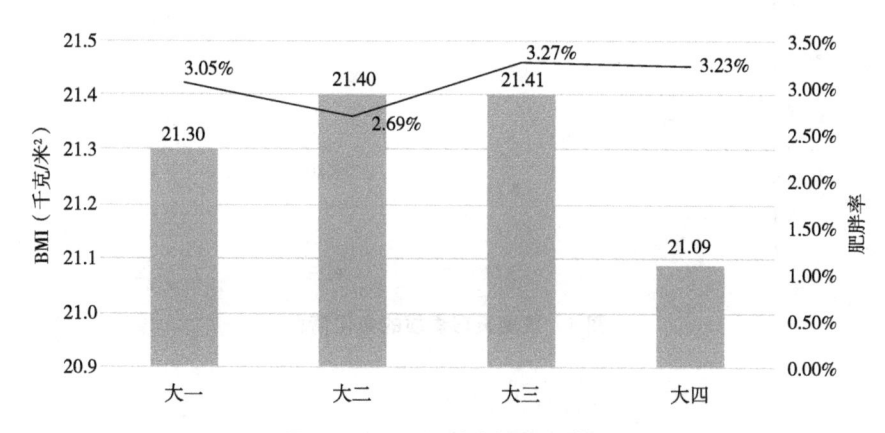

图2 BMI和肥胖率的变化情况

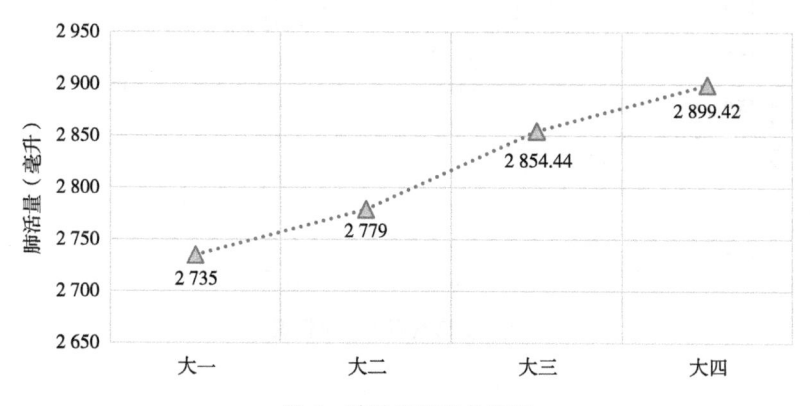

图3 肺活量的变化情况

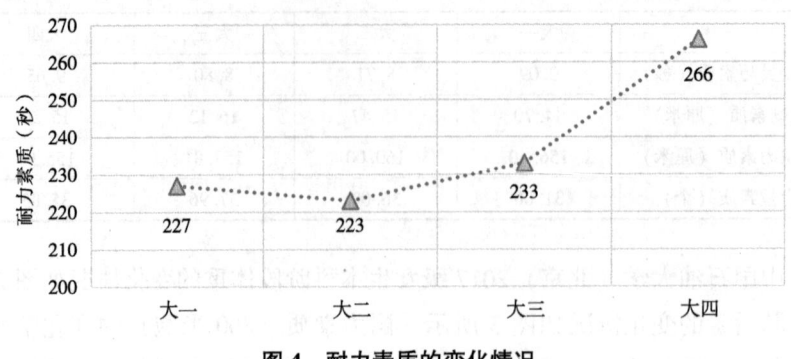

图 4 耐力素质的变化情况

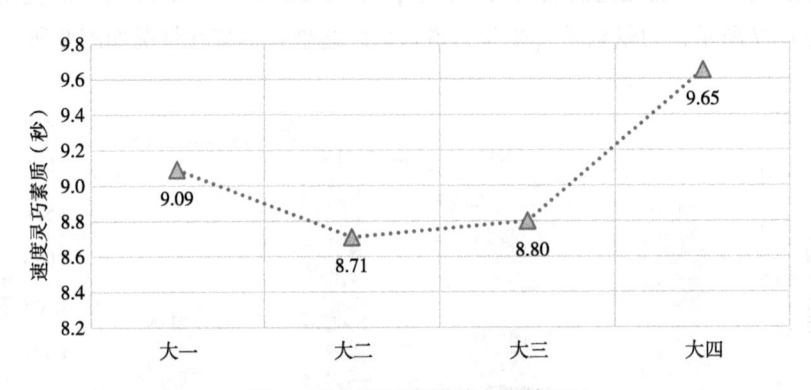

图 5 速度灵巧素质的变化情况

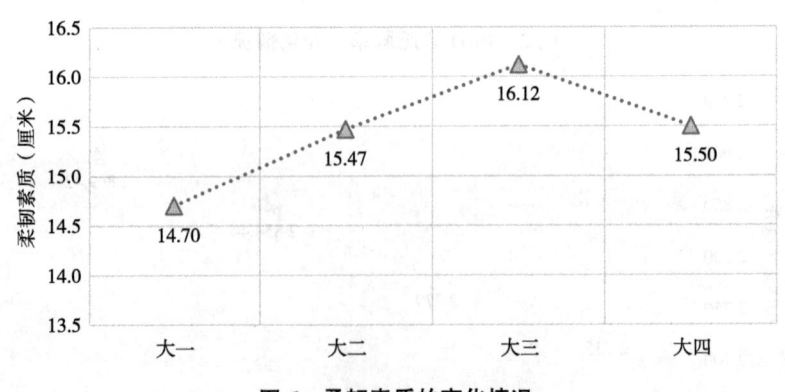

图 6 柔韧素质的变化情况

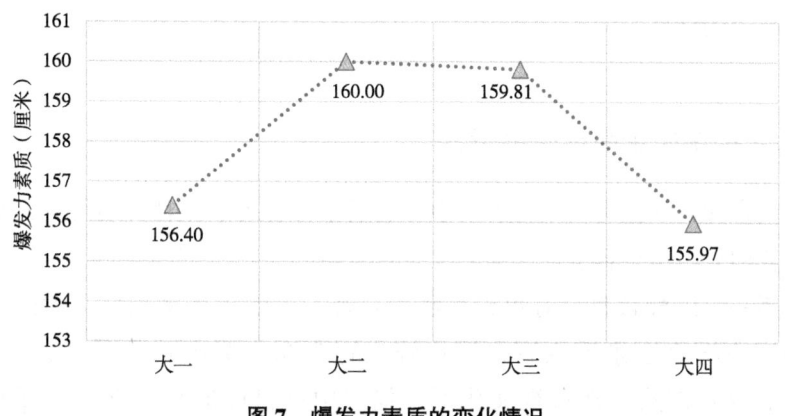

图7 爆发力素质的变化情况

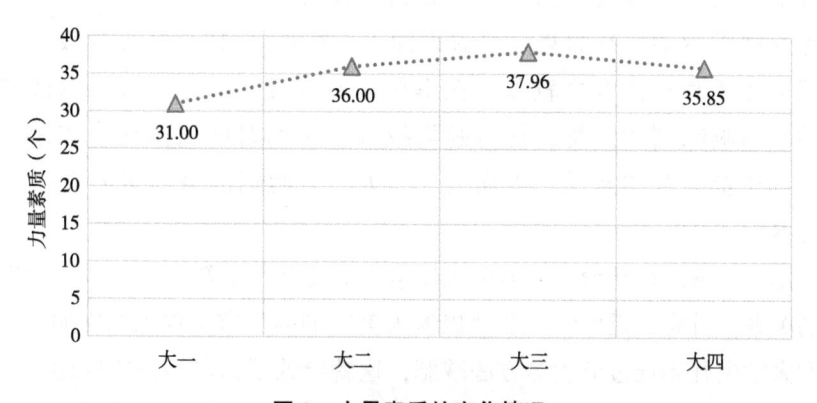

图8 力量素质的变化情况

（三）高校女生本科阶段体质变化特点及规律

通过对中国石油大学（北京）2017级女生历年测试结果的整理和分析，我们归纳出当今高校女生本科阶段的体质变化具有以下特点：

第一，就上述数据中的整体素质表现来看，在大一、大二期间，身体素质综合指标整体呈上升趋势，并在大二阶段达到了最高水平；进入大三、大四阶段，女大学生的身体素质都出现了不同程度的下降。

第二，单项身体素质指标方面，大二阶段较大一阶段都有了提高，基本达到最佳状态；进入大三时，各项身体素质出现下降；而大四时各项素质持续降低，且基本低于大一刚入学阶段的素质情况。

第三，个体体质变化情况与整体体质变化情况基本一致，未见明显异常指标。这说明女大学生在本科期间的身体素质变化是多种个体体质变化

· 25 ·

共同作用的结果。

三、分析身体素质变化的原因

结合女大学生进入本科阶段学习前后学习任务、生活环境等因素的变化，我们分析出导致上述变化的主要原因如下：

第一，体育教育没有得到足够的重视。虽然近年来国家不断推进和加强中小学综合素质教育，但传统教育观念的影响依然很大，学校、学生和家长依然非常重视文化课，加之中国目前的高考选拔制度对文化课成绩的高度重视，高中生，尤其是高三学生，往往因专注于备战高考而缺乏运动，有的甚至"衣来伸手，饭来张口"，从而导致其大学阶段的体质和身体素质较差。在本科学习阶段，学习压力的降低和对于体测影响综测的担忧，使得她们投入更多的时间到体育锻炼中，这就有助于提高身体素质，因而大一、大二时她们的身体素质有了明显的提高。

第二，现阶段高校女大学生身体素质的变化与生活习惯和状态也有很大的关系。首先，近些年，在"以瘦为美"的畸形审美观念的影响下，许多女大学生开始通过节食等方法减肥，这就导致了营养不良等问题。虽然短时间内其身材消瘦效果特别明显，但与此同时她们的身体素质也越来越差。其次，缺乏运动也是一个主要原因。长时间久坐不动，缺乏体育锻炼，导致肌肉松弛，新陈代谢减慢。再次，学习压力大，导致女大学生长时间处于紧张状态，缺乏睡眠，致使体质下降。最后，生活方式不健康，如熬夜、抽烟、喝酒等不良习惯，也直接影响了体质。尤其到了大三、大四阶段，她们面临毕业就业压力和考研的压力，户外运动强度也剧烈下降，成为身体素质下降的重要外在原因。

第三，体质与自身体质状况有很大的相关关系。随着年龄的不断增长，体质发生改变自然是不可避免的。研究显示，人的体质会随年龄增长按一定比例下降，女性的外在表现尤为明显。这是因为，女性的身体结构比较特殊，身体素质到25岁后会有较为明显的下降趋势。部分女生入学年龄比较大，到大三、大四时正处于体质逐渐下降的重要节点，与本研究中的各项指标改变正好相对应。

四、改善女大学生体质的策略以及对体育强国建设的作用和意义

笔者通过分析发现，虽然本科阶段结束后，女大学生的体质情况与入学前大致持平，但更应注意到的是本科期间女大学生正值20岁左右的黄金年龄，其身体素质应该整体呈现持续上升趋势，因此想办法进一步改善女大学生体质刻不容缓。结合此前的研究成果，笔者提出以下建议：

第一，优化对体育教学模式和机制的表达，强调鼓励女大学生积极参与体育锻炼。通过改善身体健康，可以提高她们的整体幸福感、精神清晰度和注意力，从而使她们在学习中脱颖而出，实现学业目标。在原来基础上进一步完善和优化现有的体育教学方法，将体育锻炼融入本科课程中。通过引入必修体育课程来推动更多女大学生积极参与体育锻炼。在教学过程中将运动与游戏相结合，并使用团队竞赛等形式来提高女大学生对运动的热情和兴趣。改进评估机制并加强对女大学生身体素质评估的重视。这样可以确保女大学生不仅具备良好的文化素质，还具备为社会服务的身体基础，从而有效实现素质教育的目标。

第二，完善体育场馆建设，满足女大学生各种体育锻炼需求。随着经济的发展，学生所热爱的体育项目早已不局限于传统的跑步等基本项目，各种体育运动日渐丰富。女大学生喜爱的运动项目包括羽毛球、踢毽子等。为了方便女大学生参与更多体育活动，高校应该在硬件上丰富和完善现有场地，从种类和数量上满足女大学生对运动场地的需求。开展多种多样符合女大学生喜好及身体素质的体育活动。例如：可以组织踢毽子、仰卧起坐团体赛等比赛，定期举办女子排球、篮球、羽毛球等比赛，定期开展与运动和健康等相关的知识讲座。这些活动不仅有助于提高女大学生对于体育活动的兴趣，也有助于增强女大学生的体质，更能丰富女大学生的课余生活，可谓一举多得。

第三，增强女大学生锻炼的积极性，使其自觉提高身体素质。培养女大学生对体育活动的热情，积极增强其身体素质。加强对女大学生的心理教育至关重要，为此要树立"健康第一"的观念，增强女大学生的体育意识和运动热情。学校可以通过举办女性身体健康问题讲座，提高女大学生对体育运动的热情，营造良好的体育锻炼氛围，鼓励女大学生用健康的标

准来评价自己的体型，做一个健康的女大学生。女大学生更喜欢一起做运动，而不是单独锻炼。因此，可以建立与女大学生相关的体育俱乐部，引导女大学生进行各种体育活动，从而营造高校整体的体育氛围，培养终身从事体育运动的心态。学校也可以提供健身房或定期组织体育活动，帮助她们养成锻炼习惯，引导她们进行多样化的体育活动，提高体育运动的水平。

参考文献

[1] 夏宇．大学生体质健康现状及改善措施研究［J］．当代体育科技，2023，13（24）．

[2] 魏洪平．数字技术驱动智能社会体育治理体系的大学生体质健康智慧服务模式构建研究［C］//成都信息工程大学管理学院．"劳动保障研究"2023研讨会论文集．［出版地不详：出版者不详］，2023．

[3] 张薇．综合体能训练模式对女大学生体质健康促进的实验［J］．新体育，2022（24）．

[4] 李盛亚．"健康中国"视阈下大学生体质健康影响因素分析及干预措施探究［J］．冰雪体育创新研究，2022（23）．

[5] 倪雨雨，刘欣然．中国共产党百年女性体育思想的研究［C］//中国体育科学学会．第十二届全国体育科学大会论文摘要汇编：专题报告（体育史分会）．［出版地不详：出版者不详］，2022．

大课间体育活动促进小学生体质健康发展的实验研究

徐晓亮*

【摘　要】随着我国国民经济的不断发展，人民生活水平日益提高，人们的身体活动和运动量却不断减少。学生的肥胖率、近视率越来越高，并呈现低龄化的趋势。体质健康是人类的首要财富，学生的体质健康则关乎国家未来的发展。因此，本文探究不同内容的大课间体育活动对学生体质健康的影响，并提出优化大课间体育活动的策略，促进小学生大课间体育活动的发展。

【关键词】小学生；体质健康；运动方案；大课间体育活动

一、义务教育阶段开展大课间体育活动的必要性

（一）研究背景

1. 国家政策支持

2011年初，教育部印发了《切实保证中小学生每天一小时校园体育活动的规定》，旨在通过明确规定来确保学生每天锻炼的时间不被占用，保证学生有足够的运动量，促进学生生长发育，提高学生体质健康水平。

---

* 徐晓亮，首钢技师学院教师，助教。

2020年10月，深圳市教育局发布《深圳市教育局关于进一步明确2021年高中阶段学校考试招生工作有关事项的通知》，对新一年的体育中考做出了明确规定，体育分数权重由之前的30%涨到了50%。由此可见体育在未来考试中的重要性，也体现了国家对学生的体质健康愈加重视。

2021年2月，深圳市龙华区教育局发布了《深圳市龙华区学生体质健康提升行动计划（2021—2023）》，要求龙华区学生体质健康测试合格率每年保持在95%及以上，优良率2021年达到45%及以上，其中2022年合格率达到50%及以上，2023年合格率达到53%及以上。全区儿童、青少年总体近视发生率每年要降低0.5%，近视新发生率要呈逐年下降趋势。

2. 促进青少年体质健康发展需要

随着经济的发展，我国人民生活质量不断提高，而身体活动和运动量却不断减少，学生肥胖率、近视率增高并呈现低龄化趋势。拥有强健的体格是日后学习生活的重要基础，儿童时期是学生身体快速发育时期，小学一年级学生处于柔韧素质、速度素质、灵敏素质、协调能力的敏感期。处于该阶段的学生关节灵活、骨骼可塑性强，若加强柔韧练习，对将来运动水平的提高和预防运动损伤、减少运动创伤的发生有积极的促进作用。速度素质是各项运动的核心，在7～17岁，速度伴随年龄增长而提高，青少年的肌肉反应速度尤其显著。灵敏素质与运动员的运动能力，尤其是与协调能力有关。协调能力是身体统合神经、肌肉系统产生正确、和谐、优雅的活动的能力，与青少年心理发展、智力发展和个性形成存在关联。众多研究表明，在儿童、青少年"敏感期"，如果训练等外因和遗传、自然生长发育等内因紧密配合，对发展体能可起到事半功倍的效果，且可为儿童、青少年体质健康发展打下坚实根基。提高小学生的身体素质对其今后各方面的发展均有积极意义。小学生作为祖国的花朵，其身心健康关乎我国未来人才质量和人口安全。因此，提高小学生身体素质水平势在必行。

3. 学校体育发展创新需要

大课间体育活动的开展是国家为促进学生体质健康采取的措施。笔者通过查阅文献以及结合在小学实习期间的观察，发现目前大课间体育活动绝大部分都在积极地落实开展，但是其效果并不乐观。有的学校采取"放羊"模式，由学生自由活动，显然这样的方式并不能有效促进学生体质健康提升；有的学校则统一组织跑操，活动过程虽然得到有效管理，但其活动形式单一，枯燥无味，趣味性不高，缺乏对体能的练习，运动量小，不能够很好地提高学生对体育运动的兴趣，对学生体质健康的促进效果较差。如果在大课间体育活动中适当增加内容，变换一下形式，学生就会变得非常活跃，参与体育运动的情绪就会高涨，积极性也会有所提高。如果再增加专门的体能练习，学生的体质会得到改善，各项身体素质也会有所发展。由此引发了笔者对体育教学的思考：丰富大课间体育活动内容会对学生的体质健康和体育学习兴趣产生什么样的影响？能否结合青少年身体素质发展敏感期的特点设计大课间活动，达到促进体质健康的效果？但是，在现有的相关文献资料中，大多数关于大课间的研究只是对学生体质健康或身体素质影响现状进行调查研究，而采用单一项目应用于大课间体育活动或设计大课间运动方案来对小学生体质健康影响进行研究的较少，学校在开展大课间体育活动时缺乏可借鉴的实例。因此，通过教学实验来验证不同内容的大课间体育活动对小学生体质健康的影响效果，对于促进大课间体育活动的发展具有一定的研究意义。

(二) 核心概念的界定

1. 体质的定义

关于体质，不同领域对于其概念的定义也会有所不同。《学校体育大辞典》中对于体质的界定：所谓体质，就是人类将基因遗传和日后习得相结合，表现出生理形态和心理活动等各方面平衡稳定的特征。《中医体质学》中对体质的定义：个体在生命历程中，在基因选择性表达和后天习得的基础上展现出个人生命体征相对平稳的特质。

2. 健康的定义

世界卫生组织关于健康的定义：健康是在生理上和心理上都要有完美的状态，能适应环境的变化。这是一个综合表现，不单单指肉体没有疾病。现代健康理念认为，个体的健康是指在身体、心理、道德规范、社会适应性等方面均有较好的表现。

3. 体质健康的定义

目前国内对于体质健康没有明确的定义。但是结合体质和体适能均与健康有紧密联系，大致可以认为：体质是保持健康的基础，体适能是维持健康的能力，而健康则是二者结合的表现形式。所以，本文对于体质健康的理解是：身体各项指标发育良好，心理特征平稳。

（三）研究目的与研究意义

1. 研究目的

在大课间体育活动开展过程中，学生的运动时间可以保证，但小学生生性活泼好动，若在大课间过程中不加以监督和引导，其运动的质量与效果则无法有效保证。因此，如何保证大课间的质与效成为目前需要解决的问题。本文主要通过干预实验来验证不同内容的大课间运动方案对学生体质健康的影响程度，并在实验过程中发现训练方案的不足和问题，不断改进和完善该方案，使其更加全面系统，为其他学校开展大课间体育活动提供参考依据。

2. 研究意义

学生体质健康关乎我国未来人口安全。国家对于学生体质健康尤为关注，颁布了一系列政策方针。但从宏观来看，为提高学生体质健康水平而采取的诸多手段和应对方法效果并不明显。本文设计不同内容的大课间体育活动，结合一年级学生身体素质发展规律，进行为期14周的不同内容大课间体育活动干预，探究其对学生体质健康的影响程度。其理论意义在于，为学校体育的发展与改革提供新的实证研究，丰富课余体育和体质健康的理论知识。其实践意义在于，培养学生的体育兴趣，激发学生参与锻炼的积极性，从而提高学生的身体素质。

二、开展大课间体育活动的实验设计

（一）研究对象

本文以大课间体育活动与小学生体质健康之间的关系为研究对象，以深圳市龙华区教育科学研究院附属实验学校92名一年级学生为实验对象，其中男生49人，女生43人。

（二）研究方法

1. 文献资料法

通过知网、学术期刊网、国家图书馆网等网站收集与体质健康、大课间体育活动等有关的文献资料,这些资料为本研究提供了理论依据和研究参考。

2. 统计分析法

本文对研究对象的体质健康测试项目进行分析,采用 SPSS、Excel 软件对分析研究数据进行处理,描述、认识和揭示学生体质健康水平与学校体育锻炼的相互关系、变化规律和发展趋势,使用配对样本 t 检验和独立样本 t 检验的分析方法对各项数据进行数理统计和分析,最终形成结论。

(三) 实验法

1. 实验目的

探究不同运动内容的大课间体育活动方案对小学生体质健康的影响程度。

2. 实验过程

本文的实验过程采用对照实验的方法,实验前,根据《国家学生体质健康标准》对研究对象的各项指标进行了测试($P>0.05$)。在两个班的前测成绩无统计学差异后,随机分成实验组与对照组。实验组为一(6)班,48 人;对照组为一(4)班,44 人。实验组进行不同运动内容的大课间体育活动干预,对照组则在大课间时间内采用快速走+跑操的形式干预。训练内容如表 1 所示。

表 1　大课间体育活动内容

组别	练习内容		时间	组数
对照组	快速走+跑操		20 分钟	4 次/周×14
实验组	模仿跳绳练习	开合跳	15 分钟	4 次/周×14
	小碎步	高抬腿		
	纵跳	波比跳		
	柔韧性练习		5 分钟	

3. 实验时间与地点

2022 年 9 月:开学第三周体育课(每个班四节)对实验对象进行前测,并记录结果。

2022 年 9—12 月:在实验的 14 周时间内在正常上体育课的基础上再

进行4次大课间体育活动。

  2022年12月：实验结束后，进行一年级学生体质健康测试，并记录成绩。

  实验地点：龙华区教育科学研究院附属实验学校田径场、篮球场。

  4. 实验控制

  为了确保实验数据的准确性，在完成实验前测之后，通过与学生本人的沟通确认，除去周末或课后有参加体育兴趣班、舞蹈班等可能干扰实验的特殊情况的学生。整个班级学生都参与大课间体育活动，所有学生均参与实验，在实验后测阶段则只对前期筛选符合实验条件的学生进行数据分析。在实验过程中，体育课由固定体育教师上课，在大课间体育活动时，由笔者负责实验组的练习，对照组由另一位教师负责。实验组与对照组在上课地点、次数、内容上均保持一致，尽量减少其他因素对实验的影响。

三、实验结果分析

（一）研究对象特点与分析

  1. 一年级学生生理特点分析

  骨骼、关节、肌肉构成了人体的运动三要素。在运动系统上，一年级学生的骨骼细短，硬度和坚固度较差，软骨成分多；在血液循环系统上，一年级学生的心肌功能尚未发育完全，心脏血容量小，其发育尚未完全；在呼吸系统方面，一年级学生肺的弹性组织纤维尚未发育完全，肺泡容量和数量较少，故呼吸表浅而快；在神经系统方面，一年级学生神经系统较为脆弱，神经元细胞容易疲劳，脑组织对缺氧敏感度高，对氧的耐受力较差。

  2. 一年级学生心理特点分析

  一年级学生的心理发展特点体现在三个方面：其一，思维发展具体性强、抽象思维能力不足；其二，个性发展以自我为中心，性格常表现出任性、冲动、喜欢表现自己；其三，想象力、理解能力差，自我控制能力增强。总而言之，一年级学生的心理特质可以总结为以下几点：好动、模仿能力强、好奇心重、注意力不能长时间专注、喜欢游戏、希望被表扬称赞。

(二) 学生体质健康状况分析

1. 实验控制与实验前测各项指标数据分析

基于研究主题是大课间体育活动对小学生体质健康的影响，实验对比分析的内容包括：实验组实验前、后测试成绩对比，对照组实验前、后测试成绩对比，实验组和对照组实验后测试成绩对比。因此，其他因素对该课题的影响较小。实验前两个小组的各项数据指标如表 2 所示。

表 2 实验前测两个组别基本情况分析（$\bar{X} \pm S$）

项目	对照组	实验组	P
50 米跑	12.18±0.75	11.85±0.94	0.07
肺活量	1 210.09±348.74	1 219.75±269.57	0.88
身高	122.77±5.74	123.38±4.82	0.58
体重	23.45±4.74	24.9±4.37	0.51
BMI（身体质量指数）	15.43±2.30	14.88±2.10	0.22
1 分钟跳绳	93.59±47.47	92.50±37.28	0.90
坐位体前屈	7.30±5.75	6.33±4.55	0.37

注：$P<0.05$ 表示有显著性差异，$P<0.01$ 表示有极显著性差异，$P>0.05$ 表示无显著性差异。

如表 2 检验结果所示，实验组与对照组在所测试的各项指标如身高、体重、BMI、肺活量、50 米跑、1 分钟跳绳和坐位体前屈的数据对比中均无显著性差异。这说明在实验开始前，两组学生的各项指标处于同一水平，随后可以进行随机分组实验。

2. 身体形态指标分析

实验组与对照组身高、体重、BMI 实验前、后测数据对比分析如表 3 所示。

表 3 实验组与对照组的前后数据比较分析（$\bar{X} \pm S$）

组别	项目	实验前	实验后	涨幅	P
实验组	身高	123.38±4.82	123.63±4.84	0.25	0.92
	体重	24.94±4.37	22.85±4.11	-2.09	0.01
	BMI	14.88±2.10	15.88±2.06	1	0.02

续表

组别	项目	实验前	实验后	涨幅	P
对照组	身高	122.77±5.74	123.40±5.49	0.63	0.59
	体重	23.45±4.74	23.25±3.35	-0.2	0.81
	BMI	15.43±2.30	16.25±2.13	0.82	0.08

身高体重的测评指标是学生体质健康测试水平中的身体形态评估，由表3数据可知，经过14周的运动干预，实验组身高指标没有发生显著变化，而体重与实验前相比则发生了显著性变化，从而促使了BMI的变化；对照组的身高、体重、BMI的数据前后变化并不明显，并没有发生显著性变化。这说明实验组采用不同运动内容的大课间体育活动能有效提升学生运动量，从而达到控制体重的效果；而对照组采用快速走+跑操的方式在一定程度上也起到减轻体重的作用，但其效果并不明显。

3. 身体机能指标（肺活量）分析

实验组与对照组肺活量成绩实验前、后数据分析如表4所示。

表4 实验组与对照组肺活量实验前后对比（$\bar{X}±S$）

组别	实验前	实验后	涨幅	P
实验组	1 219.75±269.57	1 266.00±256.98	46.25	0.39
对照组	1 210.09±348.74	1 302.75±285.18	92.66	0.17

肺活量的测评指标是学生体质健康测试中对学生身体机能的评估。从表4可以看出，无论是实验组还是对照组，运动干预后的测试数据与前测并无多大变化，即并没有发生显著变化。但从两组的均值差比较来看，对照组肺活量的增长明显好于实验组，说明跑操有助于学生心肺功能的发展。

4. 身体素质指标分析

实验组与对照组身体素质指标的实验前、后数据分析如表5所示。

表5 实验组与对照组前后数据分析（$\bar{X}±S$）

组别	项目	实验前	实验后	涨幅	P
实验组	50米跑	11.85±0.94	11.50±1.09	-0.35	0.09
	1分钟跳绳	92.50±37.28	110.00±39.16	17.5	0.02
	坐位体前屈	6.33±4.55	9.60±5.09	3.27	0.00

续表

组别	项目	实验前	实验后	涨幅	P
对照组	50米跑	12.18±0.75	11.59±1.36	-0.59	0.01
	1分钟跳绳	93.59±47.47	82.23±31.35	-11.36	0.23
	坐位体前屈	7.30±5.75	7.82±6.01	0.52	0.67

50米跑、1分钟跳绳、坐位体前屈的测评指标是学生体质健康测试对学生身体素质的评估。由表5可以看出，实验组在采用不同运动内容的大课间体育活动干预后，1分钟跳绳实验后测与前测相比较发生显著性变化，坐位体前屈实验后测与前测相比更是发生极显著变化，而50米跑并没有发生显著变化。这说明该运动方案的实施能有效提高学生的身体素质，但仍有待不断完善，力求提高1分钟跳绳和坐位体前屈成绩的同时兼顾50米跑成绩的提高。对照组1分钟跳绳、坐位体前屈的实验后测与前测数据相比较并没有发生显著性变化，但50米跑的前后数据对比发生了显著性变化，说明跑操能有效提高学生的下肢力量，从而提高了50米跑的成绩。

5. 实验组与对照组实验后测成绩的横向比较分析

由表6可知，当实验组与对照组进行横向比较时，只有1分钟跳绳存在显著性差异，其他项目无显著性差异。但是通过具体数值对比我们可以发现，那些在没有显著性差异的项目中，实验组的数值都要优于对照组。因此，综合来看，采用不同运动内容的大课间体育活动干预方案比传统跑操更能提升学生的身体素质。

表6　实验组与对照组后测成绩的横向比较分析（$\bar{X}±S$）

项目	对照组	实验组	涨幅	P
50米跑	11.59±1.36	11.50±1.09	-0.09	0.72
肺活量	1 302.75±285.18	1 266.00±256.98	-36.75	0.51
身高	123.40±5.49	123.63±4.84	0.230	0.84
体重	23.25±3.35	22.85±4.11	-0.40	0.61
BMI	16.25±2.13	15.88±2.06	-0.37	0.37
1分钟跳绳	82.23±31.35	110.00±39.16	27.77	0.00
坐位体前屈	7.82±6.01	9.60±5.09	1.78	0.12

6. 大课间体育活动实验干预的局限性

大课间体育活动时间为 30 分钟，除去进退场和整队的时间 10 分钟，运动干预时间较为紧凑，只能选择较为简单的动作组合练习。时间短，内容多，无法保证每个项目都能得到有效提升。此外，运动强度监测以主观观察法为主，能进行心率监测的机会较少，在监测过程中也会出现一定的误差。

四、结论

首先，在身体形态指标方面，实验组采用不同运动内容的运动方案干预可以有效控制学生的体重，提高 BMI 的成绩，对学生身高的增长作用不明显；对照组 14 周的快速走+跑操对身高、体重、BMI 有一定的促进作用，但其影响程度不明显。

其次，在身体机能方面，不论是采用不同运动内容的干预方案还是采用对照组的快速走+跑操方式，对学生肺活量的促进作用均不明显，但跑操的效果略微好于不同运动内容方案的干预。

再次，在身体素质方面，不同运动内容的干预方案能有效促进 1 分钟跳绳和坐位体前屈成绩的提高，但对 50 米跑的促进作用并不明显；对照组的快速走+跑操方式能有效促进 50 米跑成绩的提高，但不能有效改善 1 分钟跳绳成绩，同时对坐位体前屈没有明显的影响。

最后，从实验组不同运动内容的干预方案与对照组快速走+跑操的后测成绩横向比较来看，两种运动方案干预对学生的身体形态、机能、素质均有不同程度的影响。虽然差别不大，但从趣味性和运动强度来看，不同运动内容的干预方案比传统跑操更适用于小学大课间体育活动。

参考文献

[1] 刘国洪. 体育锻炼与体质 [J]. 广西：梧州师范高等专科学校学报，2005（3）.

[2] 王琦. 中医体制学 [M]. 北京：中国医药科技出版社，1995.

[3] 严文刚，王涛，刘志民. 美国《综合性学校体育活动计划》

解读及对我国青少年体育的启示［J］.成都体育学院学报，2018（5）：100-105.

[4] 刘俊.小学大课间体育活动内容的优化设计：以喜德县城关小学为例［D］.成都：成都体育学院，2019.

[5] 张万龙.儿童生理特点与运动能力探析［J］.甘肃教育，2020（1）：154.

[6] 吴炜芳.小学生心理特点分析及小学体育教学方法改进［J］.读与写，2021（28）：231.

体卫融合背景下青少年体质健康的机遇、挑战与路径研究

王 珊[*]

【摘 要】 随着体卫融合政策的推进,社会对青少年体质健康越来越关注。本文旨在讨论体卫融合背景下青少年体质健康所面临的机遇和挑战,并提出相关发展路径。通过综合分析文献和专家观点,本研究认为,在体卫融合政策的指导下,青少年体质健康有了新的机遇。这些机遇包括提高体育教育质量和效果、促进体育与医疗卫生领域的合作等。

【关键词】 体卫融合;健康知识;体质健康

一、引言

青少年体质健康是社会发展和国家建设的基石。随着体卫融合政策的提出和实施,社会对青少年体质健康的关注度和期望更加高涨。体卫融合旨在促进体育与医疗卫生领域的合作,以提升全民健康水平。本文旨在探讨体卫融合背景下青少年体质健康所面临的机遇、挑战,并提出相关发展路径。

---

[*] 王珊,北京农学院体育教学部教师,副教授。

二、体卫融合相关概述

(一) 体卫融合的概念

体卫融合（integration of health and sports）是指将体育运动和健康事业相结合，通过促进体育活动和健康管理的有机融合，达到提高人民身体素质和健康水平的目标。这个概念强调了体育运动与健康的相互关系和相互促进。

体卫融合的核心理念是将体育和健康视为一个整体，强调通过体育运动来促进健康，同时通过健康管理来提高体育运动的效果。通过体育运动，人们可以增强身体的机能、提高耐力和柔韧性、增强免疫力等，从而改善身体状况和减少疾病风险。健康管理则包括定期体检、营养指导、心理健康辅导等，以确保个体在进行体育活动时具备健康的身体条件和正确的健康行为。

体卫融合的实施需要多个方面的支持和合作。首先，要加强学校体育教育和健康教育的整合，使体育课程不仅仅注重技能训练，还有助于提高学生的身体素质和健康水平。其次，需要社会各界的共同努力，包括政府、体育组织、健康机构、学术界等，形成合力，推动体卫融合的发展。最后，还需要加强科学研究，探索体育运动与健康的最佳结合方式，为实践提供科学依据。

体卫融合的好处是显而易见的。首先，体卫融合可以促进人们养成良好的运动习惯和健康行为，改善整体健康水平，降低患病风险。其次，体卫融合有助于提高体育运动的质量和效果，提升运动员的竞技能力和表现水平。最后，体卫融合能够促进社会的全面发展，推动健康产业的繁荣，增加就业机会，提升国家的整体竞争力。

(二) 体卫融合的意义

国家通过推行体卫融合模式，旨在以人民健康为中心，将其纳入建设体育强国的重要议程。根据 2021 年发布的《中华人民共和国国民经济和社会发展第十四个五年规划和 2035 年远景目标纲要》，推动健康关口前移并深化体卫融合被赋予了极大的重要性。

体卫融合强调通过运动增强青少年体质、预防运动疾病发生、有效控制慢性病发病率。从个人层面来看,运动可使青少年不易患病、晚发生疾病且降低了罹患严重疾病的可能性。从社会层面来看,运动有助于减少青少年间传播的病毒数量,并提高整体身体素质。从国家层面来看,全民参与运动可以显著降低整体医保开支并节约财政支出。

三、体卫融合背景下青少年体质健康的机遇

(一) 资源整合和共享

作为卫生和体育领域融合发展模式,体卫融合为促进青少年身心健康提供了资源整合与共享的机会。在传统模式下,卫生和体育两个领域的资源相对独立,缺乏有效的协同合作。然而,体卫融合能够打破这种隔阂,使两者的资源得以整合,实现资源共享与优势互补。

在体卫融合背景下,我们可以充分利用公共卫生系统的医疗机构、医生、护士等专业力量来为青少年提供身体健康检查、疾病预防和治疗等服务。同时,体育领域的资源(如场馆、教练员和运动器材)可以与卫生部门展开合作,提供体育锻炼、训练和指导,并推动青少年身体发展和健康素养提高。

通过资源整合和共享,青少年可以获得更加全面且综合性的健康服务,并避免了冗余投入与重复利用资源带来的问题。这对于提高青少年体质水平具有重要意义,并呈现出显著效果。

(二) 综合治理和综合服务

为了实现青少年身心健康的全面发展,体卫融合可以通过卫生和体育部门之间密切的合作来进行综合治理。传统模式下,卫生部门主要关注疾病预防和治疗,而体育部门则侧重体育锻炼和竞技能力培养。然而,两个领域之间缺乏有效的衔接和协同工作机制,从而不能满足青少年全面健康成长所需的综合性需求。

为解决这一问题,需要建立一个综合治理的机制,在卫生和体育部门之间建立有效的沟通与合作方式。在青少年健康管理中,不仅应关注疾病预防和治疗方面的工作,还需要注重体育锻炼和健康教育。卫生部门可提供健康检查、疫苗接种等服务,并与体育部门开展联动合作,在运动锻炼及指导方面给予支持,以促进青少年全面发展。

通过综合治理措施不仅可以提高工作效率，还能够为青少年提供更加全面和连续的健康服务。通过这种方式，我们能更好地发现和解决青少年体质健康方面存在的问题，并预防疾病的发生，从而推动青少年全面发展。

（三）创新模式和方法

体卫融合为推动体育和健康教育带来了创新机遇，可以探索新的模式和方法。传统的体育和健康教育过于侧重知识灌输和简单运动训练，缺乏趣味性和实践性，难以激发青少年的兴趣和使其积极参与。

在体卫融合背景下，我们可以尝试运用先进的科技手段，如虚拟现实、增强现实等技术，在创造更吸引人与互动性更强的健康教育场景及体育训练方式方面进行努力。举例而言，我们可以利用虚拟现实技术在学校或社区中建立虚拟体育场地，使青少年能够在虚拟环境中进行运动锻炼。同时，借助移动设备与智能穿戴设备，设计个性化的健康管理与运动监测系统也是可行之策。这有助于青少年更好地自我管理健康与运动。

引入创新模式和方法，能够激发青少年的学习兴趣与积极性，提高健康教育与体育锻炼的效果。通过创新，我们将更好地满足青少年的需求，促进他们身心的全面成长。

（四）社会意识和行动改变

在体卫融合背景下，青少年体质健康迎来了新的机遇。传统模式下，对于青少年体质健康问题的关注主要集中在学校和家庭，缺乏全社会的参与和支持。而体卫融合可以促进全社会对青少年体质健康的重视和关注，形成一个共同关心和共同参与的社会氛围。

首先，政府部门应该加大宣传和推广力度，提高公众对于体卫融合理念的认知和理解。同时，应出台相关政策和措施以鼓励和支持体卫融合项目的发展，在政策层面为青少年体质健康提供保障。

其次，基层组织如学校和社区等应加强合作，并开展有针对性的健康教育与体育锻炼活动。通过各种形式的宣传和活动来增强青少年对健康问题的认知与兴趣，激发他们参与运动并保持良好生活习惯的积极意愿。

四、体卫融合背景下青少年体质健康的挑战

（一）教育资源的不均衡

教育资源分配不均衡是导致体质健康差距扩大的一个重要原因。在某些地区和学校中，由于缺乏足够的体育设施和相关课程，从而限制了青少年充分参与体育活动的机会。这使得一些青少年无法接受系统性的锻炼和运动，进而影响其身体素质与健康水平。

为解决这一问题，政府需要加大资金投入并出台支持政策，以确保公平分配体育设施及资源，并确保每个青少年都能享有平等的体育教育机会。只有当每个人都能够获得公平、充足且高品质的教育资源时，才能有效缩短现存差距，让所有青少年都能够充分享受到体育的益处，进而提高整体的体质健康水平。

（二）科技对青少年生活方式的影响

随着科技的飞速发展，青少年的生活方式发生了巨大变化。现代科技产品和娱乐方式（如智能手机、电子游戏、社交媒体等）使得青少年更容易陷入久坐、缺乏运动的生活模式中。过度使用电子设备和缺乏户外活动可能导致青少年缺乏运动锻炼，并增加患肥胖症、心血管疾病等健康问题的风险。

因此，我们应当倡导科技与体育之间有机结合。举例来说，可以设计针对健康目标的手机应用程序或推动在线体育教育课程开发等举措，以鼓励青少年更多参与体育锻炼。这样一来，他们在享受科技带来的便利的同时，也能够保持强健的体魄。

（三）学校教育与家庭教育的脱节

学校教育和家庭教育在培养青少年体质健康方面扮演着重要角色。然而，由于学校和家庭之间的沟通不足或者教育理念的不一致，青少年在体育锻炼方面存在断层。举例来说，某些学校可能过度强调文化课成绩，而忽视了体育锻炼的重要性。同时，家庭也可能缺乏对体育活动的认可和鼓励，导致青少年缺乏参与运动的动力和机会。

为了解决这个问题，学校和家庭需要加强合作，建立有效的沟通机

制，并共同关注青少年在体育教育方面的需求以促进他们身心健康发展。通过共同努力，培养青少年的良好生活习惯，使他们积极参与体育活动，打造一个有利于青少年全面发展的环境。

五、推进青少年体质健康的路径

(一) 完善体育教育体制

在体卫融合背景下，青少年体质健康面临着机遇和挑战。体卫融合为青少年体质健康提供了许多机会，如提升体育教育质量、促进体育与医疗卫生合作以及应用科技等。然而，与此同时也存在一些挑战，比如教育资源分配不均衡等。为了推进青少年体质健康，我们需要采取一系列路径和措施。

首先，在完善体育教育方面，需要建立科学合理的课程，并注重培养青少年的全面素质。这包括关注他们的身体发育特点和兴趣爱好，设计相应的教学内容和方法。通过综合运动技能训练、传授体育知识和培养价值观等方式，全面提高青少年的身体素质、协调能力、团队合作能力和自信心水平。另外，利用现代科技手段如虚拟实境技术和运动传感器来提高青少年的参与度和教学效果。

其次，提高体育教师专业水平和教学质量。学校要加强对体育教师的培训和评估体系建设，并提供相关的专业化培训课程。这些课程应涵盖体育教学方法、运动生理学、运动心理学等方面的知识。同时，应鼓励体育教师积极参与学术交流和研究活动，以提高他们的专业素养和教学能力。

再次，与社会体育机构加强合作，共同促进青少年体质健康的发展。通过与社会体育机构签订合作协议并共同组织各类活动（如体育节、比赛和培训），可以为青少年提供更多元化的锻炼机会和竞技平台。这样不仅能满足青少年的个性化需求，还能提高他们在竞技水平和团队协作能力方面的表现。

最后，在家长和社会各界的支持下，推进青少年体质健康。家长应该积极鼓励孩子们参与体育锻炼，并为他们创造良好的家庭环境和支持。同时，社会各界也应加大对体育教育的投入和支持，提供更多优质的场地和设施，为青少年的体育发展创造更好的条件。

（二）提升健康知识与素养

为了解决青少年健康问题，除体育教育外，还可以通过开展健康知识教育和健康指导来帮助青少年正确理解和掌握健康知识，提升自我管理能力。同时，推广健康生活方式也是培养青少年健康素养的重要途径。

在健康知识教育和健康指导方面，学校可以开设相关课程或专题讲座，向青少年传授基础的健康知识，涵盖身体健康、心理健康、营养健康等方面的内容。此外，还可以邀请医生、营养师、心理健康专家等专业人士进行讲解和指导，帮助青少年深入了解和掌握健康知识，包括如何正确使用药物、如何应对常见疾病等。

在推广健康生活方式方面，学校和家长应共同努力，为青少年营造良好的生活环境和习惯。首先，要关注青少年的饮食习惯，提供均衡营养的膳食，鼓励他们多摄入蔬菜、水果、谷物等健康食物，减少高糖、高盐、高脂肪食品的摄入。其次，要保证青少年充足的睡眠，合理安排作息时间，避免睡眠不足对身体和心理健康的负面影响。最后，要鼓励青少年积极参与体育锻炼，选择适合自己的运动项目，培养锻炼的习惯，提升身体素质。

除学校和家长的努力外，社会各界也可以发挥重要作用。公共机构可以加大对健康教育的宣传力度，推广健康生活方式，提供相关的健康咨询服务。媒体可以开展有关健康知识的宣传报道，提供可靠的健康信息，引导青少年正确对待健康问题。企业可以积极投身青少年健康领域，开展相关的志愿服务、捐赠活动，或者以身作则，为青少年树立健康的榜样。

（三）加强学校、家庭、社会的合作

为了建立学校、家庭和社会之间的合作机制，需要加强信息共享和互动。这意味着学校和家庭之间的沟通必须更加密切，以共同关注青少年体质健康问题，并制订相应的教育计划和行动方案。同时，社会组织和健康机构可以发挥重要作用，提供专业支持和资源，加强对青少年体质健康的培训和指导。

在学校和家庭之间建立紧密的联系是至关重要的。学校可以通过定期举办家长会议、座谈会或工作坊等活动，与家长交流并共同探讨如何促进学生的体质健康。另外，学校还可以成立家庭委员会或家长志愿者团队，使家长们能够更深入地参与学校的体育和健康项目。通过这些渠道，学校和家庭可以共同制订并执行具体的体育锻炼计划，确保青少年获得足够的运动量和适当的营养。

社会组织和健康机构可以开展针对青少年、家长和教师的培训活动，提供有关体育锻炼、营养饮食和心理健康等方面的专业知识。这些机构还可以提供资源和设施，例如运动场馆、健身设备或健康咨询服务，以帮助学校和家庭更好地促进青少年的体质健康。

通过加强学校、家庭和社会之间的合作与互动，我们能够为青少年的体质健康问题提供更全面和有效的解决方案。无论是制订教育计划还是提供专业支持，每个参与者都发挥着重要的作用。只有共同努力，才能确保青少年获得健康的成长环境，并培养他们良好的生活习惯和身体素质。

（四）加强科技的应用和创新

借助健康监测设备、移动应用程序等科技手段，我们可以更加方便地进行身体数据的监测和管理。人工智能技术可以为青少年提供个性化的训练和指导，帮助他们制订合理的运动计划和管理健康。此外，建立完善的科学健身、运动康复、慢病防治的体卫融合健康管理服务体系，从标准化的健康评估开始，根据评估结果由专业健康管理师开具个人专属的运动干预处方、营养干预处方，为青少年提供满足其需要的技术和服务产品。

参考文献

[1] 刘文. 体卫融合老年健康新选择［N］. 济南日报，2023-07-30（004）.

[2] 谢文捷. 体卫融合视域下天津体育学院水中健身专项课程设计［D］. 天津：天津体育学院，2023.

[3] 张立江，毛浓选. "体卫融合"促进青少年健康的策略研究［C］//中国体育科学学会体育社会科学分会.2023年体育社会科学分会年会论文集. 北京：[出版者不详]，2023：852-855.

[4] 赵晓雪，张皓，刘耀荣. 我国城市社区体卫融合协同治理模式与创新路径研究［C］//中国体育科学学会体育社会科学分会.2023年体育社会科学分会年会论文集. 北京：[出版者不详]，2023：888-890.

［5］裴云飞．体卫融合协同治理下全民健身促进全民健康：逻辑考量、困境审思与进路探赜［C］//中国体育科学学会体育社会科学分会．2023年体育社会科学分会年会论文集．北京：［出版者不详］，2023：440-442．

［6］彭万军，蔡啸，邹青海，等．"体卫融合"携手并进推动健康发展新模式［C］//中国体育科学学会体育社会科学分会．2023年体育社会科学分会年会论文集．北京：［出版者不详］，2023：443-444．

［7］李翔宇．群众体育赛事在体卫融合的融入切口研究［C］//中国体育科学学会体育社会科学分会．2023年体育社会科学分会年会论文集．北京：［出版者不详］，2023：467-470．

［8］李梦雪，杨静．数字赋能体卫融合协同发展的价值、机理和路径研究［C］//中国体育科学学会体育社会科学分会．2023年体育社会科学分会年会论文集．北京：［出版者不详］，2023：511-514．

［9］栗学智．体卫融合背景下科学健身促进大众健康的困境与对策［C］//中国体育科学学会体育社会科学分会．2023年体育社会科学分会年会论文集．北京：［出版者不详］，2023：565-568．

太极拳对手机成瘾大学生体质健康的干预研究

刘小学　许寿生　徐宏波　孙祥鹏　李昊益*

【摘　要】 本研究通过对不同程度手机成瘾的大学生体质健康测试成绩的差异，探索太极拳对手机成瘾大学生体质健康的运动干预。将有手机成瘾大学生进行随机对照分组，并集中进行为期8周的太极拳运动干预，将实验组与对照组体测成绩进行对比分析，以检验太极拳对手机成瘾大学生体质健康的干预效果。结果显示，经过两周的太极拳干预实验，手机成瘾大学生的体质健康水平普遍得到了显著的提高（$P<0.01$）。得出结论：随着手机成瘾的程度加深，大学生的体质健康也会不断变差，体质健康水平会不断降低，太极拳可以有效地帮助手机成瘾大学生改善体质健康。

【关键词】 太极拳；手机成瘾大学生；体质健康；干预研究

一、引言

手机成瘾（mobile phone addiction，MPA）也称手机依赖（mobile phone dependence，MPD），是指过度使用手机导致的成瘾行为。根据中国互联网信息中心报告，手机上网比例达到了99.1%，20~29岁青年占

---

* 刘小学，中国地质大学（北京）体育部教师，副教授；许寿生，北京体育大学教师，教授；徐宏波，中国地质大学（北京）体育部教师，讲师；孙祥鹏，洛阳科技职业学院教育学院教师，助教；李昊益，江苏省郑梁梅高级中学教师，助教。

24.5%。2014年一项对河南和湖北高校大学生的调查显示：大学生手机使用者占99.5%，使用手机上网的占93.6%，在智能手机技术普及程度如此之高的今天，这一比例只可能更高。大学生人群手机的拥有率、使用率特别高，对手机的依赖程度高于其他群体，而大学生因过度依赖手机而引发的手机成瘾问题，已经成为当今社会难以回避的公共健康问题。

手机成瘾对个体健康的危害表现在生理、心理和社会功能多个层面，其中手机成瘾对个体生理的影响最为直观：手机成瘾者的视力、手指功能、部分脑区功能会受到一定的损害，并且长时间使用手机，身体会维持在久坐和不良姿势的状态，导致局部肌肉压力过大出现疲劳和损伤，影响大学生的身体素质，而这可能是当代大学生体质健康普遍出现下滑的重要原因之一，并且冯红新等的研究已经证实了大学生的体质健康水平与手机成瘾有显著的相关关系。在干预手机成瘾的研究中，已有大量研究证明了运动干预的有效性，葛仁锴等的研究证实了排球运动干预可有效地降低大学生的手机成瘾指数。

二、研究对象与方法

（一）研究对象

本研究采用分层随机抽样，以北京市某高校的大一、大二学生为研究对象，共抽取6个班级200名大学生测试手机成瘾指数（平均年龄在〔20.5±1.1〕岁），筛选其中自愿参加实验的134名普通大学生进行体质健康测试，对有手机成瘾的大学生进行太极拳干预。

（二）测量工具

1. 手机成瘾的测试量表

手机成瘾指数量表（mobile phone addiction index，MPAI）是香港中文大学学者在手机问题使用量表（MPPUS）的基础上，根据DSM-IV行为成瘾标准修订形成的手机成瘾测试量表。

2. 测试仪器

体质健康测试所采取的测量仪器全部采用符合国家测试标准的体测仪器，包括身高体重测量仪、肺活量电子测量仪、皮卷尺、坐位体前屈测量仪、标准单杠、海绵垫和秒表等。

(三) 研究方法

1. 问卷调查

将手机成瘾指数量表导入问卷星软件制作成链接和二维码，由测试人员随机采访学生并让学生填写，在调查前征得对方同意后再发放问卷。共发放 200 份问卷，排除作答不完整、填写有误等无效问卷，最终回收有效问卷 183 份。

2. 实验法

根据问卷调查结果，联系问卷填写人，对 134 名大学生（男 46 人，女 88 人）进行体质健康测试（体质健康测试项目和评分按照国家大学生体质健康标准进行）。实验测试人员经过严格的培训，符合实验人员标准。体质健康测试过程严格按照国家体质健康测试标准进行，测试项目包括（身高、体重、肺活量、坐位体前屈、立定跳远、引体向上（男）、仰卧起坐（女）、50 米跑和 800 米跑（女）、1 000 米跑（男）。将参加体质健康测试的所有人员根据手机成瘾程度分为未成瘾组、轻度手机成瘾组和中度以上手机成瘾组。

对手机成瘾指数超过 35 分的大学生进行为期 8 周，共 16 次的太极拳干预。太极拳练习由一名太极拳专项教练和一名体育学研究生带领，每次太极拳练习的时长控制在 90 分钟以内，运动时最大心率控制在 100～120 次/分或最大心率的 60%～70%，实际完整参与练习的成瘾大学生共 110 人（男 32 人，女 78 人）。

3. 数据分析

使用 SPSS 26.0 进行统计分析，手机成瘾和体质健康水平的测试结果采用均值±标准差表示；对大学生的手机成瘾情况进行描述性统计，对不同程度手机成瘾大学生的体质健康水平进行单因素 ANOVA 分析，手机成瘾指数和体质健康的关系使用皮尔逊相关性分析，使用多元线性回归确定两者的关系。所有统计分析结果均以 $P \leqslant 0.05$ 作为有统计学意义的依据。

三、研究结果

(一) 手机成瘾男大学生太极拳干预前后体质健康成绩对比

男生的测试结果（见表 1）显示，男生的体质健康成绩显著提高（$t =$

-4.91，P<0.01），坐位体前屈和 1 000 米跑的成绩显著提升（t = -2.89，-4.26，P<0.01）。这说明太极拳运动对男大学生的柔韧性、有氧耐力有较好的提升效果。

表 1　男生体质健康测试成绩配对样本 t 检验结果

项目	实验前/后	平均值	t	自由度
BMI（身体质量指数）	实验前	86.25±11.85	-0.75	31
	实验后	88.75±14.31		
肺活量	实验前	82.46±10.21	-1.05	31
	实验后	85.18±19.88		
坐位体前屈	实验前	63.09±11.29	2.89**	31
	实验后	68.18±12.58		
立定跳远	实验前	63.31±15.31	-0.88	31
	实验后	67.15±19.04		
引体向上	实验前	6.37±15.65	-0.24	31
	实验后	6.68±15.41		
50 米跑	实验前	69.18±17.21	-1.741	31
	实验后	73.71±9.43		
1 000 米跑	实验前	57.34±15.15	-4.26**	31
	实验后	66±10.80		
总分	实验前	63.89±7.44	-4.91**	31
	实验后	68.24±5.99		

注：* 表示 P<0.05；** 表示 P<0.01。

（二）手机成瘾女大学生太极拳干预前后体质健康成绩对比

女生的测试结果（见表 2）显示，女生的体质健康成绩显著提高（t=-2.068，P<0.05），肺活量、立定跳远和 800 米跑成绩有极显著的提升（t=-2.918，-3.062，-3.58，P<0.01）。这说明太极拳运动对女大学生的肺活量、下肢力量、有氧耐力有较好的提升效果。

表2 女生体质健康测试成绩配对样本 t 检验结果

项目	实验前/后	平均值	t	自由度
BMI（身体质量指数）	实验前	94.55±10.99	0.138	77
	实验后	94.28±10.62		
肺活量	实验前	86.35±12.80	-2.918**	77
	实验后	91.86±10.34		
坐位体前屈	实验前	79.26±11.68	1.245	77
	实验后	76.42±18.90		
立定跳远	实验前	60.26±16.97	-3.062**	77
	实验后	68.43±15.80		
仰卧起坐	实验前	62.68±19.68	-0.903	77
	实验后	65.43±19.39		
50米跑	实验前	64.49±16.58	1.834	77
	实验后	62.05±18.29		
800米跑	实验前	60.74±19.77	-3.58**	77
	实验后	70.3±12.49		
体质总分	实验前	72.7±6.29	-2.068*	77
	实验后	74.92±7.04		

注：*表示 $P<0.05$；**表示 $P<0.01$。

四、讨论

研究证实，随着手机成瘾指数和成瘾程度的加深，大学生的体质健康水平也不断下降，男大学生更容易受到影响。从各个项目来看，男大学生的坐位体前屈所受影响最为严重，成瘾程度较深的男生坐位体前屈的成绩普遍偏低，而坐位体前屈动作反映了躯干、腰部和髋关节等部位的肌肉伸展性和身体柔韧素质，这可能是因为"低头族"长期久坐，处在不良身体姿势，造成脊柱弯曲，肌肉紧张，韧带长期受力，影响了身体的柔韧性；

男生的引体向上成绩和1 000米跑成绩在不同程度成瘾的学生之间也表现出了较大的差异，尤其引体向上成绩，不成瘾的男大学生整体成绩远高于有手机成瘾倾向的大学生，而目前我国男大学生的引体向上测试成绩整体偏低与手机成瘾可能也存在一定的关系；中度成瘾以上男大学生的1 000米跑成绩远远低于轻度成瘾和未成瘾男大学生的1 000米跑成绩，可见手机成瘾对男大学生的上肢力量和有氧耐力都产生了一定的影响，这在一定程度上反映了过度依赖手机使得当代大学生身体活动水平极为低下。女大学生受到显著影响的测试项目主要是肺活量、立定跳远和800米跑，手机成瘾的女大学生缺乏身体活动，肺活量低，有氧耐力能力差，下肢力量不足。

研究也证实，8周的太极拳训练可以有效地改善手机成瘾大学生的体质健康，并且使男生的柔韧素质和有氧耐力以及女生的下肢力量、肺活量和有氧耐力都有明显的提升。太极拳动作练习中的马步、虚步、弓步等步法，可以很好地提升下肢力量、腰腹核心力量、下肢及躯干爆发力。同时，太极拳动作舒缓，强度适中，持续时间长，属于单人有氧运动项目，对手机成瘾大学生的有氧耐力等素质有很好的提升效果，加之太极拳对个体心理和情绪都有很好的调节作用，对手机成瘾大学生的身体健康状况有较好的改善。

运动不仅会改善体质健康，也会降低大学生对手机的依赖性。杨管等的研究已经证实了身体活动水平较高的大学生对手机的依赖性也较低。研究发现，手机成瘾程度较深的大学生，不仅体质健康水平低下，身体活动（physical activity，PA）的水平也是极低的，有的学生甚至在一天之中卧床或静坐16小时以上使用手机。在这些学生中，有的患有肩颈综合征，有的手功能下降，有的腰痛肩酸和反应迟钝，这与以往的研究结果相符。调查还发现，沉迷手机游戏的大学生体质健康水平要低于其他原因沉迷手机的大学生，并且男生所占比例极高，在手机游戏上的花费时间也远大于其他使用手机的动机，可见手机游戏是手机成瘾的主要原因之一。

在研究过程中，有一部分手机成瘾指数超过68分的学生不自愿参与或中途因故退出体质健康测试，使得本研究主要集中在轻度手机成瘾和中度手机成瘾，仅3名重度手机成瘾大学生参加测试，对重度以上手机成瘾大学生的研究存在一定的缺失。尽管本研究明确了手机成瘾指数、程度和体质健康测试成绩的关系，但手机成瘾对于大学生体质健康是否有其他方面的影响尚待验证。

五、结论与建议

研究证实：手机成瘾的程度会影响大学生体质健康水平，体质健康成绩会随手机成瘾指数的升高而降低。手机成瘾影响体质健康的原因主要是久坐和不良身体姿势，以及熬夜等不良习惯；手机游戏成瘾造成的负面影响要大于其他原因的手机成瘾。建议在今后的研究中，提高大学生对手机成瘾的认识，开展手机成瘾危害的健康教育，实时关注大学生手机成瘾的情况和体质健康变化，并制订合理的干预方案和普遍适用的手机成瘾治疗措施来帮助大学生摆脱对手机成瘾的依赖，逐渐形成全方位、立体式、综合性的大学生手机成瘾预防机制。

参考文献

[1] 何安明，惠秋平．大学生手机使用状况及其对感恩的影响[J]．中国学校卫生，2014，35（2）：231-233．

[2] 沈贤．蚌埠某医学院学生手机依赖状况及与亚健康的关系研究[J]．现代预防医学，2016，43（21）：3950-3952，3973．

[3] 章群，龚俊，李艳，等．大学生智能手机成瘾倾向影响因素调查[J]．中国学校卫生，2016，37（1）：142-144．

[4] 张铭，肖覃，朱凌怡．手机依赖的前因、结果与干预研究进展[J]．中国特殊教育，2019（11）：88-96．

[5] 陈健湘，胡元明，吕涵青，等．大学生手机依赖症脑灰质密度改变的研究[J]．临床放射学杂志，2017，36（10）：1391-1395．

[6] 符明秋，校嘉柠．未成年人手机成瘾的原因、危害与预防研究[J]．成都理工大学学报（社会科学版），2014，22（2）：74-78．

[7] 刘晓虎，童建民，董众鸣．手机成瘾对大学生体质健康影响

的研究 [J]. 体育科技, 2018, 39 (2): 81-82, 84.

[8] 李胤文, 翟玥, 刘泽豫, 等. 大学生电子产品使用习惯现状调查及颈肩痛相关性分析 [J]. 现代预防医学, 2020, 47 (17): 3197-3201.

[9] 于文谦, 贺彦朝. 智能终端兴起对青少年体质健康发展的机遇与挑战 [J]. 南京体育学院学报 (社会科学版), 2014, 28 (3): 5-8, 39.

[10] 冯红新, 王红雨. 大学生手机依赖及对体质健康的影响 [J]. 中国健康教育, 2018, 34 (4): 375-377, 383.

[11] 葛仁锴, 钟小妹, 陈荣. 运动干预对大学生手机依赖影响的研究 [J]. 现代预防医学, 2015, 42 (21): 3919-3921.

[12] 黄海, 牛露颖, 周春燕, 等. 手机依赖指数中文版在大学生中的信效度检验 [J]. 中国临床心理学杂志, 2014, 22 (5): 835-838.

[13] 张磊. 青少年身体活动、久坐行为与体质健康关系的实证研究 [J]. 广州体育学院学报, 2019, 39 (3): 101-104.

[14] 高舒黎. 学生不良身体姿势产生的原因及对策 [J]. 上海体育学院学报, 1999 (1): 136-137.

[15] 舒文博, 周鹤, 赖秋荣, 等. 广西在校男大学生引体向上能力与上肢体成分的相关性 [J]. 中国学校卫生, 2020, 41 (1): 96-99.

[16] 曾志延, 王林, 林宇峰, 等. 手机依赖和运动量交互作用与大学生健康状况 [J]. 龙岩学院学报, 2020, 38 (5): 85-89, 114.

[17] 杨管, 李粤湘, 刘海莹, 等. 广州高校学生体育锻炼与手机依赖的关系分析 [J]. 体育学刊, 2020, 27 (1): 117-125.

[18] 李雪婷, 邓蒙, 杨玲, 等. 广西在校大学生手机游戏成瘾现状及影响因素研究 [J]. 广西医科大学学报, 2020, 37 (5): 944-949.

[19] LIU S J, XIAO T, YANG L, et al. Exercise as an alternative

approach for treating smartphone addiction: a systematic review and meta-analysis of random controlled trials [J]. International journal of environmental research and public health, 2019, 16 (20).

"健康中国"背景下女子高等院校体育改革与发展研究

刘 壮[*]

【摘 要】 学校体育是健康中国战略的重要基石。体育教育是高等教育的重要组成部分，是培养德智体美劳全面发展的社会主义建设者和接班人的重要途径。高校要与健康中国战略紧密结合，形成全员全过程全方位的强大合力，发挥学校体育在健康中国战略中的价值，推动我国健康事业的快速发展。随着社会经济的发展和人民生活水平的提高，我国普通高等院校体育教育得到了很大程度的发展，但是由于历史和社会原因，我国女子高等院校体育教育仍然存在一些问题，比如课程设置不合理、教学方法和手段落后、教学内容单调、教学场地有限等，这些问题制约了我国女子高等院校体育教育水平的提升。健康中国战略实施后，普通女子高校体育教育改革面临着新的机遇与挑战。本文提出了"健康中国"背景下女子高等院校体育改革与发展的对策。

【关键词】 体育改革；体育社团；教学模式；评价体系

---

[*] 刘壮，中华女子学院体育部教师，讲师。

一、大力提升体育教师队伍的整体水平

教师是体育教学工作的主体，提高体育教师的综合素质，是提升女子高等院校体育教学水平的关键。应强化对体育教师的培训力度，提高体育教师的专业知识和技能水平。加强对教师的思想政治教育，引导他们树立正确的世界观、人生观和价值观，切实做到立德树人。通过多种渠道对体育教师进行职业素养、职业道德、职业技能等方面的培训，提高女子高等院校体育教师的思想政治水平，帮助他们树立终身学习观念，不断提高自身素质。

(一) 加强师德师风建设，提升教师的政治素质和师德水平

提高教师的政治素质，培养他们树立正确的人生观、价值观。当前，我国高校个别体育教师存在理想信念淡薄、责任意识不强、师德失范等问题，这些问题严重影响了教师队伍的建设，影响了体育教学工作的顺利进行。因此，必须提高体育教师的政治素质和师德水平，让他们始终坚持正确的政治方向和价值取向，始终坚持教书育人、为人师表，做学生健康成长的指导者和引路人。体育教师要强化责任意识，积极主动地把自己置身于学校发展和学生健康成长中，把学生对美好生活的向往作为自己工作的价值追求；要树立正确的职业态度和职业道德，以教书育人为己任。要进一步加强师德师风建设，建立科学有效的师德师风考评体系和监督体系；建立健全师德档案制度；加强对体育教师职业道德规范教育；加强对体育教师遵纪守法教育；进一步规范教师行为，努力建设一支高素质、高水平的体育师资队伍，为进一步提升女子高等院校体育教育水平提供有力保障。

(二) 树立"健康第一"的体育教学理念

体育课程作为学校教育的重要组成部分，其设置目的在于培养学生的健康意识、提高学生的身体素质，而不是仅仅追求学生运动技能的提高。在课程设置上，女子高等院校应将健康第一作为体育教学理念的核心，以"健康第一"为教学目标，以培养学生良好的体育习惯和心理素质为导向，重视学生身体素质的提高和健康意识的养成，将"以人为本"的思想贯彻到体育教学过程中。同时，女子高等院校应积极探索新形势下体育课程改

革的新模式和新方法，建立与之相适应的教学体系。在课程设置上，女子高等院校应注重学生身体素质和心理素质两方面综合能力的培养，注重对学生身体素质和心理素质方面问题的解决，形成完整、科学、健康、系统、有效的体育课程体系。

（三）优化体育课程内容设置

体育课程内容设置是教学目标实现的关键环节。在授课过程中，要充分考虑学生的个体差异，有针对性地制订教学计划，有针对性地进行体育教学。女子高等院校应根据实际情况合理选择体育课程内容，注重对学生体育基础知识和基本技能的培养，注重学生身体素质和体育技能的训练。在此基础上，女子高等院校要根据学生的个体差异制订不同的教学计划，为不同水平和不同层次的学生设置不同难度的课程内容，使每个学生都能够得到适合自己的锻炼；要加大对体育理论知识和技能技巧的教学力度，注重对学生体育兴趣和体育习惯的培养；要不断拓展学生学习的广度和深度，提高女子高等院校体育教学质量。

（四）强化教师培训，提高体育教师专业素养和业务能力水平

体育教师只有具备扎实的专业知识和专业技能才能更好地从事体育教学工作。首先，体育教师必须加强继续教育学习，不断更新知识结构和教育教学理念；其次，体育教师应积极参加各种学术讲座、学术研讨会等活动；最后，体育教师必须加强实践锻炼和技能训练，努力提高自身素质。只有不断提高自己的业务水平，才能更好地完成自己的教学任务。建立"以赛代训"制度，在各级各类教学比赛中设置一些与课程相关的比赛项目。要求体育教师积极参加教学比赛、优质课评比等活动。同时加强对体育教师进行继续教育培训，要求体育教师积极参加各类培训、培训讲座等活动。

（五）加强校际交流合作

学校可以与其他高校建立长期友好合作关系，通过互访、观摩、培训等形式共同提升体育教育水平和质量；积极参加其他高校举办的体育教学活动和比赛；聘请其他高校具有丰富教学经验的专家、学者来学校讲学、进行学术交流等。

（六）建立健全奖励制度

学校要制定相应的政策来激励和保障体育教师参与科研工作。对在教

学研究中取得突出成绩的教师给予表彰奖励，对科研工作成绩突出的教师给予一定的物质奖励，对在科研中取得显著成果的教师给予一定的精神奖励，等等。学校可以建立相关的奖励制度，通过对在教学竞赛中取得突出成绩、科研工作取得显著成效、教学业绩等方面表现突出的教师给予物质奖励等措施来鼓励广大体育教师积极参与科研活动和学术交流活动等。通过建立健全激励制度，充分调动广大体育教师参与科研工作和学术交流活动的积极性和主动性。

（七）完善教学评价体系

教学评价是教学的重要环节，是学生对教师教学成果的评价。教学评价体系的构建应遵循评价原则，根据学生学习的实际情况和特点，设置科学合理的评价指标。对于女子高等院校而言，体育教学评价体系的构建应重点突出以下几个方面：一是要建立完善的体育教学质量保障体系，建立健全体育教师教育教学质量管理制度，实现体育教师教育教学质量管理规范化；二是要充分利用网络等先进技术手段，建立科学、有效、全面的体育教学质量评价指标体系；三是要强化对女子高等院校体育教学质量监控体系的建设，完善女子高等院校体育课程自我评价系统和学生满意度调查制度，健全体育课程考核制度，将评价结果与教师绩效考核挂钩。

二、充分发挥女子高等院校体育社团的作用

体育社团是女子高等院校体育教育的重要载体，在推动女子高等院校体育教育改革发展中发挥着不可替代的作用。在"健康中国"背景下，女子高等院校要充分发挥体育社团的作用，通过体育社团促进女子高等院校学生综合素质的全面提高。

首先，要发挥体育社团在组织学生参加体育运动中的作用。在组织学生参加体育运动时，体育社团是一种非常有效的组织形式，它既能激发学生的运动兴趣和参与热情，又能促进学生之间的交流和沟通。其次，要加强女子高等院校体育社团建设。在"健康中国"背景下，女子高等院校要不断加强体育社团建设，通过举办多种形式的活动来调动学生参与体育运动的热情。比如可以组织各类比赛活动、举办各种形式的讲座和培训活动、邀请校外优秀教练进行指导等。此外，还可以邀请社会知名人士或者

成功人士到女子高等院校进行演讲或交流，这样不仅能促进女大学生对体育运动的理解和认识，还能增加女大学生参与体育运动的热情。最后，要建立健全女子高等院校体育社团管理制度和相关法律法规。只有这样，才能保证女子高等院校体育社团健康有序地发展。

(一) 精心设计体育教学大纲，突出体育社团的角色

女子高等院校体育教育的改革和发展要以《全国普通高等学校体育课程教学指导纲要》为基本依据，并结合实际情况来制定体育教学大纲。为此，要不断加强对体育课程设置和教学内容的研究，使体育课程设置更加合理。比如，可以结合学校的实际情况在社团活动中设置"运动医学""健康评估""运动康复"等相关课程内容。在制定体育课程内容时，保证体育教学大纲与实际相符合。此外，还要注重对女大学生参与体育运动的兴趣培养和能力提升。比如，可以开展各类体育比赛、组织学生参加各种体育运动培训班、邀请优秀运动员到学校进行演讲或交流等，为学生提供更多实践机会。

(二) 通过体育社团活动培养女大学生的运动兴趣

开展体育社团活动是激发女大学生对体育运动兴趣的有效途径，女大学生的运动兴趣是推动女子高等院校体育教育改革和发展的重要因素。因此，要高度重视社团活动对女大学生运动兴趣的培养，只有这样才能为推动女子高等院校体育教育改革发展奠定坚实的基础。首先，要在体育课程设置中增设女性友好的体育项目，使女大学生更多地了解体育知识，了解体育运动的基本技能和规则。其次，要加强对女大学生体育兴趣的引导。比如，可以通过开展一些运动技术培训或讲座、邀请一些专业人士对学生进行指导等方式，引导女大学生认识到体育运动的重要性和价值。最后，要积极开展校园体育文化活动，通过举办一些比赛、展示和表演等活动来激发女大学生参与体育运动的兴趣。

(三) 在体育社团中融入健康教育

在"健康中国"背景下，体育教学要加强对女大学生进行健康教育，利用体育社团作为健康教育的实践基地，帮助女大学生养成良好的健康习惯。首先，在教学中要强化体育教师对健康教育的认识。在开展体育社团活动的过程中，体育教师不仅要向女大学生传授运动技能和运动知识，还

要对学生进行健康教育，使其树立科学的健康观和体育观，从而更好地促进女大学生全面发展。可以充分利用本校的体育场馆和教学设施来开展健康教育活动。比如，可以开设相关课程，开展多种形式的讲座活动，等等。在开展体育社团活动过程中，教师不仅要传授体育知识和运动技能，还要引导学生形成正确的健康观和体育观，并使其掌握一定的健身方法和运动技能。

除此之外，要加强对女大学生进行体育心理健康教育。随着时代的发展和社会的进步，女大学生所面临的心理压力也越来越大。在此背景下，要积极采取措施来缓解女大学生的心理压力。一是开展各种形式的心理健康教育活动，如通过开展讲座、座谈等形式来提高女大学生的心理健康水平。二是在学校设立专门的心理咨询室，并聘请相关专家定期到校开展相关教育活动等。比如，可以邀请相关专家对女大学生进行心理健康知识教育，让女大学生了解并掌握一些自我保健知识，提高女大学生的心理素质和身体素质。

(四) 通过体育社团活动营造良好的校园体育文化氛围

女子高等院校体育社团在促进形成校园体育文化氛围中扮演着关键角色。通过积极开设多样化的体育社团和组织各类体育活动，可以有效地建设和提升校园体育文化，进而激发学生的运动热情和参与度。比如，可以经常开展各种各样的比赛活动，通过这些比赛活动来激发女大学生参与体育运动的热情；可以经常举办各种类型的讲座、培训和交流活动，以提高女大学生对体育运动的认识和理解。最后，要通过建立健全相关规章制度来营造良好的校园体育文化氛围。

1. 完善规章制度

要想充分发挥体育社团的积极作用，就要建立健全相关规章制度，只有建立健全规章制度才能为体育社团的发展提供保障。首先，高校要通过制定相关的规章制度来明确各部门和学生个人的责任和义务。其次，要明确各部门的权责范围，对各部门和学生个人的职责范围进行划分，并严格按照相关制度来执行。最后，要制定相关奖惩制度，对违反规定的学生和部门进行相应处罚。

2. 加强制度监督

高校体育社团活动要通过建立健全相关规章制度来加以监督。建立健全体育社团的规章制度，能够让体育社团依法依规进行各项体育活动，避免一些不必要的麻烦。比如，体育社团的管理制度中要规定学生参加体育活动、参与体育运动等相关事项都必须符合学校的相关规定。只有这样，才能保证体育社团能够在各项活动中正常开展，确保学生充分享受到体育运动带来的乐趣，从而营造良好的校园体育文化氛围，为培养高素质的女性人才提供有力支撑。

三、深化课程教学改革，推进教学模式多样化

体育教学应遵循"健康第一"的指导思想，突出"以人为本"的教学理念，以学生为中心，培养学生终身体育意识。要在满足学生个性需求和终身体育需求的前提下，使课程设置、教学方法和手段多样化。要从学生的兴趣和爱好出发，满足不同层次学生的需要，通过不同形式和方法让学生参与到体育活动中来，促进学生身心全面发展。

(一) 深化课程教学改革

课程改革是提高女子高等院校体育教育水平的重要途径，体育教师应加强学习，不断更新教学理念和教学方法。教师应以健康第一为指导思想，根据女生的生理、心理特点和高校培养目标的要求，建立以"健康第一"为核心思想的课程体系。在教学内容方面，要注重培养学生的创新能力、实践能力和终身体育意识。在教学方法方面，要注重遵循"以人为本"的教学理念，通过多样化的教学手段激发学生的学习兴趣。

(二) 推进教学模式多样化

随着科技水平的提高和信息技术的普及应用，体育教育也在不断地与时俱进、创新发展。新形势下要充分发挥多媒体等现代化技术手段在体育教育中的作用。教师要充分利用多媒体技术对传统体育教学进行改革创新，充分发挥其在体育教育中的作用。

四、健全体育考核评价体系

体育考核评价体系要适应时代发展要求，突出全面素质教育的目标，注重学生在体育学习过程中的全面发展，将学生的学习过程纳入考核评价

体系，不能单纯以期末考试成绩来评定学生的学习成绩，要建立多元、多维、多角度的考核评价体系。在体育考核评价中要注重过程性考核和终结性考核相结合，不仅要对学生完成学习任务的情况进行考核，还要对学生参加体育锻炼的情况进行考核。在考核评价方式上，要将终结性考核和过程性考核结合起来。对于不同专业的女大学生，不能简单地以期末考试成绩来评定她们的体育学习成绩，而是应该从多个方面进行综合评价。对于参加体育课的女大学生，体育教师可以根据教学计划和学生身体素质情况选择不同的评价方式，如身体素质测试、体育技能测试、课外锻炼情况等。此外，还可以开展体育选修课学习情况考核，这不仅可以考查学生对体育理论知识和运动技能的掌握情况，还可以考查学生参加体育锻炼的情况。

（一）注重过程性评价，以"健康中国"为背景，对学生参与体育课程的情况进行评价

体育课程是体育教学的重要组成部分，体育教学质量的高低对学生身体素质的培养起着关键作用，因此，高校要不断提高体育教学质量，促进学生健康全面发展。学校要以"健康中国"为背景，坚持以人为本，以学生为中心，把学生的身体健康放在首位。在体育教学过程中，教师要以"健康中国"为指导思想，对学生参与体育课程的情况进行评价，并要加强对学生身体素质情况的评价和对学生体育学习能力的评价。在注重过程性评价的同时要加强终结性评价，通过终结性评价了解学生是否达到了预期目标。

在以往体育教学中，教师多重视学生对知识技能的掌握情况，对学生参与体育课程学习情况和参加体育运动情况不够重视。在"健康中国"背景下，学校要把促进学生全面发展作为教学目标和重要内容，把体育教学质量纳入评估体系。学校可以把《国家学生体质健康标准》作为重要考核依据，以此来检验教师对课程教学目标的实现情况。在以往体育教学中，教师一般都会以期末考试成绩来评定学生学习成绩。然而在"健康中国"背景下，要以学生参与体育课程的情况来评价学生学习效果。只有对学生参与体育课程学习情况进行综合评价，才能反映出课程教学目标是否实现。在考核过程中要将终结性考核和过程性考核结合起来，对学生参与体育课程学习情况进行全面评价。

（二）建立学生体育锻炼评价体系

体育教师应积极开展"全民健身与健康中国"主题实践活动，以实际行动践行"健康第一"的教育理念，积极参与到全民健身计划中来。高校体育教师要将学生参加体育锻炼的情况纳入考核评价体系，对于积极参加体育锻炼的学生在课堂上进行表扬，对于不喜欢参加体育锻炼的学生也要进行适当的引导。每一名学生都有参与体育锻炼的权利和义务。在对女大学生进行考核评价时，要考虑到不同专业的女大学生对体育锻炼的需求。文科专业的女大学生在学习过程中经常会接触到一些文学、历史、哲学等方面的知识，这就要求她们除了学好本专业知识外，还要有良好的身体素质来支撑她们学习这些知识。因此，体育教师在进行考核评价时，不能只看学生学习成绩是否达到及格线，还要看学生对体育知识和运动技能的掌握程度。理工科专业的女大学生学习体育课程不是为了参加体育考试，而是为了掌握运动技能。因此，体育教师在进行考核评价时，要重点考查学生的体育兴趣爱好和对运动技能的掌握情况。在高校体育课程中实施个性化教学理念时，应注重发挥学生自身兴趣爱好和特长。由于女大学生生理、心理和身体素质存在差异性，在进行考核评价时要考虑不同专业女大学生的个性差异和需求。体育教师应以学生为中心，以学生为主体开展教学活动，并根据她们的不同需求设计不同的考核内容和考核方法。对体育课程学习情况进行考核时，要注重学生学习过程中完成学习任务情况和自身身体素质提升情况。通过建立多元、多维、多角度的考核评价体系来全面考查学生参与体育锻炼的情况。

（三）建立专门的教师培训机制

女子高等院校体育教师要有高度的责任感和使命感，不断学习新的体育教学理论知识和方法，积极参加体育科研活动，提高自身的业务水平，同时还要提高文化素质和职业道德修养，在日常工作中以身作则，做到为人师表。学校领导要对体育教师进行定期培训，明确学习培训的内容、时间及考核办法等。教师培训应采取多种形式，如集中培训、专家讲授、观摩教学、教学实践等。可聘请专业人士进行指导，或通过网络下载最新的教学资料和论文进行学习和研讨。此外，体育教师还要注重培养自己的科研能力和科研素质。体育教师要利用业余时间进行体育教学改革与研究，积极撰写高质量的体育论文和专著，参加学校组织的各种学术会议并作发言，争取在学术界取得较高的科研水平。体育教师要加强自身能力建设，不断提高业务水平，尤其是在"健康中国"背景下，要与时俱进地掌握新知识、新技术、新方法，为提高女子高等院校体育教学质量提供强有力的支撑和保障。

五、结语

健康中国战略的提出给高校体育教育改革提出了新要求，我国女子高等院校体育教育应以健康中国战略为指导思想，将课程目标的实现与学生个体发展相结合，促进学生全面发展；树立正确的健康教育观，加强教师队伍建设；将素质教育落实到教学中，不断提高学生的体育素养；深化高校体育教学改革，不断完善课程设置和教学内容；建立科学的评价机制，充分发挥评价的导向作用。通过采取这些措施，实现女子高等院校体育教育的可持续发展。

参考文献

[1] 刘冠楠. 健康中国背景下大学生体育精神教育的内涵及实施策略 [J]. 福建茶叶, 2019 (5).

[2] 马昆, 王景星, 吴戈, 等. "健康中国"背景下健康教育融入学校体育教学改革的对策 [J]. 河北北方学院学报（社会科学版）, 2021, 37 (2): 74-76.

[3] 杨清轩, 王毅. "健康中国"视阈下学校终身体育改革与发展研究 [J]. 西安体育学院学报, 2019 (1).

[4] 肖城, 宋涛, 章淑敏. 健康中国背景下我国学校体育教学改革的创新与探讨 [J]. 当代体育科技, 2019 (2).

[5] 赵岩. 现阶段高校体育教学现状及改进策略：评《高校体育教学的影响因素分析与改革探索》[J]. 中国教育学刊, 2021 (2): 147.

警体运动损伤发生的历史与现状调查比较

章小辉　卢兆民　冯得源*

【摘　要】警体运动损伤是指在警体运动过程中发生的损伤，它与警体运动项目、运动技术动作、锻炼者的身体状况、场地设备等情况有着密切的关系。警体运动包含大量的技战术训练内容，运动损伤的类型特点与其他运动损伤差异较大。本研究基于2005年调查中国人民公安大学和江西公安专科学校共计310名学员和2022年调查中国人民公安大学434名学员，采集中度伤以上受伤信息，分析讨论在警体教学和训练中运动损伤发生的一般性规律和演变趋势，以期预防警体运动损伤的发生和提高警体教学训练的成效。

【关键词】警体运动损伤；调查分析；损伤预防；比较研究

一、引言

运动损伤是指在运动过程中发生的损伤，运动损伤多与体育运动项目的技战术动作、运动训练水平、运动环境与条件等因素有关。警体运动中发生的运动损伤与警体运动项目特点、运动技术动作、锻炼者的身体状况、场地设备等情况有着密切的关系。大学生正处在生长发育的阶

---

*　章小辉，中国人民公安大学教师，教授；卢兆民，中国人民公安大学教师，教授；冯得源，中国人民公安大学教师，讲师。

段，参加警体锻炼对在校学习的大学生尤其重要。在公安院校，专业特点决定了大学生需要经常性地进行各种警体运动，且要求技术难度高、强度大、对抗性强，因此运动损伤发生率更高。不同的项目所造成的运动损伤各有不同。运动损伤不仅影响学生正常的学习和生活，严重的将造成残疾甚至死亡。警体运动包含大量的技战术训练内容，运动损伤的类型特点与其他运动损伤差异较大。对其深入探讨有助于提高教学和训练的成效。

二、研究对象与研究方法

（一）研究对象

本研究于2005年抽取中国人民公安大学本科生和江西公安专科学校大专生进行调查，调查中共发放警体运动损伤调查问卷600份，在中国人民公安大学发放480份，江西公安专科学校发放120份，回收问卷480份。根据分析的需要重点对采集中度伤以上信息的问卷进行分析，共获取可供分析的问卷310份。其中，中国人民公安大学251份，江西公安专科学校59份。在调查样本中登记了性别的是305人（男生295，女生10人），调查样本的平均年龄为（20.92±1.66）岁。

本研究于2022年抽取中国人民公安大学本科生和研究生中受中度伤以上的学生进行调查，共收到有效问卷434份，调查对象年龄为（20.12±1.87）岁。

（二）研究方法

研究中主要选用逻辑分析法和统计分析法。针对运动损伤的发生和原因研究，在具体研究过程中采用流行病学研究方法，用于研究警体运动损伤的频率与分布及其影响因素，探索病因与发生规律，借以制定相应的防制措施。本研究按运动医学将运动损伤程度分三类：重度伤（完全停止训练），中度伤（局部训练），轻度损伤（损伤后可参加训练）。本研究主要对发生中度伤以上的学员进行调查。在进行多因素分析中，根据研究的目的和任务选用描述性统计分析和因子分析等。数据的录入和管理在 Foxpro 6.0 中进行，统计分析软件选用 SPSS 16.0 for Windows。

三、研究结果与分析

（一）警体运动损伤的一般特征分析

1. 警体运动损伤发生的部位分析

依照2005年的调查数据，按照人体运动过程中几个主要的关节部位，本次调查对腰部、大腿等11个重要部位的运动损伤进行了全面调查，各部位损伤统计数据见表1。

表1 2005年调查警体运动损伤发生部位分布情况统计分析

单位：次

部位名称	普体课	擒敌课	射击课	课外锻炼	运动比赛	合计	合计排位
1. 腰部	20	28	1	7	18	74	6
2. 大腿	25	9	0	15	24	73	7
3. 小腿	14	12	0	10	15	51	11
4. 膝关节	22	26	0	15	23	86	4
5. 踝关节	40	18	1	20	30	109	1
6. 脚部	27	22	0	16	22	87	3
7. 腕关节	22	30	5	15	10	82	5
8. 肩关节	14	34	7	9	5	69	8
9. 肘关节	8	31	0	8	11	58	10
10. 颈部	23	32	2	6	5	68	9
11. 四肢指（趾）	23	24	11	11	25	94	2
总计	238	266	27	132	188	851	

注：2022年运动损伤调查时普体课已更改为体能课，包含普通体育课程内容和警察体能课程内容。

从普体课、擒敌课、射击课、课外锻炼和运动比赛中各部位发生运动损伤的合计情况看，发生频率排序依次为：踝关节、四肢指（趾）、脚部、膝关节、腕关节、腰部、大腿、肩关节、颈部、肘关节和小腿。各部位发生损伤的频率占总损伤的比例依次为：踝关节占12.81%、四肢指（趾）占11.05%、脚部占10.22%、膝关节占10.11%、腕关节占9.64%、腰部占

8.70%、大腿占8.58%、肩关节占8.11%、颈部占7.99%、肘关节占6.82%、小腿占5.99%。

从2005年调查数据中各类型警体运动损伤发生频率总体排序看，普体课中踝关节损伤的发生频率为所有部位中最高，其次为擒敌课中的肩关节、颈部、肘关节、腕关节、腰部损伤。在踝关节损伤中，排名第二的为运动比赛中的踝关节损伤。

踝关节的损伤与其解剖学的结构特点有关。人体踝关节的结构是外踝低于内踝，内侧韧带较坚韧，一定程度上防止足外翻，但外侧韧带相对薄弱，因此其结构本身容易造成外侧韧带或者骨体的损伤。从踝关节的结构上看，其本质特点就有解剖学的不稳定性，因此，踝关节长期以来是各类运动损伤中发生比例最高的部位，损伤的表现形式以踝关节外侧韧带和距腓前韧带的损伤居多。在警体运动中，除普体课外，在课外警体锻炼和运动比赛中踝关节的损伤发生频率也保持在较高的水平。

2022年的调查数据显示，体能课、防控课、射击课、战术课、课外锻炼和运动比赛中各部位运动损伤发生频率排序依次为：膝关节、踝关节、腰部、四肢指（趾）、脚部、大腿、小腿、腕关节、肩关节、肘关节和颈部。各部位发生损伤的频率占总损伤的比例依次为：膝关节占16.03%、踝关节占15.06%、腰部占12.55%、四肢指（趾）占11.02%、脚部占9.55%、大腿占7.89%、小腿占6.98%、腕关节占6.55%、肩关节占5.39%、肘关节占5.14%、颈部占3.86%。比较2005年的调查数据，可以看出膝关节受伤的情况增长明显，从2005年的第4位上升到2022年的第1位；腰部损伤从2005年的第6位上升到2022年的第3位；腕关节和颈部损伤排位略有下降，其他各部位损伤排位变化见表2。

表2 2022年调查警体运动损伤发生部位分布情况统计分析

单位：次

部位名称	体能课	防控课	射击课	战术课	课外锻炼	运动比赛	合计	合计排位
1. 腰部	44	33	27	33	29	39	205	3
2. 大腿	27	15	17	15	27	28	129	6
3. 小腿	23	19	13	19	22	18	114	7
4. 膝关节	47	44	29	44	48	50	262	1

续表

部位名称	体能课	防控课	射击课	战术课	课外锻炼	运动比赛	合计	合计排位
5. 踝关节	56	42	25	30	43	50	246	2
6. 脚部	36	20	17	21	28	34	156	5
7. 腕关节	14	25	17	13	16	22	107	8
8. 肩关节	11	27	9	11	19	11	88	9
9. 肘关节	11	20	12	14	14	13	84	10
10. 颈部	12	18	6	11	7	9	63	11
11. 四肢指（趾）	26	25	41	29	26	33	180	4
总计	307	288	213	240	279	307	1 634	

注：2005 年运动损伤调查时未开设战术课，2022 年调查时已开设战术课。2022 年调查时的防控课即 2005 年调查时的擒敌课。

从各类型警体运动损伤发生频率总体排序看，体能课中踝关节损伤的发生频率依然为所有部位中最高频率。基于 2022 年的调查数据，可以认为当前警体运动损伤主要发生在踝关节、膝关节和腰部。受伤频率总体特征未变，但从部位排序变化上看，膝关节和腰部损伤受伤频率较 2005 年呈明显上升的趋势，应引起必要的重视。膝关节和腰部是人体重要的受力部位，除了需承担体重外，在运动中还需额外负荷。这两个部位受伤增多一方面反映出受伤学生膝和腰的核心力量有所欠缺，另一方面也可能与实战训练内容设计有一定关联，这需要结合近 20 年各科目训练内容演变比较进行深入分析。

2. 警体运动损伤发生的类型分析

根据常见的运动损伤分类，本研究将运动损伤分为挫伤、擦伤、扭伤、拉伤、撕裂伤、关节脱位、骨折、劳损和其他共九类进行调查，探讨九类损伤在警体运动中发生的一般规律。2005 年的调查研究发现，依据九类损伤在五类警体运动中发生的合计频数，损伤类别排序依次为：扭伤、拉伤、挫伤、擦伤、劳损、骨折、撕裂伤、关节脱位和其他（见表3）。各类型损伤占总数的比例分别为：扭伤占 17.53%、拉伤占 17.05%、挫伤占 15.91%、擦伤占 12.99%、劳损占 10.06%、骨折占 8.77%、撕裂伤占 7.31%、关节脱位占 6.01% 和其他占 4.38%。

表3　2005年调查警体运动损伤发生类型分布情况统计分析

单位：次

损伤名称	普体课	擒敌课	射击课	课外锻炼	运动比赛	合计	合计排位
1. 挫伤	32	22	0	22	22	98	3
2. 擦伤	37	9	8	13	13	80	4
3. 扭伤	40	32	2	14	20	108	1
4. 拉伤	35	26	2	14	28	105	2
5. 撕裂伤	8	10	0	8	19	45	7
6. 关节脱位	3	16	0	7	11	37	8
7. 骨折	8	25	1	3	17	54	6
8. 劳损	21	12	4	9	16	62	5
9. 其他	6	5	2	6	8	27	9
总计	190	157	19	96	154	616	

按照运动损伤在该类运动中发生的频率，普体课中排位靠前的损伤类型有扭伤、擦伤、拉伤、挫伤和劳损；擒敌课中是扭伤、拉伤、骨折和挫伤；射击课中是擦伤、劳损、其他；课外锻炼中是挫伤、扭伤、拉伤和擦伤；运动比赛中是拉伤、挫伤、扭伤和撕裂伤。

从2005年的调查数据可知，警体运动损伤类型以挫伤、擦伤、扭伤和拉伤为主，四类损伤占总体损伤的63.47%。

1991年4月至6月，国家体育总局体育科学研究所、北京大学第三医院运动医学研究所的专家组，对我国29个省、市级运动队，18个行业体协队，50个运动项目中的6 810名运动员进行了运动创伤流行病学调查。调查结果显示，运动员的患病率为59.46%，各种创伤共计317种，患病率前5位依次为：腰背肌肉筋膜炎（14.48%），踝外侧副韧带损伤（4.49%），膝半月板损伤（4.20%），肩袖损伤（4.07%），髌骨末端病（3.57%）。从调查报告中可以看出，在运动创伤中急性和急性转慢性损伤占67.05%，应重视对急性损伤的诊治与康复，科学地安排训练。在所调查的损伤中，依组织学分类，其中肌肉及其辅助装置（肌腱、腱鞘、末端装置）损伤占51.23%，韧带损伤占10.97%。结合本研究警体运动损伤的调查情况可知，运动损伤的防治工作重点应该是肌肉、肌腱、末端病以及韧带损伤。

从 2022 年的调查数据（见表 4）可知，警体运动损伤类型依然以挫伤、擦伤、扭伤和拉伤为主，四类损伤占总体损伤的 65.09%，比 2005 年的调查数据高了 1.62 个百分点。从 2022 年的调查数据与 2005 年的调查数据比较看，2022 年的调查数据总体上出现了显著增加的趋势，这主要是由课外锻炼和运动比赛中四大类损伤明显增加造成的。

表 4 2022 年调查警体运动损伤发生类型分布情况统计分析

单位：次

部位名称	体能课	防控课	射击课	战术课	课外锻炼	运动比赛	合计	合计排位
1. 挫伤	52	37	28	36	40	41	234	3
2. 擦伤	48	37	37	35	38	38	233	4
3. 扭伤	67	50	41	43	47	47	295	1
4. 拉伤	49	42	29	41	41	43	245	2
5. 撕裂伤	20	18	12	12	20	19	101	7
6. 关节脱位	9	9	10	9	11	16	64	8
7. 骨折	8	7	6	6	10	11	48	9
8. 劳损	25	22	18	19	28	24	136	6
9. 其他	20	31	39	35	31	35	191	5
总计	298	253	220	236	266	274	1 547	

（二）警体运动损伤影响因素因子分析

警体运动损伤的发生受多种因素影响。个体、场地、气候和教学训练等对运动损伤的发生均有影响。为探索警体运动损伤的因素构成，本研究选用因子分析对 2005 年调查警体运动损伤影响因素进行分析。分析时选取主成分法，因子旋转选用方差极大正交旋转，使得每个因子上具有最高载荷的变量数最小，以便简化对因子的解释。从影响运动损伤的因素中抽取到三个公因子，其特征根值均大于 1，共解释了原始信息方差的 53.99%。

第一因子中，个人思想重视、个人损伤知识、教师对损伤的重视、教学组织安排、教学训练准备活动和教师的防伤指导有较高的载荷，根据上述因素的特性，将第一因子取名为训练过程因子（训练过程的影响因素）；第二因子中，心理素质和身体素质具有较高的载荷，故将第二因子取名为个体素质因子（身体和心理素质）；第三因子中，气候、运动器械和场地条件具有较高的载荷，故将第三因子取名为外界环境因子（气候、运动器械和场地条件）。结果显示：在警体运动损伤致伤因素中，训练过程因子、个体素质因子和外界环境因子是构成的主要公因子。从预防运动损伤的角度，我们应从上述因素中分层探索影响运动损伤的措施与对策。

四、讨论

第一，比较2005年与2022年的调查数据，警体运动损伤正从普体课中的踝关节损伤和擒敌课中的肩关节、颈部、肘关节、腕关节、腰部损伤转变为膝关节、踝关节和腰部损伤。腕关节和颈部损伤排位略有下降。

第二，警体运动损伤类型依然呈现以挫伤、擦伤、扭伤和拉伤为主，四类损伤占总体损伤的65.09%，比2005年的调查数据高了1.62个百分点。从2022年的调查数据与2005年的调查数据比较看，2022年的调查数据总体上出现了显著增加的趋势，这主要是由课外锻炼和运动比赛中四大类损伤明显增加造成的。

第三，影响警体运动损伤的因素分成三个因子，分别为训练过程因子（训练过程的影响因素）、个体素质因子（身体和心理素质）和外界环境因子（气候、运动器械和场地条件）。在探索警体运动损伤致伤因素时，我们应充分重视上述三个因子。

参考文献

[1] 梁永文. 武术散打运动员损伤的调查与分析 [J]. 广州警体学院学报, 1994 (3).

[2] 张宏智. 大学生参加体育运动产生损伤的原因及分析 [J]. 四川体育科学, 2004 (2).

[3] 曾世华. 警体系武术专修学生运动损伤调查现状与对策研究 [J]. 安徽警体科技, 2002 (3).

新时代普通高校"体育三全育人"工作方法改革实践初探

——以耿丹学院学校体育工作改革为例*

戴雄 黄霖 陈希 王永 李晓鹏**

【摘 要】 新时代普通高校如何科学落实"体育三全育人"进而解决近40年来学生体质下降问题是普通高校体育课程思政建设的首要环节。本文以耿丹学院自2007年以来施行学校体育工作综合改革为范本,采用文献资料法、总结归纳法等研究方法,对所进行的体育课程教学、课外锻炼、体育课程评价、体育文化建设等各项学校体育工作改革及效果进行分析总结,初步归纳总结出普通高校"体育三全育人"工作方法。实践表明:学生体质下降趋势得到有效遏制,师生参与锻炼意识得以增强,具有"体育健身"特色的校园文化氛围逐步形成。

---

* 教改课题:2021年北京高等教育"本科教学改革创新项目"——普通高校体育课程思政模式与实践研究。

** 戴雄,北京工业大学耿丹学院体育部主任,教授;黄霖,北京工业大学耿丹学院体育部教师,讲师;陈希,北京工业大学耿丹学院体育部教师,副教授;王永,北京工业大学耿丹学院体育部教师,副教授;李晓鹏,北京工业大学耿丹学院体育部教师,讲师。

新时代普通高校"体育三全育人"工作方法改革实践初探
——以耿丹学院学校体育工作改革为例

【关键词】 新时代；体育课程思政；体育三全育人；学校体育工作

一、引言

2016年12月，习近平总书记在参加全国高校思想政治工作会议上强调：要坚持把立德树人作为中心环节，把思想政治工作贯穿教育教学全过程，实现全程育人、全方位育人，努力开创我国高等教育事业发展新局面。2017年2月27日，中共中央、国务院印发了《关于加强和改进新形势下高校思想政治工作的意见》，意见提出，加强和改进高校思想政治工作应坚持全员全过程全方位育人。2019年3月，习近平总书记主持召开学校思想政治理论课教师座谈会强调："要坚持显性教育和隐性教育相统一，挖掘其他课程和教学方式中蕴含的思想政治教育资源，实现全员全程全方位育人。"2020年5月28日教育部印发了《高等学校课程思政建设指导纲要》。"课课讲思政"，成为当今教育改革发展的主旋律。

体育，作为"五育并举"教育主体格局构成元素之一，在思政育人方面拥有其独特的育人价值。大学体育课程是我国高校的基础课程、必修课程，所以新时代普通高校体育工作如何紧紧围绕育人目标，将思想政治教育元素恰如其分地落实进高校体育工作的各个环节，以实现高校体育"健体育魂"的价值引领，是每位高校体育工作者必须思考和回答的问题。

北京工业大学耿丹学院是2005年经教育部批准成立的一所全日制民办普通本科院校。自建校开始，学校始终坚持"以体育人、以体塑人、终身健康"的发展理念，以促进学生身心和谐健康发展和培养师生终身体育的兴趣与习惯为首要任务。建校18年来，通过深入开展体育教育教学改革、创新实践师生群体活动和竞赛形式与方式、不断加大科学研究力度、不断改善体育场地条件，实践总结出了新时代普通高校"体育三全育人"工作方法。耿丹学院总结的"体育三全育人"工作方法具体为：一是实施"师生全员每天体育锻炼一小时"制度，以此达到大学体育的"全员育人"；二是确立"体育全贯通"课程育人理念，开设三年制（六学期）体育必修课，以此达到大学体育的"全过程育人"；三是从学校体育教学改革和创建体育文化入手，加大体育课程育人力度，不断营造优良的校园体育文化氛围，以此达到大学体育的"全方位育人"。

二、建立学校体育锻炼制度，实现高校体育的"全员育人"

2020年10月20日，学校林炎志校长从新冠疫情防控常态化角度出发，提出了"8-1>8"的育人理念，强调要抓好师生的日常体育锻炼。经校长办公会批准决定自2020年10月29日开始实施"耿丹学院全员每天体育锻炼一小时"制度，即周一至周五每天16：00—17：00停课，全员参与一小时的体育锻炼（以跑步健身为主、专项活动为辅）。学院在锻炼的安排上采取"全员参与、师生共建"原则，鼓励以教师带动学生一起锻炼，效果较好。从制度实施的效果来看，教师体质和学生耐力素质显著提升。如表1所示，学院教师2020年11月和2021年7月的两次体质达标测试显示，及格以上各等级人数明显提升，不及格人数明显下降；如表2所示，学院学生在2017—2022年连续五年的体质健康测试中，耐力项目测试不及格人数呈逐年递减趋势。

表1　耿丹学院教师两次体育锻炼达标测试各等级人数统计

单位：人

等级	优秀	良好	及格	不及格
2020年11月	32	49	93	83
2021年7月	37	67	79	76

表2　耿丹学院学生2017—2022年体测耐力项目测试不及格人数统计

年度	2017	2018	2019	2020	2021	2022
不及格人数（人）	2 139	1 049	1 032	1 451	684	749

三、深化体育课程改革，实现高校体育的"全过程育人"

（一）耿丹学院体育课程改革背景与现状分析

新中国成立后特别是改革开放以来，我国经济跃居全球第二，尤其是在脱贫攻坚取得全面胜利后，人民生活质量稳步提升。随着工业化、城镇化进程加快以及现代科技的迅速普及，我国居民生产生活方式发生了根本性转变——以前包括生产活动在内的日常体力活动正悄然退出我们的生活，一个史上从未有过的"少需或无需"体力活动的生活样态在我国迅速普及，这种体力活动骤减的生活样态导致我国慢性病的激增。另外，我国居民健康知识知晓率偏低，吸烟、过量饮酒、缺乏锻炼、不合理膳食等不健康生活方式比较普遍，由此引起的疾病问题日益突出。而最关键的是主动的体力活动——体育锻炼又未被人们所认知。

然而自1985年以来，国家连续8次全国学生体质与健康调研结果显示，我国在校大学生身体素质连续30多年呈现下降趋势，且没有得到遏制。学生体质、学校体育成为社会和舆论关注的焦点。所以，新时期如何落实党和国家对学校体育工作的部署和解决学生体质下降问题，是当前各高校管理者和体育工作者的首要任务和重要课题。

（二）确立"体育全贯通"的课程理念，建立普通高校三年制体育必修课的课制，实现大学体育的"全过程育人"

2007年9月，针对大学生体质连年下降的现实情况，为强化学生的体育锻炼意识，培养学生的终身体育锻炼习惯，林炎志校长提出了"体育全贯通"的课程理念，将两年体育必修课改为四年体育必修课（因大四学生实习、就业等原因，最终确定体育必修课在大一至大三学年当中开设）。2016年9月，学校修订人才培养方案，将原开设三年体育必修课改为2年必修课+1年公共选修课。因公共选修课为非强制性，学生选课率不高（占43%），加之学生体质下降等，于2018年9月又恢复了三年体育必修课。自此，学校正式确定开设三年制体育必修课。通过开设三年制体育必修课，学生体质健康首次测试合格率一直保持在较高水平（如表3所示）。

表3 耿丹学院2016—2022年学生体质健康首次测试合格率 单位：%

年度	2016	2017	2018	2019	2020	2021	2022
合格率	77.09	72.91	83.50	84.50	79.40	84.10	83.05

从目前来看，随着体育课程和课时的延长与增加，相较于目前普通高校开设两年必修课加高年级选修课课制来说，三年制必修课课制较好地促进了学生体育锻炼意识和锻炼习惯的养成与学生体质的提升。从体育育人

角度来说，这就是"体育全过程育人"。下一步，学校将进一步探索大四学生课外自主锻炼获取"体育学分"的办法。

四、从学校体育教学改革和体育文化创建入手，加大体育课程育人力度，营造优良的校园体育文化氛围，实现大学体育的"全方位育人"

(一) 改革学校体育教学工作，加大体育课程育人力度

1. 建立普通高校"教学+竞赛"体育课程教学模式，促进学生全面掌握体育技能

2018年9月，学校以"强化体育课和课外锻炼，促进学生身心健康、体魄强健"为教学目标，将传统体育教学改为"教学+竞赛"课程教学模式，即每学期开设16周（每周2课时）体育课，包含12周专项教学课+4周专项竞赛课。通过该教学模式的实施，一是使学生每学期主动参与专项竞赛活动，较好地实现了竞技体育的"大众化"；二是在竞赛中培养了学生顽强拼搏的意志品质，以及集体主义、爱国主义精神；三是使学生具备了较强的专项能力，学生可以成立各级专项代表队参加各级专项联赛；四是促进了学校整体竞技水平的提升。学校通过专项选拔先后成立了田径、篮球、排球等13支校代表队，各代表队在过去十年分别参加了北京市及全国的各级比赛，取得了优异的成绩，如表4所示。因为成绩突出，学校连续两年（2018年和2019年）获得了由北京市教委颁发的首都高校阳光体育联赛"阳光杯"优胜学校奖；2023年7月获首都高等学校第一届体育运动大会乙组第六名。

表4 耿丹学院代表队2010—2019年体育竞赛成绩统计 单位：个

	第一名	第二名	第三名	第四至八名
单项	65	76	100	350
团体	17	15	27	47

2. 建立学生课外体育锻炼制度，增强学生体育锻炼意识

2018年9月，为全面贯彻并落实党中央关于"强化体育课和课外锻炼，促进青少年身心健康、体魄强健"的精神，促进学生全面发展，学校

制定实施"我的耿丹马拉松"跑步制度，要求学生在一学期的课余时间内完成 63 公里跑步，初步探索了"学生课外锻炼可监控模式"。2021 年 1 月，为了进一步调动全体学生课余锻炼的积极性，学校细化了"我的耿丹马拉松"跑步制度，将学生跑步距离要求调整为学生在一学期课余时间内完成 85~120 公里跑步。通过制度的实施和完善，不仅真正实现了大学体育课程"课内外一体化"，也增强了学生的体育锻炼意识。通过对学院学生近三年完成的课外跑步统计，发现学生课外跑步总距离数逐年增加（如表 5 所示），这说明学生体育健身锻炼的意识日益增强。

表 5　耿丹学院学生马拉松跑步总距离数统计　单位：万公里

学期	2018—2019 年第一学期	2018—2019 年第二学期	2019—2020 年第一学期	2020—2021 年第一学期	2020—2021 年第二学期
距离	21.2	22.4	24.3	26.9	48.2

3. 建立综合的体育课程评价体系，激发学生体育锻炼内生动力

为保障体育教学改革和各项学校体育工作的开展，耿丹学院在体育课程评价方面，通过不断的改革与实践，建立了与现行体育课程相适应的综合评价体系。目前学校建立的体育课程评价是以体质健康达标（专项素质、耐力素质）、运动技能（专项技术）为结果导向，以考勤评价为过程导向，以团队参与竞赛（专项竞赛）为健全人格导向，以体育理论知识和课外体育锻炼为过程拓展导向的综合评价体系。课程考核包括 7 个方面，其构成和占比如表 6 所示。通过综合课程评价体系的实施，很好地激发了学生参与体育课和课外体育锻炼的内生动力，促使学生形成了良好的健康意识和自主参与体育锻炼的习惯，进而达到了培养学生终身体育意识与能力的目标。

表 6　体育课程综合评价内容和占比　单位:%

内容	专项技术	专项竞赛	考勤评价	专项素质	耐力素质	马拉松（课外）	理论
占比	10	20	20	10	20	10	10

4. 加强校园特色体育建设，实现特色体育教育生活化

从长远看，游泳教育是一项"生命教育"。为了做好学生游泳教育工作，2020 年 9 月，随着学院游泳馆落成，耿丹学院正式颁布了《北京工业

大学耿丹学院学生游泳教育管理办法》（以下简称《办法》），将游泳课设置为大学一年级学生的体育普修课，同时在二、三年级开设游泳专项选修课，将游泳200米达标作为学生毕业条件之一。随着《办法》的实施和游泳课程的开设，学生参与游泳锻炼的积极性不断提高，如表7所示，学院2020级和2021级学生主动报名参与游泳合格证和深水合格证测试与达标的人数也越来越多。游泳项目已经成为耿丹学院最具特色和影响力的体育项目。

表7 耿丹学院2020级、2021级学生三个学期游泳测试情况统计

单位：人

学期		2020—2021年第一学期	2020—2021年第二学期	2021—2022年第一学期
200米测试	报名	164	274	424
	合格	101	119	276
深水测试	报名	164	114	311
	合格	61	30	92

(二) 创建体育文化，不断营造优良的校园体育文化氛围

1. 创建学校体育工作制度，保障学校体育工作的实施

（1）建立与创新"制文化"。"制文化"即"制度文化"。制度一般指要求大家共同遵守的办事规程或行动准则，建立制度的目的是使各项工作按计划、按要求达到预计目标。耿丹学院从以下三个方面建立与创新"制度"：一是以国家相关文件为基础，建立、创新与学校体育相关的文件，以文件规范引领学校体育工作；二是建立起以学校为主导、学生体育社团为骨干的各级赛事管理制度；三是规范、创新学校传统赛事，使学校体育赛事具有延续性和传承性。目前，学校体育部已经制定了内部管理手册，学校教务、人事部门颁布了20多项体育制度，为学校各项体育工作的顺利实施打下了坚实的基础。

（2）构建体育"物文化"。"物文化"就是"物品文化"或"物质文化"。耿丹学院主要从两个方面构建体育"物质文化"：一是在校内体育场、馆设立具有特殊意义的荣誉墙、荣誉室、资料馆等，对具有特殊意义的体育物品进行雕塑化、陈列化展示，用体育"物质文化"形式来拉近体

育与学生的距离以及学生与学校的感情。目前在学校图书馆外借室开辟了体育人文专区，在专区陈列了 50 余个奥运项目雕塑，随着学校第二个体育馆的建设即将完成，学校拟在新体育馆内建荣誉室一个、资料室一个。二是将学生参与校内体育竞赛的成绩（含完成过程）用证书、奖杯、奖牌等尽量"物质化"的形式展现，并配以庄重的仪式，以此来建立学生参与体育锻炼的信心，为学生终生体育锻炼打下基础。

2. 完善体育场地设施，创造优良的体育锻炼环境

为保障体育教学改革和各项学校体育工作的实施，学校自建校开始，历任校领导形成了一致的高等教育理念——要培养体魄强健且具有持久竞争力的学生，所以尤其重视运动场及体育设施建设。学校认真贯彻国家《学校体育工作条例》和《高等学校体育工作基本标准》，先后新建了各类室内外公共运动场馆。如表 8 所示，目前学校运动场馆总面积 51 758 平方米，生均运动场所面积 11.22 平方米。体育场馆设施的不断完善，既为体育课程教学和师生课外体育锻炼打下了坚实的基础，也为师生创造了优良的体育锻炼环境。

表 8　耿丹学院运动场地及体育设施面积（在校生 4 614 人）

	室内面积	室外面积	共计
运动场地及体育设施面积（平方米）	7 600	44 158	51 758
生均面积（平方米每人）	1.65	9.57	11.22

3. 改革校运会，营造浓厚的体育文化氛围

2023 年 5 月，为进一步提升师生身体健康和体育锻炼意识，学校体育部对全校运动会进行了整体改革，将运动会比赛项目改为师生专项竞赛（其中，学生专项为游泳、男子篮球、女子篮球、健美操、排球、乒乓球、羽毛球、健身健美、单人跳绳赛、保健竞走，教工专项为气排球、乒乓球团队比赛、羽毛球团队比赛、拔河）和田径运动会项目（含师生田径和学生团队体质健康测试以及教工趣味项目）竞赛，共 38 个项目；比赛时间由原来的集中 2 天改为历时 45 天。运动会共有全校 22 个专业在校学生和教职工积极报名参赛，直接参赛人数达 5 300 人次，使运动会成为真正的"全民运动会"，学校运动会也成为学校体育历史发展进程中竞赛规模最大、竞技水平最高、参与面和受益面最广、辐射带动作用最强、竞赛项目

和时间最集中、显示度和关注度最高的体育文化展示平台。

五、结论与建议

（一）结论

耿丹学院经过多年的学校体育工作改革探索，学生体质下降趋势得到有效遏制，学生参与锻炼意识得以增强，具有"体育健身"特色的校园文化氛围逐步形成。

（二）建议

各高校可以参照耿丹学院体育改革相关设计并结合各自学校的特点与实际，加大本科学校体育改革力度，扭转学生体质下降的趋势，及早实现新时代学校体育"四位一体"的工作目标。

参考文献

［1］任海. 聚焦生活，重塑体育文化［J］. 体育科学，2019，39（4）：3-11.

［2］曾小华. 文化、制度与制度文化［J］. 中共浙江省委党校学报，2001（2）：30-36.

［3］顾春先. 我国普通高校校园体育文化建设现状及对策［J］. 成都体育学院学报，2010（8）：19-22.

浅析表现性评价是提升体育健康行为素养的有效路径

李 佳[*]

【摘 要】 国务院印发的《深化新时代教育评价改革总体方案》在总体要求中提出"坚持科学有效，改进结果评价，强化过程评价，探索增值评价，健全综合评价，充分利用信息技术，提高教育评价的科学性、专业性、客观性"。本文从表现性评价出发，基于体育课程中心思想健康行为素养，从"双手胸前传球"单元健康行为目标的构建、单元表现性任务与指标的选定以及评价量表的制定等方面进行一体化设计，探究体育学科健康行为素养的实践路径。

【关键词】 表现性评价；健康行为素养；双手胸前传球；评价指标

一、表现性评价的概念与内涵

美国教育界在早期构建了更适合学生评价的全新体系——表现性评价，它使学生在真实的情景中积极发现问题、分析问题，从而找出解决问题的答案，既检验了学生掌握了什么，又消除了只注重学习结果的弊端。

---

[*] 李佳，首钢技师学院教师，讲师。

表现性评价是评价学生语言表达能力、书写表达能力、思维创造能力、动手实践能力的综合评价方法。表现性评价在表现性任务的基础上评定学生运用所学知识发现问题、分析问题、解决问题的能力。

二、表现性评价是提升体育健康行为素养的有效路径

体育健康行为素养是体育学科中心思想之一。《中华人民共和国普通高校体育课程标准》（以下简称《课程标准》）提出，健康行为是提升身心健康水平和努力适应所处环境的全面表现，是增进健康意识、提高健康状况从而养成文明的学习方式、生活方式的关键所在。《课程标准》中综合评价建议指出，应根据学生在不同的阶段学习不同的内容，结合其运动能力、健康行为和体育品德三个维度的核心素养，依据质量标准对学生的学习态度和行为进行评价。

以往对体育教学的评价主要集中在运动能力方面，而情感态度、价值观方面的评价，由于很难量化或用统一的标准去测量，大多是隐性评价，导致评价相对困难。《课程标准》明确指出要以"立德树人"为根本，培养学生全面发展，因此不仅要注重运动能力的培养，更要注重培养学生体育健康行为等。那么，如何才能做到让体育健康行为素养有效地落地呢？

笔者认为，可以通过表现性评价的方式来提升学生体育健康行为素养，尝试以运动项目为载体，从理论层面到实践层面，让体育核心素养做到有效落地。本文以"双手胸前传球"单元学习为例，构建体育健康行为素养的表现性评价学习目标，明晰评价体系及评价目的，针对学生在进行典型任务练习过程中所展现出的练习态度和积极进取程度，以及发现问题、分析问题、解决问题能力等进行评定。采用行为观察、量表记录等方式，把健康行为由隐性特征转化为外在表现，使其具有可操作性，最大限度地实现体育健康行为素养的有效落地。

三、构建"双手胸前传球"健康行为素养的培养体系与评价体系

（一）构建"双手胸前传球"健康行为素养的培养体系

《课程标准》指出，健康行为主要表现为形成体育锻炼意识、养成终

身体育的习惯、掌握和运用健康知识、调控情绪以及努力适应环境。基于健康行为四个方面的表现形式，结合"双手胸前传球"教材本身特点，首先构建"双手胸前传球"单元教学中健康行为素养的培养体系（如表1所示）。

表1 "双手胸前传球"健康行为素养培养体系

体育锻炼意识与习惯		健康知识掌握与运用		情绪调控		环境适应	
篮球意识	学习习惯	运动损伤知识	预防运动损伤	认识情绪	调控情绪	适应运动环境	适应比赛环境

（二）构建"双手胸前传球"健康行为素养的教学目标

在常规的篮球双手胸前传球教学过程中，教师制定教学目标和进行教学评价时主要集中在运动能力和体育品德的素养方面，而关于健康行为素养方面的目标和评价很少涉及。例如，在高职体育立体化教程教师教学用书中关于"双手胸前传球"的教学目标为：①能完成双手胸前传球动作；②提高灵敏、速度、耐力等身体素质，提高传球障碍和保护与帮助的能力；③培养拼搏进取精神，形成遵守规则意识和团队合作品质。从上面的教学目标中看到有关健康行为素养的内容很少，并且第三条的评价方式指标不好操作，所以需要我们不断地研究、尝试、探索等。

根据《深化新时代教育评价改革总体方案》的要求，在进行"双手胸前传球"单元教学评价时，不能只注重学生能否传球的结果评价，而且要注重单元学习过程的表现性评价；不能只集中运动能力和体育品德方面的评价，而且要探索健康行为方面的增值性评价，从而更好地落实立德树人的根本任务。基于健康行为四个方面的表现形式，结合"双手胸前传球"项目教学特点，构建"双手胸前传球"单元健康行为方面的教学目标为：形成规则意识、团结协作品质，养成良好的篮球意识和学习习惯；了解篮球项目出现运动损伤的主要因素并能够在实践中进行预防；能够认识到自己的情绪并能在实践中学会调控；能适应不同难度的运动情境和比赛环境的变化。

（三）构建"双手胸前传球"健康行为素养的表现性评价指标

《课程标准》中的综合评价建议指出，应根据学生在不同的阶段学习不同的内容，结合其运动能力、健康行为和体育品德三个维度的核心素养，依据质量标准对学生的学习态度和行为进行评价。为了让健康行为素养在"双手胸前传球"教学中切实落地，根据本单元健康行为素养培养体系，结合"双手胸前传球"教材的教学目标，以及学生实际学习情况，有针对性地构建本单元教学健康行为素养表现性评价指标（如表2所示），从而提高健康行为素养的可测性和可操作性。

表2 "双手胸前传球"健康行为素养的表现性评价指标

健康行为	一级评价指标	二级评价指标（内容）
体育锻炼意识与习惯	培养良好的篮球意识	了解篮球运动的基本知识及对身心发展的作用与意义，了解竞赛规则
	养成良好的学习习惯	认真聆听、仔细观察及模仿、合作探究、积极练习等
健康知识掌握与运用	篮球运动损伤的主要因素	思想重视程度、课堂纪律、练习盲目性、运动前准备不足、身体心理状态不佳
	篮球项目运动损伤的预防	自我保护，如：观察场地器材、练习环境是否安全、练习是否循序渐进等
情绪调控	能认识到自己的情绪	各项活动任务中表现出的态度体验，能认识到积极和消极的情绪（如：微笑、乐观、自信、愤怒、紧张、恐惧，等等）
	能调控好自己的情绪	提升自信，自我激励，如：告诉自己"我能行""我喜欢我自己"，多微笑、抬起头、深呼吸等
环境适应	能适应不同难度的运动情境	设置不同难度的运动情境，提升学生适应不同难度的能力
	能适应考试或比赛环境	设置考试或比赛的环境，观察学生在考试或比赛的环境下身体和心理的适应能力

（四）制定"双手胸前传球"健康行为素养的表现性评价任务

基于表2设计"双手胸前传球"单元学习表现性评价3次课的任务（如表3所示），并将表现性评价指标融入单元教学设计，从而关注学生在课程学习过程中健康行为素养的培养。

表3 "双手胸前传球"单元课次设计思路

第一次课	球感练习	游戏
	手指拨球+重心移动	直腿拍球游戏

续表

第二次课	双手胸前传球	游戏
	双手胸前传球（对墙、2米传球）	三传两抢游戏
第三次课	双手胸前传球	教学比赛
	双手胸前传球（4米传球）	互传次数

根据表3制定单元课次学习内容、重难点、学习目标以及每一节课健康行为目标的侧重点。本文仅举第一、三次课进行说明（如表4所示）。

表4 "双手胸前传球"单元课次学习目标及表现性任务

课次	学习内容及重、难点	学习目标	基于表现性任务的健康行为评价指标
一	教学内容：双手胸前传球——直腿拍球游戏 重点：动作正确规范、保持良好的身体姿态 难点：两脚分开到极限	1. 运动能力目标：了解直腿拍球的练习方法，明确其锻炼价值。能够运用所学技术完成直腿拍球的游戏，发展学生肩、髋、腿、腰的柔韧性。 2. 健康行为目标：培养自我保护与保护他人的安全意识。 3. 体育品德目标：逐步形成严谨细致、积极进取的职业品质	1. 积极认真参与准备活动。 2. 练习保持安全距离。 3. 重心转移意识。 4. 自主学习、团结协作
三	教学内容：双手胸前传球的练习 动作要领：两手手指自然分开，拇指相对呈八字形，手指触球，掌心空出，两肘自然弯曲，传球时后脚蹬地，身体重心前移，拇指用力下压，手腕前屈，食指、中指用力拨球将球传出 重点：食指、中指用力拨球 难点：整体动作连贯一致	1. 运动技能目标：了解双手胸前传球由手型、重心转移、拇指下压、手腕前屈、食指中指用力拨球等环节组成，掌握正确的练习方法。发展学生协调、灵敏、柔韧、速度、耐力等身体素质。 2. 健康行为目标：在合作练习中逐步形成安全意识，掌握预防职业疾病的锻炼方法，培养良好的学习习惯，不断建立自信。 3. 体育品德目标：培养遵守规则意识，逐步养成勇敢果断、不畏艰难、积极向上、团结协作的优秀品质	1. 听讲积极认真，表现出观察、模仿、思考等良好听讲习惯。 2. 互动积极认真，表现出积极应答、主动提问、激励队友等良好互动习惯。 3. 练习积极认真，表现出有序练习、交流探讨等良好练习习惯。 4. 形成规则意识

（五）制定"双手胸前传球"健康行为素养的观察评价量表

为了更好地收集学生在"双手胸前传球"单元学习过程中的课堂学习习惯、篮球基本认知、运动防护知识的掌握与运用、调节情绪和适应环境等健康行为表现的信息，有针对性地设计了易于操作的评价量表（如表5所示）。

表5 "双手胸前传球"健康行为素养观察评价量表（自评、互评表）

课次		评价者		被评价者				
序号	评价主题	评价指标描述			五星	四星	三星	二星	一星
一	安全小卫士	积极认真参与准备活动							
二		传球时的距离意识							
三		练习时建立安全意识							
四		形成互助意识							
五	学习小达人	听讲认真，养成发现问题、分析问题、解决问题的好习惯							
六		练习积极认真，提升参与度							
七		互相纠偏改错，具有团队意识							
八		严谨细致，动作规范							
九	情绪小管家	动作错误时能够调整自己的情绪，乐观向上							
十		对方传球失误时能够指出问题所在，激励对方勇于进取							
十一	环境适应	适应各种来球，正确对待游戏和比赛							

注：①五星至一星分别代表"好""较好""一般""较差""差"。
②教师根据不同的课程内容和不同的重难点，选择评价主题，引导学生自我评价。

四、结论与建议

体育与健康学科核心素养主要体现在运动技能、健康行为、体育精神等三个方面，这三个方面的素养是紧密相连、相互影响、相互促进的。为了更好地健全核心素养的综合评价，需要结合每个运动项目的特点和教育价值，探索每个运动项目对应核心素养三个方面的增值评价，通过可量化的方式，最大限度地将隐性评价显性化。本文仅以"双手胸前传球"单元学习为例探索了体育健康行为素养培养的实践途径，取得了较好的实践效果。建议专项运动技能教学中加大健康行为素养的探索与实践，促进学生核心素养的提升和全面发展。

参考文献

[1] 贾书申，刘海元. 高职体育立体化教程 [M]. 北京：北京体育大学出版社，2017.

[2] 贾书申，刘海元，高职体育立体化教程 [D]. 北京：北京体育大学出版社，2017.

[3] 赵显强，"表现性评价"在高中篮球选项课教学中的运用研究 [D]. 苏州：苏州大学，2014.

[4] 姚水玲. 表现性评价在中学体育教学中的应用初探 [J]. 体育时空，2014（19）：87.

基于培养大学生体育锻炼坚持性的多维度教学实践探索

赵苏妙 赵汐 朱峰 程凯威[**]

【摘　要】一直以来，国家非常关注青少年体质健康，多次下达文件要求加强学校体育工作，深化体育教学改革，助力学生养成体育锻炼的习惯。只有养成体育锻炼的习惯，学生体质健康水平才会稳定提高，学生也才会从体育锻炼中"增强体质、享受乐趣、健全人格、锤炼意志"，真正促进学生全面发展，做到五育并举。本文以体育教学实践为研究对象，通过理论先导维度、优化和细化教学内容维度、创新教学方法维度、改进教学评价维度、体育第二课堂维度对培养学生体育锻炼的坚持性进行了实践探索和试验干预，实施效果良好。

【关键词】大学生；体育锻炼坚持性；教学实践

一、引言

　　一直以来，国家都非常关注青少年体质健康水平下降的问题。自

---

[*] 基金项目：2022年北京理工大学校级教改项目——促大学生体育锻炼坚持性的教学实践创新。
[**] 赵苏妙，北京理工大学体育部，副教授；赵汐，北京理工大学体育部，主任；朱峰，北京理工大学体育部，讲师；程凯威，北京理工大学体育部，助教。

2007年以来，在《关于加强青少年体育 增强青少年体质的意见》中指出，"把增强学生体质作为学校教育的基本目标之一，培养青少年良好的体育锻炼习惯和健康的生活方式"；在《关于进一步加强学校体育工作若干意见的通知》中指出，"要创新体育活动内容、方式和载体，增强体育活动的趣味性和吸引力，使学生养成良好体育锻炼习惯和健康生活方式"；在《〈体育与健康〉教学改革指导纲要（试行）》中提出，"（采取）'教会、勤练、常赛'的实践模式，深化体育教学改革，促进学生运动能力、健康行为"。然而，大多数学生在体育课结束后退出体育锻炼的现象依然存在，说明学校体育教学在促进学生体质健康提高和帮助学生养成体育锻炼习惯方面效果并不理想。体育教学如何通过深化改革促进学生坚持锻炼，提高其运动能力和体质健康水平，成为广大体育教师和学界关注的问题。

陈善平在《影响大学生体育锻炼坚持性的体育教学因素》一文中指出："体育教学对学生体育课结束后的体育锻炼行为有深远的影响；体育授课教师、体育课程的教学内容、体育课堂上的知识技能体验感都会影响到学生的体育锻炼行为。"可见体育教学因素和学生体育锻炼坚持性密切相关，那么如何在体育教学实践中通过优化教学内容、创新教学方法来培养和提升大学生体育锻炼坚持性呢？本研究以陈善平的研究结果为假设，以体育教学实践为研究对象，拟从体育教学因素角度，采取文献资料法、问卷调查法、数理统计法，通过多维度教学实践探索，对学生体育锻炼坚持性进行研究，以期引导学生主动参与体育锻炼，培养其体育锻炼坚持性。

二、多维度教学实践培养学生体育锻炼坚持性

（一）理论先导维度

1. 行为改变理论与体育锻炼行为

体育教学实践需要有理论作指导，有理论的支撑才能通过理论去操作和实践。在体育教学中要想促进学生坚持锻炼，必须有理论作指导，因为锻炼坚持性和行为改变紧密相关。因此，在教学中选择适当的指导理论，能够收到事半功倍的效果。

跨理论模型比较分析了18种行为改变的理论精华，整合了不同行为干预理论的变化过程和原理，提出了一个改变行为的完整方法。跨理论模型自创立到应用于体育锻炼行为领域的研究中，其自身在不断地发展与丰富。近年来，随着跨理论模型研究的不断深入，其也被广泛应用于不同人群体育锻炼行为的研究当中。

2. 跨理论模型在体育教学中的应用

在体育教学中，基于跨理论模型前意向、意向、准备、行动和维持五个行为变化阶段，在学生行为变化的不同阶段对其体育锻炼的认知和行动进行理论指导和行为干预，具体通过优化体育教学内容、创新体育教学方法以及教学评价改革等因素，提升学生健康信念、认知和体育锻炼意识，帮助学生参与体育锻炼并获得自我效能感。比如，在行为变化的"维持"阶段运用小组、同伴互助，教师指导，以及引入智能体育监督等教学方法和手段，对学生已经形成的体育锻炼坚持性行为给予社会支持，帮助其巩固行为改变成果。

(二) 优化和细化教学内容维度

以跨理论模型为指导把一个学期的体育课分为四个阶段，分别为：意向阶段、准备阶段、行动阶段、维持阶段。当学生第一周上体育课时，即认为学生已经进入体育锻炼的意向阶段。

1. 认知过程中的教学内容选择

在行为改变的不同阶段，应安排不同的教学内容。由于在意向阶段和准备阶段学生尚处于对体育锻炼的认知过程，故多安排和健康相关的理论内容，唤醒学生进行体育锻炼的意识，激发学生对自我健康和体育锻炼水平的重新评价和思考。理论教学内容遵循科学性、实用性和有趣性原则，充分结合当代学生生活方式特点进行筛选，比如健康第一的重要性、久坐的危害、运动促进健康、熬夜的危害、合理膳食的重要性、如何科学制订运动计划、如何通过运动调节情绪等。

2. 行为过程中的教学内容选择

在行动阶段和维持阶段，学生处于行为改变过程，故应根据学生课外锻炼的特点安排实践内容。实践内容遵循由易到难、单人技能项目为主、采取多种运动类型和形式的原则，充分考虑学生体育锻炼基线的差异性。比如，提高心肺耐力的运动项目，随着教学周的推移，依次安排快步走、慢跑、变速跑、持续跑、高强度间歇跑等内容。单人技能项目实践内容的安排主要考虑学生课后锻炼的便利性以及不受场地器材、天气变化的限制。多种运动类型指的是按照学生体育锻炼起点的不同，安排有氧、力量、柔韧等运动类型，目的是使学生在课外锻炼时，根据自己的身体情况自主选择锻炼内容和项目。

在行为改变过程中通过实践内容对学生锻炼行为进行刺激控制、强化管理以及自主支持，学生积极主动认同体育锻炼对自己的益处并且自觉去寻求增加锻炼机会的方法。这个阶段是学生形成体育锻炼坚持性的关键阶段。

另外，虽然学生的行为改变遵循意向—准备—行动—维持这个方向，但由于行为改变过程具有动态性特征，学生有可能出现行为再次"复原"倒退的情况。因此，理论教学内容和实践教学内容的教学阶段并不受限。比如健康的重要性，就会在行为改变的不同阶段通过不同的教学方式反复讲述，对学生进行健康意识唤醒并使其拥有强烈的情绪体验。

（三）创新教学方法维度

精彩的体育教学源于体育教师对体育教学方法的创新设计和娴熟运用。可以说，教学方法的有效性关系到教学目标、教学任务的实现及实现程度，教学方法的科学性决定着教学实施的效率和质量。在培养大学生体育锻炼坚持性的教学中，根据行为改变阶段的教学内容，遵循尊重学生自主性、发挥学生创造性思维的原则选择适当的教学方法。

1. 理论内容的教学方法实践

在理论教学时，选择启发式教学法、问题探究法、微视频教学法、案例教学法、翻转课堂教学法并在教学中实践。比如，在讲到合理膳食对健康的重要性时，运用翻转课堂教学法，提前一周将课件发给学生，要求学生自学并收集资料，教学时采取学生上前展示、其他同学提问、教师最后补充的形式，充分调动学生的参与积极性，深度唤醒学生对健康的重视。以融入现代技术手段的微视频教学法为例，在讲到某一个重要知识点时，如运动前不热身会导致运动损伤的内容，教师提前寻找和编辑相关视频并在课堂上播放，这样学生不仅通过教师的讲解了解到热身的必要性，而且通过视觉效果直观体验运动损伤带给健康的风险。

2. 实践内容的教学方法实践

在实践教学时，从学生兴趣入手，调动学生学习积极性。可以选择小组合作教学法、同伴互助教学法、差异化教学法、游戏比赛教学方法等，教师充分参与到学生活动中，以鼓励学生为主，通过师生互动、生生互动，创造宽松、自由的教学氛围，使学生享受运动乐趣，获取成功体验和自我效能感（自我效能感是学生坚持锻炼的重要影响因素）。以小组合作教学法为例，按照学生体育锻炼的基线水平，把学生分为不同的组别，由于小组内同伴之间的锻炼水平相似，在进行练习时可以同水平共进步，同伴之间互相鼓励，容易共情并建立友谊，更容易享受运动带来的喜悦（研究表明，同质化锻炼小组有助于提升锻炼的坚持性）。此外，建立线上小组互助群并推选出组长，组长负责统计小组成员课后锻炼打卡记录和推送教师指导下的锻炼内容，同学们在群里每天锻炼打卡，并相互分享锻炼体验，这种无形中的协作和督促，会促使学生坚持锻炼，并形成锻炼习惯。

（四）改进考核评价维度

1. 考核方式会影响到学生的锻炼坚持性

传统考核方式以终结性评价为主，对学生的过程性评价不足，忽略了学生学习的过程性。而学习是一个动态持续的过程，学生参与课堂的积极性以及课下学习的努力程度都是学习的组成部分，单一评价方法不能全面衡量学生的学业表现，不利于学生的全面发展。

一直以来，传统的高校体育课多以量化指标来评价学生成绩，量化评价比较客观、便于操作，但过分强化达标，忽略了学生进步幅度以及体育态度和情感意志的发展，部分学生甚至把体育课当成了负担，体育课结束后马上就终止了体育锻炼。这样不但会扼杀学生对体育课的激情，更不利于培养学生对体育锻炼的兴趣，无法使学生养成坚持体育锻炼的习惯。

2. 多维度评价方法在体育教学中的实践

笔者在培养学生锻炼坚持性的教学实践中，创新教学评价方式，加大了过程性评价的分值，多维度地对学生体育课成绩进行评价，提高了学生参与体育锻炼的积极性。

具体来说，一是加入了学生课后锻炼打卡评价内容，分值占比达到了15%。每学期打卡40次即可获得满分，部分学生甚至远远超过40次打卡。这种锻炼频次的保证，强化了对体育锻炼的坚持，部分学生养成了体育锻炼的习惯。二是增加成绩进步幅度分值。以2 000米耐力跑为例，在上课前测试学生的长跑成绩,在期末考核时再次测试,进步幅度较大的学生将获得一定的加分,这样将会激发学生们的锻炼动力,尤其是对弱体质学生,他们主动锻炼的意愿加强,不会轻易放弃体育锻炼。三是对体育态度进行评价。教师根据学生在课堂上的积极表现、互动次数、展示的认真程度对其进行评价,鼓励学生充分参与,从理论和实践中获得对体育锻炼的深度认知和体验,坚定他们的体育锻炼行为。

(五)体育第二课堂维度

强化学习理论认为:在一个人的行为发生后,如果能给他增加一个强化或刺激的环节,那么该行为发生的概率就会更高。反复的强化或刺激形成合力,就会引起人们的种种不同行为。通过创新体育第二课堂形式,帮助学生强化体育锻炼行为。

1. 科技赋能,利用智能化体育平台督促学生坚持锻炼

本课程通过运用智能化体育平台、AI技术赋能体育第二课堂,人机协同,实践"学会、勤练、常赛"的理念。对健康行为(锻炼坚持行为)这一体育学科核心素养进行课上课下全过程的引领和培育,帮助学生养成体育锻炼习惯。智能化体育平台具有多样化教学资源、智能课堂管理、智能化评价和防作弊功能,能够节约教师的时间和精力,使教师更加便捷地指导和管理学生课下体育锻炼。

2. 智能化体育平台在体育第二课堂中的运用

通过智能化体育平台(乐动力)给学生布置课下作业,学生根据自身运动基础在平台上自主选择锻炼任务(有氧耐力、体能训练、其他)。球类、自行车、游泳等锻炼任务通过打卡,以照片或者短视频的形式上传到指定信息平台作为证明。

利用智能化体育平台建立班级群,师生互加微信,实现师生即时互动,对于共性问题,由教师在群里指导,对于个别问题,由教师通过线上平台进行个性化精准指导,教师做到全过程督促和指导学生课下锻炼。

利用智能化体育平台承办体能挑战赛,鼓励学生以班级为单位参与,每周自动生成班级排名,形成强大的第二课堂团体锻炼氛围,同学们在线上平台互相提醒、互相影响去参与锻炼。有研究表明,"同质化参与体育锻炼"有助于体育锻炼的坚持。

三、多维度教学实践对学生锻炼坚持性的实施效果

(一) 多维度教学实践效果明显

本教学改革以两个班级为实验组和对照组（各36人），实验组采用新形式的教学内容、教学方法和教学评价，并且开展了第二体育课堂创新，对照组采取改革前的教学形式。教学实践研究采用王深等人编制的锻炼坚持性问卷（14个条目），包括行为指标、努力投入与情绪体验三个维度。在实验前后通过锻炼坚持量表对干预对象进行了测试。

锻炼坚持量表测量结果显示：干预前，对照组和实验组锻炼坚持量表得分无显著差异。干预后，对照组总得分为（50.92±4.21）分，实验组总得分为（53.46±3.73）分，呈显著性差异（$P<0.05$）；且实验组在行为指标、努力投入和情绪体验上得分均高于对照组，呈显著性差异（$P<0.05$）。图1、图2、图3、图4为实验组学生部分指标的调查结果。

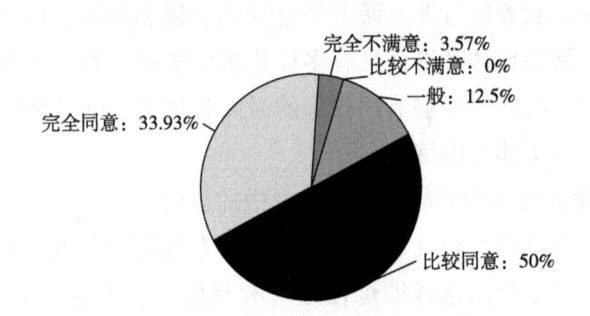

完全不满意：3.57%
比较不满意：0%
一般：12.5%
比较同意：50%
完全同意：33.93%

图1 我每次参加体育活动的时间至少为30分钟

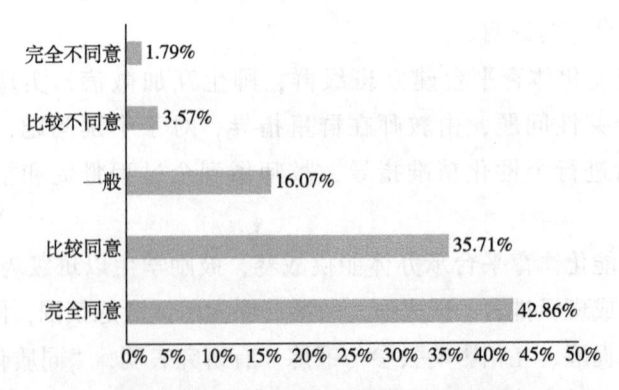

完全不同意 1.79%
比较不同意 3.57%
一般 16.07%
比较同意 35.71%
完全同意 42.86%

图2 我每周至少参加3次以上体育锻炼

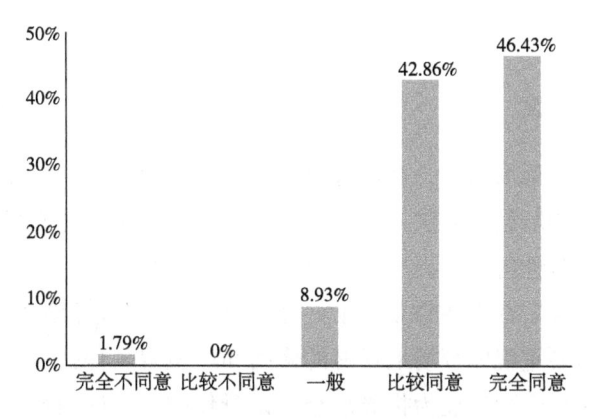

图3　锻炼过后我常常感到强壮

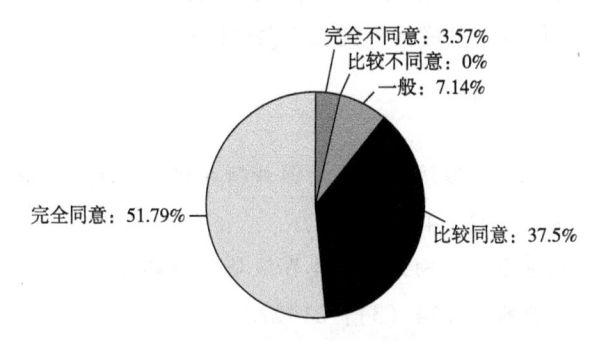

图4　我愿意腾出相对固定的时间来坚持体育锻炼

（二）多数学生体育锻炼坚持性良好并养成体育锻炼习惯

实验干预1个月后的调查结果显示：实验组学生大部分保持着良好的运动习惯，每周坚持锻炼3~5次的学生占到了58%，79%的学生选择每次运动20~30分钟；77%的学生认为中强度的运动更容易坚持，也更能感到身心愉悦；学生认为根据课堂讲授，自主制订运动计划，自由选择锻炼类型，有利于激发自己的锻炼参与；学生认为体育课程教学内容的实用性、小组教学法呈现出来的锻炼氛围，以及AI运动的使用对自己锻炼坚持起到了重要的作用；学生认为自己坚持锻炼不仅获得了身体上的健康，而且变得更加阳光开朗，学习效率也提高了。

此外，学生认为，外部环境也会影响自己锻炼的坚持性，建议学校在学生体育课程结束后开设体育锻炼指导咨询，这样在锻炼过程中遇到各种问题时就能够及时得到解答；同时希望学校能够对体育设施和环境进行修缮改进，以便在体育锻炼时获得更加美好的体验。

四、结论与建议

以跨理论模型为指导，在体育教学实践中理论先行、细化和优化教学内容、改进和创新教学方法、改变评价方法、创新第二课堂形式，证实学生体育锻炼坚持性得到了提高。建议学校建立体育锻炼指导咨询平台，使学生体育课结束后在自主锻炼过程中遇到各种问题都能够及时得到指导；学校相关部门要重视体育场地器材的修缮和环境卫生保持；体育教师要以立德树人、学生全面发展为指导思想，以身作则、爱岗敬业，不断提高自身教学理论和实践水平，充分理解和信任学生，营造宽松、自由的锻炼氛围，为学生终身体育、养成体育锻炼习惯创造条件。

参考文献

[1] 张春华. 锻炼坚持性的国外研究进展 [J]. 上海体育学院学报, 2002（4）：48-51.

[2] 陈善平. 影响大学生体育锻炼坚持的体育教学因素 [J]. 体育科研, 2014（3）：24-27.

[3] 何仲恺. 运动态度和锻炼坚持性对大学生心理健康的影响 [J]. 体育科学, 2007（6）：39-44.

[4] 霍军. 体育教学方法实施及创新研究 [J]. 北京体育大学学报, 2013（1）：84-90.

[5] 高升. 普通高校体育课程评价方法研究 [J]. 天津体育学院学报, 2004（3）：90-92.

[6] 宋琦. 运动类 APP 对大学生体育锻炼坚持性的研究 [D]. 武汉：华中师范大学, 2015.

[7] 孙远强, 廖宁. 混合学习模式下学生学习评价体系构建与应用研究 [J]. 信息与电脑, 2021（4）：229-231.

[8] LIAO C C. Ability of the sport education model to promote healthy lifestyles in university students: a randomized controlled trial [J]. International journal of environmental research and public health, 2023（20）：2-11.

对普通高校提升学生体质测试成绩的措施的思考

黎 臣[*]

【摘　要】本文在实践的基础上，提出了提高普通高校学生体质测试成绩的具体措施，并对未来可实施的干预方案进行了深入的思考，希望能够为广大高校提升学生体质测试成绩提供有益的参考与借鉴。

【关键词】普通高校；体质测试；措施与思考

教育部在2014年颁发的《国家学生体质健康标准》中指出，普通高中、中等职业学校和普通高等学校学生毕业时，标准测试成绩达不到50分者按结业或肄业处理。2019年6月，中共中央、国务院颁发的《关于深化教育教学改革 全面提高义务教育质量的意见》指出，"严格执行学生体质健康合格标准，健全国家监测制度。除体育免修学生外，未达体质健康合格标准的，不得发放毕业证书"。这是中共中央、国务院印发的第一个聚焦义务教育阶段教育教学改革的重要文件，是新时代我国深化教育教学改革、全面提高义务教育质量的纲领性文件。

首都经济贸易大学在严格执行相关测试工作的基础上，根据本校的实际情况逐步落实《国家学生体质健康标准》，并在多年研究与实践的基础上围绕体质测试与体育教学等核心工作开展了多项有效的教学改革。

---

[*] 黎臣，首都经济贸易大学体育部，副教授。

一、提升体质测试工作成效的具体措施

（一）将体质测试与体育教学相结合

1. 将体质测试项目内容纳入课堂教学

为了能够从多方面改善与提升学生的体质测试成绩，首都经济贸易大学将体质测试具体项目内容纳入大一与大二必修体育课程。特别是在大一的基础体育课程中，要求教师在教学进度中安排体质测试项目内容，在课堂教学中，通过教师的专门指导与训练，使学生全面掌握具体测试项目的操作方法、注意事项并实施专项训练。

2. 加强基础体能的教学比例

在大一的基础体育课程中，采用以基础训练为主的课程模式，也可以理解为基础体能训练课。在大二的专项训练中，也要突出基础身体素质的训练。在大一和大二的秋季学期中，都安排12分钟跑的教学内容，并且提升此项目在学期考核中的教学比例，大一为40%，大二为20%。

3. 将体质测试成绩纳入学期成绩

为了进一步提高学生对体质测试内容的重视，在大一与大二的体质测试学期将体质测试总分纳入学期体育成绩的评定，大一与大二都为20%。采纳将体质测试成绩与学期成绩挂钩的模式能够进一步激发学生锻炼的热情，提高学生测试过程中的认真程度，使学生能够在大一与大二的体育教学课程中打好基础，为整体大学期间的测试奠定基础。

4. 将体质测试成绩与学生评优等工作挂钩

学生体质测试成绩达到良好及以上者，方可参加三好学生、奖学金评选；成绩达到优秀者，方可获体育奖学金。

（二）不断完善测试流程、优化测试方案

1. 加强硬件投入与维护

体育部通过各种渠道申报资金支持，购置充足的测试仪器，并且注重仪器的日常维护，特别是在测试集中的时期，会预约设备厂家派技术人员现场进行检修与维护，确保测试设备的良好运营。

2. 加强测试人员的业务培训

在开展测试前，由体育部健康教研室教师负责为参加测试工作的人员

进行细致的培训，原则上确保运动数据测试人员为一线体育教师，并要求教师进行必要的测试技术指导。测试人员要非常熟悉测试仪器，了解测试流程及注意事项，尽量把测试错误数据和不良数据在测试中筛选出来，并及时进行更新与纠错。

3. 完善预约测试流程管理

为了便于数据采集，发挥任课教师的主导作用，我们把大一与大二必修课的体质测试安排在教学班时间段进行，采用班级集中、时间分段的模式。任课教师带领测试，热身活动做得会非常充分，也能够在测试前尽量提示各个项目的注意事项，有利于充分发挥学生的测试水平。

大三和大四学生采用空余时间段和周末进行测试。为了便于学生的测试安排与合理安排测试容量，体育部上线了线上预约系统，非常有利于学生自由安排测试时间管理。通过这个系统实现学生测试数据可查，能够让学生及时了解自己的测试成绩，如有错误也便于及时发现，及时处理。

4. 完善安全预案与检查，使测试过程有保障

为了确保数据真实与安全，大三与大四学生进入测试场地必须提供有效证件，由专人进行检查，无关人员禁止入内。所有测试项目仪器必须由教师操作，并要求测试学生明示证件，教师要逐一核对。在测试场所内张贴各项测试流程及注意事项，充分指导学生测试。在集中测试时间段，要求安排校医院大夫到测试场地值班，随时处理突发事件，确保测试工作有序安全进行。

5. 做好补测及伤病学生的数据管理

体育部专门设立健康教研室负责测试工作，并由这个教研室随时处理部分伤病学生的数据认定与录入工作。为了能够使学生测得合理的成绩，体育部鼓励学生进行项目补测，并尽量安排多次进行补测，让学生充分发挥测试水平。

（三）推进课内外一体化，加强课外干预

1. 实施课内外一体化教学改革的缘由

基于国家体质测试对学生硬性要求及目前高校只有大一和大二每周一节体育课等现状，为了充分调动学生进行课外运动、加强课余体育锻炼的积极性，体育部自2018年开始采用部分班级试验性开展课内外一体化教学实践，在学期末进行系统总结后，自2019年开始全面推行课内外一体化教

学改革。希望通过教学课程强化、课外锻炼跟进的模式来全面提升学生的基础运动水平，加强对体质测试工作的集中干预，以此来推进学校体质测试水平的提高。

2. 课内外一体化的具体内容

目前主要采取针对大一和大二学生开展的以跑步为基础，其他社团和运动项目相结合的课外锻炼模式，锻炼内容根据学期长短来确定，大一第一学期由于军训占用教学时间，基础跑步长度为一个马拉松（42.195公里）的距离，大一第二学期及大二年级为1.5个马拉松的跑步距离。每次锻炼的平均配速为4~10分/公里（6~15公里/时）；每天只记一次最长有效记录；每次记录的最短有效距离为2公里；每次记录的最长有效距离为10公里，超出的作为基础数据保存。有计划参加社团活动的，可由社团负责人学期末提供训练证明，最多可抵扣20公里的运动距离，以此来鼓励学生运动的多元化。课外锻炼相当于先行课，学生必须在完成锻炼任务的前提下才能够评定期末成绩，以此来督促学生进行锻炼。

自2021年开始，体育部明确引入乐跑体育互联网（武汉）有限公司的体育服务项目，与公司签订服务项目，支持开展课内外一体化项目，这也标志着我校的课内外一体化教学改革进入提升阶段。由于经费方面的制约，我们只是订制了最初级的跑步软件的合作内容。

与常规运动软件对比，步道乐跑运动软件可以提供更为深入的信息服务，此软件是专门针对学校开发的，数据库建立后，教师可以通过教师端随时查看学生的运动数据，监督学生的完成进度。通过数据库的建设，教师可以根据教学需求提前设置运动要求的参数标准。学生查看运动规则后按照规则完成有效数据上传，从而完成运动作业，这样能够实现运动作业安排与远程监控，使课内外一体化进程实现方便设置、随时监督与调节。

二、对未来改善体质测试工作的思考

（一）强化测试设备的精确度

在测试中发现部分仪器设备的耐久度不够好，测试局限性较大，比较突出的就是肺活量测试仪器。应注重对设备的维护及新设备的购置，加大资金的投入。

（二）进一步改善测试环境与增加测试次数

在测试中，由于测试密度安排过大，部分项目测试次数安排得较少，学生不能发挥最佳水平，有的立定跳远测试才安排一次跳跃，肺活量测试也只安排一次吹气等。由于部分学生不能很好地掌握测试方法，一次测试成功取得最佳成绩较难。在今后的测试中，应适当降低单位时间的测试密度，或尽量增加测试设备数量，不断增强测试工作的服务意识，提高学生对测试的满意度。

（三）对体质较弱学生实施针对性干预

对于测试成绩较差的学生，应该在课程教学安排中给予直接性干预，或有条件地开展针对性训练。在实施过程中，体育主管部门应该对这部分学生给予政策、人力、资金等方面的支持，把此项工作负责任地开展起来。对于体质测试成绩较差的大一学生，我们在体育管理中明示了将限制他们在大二选课的自由度，但是近年来并没有严格执行。因此，建议在大一与大二阶段对体质测试成绩较差的学生在选课安排中积极采取干预措施。

（四）拓展课内外一体化实施的范围

多数普通高校大三和大四都没有体育课程，为了能够持续鼓励和督促学生进行锻炼，建议考虑拓展课内外一体化实施的范围，将大三和大四纳入实施范围。为了使其具有效果，建议考虑与学分挂钩，可考虑一个学年一分等模式，以此来鼓励、督促学生持续进行锻炼。大三与大四的学生课余锻炼可以继续由体育部的教学部门进行管理，也可转交给院系班主任或负责学生工作的辅导员来管理。如果能够延续对学生课余锻炼的督促与监督，对保持与提升学生身心素质，提升体质测试成绩将起到促进作用。

（五）不断营造校园课余锻炼氛围，引导学生多参与运动和竞赛

体育部门应该积极开展校园群体活动，尽量为学生提供运动场馆设施，充分满足学生参与课余锻炼的需求。体育部门应该通过学生会和各个社团，积极引导和扶持学生社团活动的开展。体育部门也应该积极召开以院系为基础的大型运动会或群体活动，多开展全员参与的活动，整体推进课余锻炼氛围的形成，促进全员运动水平的提升。

参考文献

［1］沈震．利用课内外一体化教学法提高大学生800米跑成绩［J］．现代技能开发，1995（6）：35.

［2］徐美敏．试论"课内外一体化"的高校体育教学［J］．上海体育学院学报，1995（S3）：11-12，23.

［3］李慧音．研究生体育"课内外一体化"模式［J］．高等工程教育研究，1996（1）：79-82.

［4］任春香，祝振军，蒋桂凤．大学体育课内外一体化之教学内容改革的思考［J］．体育科技文献通报，2019，27（10）：61，82.

大学生体质健康促进智慧化方案分析

——以首都经济贸易大学为例

贺 慨 吴春霞 王 伟[*]

【摘　要】 大学生是我国社会主义事业的建设者和接班人，大学生的体质健康水平从一定程度上影响着国家未来的发展。近年来，高校体育与大数据、云计算等技术的融合程度不断加深，从一定程度上推动着当代大学生体质健康的智慧化发展。大学生体质健康促进智慧化并非简单应用各项新技术，而是要以各项技术作为驱动创新大学生体质健康促进方式。对此，本文以首都经济贸易大学为研究对象，结合大学生体质健康促进智慧化现状，制订相应的智慧化方案，以供参考。

【关键词】 大学生；体质健康；智慧化方案；首都经济贸易大学

一、引言

大学生的体质健康水平与其是否参加体育锻炼有直接关系，大学生参加体育锻炼的态度直接影响其体质健康水平。大学生在日常生活中，如果

---

[*] 贺慨，首都经济贸易大学体育部，教授；吴春霞，首都经济贸易大学体育部，副教授；王伟，首都经济贸易大学体育部，副教授。

缺少有效的体育锻炼或身体活动,其体质健康水平将大幅下降。目前,大学生体质健康已经成为衡量国家综合国力的重要标准,国内高校对大学生体质健康促进、管理、监测等方面的研究不断深入,为本研究提供了理论参考。

二、首都经济贸易大学学生体质健康现状

首都经济贸易大学从 2020 年正式开展大学生体质健康测试工作,按照《国家学生体质健康标准》(以下简称《标准》),学校选定的测试项目包括身高、体重、肺活量、50 米跑、立定跳远、坐位体前屈、仰卧起坐(女)/引体向上(男)、800 米跑(女)/1 000 米跑(男)。2022 年度首都经济贸易大学学生体质健康测试中,参与测试的学生人数为 9 341 名,其中男生 3 043 名,女生 5 698 名,其中有 459 名缓测免体学生。测试结果如下:

(一)学生体质健康测试成绩的平均分

2022 年首都经济贸易大学学生体质健康测试总成绩平均为 69.90 分,与 2021 年度的 69.23 分相比差异较小,男生总成绩平均为 66.02 分,女生总成绩平均为 72.39 分,各年级学生总成绩平均分见表 1。由表 1 可知,首都经济贸易大学大二学生测试成绩最好,男生体质健康水平显著低于女生。

表 1 总体平均分

年级编号	男	女	总计
大一	65.00	73.18	69.09
大二	68.67	75.88	72.88
大三	66.51	73.13	69.82
大四	63.69	67.38	65.54
总计	65.97	72.39	69.18

(二)身体形态测试结果

身体形态测试结果是了解学生身体发育水平的重要指标。2022 年度首都经济贸易大学身体形态测试结果(见表 2)显示:身体形态正常的学生人数为 6 253 人,占比为 70.40%;肥胖人数为 763 人,占比为 8.59%;超

重人数为 1 575 人，占比为 17.73%；低体重人数为 291 人，占比为 3.28%。调查结果表明，学校超重和肥胖的学生数量较大，许多学生面临着心脑血管疾病的风险。

表2　身体形态测试结果　　　　　　单位：人

身高体重等级	性别	大一	大二	大三	大四	总计
超重	男	200 (2.25%)	244 (2.75%)	236 (2.66%)	268 (3.02%)	948 (10.67%)
	女	193 (2.17%)	125 (1.41%)	138 (1.55%)	171 (1.93%)	627 (7.06%)
	小计	393 (4.42%)	369 (4.15%)	374 (4.21%)	439 (4.94%)	1 575 (17.73%)
低体重	男	47 (0.53%)	29 (0.33%)	21 (0.24%)	20 (0.23%)	117 (1.32%)
	女	47 (0.53%)	36 (0.41%)	41 (0.46%)	50 (0.56%)	174 (1.96%)
	小计	94 (1.06%)	65 (0.73%)	62 (0.70%)	70 (0.79%)	291 (3.28%)
肥胖	男	143 (1.61%)	143 (1.61%)	124 (1.40%)	131 (1.47%)	541 (6.09%)
	女	63 (0.71%)	46 (0.52%)	52 (0.59%)	61 (0.69%)	222 (2.50%)
	小计	206 (2.32%)	189 (2.13%)	176 (1.98%)	192 (2.16%)	763 (8.59%)
正常	男	475 (5.35%)	514 (5.79%)	436 (4.91%)	438 (4.93%)	1 863 (20.98%)
	女	1 112 (12.52%)	1 096 (12.34%)	1 129 (12.71%)	1 053 (11.86%)	4 390 (49.43%)
	小计	1 587 (17.87%)	1 610 (18.13%)	1 565 (17.62%)	1 491 (16.79%)	6 253 (70.40%)
总计		2 280 (25.67%)	2 233 (25.14%)	2 177 (24.51%)	2 192 (24.68%)	8 882

(三) 肺活量测试结果

肺活量能反映学生的呼吸机能。2022 年体质健康测试中, 肺活量及格人数众多; 不及格人数仅 296 人, 占比为 3.33%; 测试结果为优秀和良好的人数分别是 1 737 人和 1 935 人, 占比分别为 19.56% 和 21.79% (见表 3)。

表 3　肺活量测试结果　　　　　单位: 人

肺活量等级	性别	大一	大二	大三	大四	总计
优秀	男	149 (1.68%)	190 (2.14%)	169 (1.90%)	187 (2.11%)	695 (7.82%)
	女	254 (2.86%)	295 (3.32%)	255 (2.87%)	238 (2.68%)	1 042 (11.73%)
	小计	403 (4.54%)	485 (5.46%)	424 (4.77%)	425 (4.78%)	1 737 (19.56%)
良好	男	159 (1.79%)	237 (2.67%)	178 (2.00%)	201 (2.26%)	775 (8.73%)
	女	261 (2.94%)	305 (3.43%)	294 (3.31%)	300 (3.38%)	1 160 (13.06%)
	小计	420 (4.73%)	542 (6.10%)	472 (5.31%)	501 (5.64%)	1 935 (21.79%)
及格	男	468 (5.27%)	463 (5.21%)	422 (4.75%)	428 (4.82%)	1 781 (20.05%)
	女	868 (9.77%)	693 (7.80%)	792 (8.92%)	780 (8.78%)	3 133 (35.27%)
	小计	1 336 (15.04%)	1 156 (13.02%)	1 214 (13.67%)	1 208 (13.60%)	4 914 (55.33%)
不及格	男	89 (1.00%)	40 (0.45%)	48 (0.54%)	41 (0.46%)	218 (2.45%)
	女	32 (0.36%)	10 (0.11%)	19 (0.21%)	17 (0.19%)	78 (0.88%)
	小计	121 (1.36%)	50 (0.56%)	67 (0.75%)	58 (0.65%)	296 (3.33%)
总计		2 280 (25.67%)	2 233 (25.14%)	2 177 (24.51%)	2 192 (24.68%)	8 882

(四) 50 米跑测试结果

50 米跑主要测试的是学生的快速奔跑能力。2022 年度首都经济贸易大学 50 米跑测试结果为：优秀者有 81 人，占比仅为 0.91%；良好人数仅有 114 人，占比为 1.28%；及格人数为 7 526 人，占比为 84.73%；不及格人数高达 1 161 人，占比为 13.07%（见表4）。

表 4　50 米跑测试结果　　　　　　　　　　单位：人

50 米跑等级	性别	大一	大二	大三	大四	总计
优秀	男	19 (0.21%)	29 (0.33%)	15 (0.17%)	9 (0.10%)	72 (0.81%)
	女	2 (0.02%)	3 (0.03%)	2 (0.02%)	2 (0.02%)	9 (0.10%)
	小计	21 (0.24%)	32 (0.36%)	17 (0.19%)	11 (0.12%)	81 (0.91%)
良好	男	25 (0.28%)	28 (0.32%)	15 (0.17%)	7 (0.08%)	75 (0.84%)
	女	12 (0.14%)	11 (0.12%)	9 (0.10%)	7 (0.08%)	39 (0.44%)
	小计	37 (0.42%)	39 (0.44%)	24 (0.27%)	14 (0.16%)	114 (1.28%)
及格	男	763 (8.59%)	840 (9.46%)	762 (8.58%)	808 (9.10%)	3 173 (35.72%)
	女	1 141 (12.85%)	1 112 (12.52%)	1 098 (12.36%)	1 002 (11.28%)	4 353 (49.01%)
	小计	1 904 (21.44%)	1 952 (21.98%)	1 860 (20.94%)	1 810 (20.38%)	7 526 (84.73%)
不及格	男	58 (0.65%)	33 (0.37%)	25 (0.28%)	33 (0.37%)	149 (1.68%)
	女	260 (2.93%)	177 (1.99%)	251 (2.83%)	324 (3.65%)	1 012 (11.39%)
	小计	318 (3.58%)	210 (2.36%)	276 (3.11%)	357 (4.02%)	1 161 (13.07%)
总计		2 280 (25.67%)	2 233 (25.14%)	2 177 (24.51%)	2 192 (24.68%)	8 882

（五）800 米跑（女）/1 000 米跑（男）测试结果

本项目主要检测学生的耐力，能反映学生的长距离奔跑能力。2022 年度测试结果显示：学生耐力素质总体较差，优秀者与良好者数量分别为 195 人、590 人，占比分别是 2.20%、6.64%；及格人数为 4 861 人，占比为 54.73%；不及格学生有 3 236 人，占比高达 36.43%（见表5）。

表5 800 米跑（女）/1 000 米跑（男）测试结果　　单位：人

800/1 000 米跑等级	性别	大一	大二	大三	大四	总计
优秀	男	28 (0.32%)	26 (0.29%)	20 (0.23%)	8 (0.09%)	82 (0.92%)
	女	42 (0.47%)	44 (0.50%)	16 (0.18%)	11 (0.12%)	113 (1.27%)
	小计	70 (0.79%)	70 (0.79%)	36 (0.41%)	19 (0.21%)	195 (2.20%)
良好	男	72 (0.81%)	96 (1.08%)	34 (0.38%)	19 (0.21%)	221 (2.49%)
	女	131 (1.47%)	144 (1.62%)	67 (0.75%)	27 (0.30%)	369 (4.15%)
	小计	203 (2.29%)	240 (2.70%)	101 (1.14%)	46 (0.52%)	590 (6.64%)
及格	男	477 (5.37%)	553 (6.23%)	405 (4.56%)	296 (3.33%)	1 731 (19.49%)
	女	1 044 (11.75%)	892 (10.04%)	764 (8.60%)	430 (4.84%)	3 130 (35.24%)
	小计	1 521 (17.12%)	1 445 (16.27%)	1 169 (13.16%)	726 (8.17%)	4 861 (54.73%)
不及格	男	288 (3.24%)	255 (2.87%)	358 (4.03%)	534 (6.01%)	1 435 (16.16%)
	女	198 (2.23%)	223 (2.51%)	513 (5.78%)	867 (9.76%)	1 801 (20.28%)
	小计	486 (5.47%)	478 (5.38%)	871 (9.81%)	1 401 (15.77%)	3 236 (36.43%)
总计		2 280 (25.67%)	2 233 (25.14%)	2 177 (24.51%)	2 192 (24.68%)	8 882

（六）坐位体前屈测试结果

坐位体前屈测试能反映学生各关节与韧带、肌肉的韧性、弹性和伸展性，属于反映学生柔韧性的重要指标。2022 年度测试结果显示：坐位体前屈测试结果为优秀和良好的学生分别为 3 135 人、1 687 人，占比分别为 35.30%、18.99%；及格人数为 3 704 人，占比为 41.70%；不及格人数为 356 人，占比为 4.01%（见表 6）。可见学生坐位体前屈测试结果良好。

表 6　坐位体前屈测试结果　　　　　　　　　　　单位：人

坐位体前屈	性别	大一	大二	大三	大四	总计
优秀	男	149 (1.68%)	204 (2.30%)	243 (2.74%)	258 (2.90%)	854 (9.61%)
	女	470 (5.29%)	562 (6.33%)	682 (7.68%)	567 (6.38%)	2 281 (25.68%)
	小计	619 (6.97%)	766 (8.62%)	925 (10.41%)	825 (9.29%)	3 135 (35.30%)
良好	男	118 (1.33%)	169 (1.90%)	154 (1.73%)	152 (1.71%)	593 (6.68%)
	女	290 (3.27%)	291 (3.28%)	258 (2.90%)	255 (2.87%)	1 094 (12.32%)
	小计	408 (4.59%)	460 (5.18%)	412 (4.64%)	407 (4.58%)	1 687 (18.99%)
及格	男	494 (5.56%)	506 (5.70%)	375 (4.22%)	409 (4.60%)	1 784 (20.09%)
	女	603 (6.79%)	433 (4.88%)	401 (4.51%)	483 (5.44%)	1 920 (21.62%)
	小计	1 097 (12.35%)	939 (10.57%)	776 (8.74%)	892 (10.04%)	3 704 (41.70%)
不及格	男	104 (1.17%)	51 (0.57%)	45 (0.51%)	38 (0.43%)	238 (2.68%)
	女	52 (0.59%)	17 (0.19%)	19 (0.21%)	30 (0.34%)	118 (1.33%)
	小计	156 (1.76%)	68 (0.77%)	64 (0.72%)	68 (0.77%)	356 (4.01%)
总计		2 280 (25.67%)	2 233 (25.14%)	2 177 (24.51%)	2 192 (24.68%)	8 882

(七) 立定跳远测试结果

立定跳远能反映学生的下肢肌肉爆发力和弹跳力。2022年测试结果显示，学生的下肢爆发力相对较差，优秀者和良好者分别为209人、821人，及格人数为5 507人，不及格人数为2 345人（见表7）。立定跳远测试结果良好。

表7　立定跳远测试结果　　　　　　　　单位：人

立定跳远等级	性别	大一	大二	大三	大四	总计
优秀	男	14 (0.16%)	30 (0.34%)	13 (0.15%)	9 (0.10%)	66 (0.74%)
优秀	女	45 (0.51%)	38 (0.43%)	28 (0.32%)	32 (0.36%)	143 (1.61%)
优秀	小计	59 (0.66%)	68 (0.77%)	41 (0.46%)	41 (0.46%)	209 (2.35%)
良好	男	39 (0.44%)	53 (0.60%)	44 (0.50%)	30 (0.34%)	166 (1.87%)
良好	女	161 (1.81%)	204 (2.30%)	171 (1.93%)	119 (1.34%)	655 (7.37%)
良好	小计	200 (2.25%)	257 (2.89%)	215 (2.42%)	149 (1.68%)	821 (9.24%)
及格	男	433 (4.88%)	525 (5.91%)	487 (5.48%)	486 (5.47%)	1 931 (21.74%)
及格	女	895 (10.08%)	881 (9.92%)	899 (10.12%)	901 (10.14%)	3 576 (40.26%)
及格	小计	1 328 (14.95%)	1 406 (15.83%)	1 386 (15.60%)	1 387 (15.62%)	5 507 (62.00%)
不及格	男	379 (4.27%)	322 (3.63%)	273 (3.07%)	332 (3.74%)	1 306 (14.70%)
不及格	女	314 (3.54%)	180 (2.03%)	262 (2.95%)	283 (3.19%)	1 039 (11.70%)
不及格	小计	693 (7.80%)	502 (5.65%)	535 (6.02%)	615 (6.92%)	2 345 (26.40%)
总计		2 280 (25.67%)	2 233 (25.14%)	2 177 (24.51%)	2 192 (24.68%)	8 882

（八）仰卧起坐（女）/引体向上（男）测试结果

本测试项目能直接反映学生的力量，如上肢力量、腰腹力量等。引体向上测试中，优秀和良好人数分别为520人和130人，及格人数571人，不及格人数高达2 248人；仰卧起坐测试中，优秀人数为1 677人，良好人数为1 369人，及格人数为2 219人，不及格人数仅为148人（见表8）。测试结果为女生显著优于男生。

表8 仰卧起坐（女）/引体向上（男）测试结果　　单位：人

等级	性别	大一	大二	大三	大四	总计
优秀	男	137（1.54%）	136（1.53%）	122（1.37%）	125（1.41%）	520（5.85%）
	女	282（3.17%）	405（4.56%）	644（7.25%）	346（3.90%）	1 677（18.88%）
	小计	419（4.72%）	541（6.09%）	766（8.62%）	471（5.30%）	2 197（24.74%）
良好	男	41（0.46%）	50（0.56%）	18（0.20%）	21（0.24%）	130（1.46%）
	女	365（4.11%）	321（3.61%）	357（4.02%）	326（3.67%）	1 369（15.41%）
	小计	406（4.57%）	371（4.18%）	375（4.22%）	347（3.91%）	1 499（16.88%）
及格	男	118（1.33%）	174（1.96%）	141（1.59%）	138（1.55%）	571（6.43%）
	女	706（7.95%）	562（6.33%）	337（3.79%）	614（6.91%）	2 219（24.98%）
	小计	824（9.28%）	736（8.29%）	478（5.38%）	752（8.47%）	2 790（31.41%）
不及格	男	569（6.41%）	570（6.42%）	536（6.03%）	573（6.45%）	2 248（25.31%）
	女	62（0.70%）	15（0.17%）	22（0.25%）	49（0.55%）	148（1.67%）
	小计	631（7.10%）	585（6.59%）	558（6.28%）	622（7.00%）	2 396（26.98%）
总计		2 280（25.67%）	2 233（25.14%）	2 177（24.51%）	2 192（24.68%）	8 882

三、首都经济贸易大学学生体质健康促进智慧化存在的问题

根据 2022 年首都经济贸易大学学生体质健康测试结果，对学校师生进行问卷调查、访谈调查，了解导致学生体质健康水平不达标的主要原因。从调查结果来看，主要存在以下方面的问题。

(一) 学校支持不足

在大学生体质健康促进智慧化过程中，智能可穿戴设备、信息化教学、无线网络建设、运动处方服务平台人才引进及日常管理等，都需要投入大量资金，学校在这方面缺少足够的资金投入，制约了学生体质健康促进智慧化方案的实施，导致学生体质健康水平下降。由于学校在运动器材和运动场地上的经费投入不足，许多学生喜欢的体育运动项目难以开展，这既不利于大学生体质健康促进，同时也对智慧化方案的实施造成了限制。

(二) 智慧化促进系统的运用存在问题

在智慧化促进方案中，无论是智能可穿戴设备、信息化教学还是运动处方平台建设，都需要以互联网作为支撑。许多从教时间较长的教师在操作智慧设备时学习速度偏慢，不利于各类智慧设备的正常使用。在大数据不断发展的过程中，智慧化促进系统中学生个人信息和健康数据面临被泄露的风险。

(三) 缺少完善的评价体系

大学生体质健康促进智慧化方案的实施，有利于高效采集大学生的体质健康相关信息，实时获取大学生在参加体育锻炼时产生的数据。部分学生对采集到的数据缺少较强的专业认知，如对学生运动时的心率数据进行采集时，学生个体难以判断心率数据是否在标准范围内。学校目前主要通过互联网渠道获取体育健康相关知识，个别知识的权威性和准确性还有待考察，甚至缺少理论依据，即便学校开展了较大规模的在线课程建设，也难以保障课程内容的科学合理。

四、首都经济贸易大学学生体质健康促进智慧化方案制订

（一）体育健康教育信息化

1. 优化课程教学内容

学校可以综合利用翻转课堂、微课、慕课等多种形式，实现课内外体育与健康教学。一方面，利用慕课、翻转课堂等教学形式，打破教学面临的时空限制，全面传授学生运动生理学、运动营养学等相关知识。在课外通过教学平台，利用动画、音视频、图文等学习资料指导学生学习，提高学生对体育与健康知识的掌握程度；课堂上通过教师讲授、多元互动，带领学生理解和运用知识，课后利用教学平台帮助学生巩固知识。另一方面，学校采用微课将学生的碎片化时间充分利用起来，尽量在最短时间内让学生掌握更多体育与健康知识，利用微课实现理论知识的共享。

2. 加强体质健康监测

在传统体质健康监测中，部分测试项目存在不标准、不规范的问题，部分监测人员对测试仪器的操作不够熟练、规范，导致体质健康监测结果与实际存在一定偏差。建议学校引入先进的体质健康监测项目和仪器设备，根据项目创新和仪器设备操作，开设线上课程，指导学生学习体质健康监测内容，提高学生自我监测能力。

学校可以利用智能传感和监测设备，如运动传感器、可穿戴智能设备等，实时获取学生的身体数据、身体素质、锻炼行为等各项参数，采用智能算法对学生的体质健康状况进行动态评估，准确识别体质健康状况不佳的学生群体。高校体育教师可以采取有针对性的体育锻炼方法，对体质健康状况较弱的学生实施个性化干预，增强学生参加体育锻炼的意识，规范学生的体育锻炼行为。

3. 实时推送健康信息

学校可以综合利用步道乐跑、Keep、微信等平台的群体共享功能，在线向学生传递体育与健康相关知识，如利用 Keep 平台的慢动作动画和微视频指导学生学习；采用智慧技术、数字化技术建构可视化体育运动空间，实现体育教学和虚拟教学环境有机结合，实时对教学过程进行记录，对体育教学过程进行全景再现。学校可以根据实时获取的学生体质健康数

据，实时生成学生个体的体质健康测评报告，便于落实对学生体育锻炼状况的分析，为改善教学质量创造良好条件。

（二）开展智慧化体质健康测试

体质健康测试是大学生在校期间必须完成的测试项目，传统测试方式容易打击学生的参与积极性，学校可以引入智慧化体质健康测试手段，弥补传统体质健康测试过程中存在的不足。在智慧化体质健康测试中，要融合多功能传感器、可穿戴智能设备、AI算法、大数据等技术，支持体质健康测试数据可视化，落实对学生体质健康状态的实时评估。例如，在跑步类测试项目中，使用可穿戴智能设备，实时反馈学生的步频步幅、平均配速、血氧、心率、最大摄氧量的数据；在仰卧起坐/引体向上项目中，采用AI人像追踪识别技术，对学生的运动轨迹进行甄别，自动认定有效次数，减少人为测试中存在的误差。

（三）分层教学云评定

在分层教学云评定过程中，可以通过对大学生体质健康促进智慧化方案各个实施路径中的数据进行整合，利用互联网、人工智能算法，在体质健康App中采用神经元网络实施大数据计算，对学生的体质健康水平、运动喜好等重要数据展开加权计算和评级。完成上述工作后及时将数据反馈给相关负责人，或者直接将其传输至体质健康App，以便教师根据学生体质健康反馈数据，为学生安排最适合的运动项目，真正意义上落实分层教学。

学生可以佩戴运动手环等可穿戴智能设备，在课上便于教师实时获取学生的各项身体数据，便于教师更好地掌握课堂教学节奏和运动强度。教师可以根据体质健康App提供的数据报告，直观了解学生的身体机能状况以及学生日常参加运动的情况，进而有效调整教学方案。

（四）慕课资源共享

知识经济时代，知识的价值在社会各领域被不断放大，在互联网不断发展的过程中出现了智慧树、学习强国等优质知识共享平台。学校可以利用丰富的线上资源，为学生在指定的知识平台上购买和学校体育特色课程有关的优质慕课资源，结合线下课程开展状况，开发SPOC、慕课等线上课程，建构"线上+线下"混合式课程体系，并通过平台与学校教务系统的对接，认定对应课程的学分。学校可以鼓励学生根据自身喜好和体质状况，至少选择一门其他运动项目或选修课程，优先选择线上课程，在完成线上课程的学习并达到课程要求后，由学校及时对其学习成果进行认定，激发学生学习体育知识的动力。

五、结语

综上所述，随着时代的不断进步，大学生体质健康促进智慧化成为必然趋势，其不仅能培养学生终身体育的意识，还能激发学生主动锻炼的动机。从实际情况来看，在大学生体质健康促进智慧化的过程中，学校要克服体育配套设施不完善、支持和投入力度不足等困难，从课程教学、体质健康监测、分层教学云评定、慕课资源共享等多个角度制订智慧化方案，推动智慧化系统建设，根据学生的体质健康状况，制订有针对性的运动方案，充分发挥体育锻炼提高学生体质健康水平的作用。

参考文献

[1] 杜万新.健康中国战略下大学生体质健康智慧服务模式的构建研究[J].当代体育科技，2022，12（18）：191-194.

[2] 郑俊."互联网+"背景下大学生体质健康促进实施路径的创新研究[J].当代体育科技，2021，11（27）：217-220.

[3] 程宇鹏.广州市普通高校大学生体质健康促进的智慧化实施方案研究[D].广州：广州大学，2021.

[4] 李瑞杰.智慧教育视域下高校智慧体育构成要素的理论与实践研究[D].北京：北京体育大学，2020.

[5] 王宁.基于智慧校园视角下的青少年自我健身管理研究[D].青岛：青岛大学，2019.

[6] 胡煜强.山东大学生体育类APP及可穿戴设备的使用状况与智慧体育课堂研究[D].济南：山东大学，2019.

基于跆拳道运动探讨普通高校学生柔韧素质的锻炼方法

许启晓　张怀成*

【摘　要】对在校大学生的柔韧素质锻炼情况进行调查统计，了解学生对柔韧素质的认识和锻炼的程度，找出影响学生柔韧素质发展的主要因素。将跆拳道班学生与其他学生的柔韧素质进行数据对比，检验跆拳道课堂柔韧训练的有效性，并寻求适合在校大学生提高柔韧素质的锻炼方法，为普通高校学生进行柔韧素质锻炼提供参考。

【关键词】普通高校；跆拳道；柔韧素质

　　柔韧素质是人体运动的五项基本素质之一，是指人体各个关节的活动幅度以及肌肉、肌腱和韧带等软组织的伸展能力。对普通学生来说，良好的柔韧素质能够扩大关节韧带的活动范围，有利于提高身体的灵活性和协调性，在意外事故发生时有可能避免和减轻损伤。对运动爱好者来说，良好的柔韧素质能够加大运动幅度，有利于肌力和速度的发挥。随着年龄的增长，人们长期以一种固定的姿势生活、工作、学习，加之锻炼场地和器材的限制，使人体柔韧素质逐渐下降，但是自然的退化并不是影响柔韧素

---

* 许启晓，北京工业大学体育部教师，讲师；张怀成，北京工业大学体育部教师，助理实验师。

质的主要因素，缺乏合理的柔韧素质锻炼才是真正的原因。随着大学生对体育锻炼的意识逐渐淡薄，体育教学中将柔韧素质边缘化，以至于学生锻炼效果不理想，锻炼意识淡化，柔韧素质退化严重，影响身体健康，所以，寻求适合高校学生提高柔韧素质的方法势在必行。

一、研究对象与研究方法

（一）研究对象

在高校跆拳道课中，随机抽取 160 名学生作为实验对象，在校其他 160 名大一至大四的学生作为对照组，进行数据对比。

（二）研究方法

1. 文献资料法

查阅大量期刊、论文，了解当今大学生的柔韧素质锻炼状况以及有效提高柔韧性的练习方法和手段，为研究工作打下理论基础。

2. 问卷调查法

共发放问卷 320 份，回收问卷 320 份，回收率为 100%，有效率为 100%。了解在校大学生柔韧素质的现状，对柔韧素质知识、练习方法的认识，以及影响柔韧素质锻炼的因素。

3. 实验法

跆拳道班 160 名学生作为实验组，另外 160 名大一至大四学生作为对照组。实验组经过一学年的跆拳道课堂与日常的柔韧素质训练；对照组参加其他体育课，不采用系统的柔韧素质训练。经过一学年的实验后，通过柔韧素质指标的测试，分析两组的不同并得出结论。

二、结果与分析

（一）学生柔韧素质锻炼现状

通过对问卷的数据统计及分析可知，除上体育课外，每个月能持续半个小时以上柔韧素质锻炼的学生中，不超过 3 次的占一半以上，能坚持每天锻炼的学生不足 5%。相比力量练习与耐力练习，主动进行柔韧素质练习的学生明显少得多,有66.25%的学生没进行过柔韧素质的练习,只有1个热爱武术的学生每天坚持柔韧素质练习(见表1)。

表1 每月学生身体素质锻炼现状

	0次		1~3次		4~6次		7~9次		>10次	
	人数	百分比(%)	人数	百分比(%)	人数	百分比(%)	人数	百分比(%)	人数	百分比(%)
力量训练	40	25.00	58	36.25	28	17.50	24	15.00	10	6.25
耐力训练	70	43.75	50	31.25	20	12.20	16	10.00	4	2.50
柔韧训练	106	66.25	24	15.00	18	11.25	10	6.25	2	1.25

调查和分析结果显示,学生在运动强度、运动时间、运动频率方面表现都不太理想,对体育锻炼的自觉性不够,不能达到体育锻炼的良好效果,而柔韧素质更是被大学生所忽视,退化严重。

(二) 影响学生柔韧素质锻炼的主要因素

1. 缺乏锻炼意识

在校大学生身体素质呈现缓慢下降趋势,主要原因是锻炼意识淡薄。

主观因素包括:①部分学生因为课业压力和生活压力而把更多的精力投入学习;②部分学生因为高考之后精神过于放松,生活变得无规律、散漫,晚上不睡觉,白天没精神,常常旷课缺课;③部分学生沉迷于互联网和电子产品,导致学习和生活过于依赖电子产品,日常生活中缺乏锻炼,锻炼意识逐渐淡薄。这些都是造成大学生身体素质下降的因素。

客观因素包括:①高考没有体育考试压力,所以高中阶段忽视体育锻炼,身体素质呈现下降趋势,到大学阶段,短时间内无法改变高中形成的惯性,对体育锻炼仍不重视;②进入大学后,除学习外,学生的精力会被学科团队、学生社团、竞赛或是兴趣小组等分散,觉得要进行体育锻炼上体育课就足够了。

2. 缺乏锻炼机会与方法

高校在体育课程设置上还有待改进,在客观上造成了大学生群体身体素质的下滑。目前绝大多数本科院校通常只在一、二年级开设体育课,且体育课每周只有一次,体育锻炼时间明显不足。另外,由于体育项目不同,柔韧素质锻炼的程度也不一样。比如室外课,通常只在做准备活动时进行简单的拉伸，没有针对性地对学生的柔韧素质进行练习。室内课中，像武术、跆拳道、瑜伽等对柔韧性要求比较高的课程，会增加柔韧素质练习的时间，学生不但能加强对柔韧性的拉伸，同时也能掌握拉伸的方法，了解柔韧性对自身的重要性，养成日常锻炼意识。

3. 受场地和器材限制

运动场地和体育设施不足。许多高校的操场看不到单杠、肋木架等基础的体育设施，学生只能借助墙或围栏进行柔韧素质练习。有些高校的室内场馆对外开放，学生预约不到室内场地，无法进行室内柔韧素质练习。此外，高校持续扩招，但体育场地和器材的数量没有增加，人多地少，高密度的大学校园也在很大程度上影响了大学生进行柔韧素质锻炼，使得一部分大学生即使有参加课外体育活动的想法，也很难实现。

4. 受生理与心理因素影响

进行柔韧素质练习时疼痛感强，见效慢，停止训练便有所消退，因此需要坚强的意志和持之以恒才能见效。柔韧素质锻炼的特殊性，使得学生练习时只是点到为止或者不愿意去尝试，因此，参加柔韧素质练习的人数远少于参加力量、耐力身体素质练习的人数。

(三) 跆拳道班学生与普通学生对比与分析

1. 测试指标及方法

坐位体前屈是《国家学生体质健康标准》中一项反映柔韧素质的测试，即测试者坐在平地上，两腿伸直，两脚分开 10~15 厘米，平蹬测试纵板，上体前屈，两臂伸直向前，用两手中指尖逐渐向前移动，直到不能向前为止，注意不能突然往前加速。

坐位左右分腿，即学生坐在平地上，双腿伸直、勾脚，左右打开，可以在外力辅助下将腿分开到最大角度，然后保持住，测量左右腿分开的角度大小。该测试可以衡量学生的柔韧性。

2. 数据对比与分析

将跆拳道班学生作为实验组，普通学生作为对照组。由表 2 可知，对照组有 11.25% 的学生坐位体前屈为负值，62.5% 的学生坐位体前屈在 0 厘米至 10 厘米之间，根据《国家学生体质健康标准》，这些学生属于不及格或刚刚达到及格线。实验组是经过一年跆拳道训练的学生，48.75% 的学生坐位体前屈在 10 厘米至 20 厘米，18.75% 的学生在 20 厘米以上，根据

《国家学生体质健康标准》属于良好或优秀水平。由此可见，经过跆拳道课堂训练的学生，坐位体前屈数据明显高于其他学生。

表2 坐位体前屈测试结果

坐位体前屈（x）		$x<-10\text{cm}$	$-10\text{cm}\leqslant x<0$	$0\leqslant x<10\text{cm}$	$10\text{cm}\leqslant x<20\text{cm}$	$x\geqslant 20\text{cm}$
实验组	人数	0	4	48	78	30
	百分比（%）	0	2.50	30.00	48.75	18.75
对照组	人数	6	12	100	30	12
	百分比（%）	3.75	7.50	62.50	18.75	7.50

由表3可知，对照组45%的学生坐位左右分腿处于90°至120°之间，而实验组只有17.5%；坐位左右分腿在120°以上的，对照组只有37.5%的学生，而实验组有85%的学生。双腿横向拉伸是跆拳道柔韧性训练中不可缺少的拉抻大腿内侧主韧带的动作，也是普通学生练习最少的动作，所以两组在这项指标对比中相差很大，充分反映训练的有效性。

表3 坐位左右分腿测试结果

坐位左右分腿（y）		$y<90°$	$90°\leqslant y<120°$	$120°\leqslant y<150°$	$y\geqslant 150°$
实验组	人数	0	28	90	42
	百分比（%）	0	17.50	56.25	26.25
对照组	人数	8	72	66	14
	百分比（%）	5.00	45.00	41.25	8.75

通过对实验组和对照组的数据对比可知，实验组的两组柔韧素质数据均高于对照组。由此得出，只有掌握科学的锻炼方法，有规律地参加体育锻炼，才能提高学生的柔韧素质。

柔韧性的提高不能急于求成，所以柔韧性练习应循序渐进，持之以恒，根据"停止柔韧练习一段时期，已获得的柔韧效果会有所消退"的规律，柔韧性练习要做到系统化、经常化。因此，传授学生正确的练习方法，培养学习养成柔韧性练习的习惯，才是发展学生柔韧素质的关键。

(四) 在校学生提高柔韧素质的方法

1. 柔韧性训练方法

静态拉伸法和动态拉伸法是柔韧素质训练常用的两种方法。静态拉伸法通过缓和的动作将肌肉拉伸到一定程度，然后保持姿势 30 秒左右，使肌肉得到充分伸展。动态拉伸法通过动态、有节奏、有控制、多次数地重复同一动作，使肌肉保持一定张力，提升肌肉的弹性。这两种常用的方法又分为主动训练、被动训练两种不同的方式。主动训练是指练习者依靠自己的力量使肌肉拉长，加大关节活动的灵活性。被动训练是指练习者通过借助外力拉长肌肉，使关节活动的范围增大。

训练中经常将二者结合使用，训练初级阶段绝对不可以进行急骤式拉伸训练，应遵循循序渐进的原则，用力不可过猛，训练总时长以一个小时为宜。

2. 体育课堂锻炼

体育课是学生练习柔韧性的最佳时机。学生可以在老师和同学们的帮助下做一些被动拉伸练习。适合课堂拉伸的练习有坐位体前屈、坐位左右分腿拉伸等。

坐位体前屈：练习者呈坐姿，将两腿伸直，两脚平蹬并拢，上体前屈，两臂伸直向前，用两手中指尖逐渐向前移动，辅助人员站其身后，用双手推其背部，当达到拉伸的临界点时停留 30 秒，采用静力拉伸法提高柔韧性。

坐位左右分腿拉伸：练习者两人一组，面对面坐下，两腿伸直且左右尽量分开，两人将脚跟顶住脚跟，手拉住手，采用动力拉伸的方法，一方上体向后倒地时，肩背部着地，另一方上体前俯，然后前俯者将对方拉起，自己肩背部着地，对方上体前俯，反复进行练习。

3. 宿舍锻炼

学生可以利用一早一晚待在宿舍这段时间进行简单的拉伸练习。早上起床时，人体各种器官的肌肉还处于初始阶段，不适宜做强度比较大的练习。晚上睡觉之前，拉伸一下肌肉韧带，使全身肌肉得到放松，缓解疲劳，有助于晚上睡眠。

适合早上起床的拉伸方法有体侧与旋转、仆步压腿等。体侧与旋转：练习者双脚左右开立与肩同宽，左手叉腰，右手举过头顶，身体往左侧，将右边的腰背部的肌肉拉伸，停留 5 秒左右换另一侧，重复练习 3 到 5 次；以髋部为轴，身体向左侧旋转，然后向右侧旋转，采用动力拉伸的方式重复 10 到 20 次。仆步压腿：练习者两脚左右开立，左腿屈膝全蹲，全脚着地；右腿伸直，脚尖上勾，右手压住右膝向下压振，持续10秒左右。然后，身体略起，将重心从左脚移至右脚，形成另一侧仆步，重复以上动作。

适合晚上睡前的拉伸方法有正压腿、踢腿等。正压腿：利用宿舍的桌子或床架，一腿抬起，把脚跟放在上面，脚尖勾紧；双腿伸直，上体前屈往前，双手抓住脚尖。正压腿可以采用静力拉伸，也可以采用动力拉伸，持续1分钟后，换另一腿，左右交换进行。踢腿：常见的踢腿方式有正踢腿、侧踢腿、后踢腿。练习者身体站直，手可以抓住床架，将一条腿往上踢，控制力度，重复10次左右换腿。

4. 教室锻炼

教室是学生白天停留时间最长的地方。长时间保持坐姿与书写会给颈部、肩部和腰部增加压力，造成肌肉紧张，因此，课间的拉伸既能放松肌肉，又能增加身体的柔韧性，一举两得。适合教室练习的拉伸方法有肩部拉伸、站立体前屈等。

肩部拉伸：练习者将双臂伸直搭在同学肩上，也可以搭在教室的桌子，身体前屈直臂压肩，可采用静止拉伸与动力拉伸相结合的方法。

站立体前屈：练习者站立，双脚并拢，腿伸直，身体前俯往下，双手尽量触地，髋关节屈紧，背部与腿后部充分拉伸。根据学生的自身条件，适度拉伸。

三、结论与建议

（一）结论

第一，由于各种主观和客观原因，大学生身体素质整体呈下降趋势，柔韧素质是下降最为明显的一项。柔韧素质与其他身体素质相辅相成，所以柔韧性的改善可以提高其他身体素质和体育能力，增强大学生的体育运动自信和热情，促进大学生身体全面发展。

第二，受学校场地、运动设施的影响，加之教学方法、标准的示范不同，大学生得不到科学、细致的讲解与循序渐进的引导，很难形成对柔韧素质科学系统的认识，从而忽略柔韧素质的锻炼。

第三，学校体育考核重视耐力、速度、力量与所学的专项技术，忽略了柔韧素质，使学生认为柔韧性不重要，更加不重视，缺乏锻炼的积极性。

（二）建议

第一，学校要重视学生身体素质发展，完善高校体育场馆设施，加强体育管理，更新体育教学理念，培养大学生自我锻炼的意识，积极引导学生参加体育锻炼，激发学生参与体育运动的热情。

第二，增设提高身体素质基础课程，辐射全体学生，普及力量、耐力、速度、协调性、柔韧性等各项身体素质的科学锻炼方法，并养成良好的锻炼习惯。

第三，提高体育工作者自身的业务水平，在教学、训练过程中重视柔韧性教学，做到科学讲解、标准示范。

第四，在体育考核中增加柔韧素质评价，完善测量仪器，重视学生髋关节、下肢、肩的柔韧性，收集有效数据，建立柔韧素质数据库，为教学和科研提供重要的依据。

参考文献

[1] 应菊英. 高校体育提高学生体质健康安全防范工作对策研究[J]. 浙江体育科学, 2015, 37 (3): 52-55.

[2] 张枫逸. 质疑取消长跑, 不如反思学生体质[J]. 教育与职业, 2013 (10): 99.

[3] 郑洪强. 以"坐位体前屈"为抓手提升二年级学生柔韧素质的实践研究[J]. 新课程（小学）, 2019 (8): 22-23.

[4] 张慧君, 于志源. 对大学生身体柔韧性素质练习方法探究[J]. 体育世界, 2014 (5): 133-134.

[5] 姜熙, 朱东. 柔韧性训练科研现状及发展趋势: 兼议武术套路运动员柔韧性训练的科学化趋向[J]. 首都体育学院学报, 2008, 20 (2): 33-34.

[6] 陈典锋, 张永康, 王飔. 在普通高校体育教学中发展学生柔韧素质的研究[J]. 北京体育大学学报, 2007 (S1): 287-288.

[7] 尹小俭, 季浏, 高升, 等. 中国学生柔韧素质测试方法的探索研究[J]. 成都体育学院学报, 2014, 40 (11): 85-89.

"健康中国"背景下健康教育融入高校体育教学改革的路径探索

陈天庚　刘怡宏　刘振华*

【摘　要】随着社会的发展和时代的进步，社会各界对高校教育提出了新要求，高校要培养高素质人才，实现可持续发展，就要认识到教学改革的必要性和重要性。"健康中国"的提出为高校体育教学改革提供了方向和思路，有利于新时期高校体育教学取得更好成效。本文主要分析"健康中国"背景下高校体育教学改革的必要性，探讨健康教育融入高校体育教学改革的路径，以期助力高校培养符合社会需要的高素质人才。

【关键词】健康中国；健康教育；高校体育；教学改革

"健康中国"的提出使各方提高了对高校体育教学的重视程度。高校体育教学不仅要使学生掌握体育知识和技能，还要增进学生对健康的认识，提高学生的身体素质。高校以及体育教师要认识到健康教育和体育教学的联系，深入分析健康教育的内涵，使健康教育巧妙融入体育教学，使学生有更多的获得感。体育教师要认识到自己在教学改革中扮演的角色，以积极的心态推动教学改革的具体实施。

---

* 陈天庚，首都经济贸易大学体育部，讲师；刘怡宏，首都经济贸易大学体育部，助教；刘振华，首都经济贸易大学体育部，讲师。

一、高校体育教学现状

在"健康中国"背景下高校体育教学改革融入健康教育，需要教师准确把握高校体育教学现状，为这项工作的高质量开展做好铺垫。

（一）高校体育教学人才培养与学生体质不平衡

高校体育教学的根本目的是提高学生身体素质，使学生拥有健康的体魄。我国高校体育教学工作重点放在学生体测水平上，并以体测成绩作为对学生的体育学习的评定。由此可见，高校体育教学对学生体质较为关注，有利于学生后期发展。但是部分高校为了迎合国家教育目标，在提高学生体质健康水平方面采取了各种方式和手段。这样的体育教学出发点是好的，但没有结合学生各方面实际情况，体育教学效果甚微。从高校大学生生活习惯来看，学生整体的体质水平不仅没有得到提升，反而呈现下降趋势。在这种情况下，学生缺乏健康的生活理念和系统的体育训练，体质教学难以达到预期。目前高校体育教学虽然提高了对体质的重视程度，但是仍存在一些不足。第一，体育教学中体质健康教育形式化，未能切实把体质健康教育落到实处，发挥出实效。有些高校为提高学生体质健康水平制定了测评内容，但是与学生体质健康实际情况不符，学生进行这样的体质测评难以达到预期。第二，各高校之间在体育教学方面具有竞争性，其中学生身体素质是竞争的主要内容。各高校为了占据竞争优势，对学生身体素质的测评不够科学，不能真正有效提高学生身体素质。第三，高校对体育教师的培养不够重视，对体育教学各方面的工作没有提供充分支持。由此可见，高校体质教育没有专业能力和综合素质较高的体育教师的支持，难以体现体质健康教育成效。这两者之间的不平衡会制约高校体育教学的高质量开展，也会影响学生长远发展。

（二）高校体育教学理论和技能不平衡

"健康中国"的提出有利于提高民众健康素养，同时也能促使更多的人参与到体育锻炼中。在"健康中国"背景下，高校作为培养高素质人才的场所，更要重视体育教学开展，使学生体质健康提升到更高水平。在体育教学的具体开展中，教师应该把健康教育融入其中，使两者互相促进，共同助力学生发展。但是从高校体育教学实际来看，往往把学生是否参加体育训练、是否按规定出操等作为重点。有些体育教师过于关注学生体育技能的掌握，但是缺乏理论支撑的技能教学往往会存在很多现实困难，学生体育技能掌握情况可想而知。笔者在对学生的调查中发现，大部分学生在课下不会进行体育锻炼，课上进行体育学习主要是为了顺利通过体育考试。这种心态下的体育学习不能为健康理念在体育教学中的融合创造良好条件，也会对"健康中国"的实施带来各种不良影响。可见高校体育教学理论和技能的不平衡问题要求加快体育教学改革，为健康理念的融入创造优越的环境。

二、"健康中国"背景下高校体育教学改革的必要性

在"健康中国"背景下进行高校体育教学改革有很大的必要性，相关人员对此要有正确认识，为高校体育教学改革提供助力。

（一）高校体育课程设置要求对体育教学进行改革

任何一个领域的改革都是基于对现状的反思，高校体育教学改革也不例外。高校体育教学存在诸多不足，需要针对性地加以弥补，为学生提供不同以往的体育学习体验，从整体提升学生身体素质和健康水平。有些高校体育课程教学无法调动学生积极性，体育教学目标难以达成；学生参与体育活动热情不高，身体得不到有效锻炼。有些高校体育课程设置已经落后于实际教学需要，具有滞后性，无法满足体育教学活动的开展。比如教师过于重视体育活动实践，轻视体育理论教学，不能为实践教学提供理论支撑。在这种恶性循环中，体育教学弊端会越来越多。有些体育教师在体育教学中没有融入健康教育，容易导致学生发生运动损伤，对学生身体造成不同程度的伤害。高校体育教学存在的种种问题急需借助改革的力量解决，相关人员要意识到改革的迫切性，并基于自身角色促进改革的顺利进行。

（二）高校学生自身因素的局限性要求对体育教学进行改革

高校学生健康发展离不开心理健康和身体健康的支持，心理健康和身体健康之间有密切联系，共同作用于学生的成长和发展。目前高校学生把大部分时间和精力放在专业知识的学习上，难以抽出时间锻炼身体。有些

"健康中国"背景下健康教育融入高校体育教学改革的路径探索

学生认识不到体育锻炼的重要性,在课下不能主动开展体育锻炼,在体育课中不能积极配合教师教学。鉴于此,为使学生以积极的心态和良好的状态参与体育学习,高校体育教学必须进行改革。

(三) 社会对人才的要求推动对体育教学进行改革

新时期社会对人才有了更高要求,学生必须重视体育锻炼,拥有强健的体魄,这是工作的基础和前提。近些年来国家推出的"健康中国"也为高校培养人才提供了努力方向,这就要求高校以及体育教师做出努力。在当前严峻的就业形势下,高校要提高就业率,就需要加强体育教学,提高学生体质健康水平,促进学生顺利就业,为社会贡献价值。现在体育课成为高校学生锻炼身体的唯一机会,这难以满足健康教育需求,也不利于"健康中国"的实施。

三、"健康中国"背景下健康教育融入高校体育教学改革的意义

"健康中国"背景下高校体育教学改革融入健康教育有多方面意义,高校以及教师要深刻认识健康教育,推动体育教学改革获得理想成效。

(一) 有利于满足社会发展需要

健康教育与体育教学是两个独立的概念,把健康教育融入高校体育教学改革有利于满足社会发展需求。不同的社会发展阶段对体育教学提出了不同的要求,体育教学只有积极进行改革,才能更好发挥自身价值。首先,健康教育融入高校体育教学不仅有利于解决当前高校体育教学效益整体不佳、学生体育学习缺乏积极性等实际问题,还有利于学生认识到"文明病"的危害性。其次,健康教育融入高校体育教学可以使体育教学更加符合学生实际,增强学生健康意识,减少健康意识不足带来的运动损伤。最后,健康教育融入高校体育教学可以从整体提升体育教学效益,着眼学生长远发展,加快高校体育教学改革进程,助力高校教育高质量开展。

(二) 有利于高校体育教育更好适应国际体育教育大环境

高校体育教育与国际体育教育具有一定的联系,只有使我国高校体育教育适应国际体育教育环境,才能实现其可持续发展。目前我国高校体育教学存在一定程度的盲目性和自由性,没有体现体育健康教育的特性,不

利于学生从体育学习中获得对健康深层次的认识。把健康教育融入高校体育教学改革可以使体育教学与学生个体教育结合起来，更好满足不同学生的个性需要，并遵循生物学规律。这是体育健康教育的根本，也是国际体育教育要达到的目标。可见，高校体育教学改革融合健康教育可以促进我国体育教育在国际体育教育环境下的发展，促使体育教育为我国高等教育的发展提供有力支持。

（三）有利于个体适应现代社会生活方式

随着物质生活水平的提高，人们对健康生活有了更高追求，更加注重体育锻炼，以期为身体健康提供更多保障。但并不是所有的锻炼都是科学的，那种锻炼即健身的认识是失之偏颇的。在高校体育教学中融合健康教育可以培养学生健康体育锻炼的意识，有利于教师形成系统完整的教学内容体系。学生在体育学习中能够对体育教学有一个正向反馈，促使教师不断调整教学内容，修正教学目标。现代社会的较大压力，不仅造成人们身体的疲惫，还会增加精神负担。在快节奏的社会中各类亚健康问题日益突出，成为社会必须面对和解决的问题。高校体育教学融合健康教育可以使学生在长期的学习中掌握健康体育锻炼的方法，全面提高身体素质，以良好的身体状态投入现代生活，实现个人价值。

四、"健康中国"背景下健康教育融入高校体育教学改革的路径

（一）提高体育运动的趣味性

高校体育教学改革需要从学生体育学习的实际情况出发，面对当前学生体育学习不积极的问题，提高体育运动的趣味性，使学生在运动中获得健康体验。教师要认识到，体育教学改革必须提高学生的积极性，使学生在体育学习中发挥主观能动性。因此，教师要走近学生，加强与学生的交流，从交流中获得学生对体育学习的看法，找到学生的兴趣点，从而使体育教学改革更有方向性。高校社团对学生有较大吸引力，对校园文化建设以及丰富学生校园生活发挥了重要作用。运动社团是高校社团必不可少的组成部分，运动社团有较多的活动形式，囊括多种体育运动。教师可以挖掘运动社团的价值，开展体育竞赛、体育运动联欢会等，借助多元化的形式激发学生的参与兴趣，使学生从中接受健康体育教育。高校运动社团活

动的开展需要多方面的支持，学校要根据运动社团活动的开展需要提供针对性支持，促进运动社团活动的顺利开展。体育教师要积极参与到运动社团活动的设计中，充分尊重学生在运动社团活动中的主体地位，使学生在活动过程中既能感受到趣味性，还能学到健康教育相关知识，形成健康体育锻炼的习惯。另外，高校还要在原有体育社团的基础上成立更多具有不同内容的体育社团，使学生基于自身兴趣有更多的选择。学校要为体育社团活动的开展提供场地，还要加强体育设施的引进，促进健康教育在体育教学中的融入。体育教师还可以把运动社团的内容转化为带有娱乐性质的体育活动，这既能使学生获得更多的参与感，还能对学生进行健康教育，推动"健康中国"的落地实施。在丰富的体育社团活动中，学生身体素质会有明显提升，健康理念会逐步形成，终身体育思想的培养会有较好成效。

（二）改革体育教学方式

将健康教育融入高校体育教学时要从学生实际需求出发，使学生切实感受到健康教育的价值和意义。不同的学生在体育学习中体现出不同的能力，这对学生体育学习有较大影响。为此，教师可以根据学生体育学习能力划分不同层次，实施分层教学。这样的教学方式有利于满足不同学生的体育学习需求，从而使学生在原有基础上都能得到提升。实施分层教学也在一定程度体现健康教育的融入，有助于体育教学发挥出更大作用。高校体育教学要认识到改革体育教学方式对融入健康教育的意义，进而主动开展相关工作，推动教学方式改革取得实效。教师在开展体育教学前，要对学生相关方面的能力进行测评，制定科学的测评标准，提高测评结果的准确性，为划分学生层次打好基础。传统的高校体育教学不重视学生的差异性，不仅降低了学生体育学习的积极性，还制约了体育教学目标的达成。采用分层教学可以使教师为不同学习能力的学生提供针对性教学，提高体育教学的有效性，促进健康教育的融入。对具有较高学习能力的学生，如果其身体素质较好，可以加强体育理论教学，使学生从中获得较高的体育素养，养成体育锻炼习惯。对一些学习能力较差和身体素质较弱的学生，教师要提供针对性的功能训练，借助相应的体育设施帮助学生提高身体素质，为后期体育教学提供良好的身体条件。心肺功能状况会影响学生体育学习，有些学生心肺功能较差，教师可以为这类学生开展心肺复苏教学。

这对提高学生心肺功能有较好效果，同时也能提高学生身体综合素质。另外，高校体育教学方式的改革还需要加强体育教师之间的交流，科学合理分配体育教师。体育教师还要深入解读健康教育，在改革不断推进的过程中找到更多健康教育融入路径，充分发挥健康教育对高校体育教学的促进作用。

（三）构建多元化评价体系

高校体育教学改革还要从评价体系入手，构建多元化的评价体系，促进健康教育融入体育教学。目前高校体育教学过于关注学生体质测评，忽视体育素养培养；过于关注体育技能教学，忽视理论教学。高校可以从评价体系角度逐渐解决以上问题。高校相关人员以及体育教师要参与到评价体系构建中，使评价体系不仅能准确反映学生体育学习情况，还能反映教师教学情况，使学生明确体育学习存在的问题，使教师明确教学过程中存在的不足，从而指导后期体育教学高质量开展。学校通过教学评价体系可以了解体育教师的教学能力、综合素养，为体育教师培养指明方向，为健康教育在体育教学中的融合提供人才支持。体育教学对学生的评价不能仅仅依靠体育考试成绩，还要结合学生的体育学习兴趣、健康体育理念等，使评价更加全面、准确。对体育教师的评价也不能仅限于教学能力，还要结合教师体育健康教育理念、体育教学成效等。只有构建多元化的评价体系，才能更好推动健康教育融入体育教学，提升健康教育效能。可见，高校体育教学评价体系改革不仅是体育教学的需要，也是健康教育融入体育教学的需要，有利于"健康中国"的实现。

五、结语

在"健康中国"背景下，高校体育教学改革要融入健康教育，使体育教学具有更多功能。高校相关人员以及体育教师要深入分析体育教学现状，明确存在的问题，结合健康教育需要，推动体育教学改革的实施。体育教师要认识到，健康教育融入高校体育教学改革要以学生为中心，切实为学生成长和发展服务，使学生具有良好的健康意识和强健的体魄，助力高校培养出符合社会需要的全面发展的人才。

参考文献

[1] 赵新娟, 吴静涛, 胡军, 等. "健康中国"背景下健康教育融入高校体育教学改革的路径探究[J]. 体育世界, 2023 (2): 154-156.

[2] 于佳. 从学生体质健康视角对高校体育教学改革的探索研究[J]. 冰雪体育创新研究, 2022 (18): 86-89.

[3] 杨宝山, 赵海军. 健康教育理念下的高校体育教学改革研究[J]. 当代体育科技, 2018, 8 (9): 112-113.

[4] 熊绍华. 健康教育理念下高校体育教学改革研究[J]. 才智, 2017 (32): 160.

[5] 王博. 基于健康教育理念下的高校体育教学改革[J]. 西部素质教育, 2016, 2 (12): 70.

[6] 曹维. 试论如何在高校体育教学中培养学生终身运动的意识[J]. 传播研究, 2018, 2 (8): 104.

体医融合背景下大学生健康素养提升策略分析

梁霄 盖良子 朱睿*

【摘 要】大学生健康素养主要包括大学生健康意识、健康行为等内容。在大力提倡素质教育的当下，如何提升大学生的健康意识，并使其养成良好的健康行为与习惯，已然成为培养高素质人才的关键。在体医融合背景下，高校可以从体育、医学协同育人的角度出发，制订有针对性的体医融合推进方案，以加深大学生对体育运动的认识，使其能够在日常生活中通过一定的体育锻炼来预防疾病，进而健康成长。为此，本文将结合体医融合背景，分析当代大学生健康素养的影响因素及存在的问题，提出提升大学生健康素养的策略。

【关键词】高校；体医融合；大学生健康素养；提升方法

一、引言

随着时代的不断发展，身体健康逐渐成为公民关注的热点。一些常见疾病可以通过体育锻炼的方式来预防。但是，大学生群体由于自律能力、健康意识较差，难免会在大学生活中养成不良的生活习惯与行为，加之不注重体育锻炼，对一些常见疾病的抵抗能力较弱。因此，在体医融合背景下，探讨

---

* 梁霄，首都经济贸易大学体育部教师，讲师；盖良子，首都经济贸易大学体育部教师，讲师；朱睿，首都经济贸易大学体育部教师，副教授。

大学生健康素养提升策略具有非常重要的价值，能够帮助大学生群体养成健康的生活习惯，进一步提高大学生的健康素养。

二、体医融合与大学生健康素养

（一）体医融合

体医融合是指从医学角度引导人民进行安全、有效的体育锻炼，其不仅能够增强疾病预防效果，解决临床中的常见病症问题，还能通过有效引导的方式加深人们对疾病及其预防的认识。《"健康中国2030"规划纲要》提出，应加大健康知识、健康教育等方面的宣传力度，以增强"体医融合"的推广效果。

（二）大学生健康素养

健康是指人的各方面处于良好状态。比如：身体器官发育良好，具有良性的生理功能作用；对疾病抵抗力较强，可以更好地适应不同环境；拥有积极向上的心理状态，不会受到负面情绪状态的影响。而健康素养主要包括健康知识、健康技能以及健康的生活方式及行为等内容。比如：大学生必须具有一定的健康知识，只有这样才能帮助大学生建立健康意识，养成健康的生活习惯；大学生必须遵循健康的生活方式，规律作息、按时吃饭，不能熬夜等。

三、当代大学生健康素养的影响因素及存在的问题

（一）当代大学生健康素养的影响因素

1. 性别因素

大学生的健康素养水平受到性别的影响。从一些数据调查中可以看出，女性的健康素养水平一般高于男性，主要原因是女性更加注重自己的形象，可以约束自己养成良好的作息习惯，且绝大部分女性不会抽烟喝酒。这也会一定程度提升女大学生的健康素养水平。

2. 专业因素

大学生的健康素养水平也会受到专业因素的影响。比如，医学专业学生

的健康素养水平一般高于其他专业学生的健康素养水平，主要原因是医学专业的大学生在日常学习中会接触到一些与健康素养相关的知识，这也会帮助医学专业学生逐渐积累知识经验，有助于提升自身的健康素养水平。

3. 年龄因素

年龄是影响大学生健康素养水平的关键性因素。比如，相较于刚入学的新生来说，已经经历过一两年大学生活的学生具有更多自主生活的机会，作息比较规律，相应的健康素养也比较高。

4. 父母因素

父母是学生的第一任老师，也会对学生的健康素养产生直接影响。比如，一些家庭的日常作息比较规律，坚持早睡早起的好习惯，且也会引导学生逐渐形成作息规律、早睡早起的意识，有助于提升大学生的健康素养水平。如果父母自身缺乏对健康素养的认识，不能在日常生活中从健康的角度指导与影响学生，就无法帮助学生养成好习惯，无疑会影响大学生的健康素养水平。

(二) 当代大学生健康素养提升存在的问题

目前大学生的健康素养获得主要通过两条路径：一是体育教育路径；二是健康教育路径。以往在大学生健康素养提升方面未遵循体医融合，导致体、医各自为政，未发挥出体医融合的协同育人作用，无疑会对大学生健康素养促进产生负面影响。同时，大学生自身也缺乏对健康素养的重视，对健康素养认识不足，以为自己年轻就可以对大多数疾病"免疫"，这也会导致大学生在获取健康素养知识方面的积极性不高，健康素养知识总体知晓率较低，健康基本知识不系统、不完整，造成健康理念落后。另外，大学生在大学生活中比较自由，没有初高中的约束性，这也会导致大学生出现作息不规律、经常熬夜等问题，不利于大学生的健康成长。

四、体医融合背景下大学生健康素养提升策略

(一) 做好顶层设计，推进体医融合

高校需要基于体医融合的目标，做好顶层设计方面的工作，从而为提升大学生健康素养提供准确的方向，实现立德树人的教育总目标。

首先，高校应将体医融合理念价值融入健康教育课程、体育课程中，

并打造专业的师资队伍以及制度体系,构建完整的体医融合教育体系。比如,研究一些优秀的体医融合经验与方法,建立自身体医融合的路径,以发挥出体医融合的优势。再如,设置有针对性的体医融合教育课程,包括具体的教育方法、教育思路等,并增强教师对体医融合的认识,使其能够严格在课程教学中落实体医融合。

其次,高校应该加强体医融合方面的探讨研究,多开展一些与体医融合有关的教研活动,通过教师之间的互动交流来解决体医融合实施过程中遇到的问题,以便为后续的体医融合提供参考经验。

再次,高校应重视推进体医融合的示范性平台建设,将其纳入高校人才培养、立德树人的教育任务,并结合慕课、微课等技术手段进一步增强体医融合实施效果,让广大师生都能切实认识健康素养的重要性。

最后,高校应该加强宣传工作。体医融合从体育运动的角度来促进大学生的健康素养,使大学生能够更好地抵御一些常见疾病。可以说"运动是良医",有效的体育锻炼可以对至少26种疾病和症状起到治疗或辅助治疗的作用。在体医融合背景下,高校应该加强体医融合的宣传工作,比如做好体育与健康方面的知识宣传,让广大师生都能认识到体育运动与身体健康之间的关系,形成良好的氛围,从而促进大学生健康素养的形成。同时,应定期开展与健康教育有关的主题活动,让大学生能够在主题活动中更好地认识体育与健康的关系,进而形成"运动是良医"的健康素养,从而助力大学生的健康成长。

(二) 做好课程改革,推进体医融合

在体医融合背景下,高校需要做好课程方面的改革工作,实现推进体医融合的价值。

首先,高校体育教师必须明确健康教育目标,将提升大学生健康素养、落实体医融合贯穿体育课程教授过程。在课程安排上,最好与地方气候结合。比如,冬季是流感发生频率较多的季节,体育教师就可以从体医融合的角度出发,将耐力跑教学内容安排在冬季,这不仅可以锻炼大学生的身体素质,也能起到预防流感病毒的作用,从而实现体医融合。在课程内容上,高校体育教师可以从体医融合的角度出发,多在课堂教授中引入一些医学类知识,并通过多媒体视频等方式展示一些运动损伤后采取的急救方法,从而实现体医融合的育人目标。当然,在内容上高校体育教师必须遵循循序渐进的原则，不能一味地追求更高、更快、更强，而是从大学生的实际学习情况出发，适当引入体医融合方面的内容。比如，高校体育教师可以设计与健康有关的话题，引导学生从相关体育运动的角度思考健康，这不仅可以增强学生体育运动的积极性，同时也能一定程度帮助学生树立体医融合的意识。

其次，高校应转变以往的健康教育观念，积极推进健康教育课程的改革。比如，对进行健康教育的教师应开展一定的体医融合培训，使其不仅可以从医学角度传授健康知识，同时也能从体育角度传授健康知识。在课程内容的讲解方面，应充分结合日常生活中的真实案例，通过与日常生活产生联系，激发学生的学习积极性，从而实现体医融合的目标。同时，也应从提升大学生健康素养的角度出发，多讲授一些健康基本知识，让学生可以逐渐形成正确的健康理念，从而养成健康的生活习惯和行为方式。比如在健康知识讲授方面，应多从大学生自身的健康素养角度出发，在课程讲授之前做好问卷调查，了解大学生对哪些方面的健康知识感兴趣，并将此作为健康教育的要点，设计有针对性的教育教学方案，从而提升大学生的健康素养。当然，教师在健康教育课程上也可以多与大学生进行互动交流，了解大学生的实际健康素养情况，并从体育、医学等角度给予指导建议，以帮助大学生改正不良的作息规律以及饮食习惯，从而促进大学生的健康成长。

最后，高校在推进体医融合的过程中，需要引入多样化的教学方法。一方面，教师应基于体医融合理念，采用多样化的教学方法，切实增强体医融合的育人成效。比如，在体育课程教学中，教师可以引入微课教学技术，通过微课将医学知识、健康知识融入体育运动的讲授过程，这不仅可以增强体育课程的讲授成效，同时也能帮助大学生初步树立正确的健康意识。另一方面，教师应在体医融合课程中引入线上线下混合教学的方式。比如，在体育教学之前，可以通过线上的方式宣传一些健康知识以及健康行为，让学生能够了解相关体育运动对身体健康的好处，这不仅可以增强学生学习的积极性，也能让学生形成健康素养能力，有助于保障大学生的健康成长。

（三）构建育人体系，推进体医融合

高校在推进体医融合的过程中，必须从育人体系的构建角度出发，发挥出体医融合的育人效果，从而助力大学生的健康成长。

一方面，高校需要加强体医融合指导。在推进体医融合的过程中，高校可以从教育指导的角度出发，进一步发挥出指导的优势，以加深大学生对健康素养的认识，从而改善自己不良的生活状态。比如：基于体医融合进行课程设置，让体育课程、健康教育课程具有指导作用，以提高大学生的健康素养能力；基于体医融合的育人要求，设计一些实践性活动，让学生在实践活动中体会体医融合的价值；基于体医融合的育人要求，将其引入建筑工程、会计学、计算机等专业课程中，让学生认识到体育锻炼的价值；基于体医融合的育人要求，加强与就业指导方面的联系，尤其是当下大部分行业比较重视员工的身体素质，希望能够招收一些生理与心理都健康的员工，因此，有必要在就业指导中引入体医融合，让大学生养成良好的作息习惯，提升体育锻炼的频率。

另一方面，高校应该拓展体医融合育人模式，以提高大学生的健康素养。设立高校的目的是为社会培养一批高素质、高技术的人才，这也要求高校必须开发多元的学生健康素养培养渠道，结合体医融合的要求设计健康专题教育课程，使学生了解提高健康素养的重要意义，引导学生有规律地生活作息、规范饮食行为、重视体育锻炼。高校也可以借助新媒体、智能教育平台、大数据技术等媒介来实现体医融合育人，注重健康与体育两手抓，倡导并引领学生培养良好的健康观念，努力提升健康技能，养成健康生活行为。比如，高校可以建立专门的线上教育服务平台，定期利用新媒体资源来进行体医融合宣传，营造良好的体育健康氛围，并通过平台的大数据分析来监测大学生对视频知识的观看情况，结合大学生的反馈以及实际情况给予针对性的体医融合建议，以增进大学生对体育锻炼的认识。当然，高校可以从体医融合的角度出发，定期开展普查活动，了解本校大学生的真实身体素质以及一些常见的疾病类型，并从体医融合的角度给予针对性指导，以帮助大学生掌握通过体育锻炼来预防相关疾病的方法。这不仅可以增强体医融合的育人功能，同时也可以帮助大学生树立健康意识。高校也可以利用基于大数据技术的线上平台，对大学生的日常体育锻炼情况、身体素质情况进行监督，并引导与督促学生改正不良的作息习惯，增加体育锻炼活动，从而提升大学生的健康素养。

(四) 提升育人能力，推进体医融合

为了推进体医融合，高校可以从教师队伍建设的角度出发，通过提升教师队伍的体医融合育人能力，进一步指导与影响学生的日常生活习惯、饮食习惯、运动习惯。首先，高校应基于体医融合理念要求，制订培训方案，让体育教师、健康教育教师能够树立体医融合的意识，掌握体医融合的方法，并切实落实在日常教学中。其次，高校应从教学改革以及多样化教学的角度，加强教师队伍的培训。比如，在培训过程中增强教师队伍对现代化教育手段的应用认识，以增强教师队伍的体医融合育人能力。最后，高校还应从教师管理的角度出发，基于体医融合的育人要求制订具有针对性的指导方案，引导教师队伍全身心投入体医融合的实施过程，从而实现提升大学生健康素养的目标。

参考文献

[1] 万传学，刘利新. "体医融合"融入高校体育保健课路径探索 [J]. 吉林工程技术师范学院学报，2023，39（8）：78-80.

[2] 杨强. 体医融合助力高校生健康素养水平提升的路径研究 [J]. 湖北开放职业学院学报，2023，36（15）：27-30.

[3] 李仪，廖粤生，白莉莉. 体医融合复合型人才培养：价值、困境与对策 [J]. 中国卫生事业管理，2023，40（8）：626-629.

[4] 吕小萍，邰杨芳. 国内高校大学生健康素养研究主题探析 [J]. 教育理论与实践，2021，41（9）：12-15.

[5] 张璇. 高校大学生健康素养与健康教育 [J]. 中国校医，2021，35（3）：228-230.

[6] 陈苗苗，师昕，马娇龙，等. 某高校大学生健康素养影响因素分析 [J]. 中国职业医学，2020，47（4）：451-455.

[7] 邹敏. 国内高校大学生健康素养研究现状 [J]. 中国社区医师，2019，35（1）：191-192.

体质监测：大学生体魄健康发展之保障

盖良子 朱 睿 梁 霄*

【摘 要】 在素质教育背景下，我国教育界对教育的关注模式从传统教育阶段对智育的单一关注模式，逐渐转变为"五育并举"的全面关注模式，教师全方位进行德育、智育、体育、美育、劳育等教育，从而培养适应社会发展需求与岗位工作需求的健康成长、全面发展的专业人才。在高等教育环节，体育教育作为强健体魄的育人主体，受到高校的重点关注。本文依据《国家学生体质健康标准》，总结大学生体质状况，分析成因，并重点探究体质监测为大学生体魄健康保驾护航的有效策略。

【关键词】 体质；大学生；体魄；监测

一、引言

加强大学生体质监测，强化大学生健康体魄，是党和国家推进全民运动的关键点和突破口。在这一背景下，我国教育界号召各级学校提高体育课程的教学地位，体育成为各阶段学校综合育人的关键环节。尤其随着素质教育的全面深化，教育部根据社会人才市场的变化情况，联合多部门出台系列文件，推进学校教育环节的体育课程改革。2020年8月，国家体育

---

* 盖良子，首都经济贸易大学体育部教师，讲师；朱睿，首都经济贸易大学体育部教师，副教授；梁霄，首都经济贸易大学体育部教师，讲师。

总局、教育部联合印发《关于深化体教融合 促进青少年健康发展的意见》（以下简称《意见》），明确指出"加强学校体育工作"，"树立健康第一的教育理念，面向全体学生，开齐开足体育课"，要求体育教师以引导学生享受体育乐趣、增强其体质、健康其人格、锤炼其意志为目标，全面、灵活、有效开展体育教学工作。在《意见》要求下，教育部联合体育局、卫生健康部门，为学生体育运动的健康成长做好充分的配合、准备工作，加强学生体质监测健康评估，并以评估结果为依据，指导后续体育教学工作科学调整和有效改进，发挥体育课程促进学生体育运动、增强学生体魄的重要作用。高校应加强学生体质监测，有针对性地对大学阶段的学生进行体育教学和体育训练，强化学生身体素质、健康体魄的同时，培养学生体育运动的兴趣爱好和习惯。高校应从学校系统育人这一关键环节入手，为推进健康中国建设添砖加瓦，将拥有健康体魄的学生转化为推进健康中国建设的坚实动力和永不竭尽的活力。

二、高校学生体质状况

人民是国家的主人，党和国家开展的一切工作，均以为人民服务为宗旨，将人民放置于各项工作的中心地位。我国经济发展水平的提高推动人民生活水平的提高，人民的生活方式发生了翻天覆地的变化。受不良的生活方式和生活习惯影响，全民健康问题日益严重。针对这一情况，国家除了借助基层事业单位、社会组织，通过新闻媒体加强健康教育宣传，还可以从各阶段的学校教育环节入手，系统地引导学生树立健康意识，培养其健康的生活方式和生活习惯，将学生培养为健康生活的积极践行者和社会宣传者。高校作为高等育人的关键环节，在加强学生健康生活教育宣传之前，要全面了解学生的体质状况，从而有针对性地采取措施，让学生在感受快乐的过程中，养成积极参加体育锻炼的良好习惯。尤其在"健康中国"号召下，高校更应重点关注学生的身体素质。

结合笔者高校任教经历以及学生体质调研情况可知，大部分大学生的身体素质较差，甚至少部分大学生的身体素质堪忧。2017年8月国家体育总局发布的《中国学生体质监测发展历程》报告显示，受不良生活方式的影响，大学生体质呈现逐年下滑的趋势，虽然下滑速度变慢，但是其总体趋势仍旧堪忧。换言之，大学生的体魄、体质较差，呈现亚健康的状态，总体情况不容乐观。

一方面，代表大学生身体素质的各项指标存在下降的情况，大学生身体素质亚健康问题严重。结合几次国民体质监测结果可知，大学生的身体素质明显低于同时期中小学生的身体素质，且各项指标处于较低水平。换言之，中小学生的身体素质稳中向好，而大学生的身体素质则相对较差，且呈现集体较差的现象。将最新一次的国民体质监测结果与前一次相比可知，大学生身体素质各项指标持续降低，且大学生的身体素质呈现亚健康的状态。根据高校每学期面向全体大学生开展的体测数据可知，从大一到大四学年，大部分学生的体育成绩下滑，在长跑中体现的耐力、在短跑中体现的速度与爆发力、在跳远中体现的弹跳力等均减弱。

另一方面，大学生的身体素质下滑、整体偏低，是高校体育所面临的一大问题。根据大学生体质监测的统计结果可知，无论在身体机能、形态指标，还是素质指标方面，大学生的各方面素质均相对较低，具体表现为：大学生存在体重超标或未达标的问题，部分大学生面临肥胖的困扰，身体肥胖问题也将引起其呼吸系统、心脑血管系统等方面的疾病；部分大学生刻意节食减肥，体重偏低，容易出现低血糖、营养不良等问题，女生的体重未达标问题较为严重。在身体机能指标测试环节，高校每学期都会组织学生进行体测，从而监测学生的身体机能、运动情况，作为评估其身体素质的主要依据。男生以1 000米跑、女生以800米跑为体测的主要项目，主要用于学生速度、爆发力、耐力的监测。无论男生还是女生，在完成跑步体测时均存在少部分学生未在规定时间内到达终点的情况，而获得优秀的学生更是少之又少。在立定跳远、仰卧起坐、引体向上、坐位体前屈体测环节，测试结果也不够理想，男生的引体向上成绩尤为不理想，大部分男生仅能完成2~5个引体向上，甚至部分男生无法完成1个引体向上，臂力较差。

三、高校学生体质状况成因分析

在多次国民体质监测报告显示，大学生的身体素质相对较差，且持续处于较低水平。结合高校体育课程开设、体育活动组织情况和大学生的生活方式可知，大学生的身体素质受到诸多方面的影响。

（一）学生自身原因：不良生活习惯和生活方式的影响

在高中三年高强度的学习和压力下，学生很难自觉进行体育锻炼。虽然高中学校从学生身体健康的角度考虑，设置每日早操、课间操等体育运动，为学生提供锻炼身体的机会，但是大部分学生被迫参加体育运动，并未对体育运动产生兴趣，甚至因学校的强制安排而产生抵触情绪。高校的课余时间较多，学生可根据自己的爱好和兴趣，随意安排自己的课余时间。但是由于高中阶段习惯长时间的被动运动，大部分学生在课余时间选择躺在宿舍睡觉、玩游戏等，并未主动参加体育运动，仅将体育课作为体育运动的唯一机会。

有部分学生将更多的课余时间用于玩游戏，即进行"手指运动"，在网络世界畅游，对现实世界的身体锻炼较为忽视。这样不仅会导致学生四肢退化，还会降低其身体素质，蚕食其精神、身体机能，影响身体健康。由于运动锻炼的缺乏，加上不合理的饮食结构，学生容易面临体重增加的问题。部分大学生甚至通宵玩游戏、刷手机视频，浪费宝贵的睡眠时间，导致激素紊乱，诱发各种疾病。

虽然学校采用步道乐跑等手机软件，每学期均对学生规定了跑步任务，并将其纳入体育课程期末成绩，但是大部分学生选择投机取巧的方式，如购买代替跑步服务、搭乘交通工具等，并未实际完成每学期的体育锻炼任务。

（二）学校教育原因：体育课程设置不合理，场地距离远

对于学校而言，要促进学生锻炼身体，就要从课程、场地建设、器材购进等方面入手，满足学生参加体育活动、进行体育锻炼的需求。但是，部分高校的体育课程设置、活动场地设计并不能满足学生的运动需求，严重打击了学生运动的积极性。对于低年级的学生而言，体育课程的内容设置不合理、授课方式单一，均会打击其积极性。例如，有的学生选择羽毛球课程，但是在教学环节，教师将大部分时间用于教授打法，学生缺少自由锻炼的机会，课堂相对枯燥。对于高年级的学生而言，由于毕业实习、毕业设计和论文等充斥其生活，可用于体育锻炼的时间较为紧张，而学生的体育运动场地距离宿舍、教学楼、实验室等地相对较远，学生因时间不充分而无法去往运动场地进行体育锻炼。此外，部分运动场地的配套设施

数量较少，很难满足全校学生进行体育锻炼的实际需求。仍旧以羽毛球这一项目为例，由于双方的运动距离较远，且需要羽毛球网的辅助，学校在建设羽毛球场地时，不仅需要考虑网与网之间的距离，还要考虑羽毛球场地的数量和面积，根据学生宿舍分布，合理设计羽毛球场地。但是部分高校的羽毛球场地无法满足学生的运动需求。例如，有的高校将羽毛球场地与乒乓球场地规划在一起，一侧为乒乓球场地，另一侧为羽毛球场地，而打羽毛球的人数较多，出现了占用乒乓球场地的过道等情况，严重影响了乒乓球场地学生的运动。

四、以体质监测促进大学生体魄健康发展的策略

体质监测是借助科学的量表对国民身体素质进行监测的重要举措。对于学生而言，体质监测能以结果将其存在的体质、体魄问题反馈给本人和教师，在教师针对性、合理设计的基础上，推进学生加强素质教育和体育锻炼，不断强化学生的身体素质，让学生拥有一个健康的体魄，为其健康成长和人生长远发展奠定坚实的身体基石。高校体育教师要在党和国家推进全民运动和推进健康中国建设的号召下，依据政策文件，面向大学生全面开展体质监测工作，通过监测结果，让学生认识到身体素质对其人生长远发展和健康生活的重要性，强化学生参加体育运动、锻炼身体的意识；以结果推动教学调整，并以大学生身体素质的不断提升和体魄的不断强化，辐射带动全面体育运动，推进健康中国建设。

（一）体质监测反馈并强化学生体育锻炼意识

国家多部门制定并不断完善体质健康监测标准、指标的最终目的是促进全民运动。将指标落实到高校育人环节，以引导和促进大学生体育运动和身体锻炼为最终目的，让学生在了解自己身体素质、认识到体育锻炼重要性的基础上，主动进行体育锻炼，不断提高身体素质和各项身体机能。在这一环节，学生自我认知是高校体育教师加强体育锻炼、引导其主动进行体育运动的关键点。因此，高校体育教师要充分运用体质监测指标和工作，以有效的方式将体质监测结果反馈给学生，通过系统化教育宣传引导学生树立体育运动意识，并随着体质监测工作的开展和课程教学活动的组织实行进一步强化学生的运动、锻炼意识。

教师要从学生的认知入手，辅助学生了解自身身体素质和身心发展特点，认识到体育锻炼与身体健康之间的较强关联性，引领学生体育锻炼的方向。首先，体育教师在教授体育运动技能的同时，要穿插体育健将的训练事迹、赛场风采等，发挥优秀人物的模范带动作用，在学生心中播下一颗体育运动的种子，并通过后续系统化教学和有效引导，给种子浇水、施肥，助力种子萌芽、成长。其次，体育教师要通过案例讲解等，让学生了解自己的身体机能、素质等发展情况。大学生处于身心成长的关键时期，其身体、心理等均在发生较大变化，学生若对自己的身体缺乏全面了解，则无法在教师的辅助下，制订并实施有效的运动计划。例如，受到心脑血管系统的影响，学生从中学阶段开始，随着年龄的增长，其脉搏每年呈现下降趋势，最终趋于稳定。从运动系统的角度而言，针对"为什么学生中小学阶段的运动能力较强，进入大学之后，多跑两步、做几下激烈运动就会伴随气喘"等问题，教师应从专业的角度补充相关知识，让学生认识到随着年龄的增长，其运动系统影响下的身体素质的增长呈现下降趋势，在达到一定阶段后趋于稳定。在教师的引导下，学生对自己的身体机能、素质以及变化趋势等进行全面把控，在参加体育锻炼时就能正确认识自己的身体状况。最后，体育教师可拿出相同年龄参加体育锻炼和不参加体育锻炼的人物照片，给予学生直接的视觉冲击，让学生直接观察体育运动对身体健康、健美的重要影响。此外，教师将学生每学期的体质监测数据绘制成电子表格，让学生了解自己的素质变化情况，以正确认识和相关数据引导其主动进行体育锻炼。

（二）依据体质监测结果，有针对性地监管和改进

首先，高校体育教师每学期组织学生参加体测，从各体测项目成绩中分析学生的身体素质，用以指导下一学期的体育教学工作，推动体育课程教学改革深化。例如，武术散打课程教师对全班学生的体测成绩进行分析发现，男生引体向上成绩较差，女生50米冲刺跑成绩较差，学生的肌肉力量弱、爆发力较弱。针对这一情况，在下一学期的武术散打教学环节，体育教师增加四肢力量训练，关注男生上肢、女生下肢，有针对性地训练男生和女生的肢体动力、肌肉力量。例如，上肢训练可以直拳、摆拳、勾拳训练为主，下肢训练则可以鞭腿训练为主。

其次，教育部、政府和高校要从制度方面积极响应国家推进健康中国

建设的号召。地方政府和教育部门应根据国家出台有关高校体育教学和体育训练的相关文件，结合当地高校体育教学的实际情况，制定符合当地高校体育育人的制度，为体育监测、监管人员提供具体的、有效的工作依据，提升高校相关工作的适从性。在制度完善的基础上，地方政府和教育部门还要引导和督促高校加强大学生体质监测，加大这一环节的工作力度。高校根据文件和制度加大经费投入，用以采购高精度的精密仪器和智能设备，满足物质方面的体质监测需求并督促实施。

最后，高校要加强对体质监测结果的运用，依据监测报告，开展后续体育教育改革相关工作。要广泛听取学生在体育运动方面的呼声和意见反馈，通过场地的合理规划、体育课程和活动的科学设计，满足学生多样化的体育运动需求，以大学生的健康成长，为我国体育事业前进、健康中国建设书写绚丽的一笔。

五、结语

高校培养的大学生最终将步入社会，为各行各业注入活力与动力，成为我国社会主义事业的接班人和坚实的拥护者。增强大学生身体素质、健康体魄，是高校人才培养的关键环节。高校要积极响应国家关于推进健康中国建设的号召，依据相关政策文件，加大体育教育的经费投入力度，积极开展大学生体质健康监测工作，全面了解大学生身体素质和身体健康情况，以结果强化学生运动意识，培养其良好的运动习惯和健康生活方式，并以结果反馈推动体育教学工作改进，不断提高高校体育教学质量，系统化增强学生的身体素质，促进其健康成长。

参考文献

[1] 戴天娇. 体质监测：大学生体魄健康发展之保障 [J]. 盐城工学院学报（社会科学版），2022，35（5）：89-93.

[2] 潘凤. 体教融合促进大学生健康发展的研究 [J]. 青少年体育，2022（8）：86-88.

[3] 贾亮，李佳星. 后疫情时代大学生参与体育活动的健康促进机制研究 [J]. 田径，2022（2）：28，64-65.

［4］刘明龙．高校武术教学培养大学生健康体魄与健全人格的路径规划［J］．安徽工业大学学报（社会科学版），2021，38（6）：85-87．

［5］宋述雄，邱家凯．不同运动项目对大学生体质影响的干预研究［J］．安徽科技学院学报，2020，34（6）：115-118．

［6］邢宝萍，叶生爱．大学生运动健康与评价分析［J］．中国包装，2016，36（12）：67-69．

［7］王小强．茶文化教育对于大学生体育健康体魄的塑造作用探析［J］．福建茶叶，2016，38（6）：315．

大学生体能锻炼的影响因素分析

——以首都经济贸易大学为例[*]

牟春蕾[**]

【摘 要】《国家学生体质健康标准》测试工作已成为各大高校每年开展的日常工作之一。本文通过调查研究的方式,以首都经济贸易大学本科生为研究对象,分析与研究影响目前大学生参加体能锻炼的因素,以期为进一步提高大学生的体能素质,帮助大学生树立"终身体育"的观念,使其成为符合社会发展要求的人才提供相关的参考和建议。

【关键词】 大学生;体能锻炼;影响因素;首都经济贸易大学

一、前言

当代大学生肩负着承前启后、开拓未来的历史使命,对增强我国的综合国力起着至关重要的作用。然而随着我国国民经济的快速发展和物质生活水平的极大提高,大学生不但患肥胖症的人数比例增多,体能素质也有所下降。因此,充分重视和促进大学生积极参与体能锻炼,深化学校体育

---

[*] 基金项目:首都经济贸易大学教育教学改革项目(编号:01091754210166)。
[**] 牟春蕾,首都经济贸易大学体育部教师,副教授。

教育改革，转变教育思想和教育观念，从而科学有效地提高大学生的体能和健康水平成为教育工作的当务之急。

本文通过调查研究的方式，以200名首都经济贸易大学本科生为研究对象，分析与研究目前影响大学生参加体能锻炼的因素，以期为进一步提高大学生的体能素质，帮助大学生树立"终身体育"的观念，使其成为符合社会发展要求的人才提供相关的参考和建议。

二、研究对象与研究方法

（一）研究对象

以首都经济贸易大学200名普通本科大学生为研究对象。

（二）研究方法

1. 访谈法

在对首都经济贸易大学在校学生进行体质健康测试的过程中，每个年级随机抽取10名学生进行访谈，为影响大学生参与体能锻炼的因素研究提供了宝贵资料。

此外，对首都经济贸易大学、北京体育大学的6位相关专家进行访谈，探讨当前大学生体能变化情况及其发展趋势。

2. 问卷调查法

为了全面了解大学生体能现状，在首都经济贸易大学本科生中每个年级随机抽取50名学生进行作答，共发放200份调查问卷，回收187份，其中有效问卷为181份，有效率为90.5%。

三、分析与讨论

（一）影响大学生参加体能锻炼的社会因素

通过问卷对"你认为造成体能下降的原因有哪些"进行调查，统计结果（见图1）表明，74.6%（135人）的学生认为就业压力增大，65.2%（118人）的学生认为学习负担过重。众所周知，体能的维持和发展主要依靠良好的体能锻炼习惯。随着高校学习和就业的压力越来越大以及竞争越来越激烈，很多学生入学后整天埋头学习，生活重心完全放在努力学习今后继续深造或者毕业后找工作上面，因而忽略了体能锻炼。由此可见，学习和找工作的压力增大是导致大学生体能下降的一个重要原因。

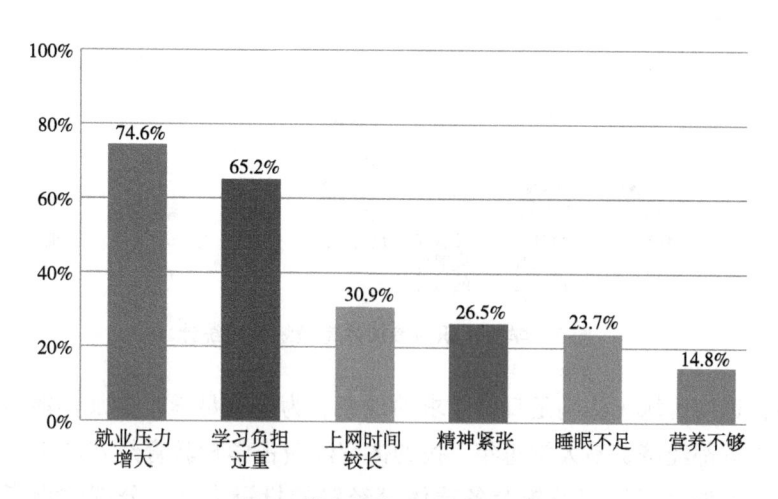

图1 学生体能下降原因统计

关于不积极参加体能锻炼的原因（统计结果见图2），66.9%（121人）的学生选择没有养成体能锻炼的习惯，39.8%（72人）的学生选择怕苦怕累，33%的学生认为自己没有足够的时间，27%的学生认为没有自己喜欢的体育项目。而在问卷调查是否喜欢长跑时，高达74%（134人）的学生选择了否定的答案。不喜欢长跑锻炼的原因中，68.7%（92人）的学生认为太累，65%（87人）的学生认为枯燥无味，还有57.5%（77人）的学生对长跑没有兴趣。这些调查结果都从一定程度上反映了大学生缺乏在校期间积极参加体能锻炼的内驱动力。

（二）影响大学生参加体能锻炼的学校因素

1. 小学与中学教育中的后遗症

从小学开始，重视各学科的考试成绩而轻视平时在校期间的体育课程与体育锻炼，致使太多的学校片面追求考试成绩和升学率，将大量的时间和教学都放在各学科的学习上，体育课程和体育锻炼形同虚设，从而使大部分学生没有养成积极参加体能锻炼的习惯，自然也不重视体能锻炼。

2. 学校的体育运动场地设施

1999年我国高校开始扩招之后，很多学校出现了缺乏体育场馆和运动

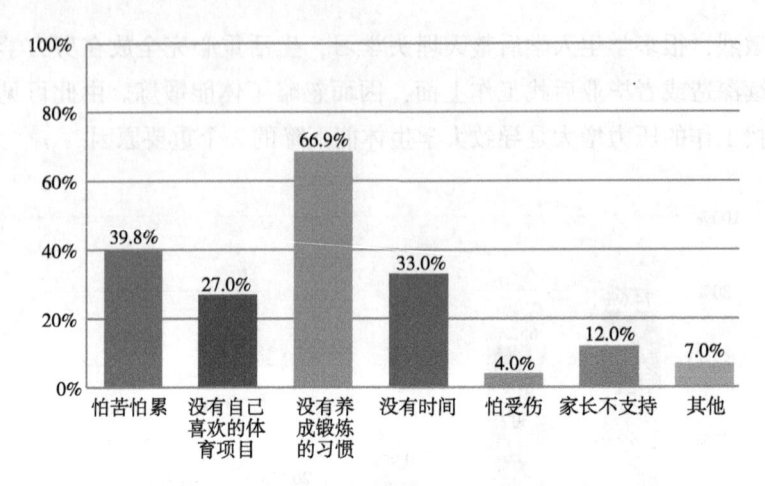

图 2 学生不积极参加体育锻炼原因统计

器械，运动区域无法满足日常需求的现象。为了满足学生参加体能锻炼的需要，首都经济贸易大学每年下拨的体育经费占学校教育经费的1%以上，近年来还加大了体育设施及各项体育经费的投资力度，分别建设了跳水馆、标准网球场和篮球场，改善了体育部的教学条件。学校先后又通过北京市专项拨款，购置了相当数量的体育器材和测试仪器。通过近几年的投入，学校拥有的室外场地均为塑胶、人工草坪、天然草坪，达到生均5.61平方米，场馆新增健身房、网球场、高级篮球场、跳水馆等设施，室内使用面积达到生均1平方米。

在问卷调查中，66.9%（121人）的学生认为学校的体育设施和场地能满足自己参加体能锻炼的需要，13.8%（25人）的学生认为能充分满足，19.4%的学生认为不能满足，这说明首都经济贸易大学的体育设施基本能得到学生的认可。但是由于北京本地学生数量占全校学生数量的70%左右，大部分本地学生在周末和假期选择回家，留校学生较少，因此参加体能锻炼的时间也相应减少，虽然学校的体育设施和场地给学生健身提供了全方位的服务，但学生的体能情况仍不容乐观。

（三）影响大学生参加体能锻炼的个人因素

1. 缺乏体能锻炼的具体行动

问卷调查结果显示，超过68%的学生认为体能锻炼可以提高学生体能，只有6.6%（12人）的学生认为不能，可见多数学生的体能锻炼意识较强。

但对"为了增强体能，你是否积极参加体能锻炼"进行调查时，经常参加体能锻炼的学生比例仅为29.8%（54人），不经常参加体能锻炼的学生比例为45.3%（82人），不参加体能锻炼的学生占24.9%（45人）。另外，对"你平均每天用于体能锻炼的时间是多少"进行调查的结果显示，锻炼时间在2小时以上的学生仅占12.2%（22人），1小时左右的占53.6%（97人），半小时以下的占34.3%（62人）。由此可见，大多数大学生对体能锻炼的认识仅仅停留在表面，没有落实到行动上，缺乏积极有效参与。

2. 体能锻炼项目的选择

对"你是否喜欢上体育课"的调查结果表明：喜欢上体育课的学生占42.5%，一般喜欢的占35.4%，不喜欢的占22.1%。"你最喜欢的体能锻炼项目有哪些"的统计结果显示：健美操、艺术体操、羽毛球、体育舞蹈等近年来才开始推广的新兴体能锻炼项目，以及乒乓球、篮球、足球、排球这些传统体能锻炼项目在大学生中的喜欢程度都是较高的，而学生对田径项目的兴趣与参与程度都是较低的（见图3）。

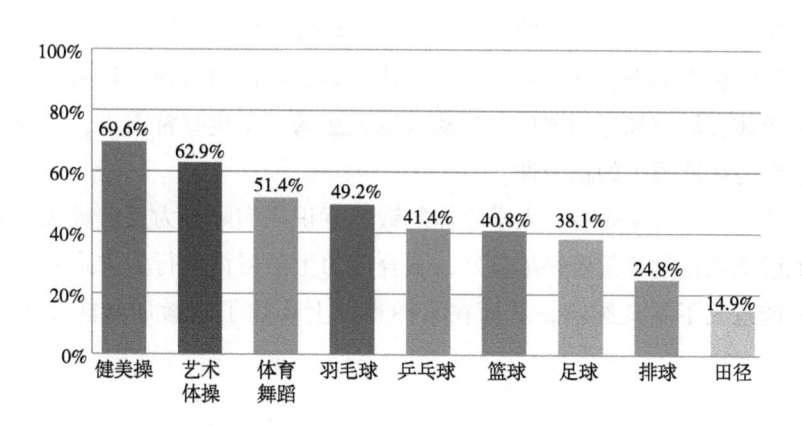

图3 学生喜欢的体能锻炼项目统计

健美操 69.6%
艺术体操 62.9%
体育舞蹈 51.4%
羽毛球 49.2%
乒乓球 41.4%
篮球 40.8%
足球 38.1%
排球 24.8%
田径 14.9%

3. 不重视课外体能锻炼

问卷调查结果显示，仅61.3%的学生认为参加课外体能锻炼是有必要的，高达30.9%的学生认为进行课外体能锻炼没有必要，甚至课余时间没有进行过体能锻炼。由此可以看出，有相当一部分学生对课外体能锻炼持漠视和消极的态度。为了培养更多的学生在课余时间参加体能锻炼，学校有关方面应加大对课外体育活动的重视，积极推广课内外一体化的模式，引导更多的学生从仅参加体育课程的体能锻炼向生活中也积极进行体能锻炼转变，从而逐步形成"终身体育"的观念。

4. 生活习惯与行为方式

问卷调查结果显示，39.7%的大学生每天早晨坚持吃早餐，25.5%的大学生随便应付，19.8%的大学生不一定吃早餐，15%的大学生不吃早餐。此外，"学生体能下降原因"统计结果显示，30.9%的学生上网时间过长，23.7%的学生睡眠不足，14.8%的学生营养不够。由于学习任务相对繁重及上网时间过长，很多学生晚上睡得晚，早上不按时起床，不吃早餐便匆匆去上课。由此可以看出，不合理的生活习惯和行为方式对大学生的体能造成了不良影响，从而在某种程度上影响了其参加体能锻炼的积极性。

四、结论

影响大学生体能素质的因素有社会、学校、大学生自身三个方面。

从社会方面看，就业压力增大，社会重"智"轻"体"现象严重，导致大学生忽视体能锻炼，缺乏参加体育运动的内驱动力。

从学校方面看，学校对学生参加体能锻炼习惯的重视与培养不足，加之缺乏体育场馆和运动器械，运动区域无法满足学生日常需求，影响了大学生参与体能锻炼的积极性。

从大学生自身来看，大学生体能锻炼意识与实际行为反差较大，选择体能锻炼项目过于偏重兴趣爱好，不合理的生活习惯和行为方式对大学生的体能造成了不良影响，从而在某种程度上影响了其参加体能锻炼的积极性。

参考文献

[1] 李怀海，等. 体质与体能概念之辨析 [J]. 解放军体育学院学报，2001（3）.

[2] 李福田. 优秀运动员体能训练 [J]. 世界田径，1996（25）：5-6.

[3] 赵志英，郑晓鸿. 对"体能"的探析 [J]. 北京体育师范学院学报，1999，11（1）：44-46.

[4] 田雨普. 体能及相关概念辨析 [J]. 哈尔滨体育学院学报, 2000, 18 (2): 1-3.

[5] 陈安槐, 陈萌生. 体育大辞典 [M]. 上海: 上海辞书出版社, 2000: 4-5.

[6] 米艳, 张晖. 当代大学生健康状况分析 [J]. 首都体育学院学报, 2002 (4): 80-81.

[7] 杨文革. 地质类大学生体能现状调查及发展对策研究 [D]. 北京: 北京体育大学, 2011.

[8] 吴立新, 关怀志. 对高校大学生身体成分的测试分析 [J]. 哈尔滨学院学报, 2001 (5).

探究大数据背景下大学生体质健康发展策略

朱睿 梁霄 盖良子 刘振华*

【摘 要】 在大数据背景下,大学生体质健康发展是学生综合素养提升的关键,也是保障学生身心健康的关键。因此,教师需要重视学生体质健康的发展,结合大数据技术,充分优化体质健康管理模式,升级学生锻炼方式,为健康培养工作的落实打好基础。同时,教师需要重视大数据背景下不同学生的健康情况和发展情况,提升学生体质锻炼的针对性和灵活性,为大学教育水平的提升打好基础。本文结合大数据背景下大学生体质健康的具体情况,提出科学的教育策略,为大学教育活动的开展提供参考。

【关键词】 大数据背景;大学生;体质健康

一、引言

在大学教育过程中,学生的专业知识教育与体质健康教育同样重要,只有保障学生的身体素质,提升学生的体能素养,才能够让学生更好地参与到专业学习中去。因此,大学教师需要重视学生的体质健康发展,明确

---

* 朱睿,首都经济贸易大学体育部教师,副教授;梁霄,首都经济贸易大学体育部教师,讲师;盖良子,首都经济贸易大学体育部教师,讲师;刘振华,首都经济贸易大学体育部教师,讲师。

学生具体的发展需求，结合实际的教育情况，充分优化教育方式，为教育目标的实现提供支持和帮助。大数据背景下，进行数据分析以及信息整合，能够充分明确大学生体质健康的相关状况，并结合数据问题以及体质健康重点要点制订科学的健康发展方案。因此，大学教育者需要重视大数据技术的应用，结合大数据分析体系，充分了解大学生体质健康的现实情况，并推动大学体质健康教育模式的升级优化，提升学生体质锻炼的效率和水平，为学生的全面发展以及核心素养建设打好基础，提供帮助。

二、大数据和体质健康概述

当前，大数据技术的应用已经不仅仅局限于企业和单位的经营发展，在教育、运输、城市建设、经济管理等各个方面，大数据技术都能够发挥其关键作用，为相关主体提供信息数据以及相关解决方式的支持，对于社会的稳步发展有重要作用。

体质指的是人体的质量，它是人体在先天遗传性和后天获得性基础上所表现出来的形态结构、生理功能、心理发展、身体素质、运动能力等方面综合的相对稳定的特征。在当前社会发展过程中，人们对体质的定义逐渐细化，概括来说，体质包括人体的体格、体能、生理机能、适应能力和精神状态等内容的发展水平。在学生成长以及发展过程中，体质健康的标志包括身体健康，主要脏器无疾病，身体形态发育良好，体格健壮，体型匀称，呼吸系统、心血管系统和运动系统具有良好的生理机能等。

大学生体质健康的发展是我国人才队伍建设的关键，也是落实体育强国政策的关键。因此，大学教育者需要充分明确大数据技术在大学生体质健康发展中的重要性，结合实际的教育需求，逐步优化完善体质健康发展体系，充分推动教育水平的提升，为教育事业的进步和发展打好基础，推动学生综合素养的提升。同时，教师需要了解大数据技术在实际教育过程中的优势，结合信息技术、网络技术以及智能化技术，构建现代化的大学生体质健康发展体系，为体质健康发展做出贡献。

三、大数据技术在大学生体质健康发展中的积极作用

在大学教育过程中，通过大数据技术的应用，能够充分了解大学生体

质健康发展中存在的问题，为大学生体质健康调查提供信息数据支撑，优化和完善大学生体质健康评估体系，为大学生体质健康发展提供深入指导，最终起到培养学生健康体质、充分实现教育目标的积极作用。

(一) 大数据技术能够精准发现大学生体质健康发展中存在的问题

在大学教育过程中，大数据技术能够对大学生体质健康的整体情况进行分析，从而精准发现大学生体质健康发展中存在的具体问题，并为其制订针对性和灵活性的发展方案，推动大学生体质健康水平的提升。首先，在当前大学教育环境中，大学生的数量在逐步增加，传统的信息统计和分析方式工作压力大，分析精确度不足，难以适应当前的大学生体质健康发展需求。利用大数据技术，能够显著降低学生信息数据分析的工作量，有效明确学生身体状况，能够更好地适应大学生体质健康发展工作。其次，利用大数据技术，能够对不同年龄、年级、性别以及体质的学生体质健康问题进行了解，并充分明确不同问题的学生需要的体质健康教育帮助，对于教育工作的顺利落实有支持作用。最后，在大学教育过程中，大数据技术能够对不同体质健康发展方式进行分析，明确具体教育内容的效果，对于教育体系的不断升级优化有重要意义。

(二) 大数据技术能够为大学生体质健康调查提供信息数据支撑

在大学生体质健康发展过程中，大数据技术能够为相关工作提供专业的信息数据支撑。首先，结合大数据分析，能够明确大学生的体质健康情况、日常生活锻炼情况、体质健康理念以及大学生参与体质健康锻炼的意愿等。了解相关信息数据，能够为具体工作的开展提供支持，实现现代化的体质健康发展。其次，在大学生体质健康发展过程中，大数据技术能够对当前体育健康教育模式进行分析，从而为教师队伍提供数据支持，对于相关体质健康发展模式的创新和优化有积极作用。最后，结合大数据背景，教师能够更规范地开展校园体质健康活动，从而促进体质健康教育效果的提升，这对于教育事业进步有重要意义。教师需要重视技术应用，结合教学需求，推动体质健康发展目标的实现。

(三) 大数据技术能够优化和完善大学生体质健康评估分析体系

利用大数据技术建立大学生体质健康评估分析体系，能够充分提升学生体质健康评估的科学性以及专业性，对于后续体质健康发展工作的落实有积极作用。在保障大学生体质健康发展规范的基础上，利用大数据技术，能够顺利建立具有合理性和专业性的大学生体质健康评估标准，对大学生体质健康的各项数据进行详细分析，让学校和教育单位能够顺利掌握学生体质健康的变化规律和发展趋势，从而推动大学生体质健康培养工作的进一步落实。同时，大数据技术在评估体系建设中的应用还能够让大学生充分了解自身的身体状况，从而推动大学生参与体质健康发展活动，实现科学教育，促进教育效果的稳步提升。

（四）大数据技术能够为大学生体质健康发展提供深入指导

在大学生体质健康发展过程中，大数据技术的应用能够为体质健康锻炼提供指导，从而有效推动具体教育内容的丰富和教育方式的创新，对于体质健康锻炼效率和水平的提升有积极作用。同时，教师可以结合大学生体质健康发展信息数据，定制阶段性的体质健康发展任务，通过大数据技术的应用，充分保障全面健康指导的落实。

在新时代背景下，大学生体质健康教育逐渐成为大学教育的关键工作，对于教育事业进步以及学生的全面发展有重要意义。因此，教师需要重视体质健康发展手段的创新升级，利用大数据技术充分明确大学生体质健康的现实情况，并为体质健康评估和指导提供支持，提升大学教育水平，为提升学生身体素质和核心素养做出贡献，推动我国教育事业的发展。

四、当前大学生体质健康发展存在的问题

在当前大学生体质健康发展过程中，存在大学生自身体质健康发展理念和思想不足、没有构建科学专业的大学生体质健康发展制度、大学生体质健康发展重点和关键点不明确以及大学生体质健康发展方式创新不足等问题，严重影响了大学生身体健康的稳步发展，不利于大学生教育的进一步落实。

（一）大学生自身体质健康发展理念和思想不足

在当前大学教育过程中，科学的体质健康教育理念和教育意识是保障教育工作稳步落实的关键。但是，在实际的教育过程中，仍然存在发展理念和意识建设不足的问题，对教育工作的顺利展开造成了消极影响。首先，部分大学生不重视自身的体质健康建设，加之大学教育环境较为宽

松，导致学生的体质健康建设积极性不足，不利于体质健康教育的开展。其次，部分高校没有在校内、学院内以及班级内进行体质健康教育的宣传，导致学生的思想意识没有得到更新。最后，学校内部体质健康以及体育锻炼环境和氛围的建设不足，无法推动学生主动参与到体育活动中，影响了教育工作的进一步展开。

（二）没有建立科学专业的大学生体质健康发展制度

专业的大学生体质健康发展制度能够充分约束和规范体质健康发展工作，对于教育目标的实现有积极作用。但是，在实际教育过程中，部分高校没有建立专业的体质健康发展制度，具体的教育工作落实过于松散和随意，无法在学校教育基础上为学生体质健康培养提供支持。同时，因为教育责任以及管理责任落实不到位，部分高校的体质健康教育工作存在形式化问题，没有切实地为学生的体质健康教育发展提供助力，对教育工作任务的完成造成了阻碍。部分高校将体质健康发展制度和体育教育活动相混淆，没有在学校层级对具体的教育活动开展进行统筹，简单地将学生体质健康教育当作体育教师的工作，严重地影响了教育事业的进步，不利于学生的全面发展。

（三）大学生体质健康发展重点和关键点不明确

在大学生教育过程中，体质健康发展重点和关键点的明确能够充分提升教育效率和质量，对于体质健康锻炼目标的实现有积极作用。但是，部分高校采用的学生信息数据分析方式过于落后，无法对不同学生的体质健康内容和问题进行明确。同时，在体育教育过程中，不同年龄、性别、体质的学生的信息数据没有精细化分析，导致体质教育过于单一，无法满足学生的发展需求。部分高校没有建立专业的信息数据库，在实际教育过程中无法结合信息数据制订科学的发展规划和方案，影响了大学生体质健康锻炼活动的顺利展开，甚至有可能浪费学生体质健康锻炼的时间，对于学生的发展产生不利影响。

（四）大学生体质健康发展方式创新不足

体质健康发展方式的创新能够提升大学生教育的灵活性和专业性，在实际教育过程中，能够保障大学生体质健康发展目标的顺利落实，对于教育事业进步以及教学活动的开展有积极作用。但是，部分高校没有结合大学生体质健康发展需求，逐步对教育方式和体质健康锻炼活动进行创新，导致教育灵活性、适用性以及专业性不足，难以有效满足大学生的发展需求，对高校教育水平的提升造成了阻碍。

在高校教育过程中，体质健康教育对于大学生的全面发展以及综合素养的提升具有重要意义。但是，当前存在的教育问题影响了教育工作的落实。因此，教师需要重视高校教育，结合大数据技术的应用，逐步升级优化教育模式，为体质健康教育打好基础，提供支持和帮助。同时，高校需要总结教育经验，不断推动教育体系的现代化建设，做好体质健康发展宣传，改变学生的思想观念，为我国人才队伍建设的稳步落实做出贡献。

五、大数据背景下大学生体质健康发展策略

通过结合大数据内容进行大学生体质健康发展宣传、建设专业的大学生体质健康评价评估体系、为大学生体质健康发展提供指导以及保障大学生体质健康发展方案的科学性等方式，能够充分发挥大数据技术在大学生体质健康发展中的重要作用，提升教学水平，推动教育进步和学生的全面发展。

（一）结合大数据内容进行大学生体质健康发展宣传

在大数据背景下，学生自身的体育锻炼理念以及体质健康意识是保障相关教育工作稳步落实的关键。因此，高校管理者需要重视宣传工作的开展，结合具体的数据内容，让大学生充分明确和了解体质健康发展的重要性，并通过具体的信息数据为学生体质健康锻炼提供指导，指引方向，提升学生参与兴趣。同时，在宣传过程中，高校管理者需要充分细化大数据内容，让不同年龄、性别、体质的学生能够在体质健康宣传中获取自身需要的信息，保障教育工作的顺利落实。高校还可以通过校园活动的举办，让学生充分了解体质健康教育对自身的好处，并利用体育赛事进一步提升体质健康锻炼的影响力，为学生身体素质提供保障，促进教育目标的实现。

（二）建设专业的大学生体质健康评价评估体系

高校需要借助大数据技术，建设专业的大学生体质健康评价评估体系，充分了解当前大学生群体的身体状况，为教育工作提供支持和帮助。高校可以从多元化角度入手，对《国家学生体质健康标准》中的各项要求

进行明确，结合大数据分析，建立专业化的大学生体质健康评估标准。同时，高校管理者可以将科学评估标准和大数据分析结果进行对比，对校内大学生体质健康状况无法满足评估标准需求的内容进行详细比较，从而掌握大学生体质健康的变化规律和发展趋势，为体质健康教育工作的落实提供支持，促进教育水平的稳步提升。高校还可以结合大数据评估体系，让大学生充分了解自身的体质健康情况，并结合实际评估内容展开针对性的体育锻炼计划，为体能建设和体育素养的培养做出贡献。

（三）借助大数据内容为大学生体质健康发展提供指导

大数据技术能够在大学生体质健康发展指导过程中发挥专业作用。高校管理者可以借助大数据技术构建专业的信息数据平台，为学生提供全面的体质健康发展指导，让学生在交流沟通以及信息获取过程中树立良好的体育锻炼意识，为体质健康教育的进一步落实提供助力，推动教育事业的发展。同时，高校管理者需要结合体质健康教育要求的变化，将具体的体育知识和健康知识上传至信息数据平台，通过签到等方式，为学生自律运动提供协助。高校还需要利用大数据技术以及信息技术，为学生构建个人专属的体质健康数据库，结合大数据技术的分析功能，为学生提供体质健康报告单，让学生详细了解自身锻炼状况，推动体质健康锻炼的进一步落实。

（四）利用大数据分析保障大学生体质健康发展方案的科学性

在高校教育发展过程中，大数据技术能够为大学生体质健康发展方案的设计提供数据支持。管理者可以结合智能化技术，在大数据平台为不同的学生制订科学的体质健康锻炼方案，并结合不同阶段的学生身体情况逐步进行优化调整，为教育工作的落实打好基础，提供帮助。同时，高校管理者可以结合大数据技术，对体育课程教学内容进行调整，为大学生制订有效的训练方案，推动体育锻炼效果的升级。

六、结语

在高校教育发展过程中，科学的大数据技术应用能够充分推动体质健康教育水平的提升，对于大学生的长远发展具有重要意义。因此，高校管理者需要重视大数据技术应用，逐步完善教育模式，实现高校教育目标，促进大学生素养的稳步提升。

参考文献

[1] 刘春梅，李文川，陈保磊．大数据背景下传统体育俱乐部教学的数字化融合与创新［J］．浙江体育科学，2022，44（6）：61-66．

[2] 潘雯雯，余保玲，张锐，等．高质量办学背景下高校智慧体育教学体系的构建与路径研究：以浙江大学为例［J］．浙江体育科学，2022，44（4）：83-87．

[3] 黄筱君．基于体育素养的高中生运动健康促进个性化科学指导系统的研究与应用［D］．上海：上海体育学院，2022．

[4] 彭发胜，冯忠贤．线上线下共建体质弱势群体大学生精准健康管理模式的研究［J］．冰雪体育创新研究，2022（11）：85-87．

[5] 殷征辉，邵凯．大学智慧体育教学：现实困境、实践探索和改革创新［J］．沈阳农业大学学报（社会科学版），2020，22（2）：178-183．

[6] 刘映，胡俊．App"打卡"新机制对大学生体质健康的影响：以安徽中医药大学为例［J］．合肥工业大学学报（社会科学版），2019，33（3）：132-135．

[7] 牟利明，刘然．基于性别差异对大学生健康体适能教学的指导研究：以山东省大学生为例［J］．考试周刊，2015（56）：90-92．

新冠疫情对大学生体质健康的影响及体育教育教学改革经验分析

——以首都某高校为例

方海涛[*]

【摘　要】 利用 SPSS 软件中的独立样本 t 检验统计分析方法，对首都某高校疫情前与疫情中大一、大二学生的体质健康测试成绩进行数据分析发现，在疫情防控期间，学生居家进行线上体育课程学习后，体质健康水平与疫情前的线下正常学习相比存在一定的差异，具体表现在肺活量和耐力水平显著下降，从而导致体质健康水平的整体下降。疫情导致学生体质健康水平下降是客观存在的，但影响因素也是多元的，体育教育工作者需要不断深化落实教育教学改革才能适应时代的需要。

【关键词】 大学生；体质健康；体育教育教学

一、前言

世界卫生组织于北京时间 2023 年 5 月 5 日宣布新冠疫情不再构成"国

---

[*] 方海涛，首都医科大学教师，副教授。

际关注的突发公共卫生事件"，这意味着持续三年之久的疫情终于成为历史。2020年初，新冠病毒以极快的传播速度席卷全球。受疫情影响，教育部在第一时间发布了《关于2020年春季学期延期开学的通知》，首都高校积极响应教育部和市教委的号召，利用互联网和信息化教育资源为学生提供学习支持，保证"停课不停教、停课不停学"，并以最快的速度完成了体育教学线下向线上转换的任务。体育作为学校教育的最重要组成部分之一，肩负着促进学生健康、培养完善人格的教育重任。而承载着体育教育重任的体育课和课外体育锻炼是实现体育目标的主要途径。体育课由线下转至线上，就体育专业学科而言，除有一部分健康教育的理论课程外，学科教学课程资源相对不足，储备严重缺乏。在这样的特殊情况下，长时间的线上体育教学对学生体质的影响引起了学界的关注。本研究以首都某高校疫情前与疫情中的学生体质健康水平变化为抓手，以深化体育教育教学改革为目标，总结线下、线上体育教学快速转换的实践经验，以期为新阶段提高学生体质健康水平提供参考依据。

二、研究对象与研究方法

（一）研究对象

以首都某高校疫情前后大一、大二在校学生为研究对象。2019年疫情暴发前测试人数1 721人，2020年疫情暴发后测试人数1 796人。

（二）研究方法

1. 文献资料法

收集疫情中与大学体育教育及学生体质健康有关的学术文献，了解疫情背景下我国高等院校线上线下体育教育教学改革中的宝贵经验。

2. 测量法

按《国家学生体质健康标准》的要求，对学生进行测试，采集学生身体形态、身体机能、身体素质与运动能力等方面的数据，具体项目为：BMI（身体质量指数），肺活量，立定跳远，50米跑，男子1 000米跑/女子800米跑，坐位体前屈，男子引体向上/女子仰卧起坐。

3. 统计分析法

使用"健康云"软件采集测试数据，将测试数据导出成Excel表格，对数据进行数字化处理后导入 SPSS 软件对其进行统计学分析。

三、结果与分析

（一）疫情暴发前后大一、大二学生的体质健康水平基本情况比较

如表1所示，疫情前后一、二年级学生体质健康测试平均分分别为 75.93 分和 75.03 分，标准差分别为 9.11 和 9.39，均值误差均约等于 0.22。其中，BMI 疫情前后平均分分别为 93.91 分和 93.35 分，标准差分别为 11.76 和 11.91，均值误差均约等于 0.28；肺活量疫情前后平均分分别为 86.98 分和 84.40 分，标准差分别为 12.63 和 13.72，均值误差分别为 0.30 和 0.32；50 米跑疫情前后平均分分别为 69.00 分和 69.06 分，标准差分别为 10.27 和 10.34，均值误差分别为 0.25 和 0.24；男子 1 000 米跑/女子 800 米跑疫情前后平均分分别为 73.11 分和 71.95 分，标准差分别为 13.55 和 14.67，均值误差分别为 0.33 和 0.35；坐位体前屈疫情前后平均分分别为 79.01 分和 78.01 分，标准差分别为 15.39 和 15.85，均值误差均约等于 0.37；立定跳远疫情前后平均分分别为 65.63 分和 65.29 分，标准差分别为 18.13 和 18.39，均值误差分别为 0.44 和 0.43；男子引体向上/女子仰卧起坐疫情前后平均分分别为 56.78 分和 55.92 分，标准差均约等于 34.74，均值误差分别为 0.84 和 0.82。

表1 疫情前后学生体质健康测试样本统计

	疫情前后	N	平均值（分）	标准差	均值误差
BMI	疫情前	1 721	93.910 5	11.757 78	0.283 42
	疫情后	1 796	93.351 9	11.910 10	0.281 04
肺活量	疫情前	1 721	86.977 3	12.632 37	0.304 51
	疫情后	1 796	84.397 0	13.718 62	0.323 71
50 米跑	疫情前	1 721	68.996 5	10.266 85	0.247 48
	疫情后	1 796	69.056 2	10.342 80	0.244 05
1 000 米跑或 800 米跑	疫情前	1 721	73.111 6	13.546 40	0.326 54
	疫情后	1 796	71.952 1	14.665 10	0.346 04
坐位体前屈	疫情前	1 721	79.011 6	15.386 72	0.370 90
	疫情后	1 796	78.010 6	15.849 87	0.374 00

续表

	疫情前后	N	平均值（分）	标准差	均值误差
立定跳远	疫情前	1 721	65.627 0	18.134 97	0.437 15
	疫情后	1 796	65.294 0	18.394 60	0.434 05
引体向上或仰卧起坐	疫情前	1 721	56.784 4	34.739 71	0.837 41
	疫情后	1 796	55.921 5	34.740 66	0.819 76
平均分	疫情前	1 721	75.930 1	9.106 44	0.219 51
	疫情后	1 796	75.032 5	9.394 18	0.221 67

（二）疫情暴发前后学生体质健康测试平均分比较

如表2所示，肺活量、耐力和总平均分的 t 统计量分别为5.80、2.43和2.88，它们所对应的相伴概率分别为0.000、0.015和0.004，均小于显著性水平0.05，具有统计学意义，说明疫情前后大一、大二学生的肺活量、耐力和总平均分的差异是显著的；其他项目 t 统计量对应的相伴概率均大于显著性水平0.05，不具有统计学意义，说明疫情前后大一、大二学生体质的其他单项平均分差异未达到显著性水平。

表2 疫情前后学生体质健康测试成绩独立样本 t 检验

	t 值	自由度	显著性（双边）	均值差	标准误差	均值差的95%置信区间 下限	均值差的95%置信区间 上限
BMI	1.399	3 515	0.162	0.558 62	0.399 25	-0.224 15	1.341 40
肺活量	5.796	3 515	0.000	2.580 35	0.445 20	1.707 46	3.453 23
50米跑	—	3 515	0.864	—	0.347 63	-0.741 30	0.621 86
1 000米跑或800米跑	2.433	3 515	0.015	1.159 45	0.476 59	0.225 02	2.093 87
坐位体前屈	1.899	3 515	0.058	1.001 04	0.527 06	-0.032 33	2.034 42
立定跳远	0.540	3 515	0.589	0.332 97	0.616 22	-0.875 21	1.541 15
引体向上或仰卧起坐	0.736	3515	0.462	0.862 94	1.171 86	-1.434 65	3.160 53
总平均分	2.875	3 515	0.004	0.897 58	0.312 17	0.285 52	1.509 64

注：表中 P = 0.05。

(三) 导致疫情前后学生体质差异的原因分析与体育教育教学改革经验总结

1. 体育课程线上教学的利与弊

线上体育课程一般采用多媒体信息化教学手段，结合腾讯会议进行教学直播，通过班级微信群（以及雨课堂、钉钉等软件）发布学习资料和任务，通过班级小管家、网盘、云盘等软件查收学生视频作业。线上教学有利于学生观看最精美的动作示范，有利于聆听最准确的语言表达，教师和学生之间一对一的沟通畅通无碍。学生可以独自完成练习，不会有面对面的拘谨，也不会有在同学面前所表现出来的尴尬和羞涩；教师通过视频作业课后可以仔细观察每一位同学的动作细节，有利于发现学生的不同错误，并分别进行指导。

然而，考虑到体育课程所独有的实操特性，线上教学显然不利于纠正动作错误。在线下实操教学中，手把手纠正错误动作，学生很快就能体会并改正；而在线上，教师只能通过观察学生的作业视频进行文字或口头的纠正，学生很多时候不得要领，这在太极拳、健美操、武术等套路动作学习中尤为明显。

此外，进行线上教学的体育教师必须承担更多的工作量，他们必须花费大量的时间收集学习资料，完善课件，还要观看每个学生的作业视频，并提出指导意见。线上工作时长远远超出了线下教学，对体育教师的身心健康存在一定的负面影响。最后，线上教学受网络环境优劣的影响较大，网络"卡顿"和"堵塞"也会影响教学质量。

2. 疫情对锻炼条件的制约

根据《高等学校体育工作基本标准》（教体艺〔2014〕4号），经过多轮次的教学评估，各高校均已深入推进课程改革，合理安排教学内容，每节体育课须保证一定的运动强度，其中提高学生心肺功能的锻炼内容不得少于30%。在线下，这样的运动量是必须实现的，但是在线上，就会存在很多客观条件的制约。在疫情背景下，学生足不出户，受锻炼场地的限制，心肺耐力的锻炼达不到有效的运动量，如足球、篮球、排球等传统竞技类项目，根本无法达到既有的锻炼效果，这也是肺活量和耐力平均成绩疫情前后存在明显差异的主要原因。

3. 课外锻炼得不到保障

首都各高校每学期都有课外阳光长跑的基本数量要求，研究对象所在高校为每学期42次，并且计入学期成绩，学生在校期间通过刷卡仪器进行记录和监管。但居家进行线上体育教学无法实现对学生的有效监管，而且学生的学业繁重。据调查，严格按教师要求完成课后素质练习的学生不足10%。由此可见，课外锻炼达不到应有的效果，也是导致学生心肺耐力下降的原因之一。

4. 师资个体差异导致线上教学的效果大相径庭

在教育过程中，教师是学生身心发展的教育者、领导者和组织者，起到了主导作用。教师工作质量的好坏关系到学生身心发展的水平和身体素质提高的程度。而高校体育教师由于年龄结构、学术水平、文化素养、思想境界和责任心等各个方面存在客观差异，教学效果往往大相径庭。

四、结论与建议

（一）结论

首都高校在教育部和市教委的领导与指挥下，体育教育教学所形成的快速转换机制是值得肯定的，线上、线下教学工作可以实现无缝切换，这对保持学生体质健康起着积极作用。尽管受疫情的影响，大学生的肺活量和心肺耐力有所下降，但其他的身体素质并没有出现明显下降。随着疫情的结束，体育教育工作者必须与时俱进，不断深化体育教育教学改革，发现问题并解决问题，以跟上时代的步伐。

（二）建议

1. 坚持贯彻以提高学生身体健康整体水平为主要目标的学校体育机制

身心健康是学生全面发展的重要基础，学校体育是实施素质教育的基本内容。《中共中央关于全面深化改革若干重大问题的决定》中提出"强化体育课和课外锻炼，促进青少年身心健康、体魄强健"。国务院办公厅转发教育部等部门《关于进一步加强学校体育工作的若干意见》中明确提出要完善学生体质健康测试和评价制度，实施学校体育工作评估制度，实行学校体育报告公示制度。教育部曾印发《学生体质健康监测评价办法》《学校体育工作年度报告办法》等规范性文件，旨在推动各地各类学校加强体育工作，完善学生体质健康监测制度，并建成科学规范的学校体育评价机制。

2. 强化以北京市大学生体育协会为领导的首都高校体育文化圈

在疫情防控期间，首都高校都在积极打造体现自我特色的线上线下、课内课外一体化体育教学模式，各家均有所长。未来，各高校应该在北京市大学生体育协会的领导下形成整体观，加强联系，相互学习借鉴宝贵经验，做到扬长避短。

3. 坚持面向全体学生的体育改革方向，突破群体竞赛在线上举办的局限性

群体竞赛是大学体育的重要组成部分，新颖多样的群体竞赛不仅能吸引学生的广泛参与，促进学生体质健康，还可以培养学生终生体育锻炼的习惯。但是线上群体竞赛的规模远远没有线下的丰富多彩，除了一些展现个人能力的竞赛项目外，所有的团队项目都无法开展，因此只能在个人项目上力求打造更多更新颖的线上竞赛品类，以满足线下向线上随时转换的需求。

4. 加强体育课程思想政治教育

体育课程思政不仅可以培养学生完善的人格，还有利于帮助学生树立正确的锻炼目标和行为。教师实施思想政治教育的过程，也是自我修为的提升过程。加强体育课程思政，是为培养新一代社会主义接班人所做的必要工作。

参考文献

[1] 教育部. 关于2020年春季学期延期开学的通知[EB/OL]. (2020-01-27) [2020-02-12]. http://www.moe.gov.cn/jyb_xwfb/gzdt_gzdt/s5987/202001/t20200127_416672.html.

[2] 王一民. 大学生课外体育锻炼习惯缺失原因与对策研究[J]. 武汉体育学院学报, 2016, 50 (8): 83-86.

[3] 张得保, 秦春波, 张辉, 等. 新冠肺炎疫情下普通高校体育课在线教学的实施与思考[J]. 沈阳体育学院学报, 2020, 39 (3): 10-17.

[4] 张玉超, 王玉侠. 后疫情时代我国高校在线体育教育教学实践反思[J]. 南京体育学院学报, 2020, 19 (5): 1-6.

"健康中国"背景下数字化技术在学校体育改革中的机遇与挑战

彭家澍 杨君建 杜承润*

【摘 要】21世纪初,我国提出了健康中国战略,该战略的核心目标是推动全民健身,通过体育活动促进人民的身体健康和全面素质的提高。学校体育作为整个体育体系的基础,扮演着至关重要的角色,可以培养学生的健康习惯、体育素质和全面素养。然而,学校体育也需要不断演进和改进,以适应现代社会的需求和挑战。随着数字化技术的迅速发展,我们面临着前所未有的机遇。包括虚拟现实(VR)和增强现实(AR)技术、在线健康教育工具、智能设备等在内的数字化技术为学校体育提供了许多创新的可能性:它们不仅可以提供更丰富的体育训练体验,还可以扩展健康教育的途径,使学生更积极地参与体育活动,并增强他们的健康意识。本文将详细介绍数字化技术在学校体育改革中的作用和应用,探讨资源不平等、隐私和数据安全,以及如何找到数字技术与体育活动之间的平衡等问题。最后,提出有助于实现健康中国战略目标、促进学生身体健康和全面发展的政策建议。

---

* 彭家澍,北京工商大学体育部教师,助教;杨君建,北京工商大学体育部教师,副教授;杜承润,北京工商大学体育部教师,讲师。

【关键词】健康中国；数字化；学校体育

一、健康中国战略与学校体育

健康中国战略的提出标志着我国对全民健康的高度重视，旨在改善国民健康水平，促进全民健康。其中，学校体育被视为实现这一目标的关键组成部分。学校体育作为培养健康生活方式和全面素质的重要途径，被寄予厚望。学校体育不仅有助于提高学生的身体素质，还有助于培养学生的健康生活方式和积极社交能力。我国已采取了一系列政策措施来强化学校体育，包括提高体育教育的地位、加大资源投入以及推进体育教材的改革。这些政策举措为学校体育改革提供了重要的支持。然而，当前的学校体育面临着一些挑战，如课程内容陈旧、学生参与度下降等。在这一背景下，数字化技术为学校体育改革提供了新的机遇。

(一) 数字化技术在教育领域的应用与趋势

数字化技术在教育领域的应用已经取得了显著进展。虚拟现实（VR）和增强现实（AR）技术为学生提供了沉浸式的学习体验，使学生能够探索虚拟环境，例如历史场景或生态系统。在线学习资源、电子教科书和教育应用程序已经成为教育的重要组成部分，为学生提供了更多的学习资源和自主学习的机会。数据分析工具有助于教师更好地了解学生的表现，从而个性化地指导学生的学习。这些趋势表明，数字化技术已经深刻改变了刻板的教育方式和学习体验。

(二) 数字化技术与体育教育的关联性研究

教育数字化融合研究已经探讨了数字化技术在体育教育中的潜力。例如，虚拟现实技术可以模拟不同体育活动的情境，帮助学生提前熟悉运动技巧。在线资源和应用程序可以提供体育教材、训练计划和健康建议，以促进学生的全面发展。此外，数据分析工具可用于监测学生的运动表现和健康状况，为教师提供有用的反馈。在已有研究中，数字化技术给学校体育带来了许多机遇，包括提高学生的参与度、提升学习效果以及增强体育教育的吸引力。然而，数字化的融入也存在一些挑战，如数字鸿沟导致的教育不平等、学生数据涉及的隐私问题、技术创新依赖性和教师专业培训需求。这些发现强调了数字化技术在学校体育中应用的潜力，同时也提醒我们亟待解决相关问题,以确保技术的可持续应用。

二、数字化技术给学校体育带来的机遇

随着健康中国建设的推进,学校体育改革的重要性日益凸显。在这一背景下,数字化技术应运而生,为学校体育带来了较多的机遇。

(一)创新教育多元化,提升教育水平

数字化技术显著提升了教育水平。通过在线学习平台、虚拟教育资源和互动应用程序,学生可以获得更广泛、更深入的融入教育体验。这为他们提供了在传统教室中无法获得的机会,如观看高质量的体育讲座,学习最新的运动科学理论知识,以及接触和学习最新的运动技术,从而提高他们的技术水平。此外,数字化技术还允许学生参与在线模拟运动比赛和训练,这有助于提高他们的技能水平。这一系列的数字化教育资源为学生提供了更加丰富和多元化的学习机会,有助于他们深入了解体育领域的各个方面。通过互动应用程序和虚拟教育资源,学生可以积极参与学习过程,从而更好地理解和掌握体育知识和技能。这种教育方式不仅提高了学生的学术水平,还培养了他们的自主学习能力和问题解决能力,为他们未来的职业和生活奠定了坚实的基础。

(二)丰富教学资源,提高教学质量

数字化技术不仅提供了广泛的学习资源,还丰富了学校体育的教育内容。学生可以访问在线体育课程、视频教程以及模拟比赛等,这些资源不仅有助于加强他们的理论知识,还提供了获得实际运动经验的机会。例如,学生可以通过虚拟体育实验室进行运动解剖学学习,模拟运动损伤的治疗过程,或者使用运动分析软件来改进运动技能。这种丰富的学习资源可以激发学生的学术兴趣,促进他们更深入地了解体育领域。虚拟现实(VR)和增强现实(AR)技术能够模拟体育运动和锻炼情境,为学生提供身临其境的学习体验。学生可以通过虚拟环境参与各种体育活动,从而更深入地理解运动技巧和策略。例如,学生可以使用 VR 头戴设备在虚拟篮球场上进行投篮练习,这有助于改进他们的篮球技能,并提高学术学习的吸引力。这一多元的数字学习资源不仅提高了学生的学术学习兴趣,还提高了他们对体育专项的理解力和参与度。

(三) 数据分析与监测，提升教学效率

数字化技术还能够显著提高教育的效率。教育者可以通过在线平台和应用程序来管理学生的学习进度、分配任务以及评估学生的表现。这种自动化的过程能够减轻教育者的工作负担，使他们能够更专注于满足个体学生的需求和监督他们的进展。学生则可以随时随地访问学习材料，不再受时间和地点的限制。这增强了教育的灵活性，为学生提供了更为便捷的学习体验。此外，教师还可以借助数据分析工具来评估学生的进展，然后制订改进计划进而提高体育教育的质量。这一过程不仅提高了教育效率，还有助于更全面地监督和改进学生的体育学习体验。

(四) 增进个性化学习

每个学生都有其个性化的学习节奏和需求，数字化技术具备根据个体差异提供定制化教育内容的潜力。通过分析学生的学习数据，教育者能够更全面地理解他们的兴趣、弱点和优势，以此为基础为每个学生制订适应其需求的个性化学习计划。例如，一个学生可能需要更多的技术指导，而另一个学生可能需要加强体能训练。数字化技术能够提供个性化的反馈和建议，协助学生达到最佳表现。数字化技术还能够根据学生的需求和能力提供个性化的教育体验。在线学习资源和应用程序可以根据学生的兴趣和水平提供量身定制的体育教材和训练计划。这有助于学生更深度地参与学习，并在自身的学习节奏下提高体育素质。个性化教育还有助于教师更好地满足学生的需求，提供个别指导和支持，以确保每个学生都能充分发挥潜力。

(五) 增强课程互动性

数字化技术还能够通过增强互动性来改善学校体育的教学方法。传统的体育课程受到时间和空间的限制，而数字化技术能够打破这些限制。在线讨论板、虚拟实验和教育游戏等工具有助于提高学生与教师之间以及学生之间的互动水平。这种互动不仅有助于培养学生的协作精神和团队合作能力，而且在体育教育中具有重要意义。此外，学生可以通过参与模拟运动比赛和训练来获取实践经验，从而巩固他们在课堂上学到的知识和技能。数字化技术还可以引入游戏化元素，以提高学生对体育教育的兴趣和参与度。应用程序和在线平台能够创造具有强烈互动性和挑战性的学习环

境，激发学生的竞争精神和合作潜力。这一互动性的增强有助于促进学生更深度地参与学习，并提高他们的综合素质。

三、数字化技术给学校体育带来的挑战

数字化技术在学校体育领域的应用虽然有着巨大的潜力，但同时也伴随着一系列具体挑战，这些挑战需要认真面对和解决，以确保数字化技术的有效运用。

（一）数字鸿沟与不平等

数字化技术的广泛应用可能会加剧数字鸿沟，即不同学校、地区和家庭之间的技术资源和能力的不平等现象。某些学校可能拥有先进的数字化设备和高速连接的互联网，而其他学校可能缺乏这些资源。这可能导致一些学生无法充分享受数字化体育教育所带来的益处，从而增加了不平等现象的存在。解决这一问题需要政府和教育机构采取措施，以确保数字化技术资源能够均等分配。这包括改善不同地区和学校的技术基础设施，提供培训和支持，以便教育者和学生能够更好地利用数字化工具。此外，需要制定政策和计划，以弥合数字鸿沟，确保所有学生都能够平等地获得数字化技术所提供的学习机会。

（二）隐私与安全问题

在数字化体育教育领域，收集和处理学生的个人健康和运动数据涉及重要的隐私和安全问题。学生的健康数据包括心率、运动习惯、身体状况等敏感信息，必须受到高度保护，以防止未经授权的访问或数据泄露。同时，学生的身份信息也需要严密保护，以防盗窃和滥用。教育机构和技术提供商必须制定严格的数据保护政策和安全措施，以确保学生数据的安全得到有效维护。这包括采取加密措施、限制数据访问权限、定期安全审查等，以降低潜在风险，确保学生的隐私权不受侵犯。这是数字化体育教育可持续发展的重要前提之一。

（三）技术依赖性与健康问题

数字化技术的广泛应用可能引发学生对屏幕和设备的过度依赖，进一步增加学生的屏幕时间。持续的屏幕使用可能导致眼睛疲劳、形成不良姿

势、缺乏充足睡眠和体育活动，这与学校体育的关键目标相悖。学校体育的核心使命之一是促进学生的身体健康。因此，数字化技术的使用必须在保持平衡的前提下进行。这意味着需要确保学生仍有足够的时间参与体育锻炼和户外活动，以保证其身体健康和全面素质的发展。数字化技术的整合应当以促进健康的方式进行，不应成为阻碍学生体育活动的因素。这一平衡是学校体育与数字化技术成功融合的关键。

（四）教师培训与数字化素养需求

教师需要积极适应不断发展的数字化技术，以有效地将这些技术融入体育教育中。然而，实际情况是，许多教师可能在数字化技术方面缺乏必要的培训和技能，这可能限制了数字化技术的有效应用。为了克服这一困难，教育机构应当提供定期的数字化技术培训和专业发展机会，以帮助教师掌握最新的教育技术和最佳实践。此外，教师之间的经验分享和资源共享也是提高数字化技能的重要途径。通过与同事探讨数字化技术的应用和分享成功经验，教师可以相互学习，并更好地理解如何将这些技术融入自己的教育实践。这种协作和知识共享有助于建立一个更具数字化技能的教育团队，为学生提供更富有创意和成效的体育教育体验。

四、讨论与建议

（一）数字化技术在学校体育改革中的重要性

数字化技术不仅为学生提供了更加丰富的学习体验，还显著提升了教育的质量和效果。其中，虚拟现实、在线学习资源以及数据分析工具等技术为体育教育带来了新的机遇，对实现健康中国战略目标发挥着积极作用。通过数字化技术，学生能够更深入地融入体育学习，从而提高对体育的兴趣和参与度。这种更具吸引力的学习体验有助于培养学生健康的生活方式，促进他们在体育领域的全面发展。数字化技术为学生提供了更多根据自身需求进行学习的机会，这将有助于满足不同学生的学习需求，提高他们的学习成果。此外，通过数字化技术，教师可以更好地监测学生的学习进展，从而及时调整课程和提供个性化的反馈。这有助于提高教育的质量和效果，确保学生能够更好地理解体育规则、技巧和健康习惯，从而实现健康中国战略目标。

(二) 解决数字鸿沟和不平等问题

要解决数字鸿沟和不平等问题，需要采取一系列政策措施，以确保所有学生都能平等地受益于数字化技术。政府和学校在此方面可以扮演重要的角色，具体措施如下：

一是提供数字化设备和高速网络连接。政府和学校应该致力于为所有学生提供必要的数字化设备和高速网络连接，以弥合数字鸿沟。这包括为学生提供台式电脑、平板电脑或其他数字化设备，并能够在学校或家庭访问互联网。

二是提供替代方案。对于那些无法获得数字化设备的学生，教育机构应该提供替代方案，以确保他们能够参与数字化学习。这包括提供离线学习材料或其他适当的支持。

三是多样化的数字化内容。教育机构可以积极开发多样化的数字化体育教育内容，以满足不同学生的需求。这包括在线体育课程、视频教程和应用程序，可以根据学生的兴趣和水平提供个性化的学习体验。

(三) 维护学生数据安全及提高教师数字化素养

确保学生数据的安全至关重要。学校和教育机构必须制定严格的数据保护政策，以确保学生的个人健康和运动数据得到妥善处理和保护。教师和技术提供商应积极合作，采取适当的安全措施，以预防数据泄露和滥用。为建立信任，教师应明确向学生和家长说明数据的收集和使用方式。为了更好地将数字化技术融入体育教育中，需要提高教师的数字化素养。教育机构可以提供定期的数字化技术培训和专业发展机会，以协助教师掌握最新的教育技术和获得最佳的实践机会。此外，教师之间的经验分享和资源共享也是促进数字化素质提升的关键途径。这些努力将有助于确保数字化技术在体育教育中得到安全和有效的应用。

(四) 平衡技术依赖性与身体健康

鼓励学生在数字化学习和体育活动之间保持平衡。教育机构可以制定指导方针，鼓励学生每天进行体育锻炼和户外活动，以维护身体健康。教师也可以在数字化体育教育中引入休息时间，以降低过度使用数字设备的风险。此外，教师和家长可以合作，教导学生如何管理屏幕时间，以确保他们的身体和心理健康。这些措施有助于平衡数字化学习和体育活动，促进学生的全面发展。

五、结论

在"健康中国"背景下，数字化技术为学校体育改革提供了丰富的机遇，被视为实现全民健康目标不可或缺的关键工具。通过数字化技术，学生得以享受更加丰富和个性化的学习体验，提高身体素质，培养健康生活方式，而教师则能够提高教育质量，加强个性化学习。然而，数字化技术的广泛应用也伴随着一系列挑战。解决数字鸿沟问题、维护学生数据安全、弥补技术基础设施不足，以及提高教师的数字化素养，都是至关重要的任务。政府、学校管理者和教育者需要采取综合性的措施，包括制定数据隐私政策、改善技术基础设施和提供培训。通过这些努力，我们可以更好地推动学校体育改革，为学生提供更高质量的体育教育，同时实现健康中国战略目标。数字化技术在学校体育改革中既是强大的工具，也是需要谨慎管理的资源。只有直面挑战，我们才能最大限度地利用数字化技术带来的机遇，为中国的青少年提供更好的体育教育，推动全面健康的实现。

参考文献

[1] 王泽宇，张冰. 我国实施数字化体育教育的发展路径研究[J]. 当代体育科技, 2023, 13（27）: 195-198.

[2] 沈张逸霏. 数字体育: 体教融合新途径[J]. 当代体育科技, 2023, 13（27）: 182-186.

[3] 梁斌. 教育数字化背景下中小学"智慧体育"实践研究[J]. 福建教育, 2023（36）: 60-62.

[4] 王佳茵. 高校体育教学信息化建设与管理的实施策略研究[J]. 教育理论与实践, 2020, 40（6）: 62-64.

[5] 房亚. 高等学校体育信息化趋势的研究[D]. 南京: 南京师范大学, 2006.

[6] 周伟. 我国高校实施数字化体育教学及课程整合研究[D]. 成都: 四川大学, 2004.

[7] 马有保. 以数字化技术助推高校体育教育高质量体系构建

[J]. 教育评论, 2021 (11): 53-57.
[8] 徐锐敏, 李枫. 数字化背景下高校体育课程的改革和应用[J]. 当代体育科技, 2023, 13 (18): 36-39.
[9] PAPASTERGIOU M. Enhancing physical education and sport science students' self-efficacy and attitudes regarding information and communication technologies through a computer literacy course[J]. Computers & education, 2010, 54 (1): 298-308.
[10] BARAN E. A review of research on mobile learning in teacher education[J]. Journal of educational technology & society, 2014, 17 (4): 17-32.

首都大学生体质健康测试现状与优化管理研究

杨君建 彭家澍 杜承润[*]

【摘 要】 本文采用问卷调查和专家访谈方法,结合实际研究,深入分析了首都高校大学生体质健康测试的现状。研究发现,大学生对体质健康测试不重视、作弊较多,学校对体质健康测试宣传、数据管理方面的缺失导致测试数据失效失真,难以有效使用数据。总体来看,首都高校体质健康测试存在重形式、重监测、重数据,轻过程、轻管理和手段单一的问题。为此,必须多部门融合提高管理,改变测试模式,并且加强对测试过程的监管,以获得更准确和客观的测试数据,为国家健康管理提供有力支持。

【关键词】 大学生;体质健康测试;测试模式

一、引言

人民健康始终是国家富强和民族昌盛的基石。党和政府始终强调增强人民体质和促进身心健康。特别是在学校体育工作领域,相关政策和改革措施持续涌现,强调提升学生身体素质。2019年7月出台的《健康中国行动(2019—2030年)》从整个国家层面提出了人类发展重视健康的问题;2020年10月出台的《关于全面加强和改进新时代学校体育工作的意见》

---

[*] 杨君建,北京工商大学体育部教师,副教授;彭家澍,北京工商大学体育部教师,助教;杜承润,北京工商大学体育部教师,讲师。

从学校体育工作层面提出了相关政策性建议，强调学校体育是实现立德树人根本任务、提升学生综合素质的基础性工程，是加快推进教育现代化、建设教育强国和体育强国的重要工作，对于弘扬社会主义核心价值观，培养学生爱国主义、集体主义、社会主义精神和奋发向上、顽强拼搏的意志品质，实现以体育智、以体育心具有独特功能。自改革开放以来，我国进行了7次规模较大的全国学生体质与健康监测调研，根据监测结果来制定并调整我国学生的体质健康测试项目和内容，其目的是提高学生的身体素质以适应社会不断发展的需要。然而，从学生体质健康测试的数据来看，学生跑、跳能力低下，尤其女生50米跑成绩及格率不到45%，男生引体向上及格率不到30%，80%的学生心肺功能达不到要求。这引起了诸多学者的高度关注和深刻探讨。本研究主要从大学生体质健康测试入手，研究学生对体质健康测试的态度、体测模式对成绩的影响等，以期探寻有效的测试手段、监测方法来促进学生重视体质健康，自觉提升身体素质。

二、研究对象与研究方法

（一）研究对象

随机抽取首都高等院校大一、大二学生为研究对象，其中以北京工商大学（以下简称"北工商"）学生为主。

（二）研究方法

1. 专家访谈法

为了更深层次地了解大学生体质健康测试的现状、模式、原因及应对策略等，通过电话或微信的方式对各兄弟院校体育部主任、书记进行访谈。通过访谈，了解到现阶段大学生体质健康测试所遇到的问题，实施管理的具体措施和方法，以及影响大学生体质健康的主要因素和需要采取的措施，为本次研究提供了帮助。

2. 问卷调查法

设计问卷，通过"问卷星"平台对首都高校的学生进行问卷调查。

3. 数理统计法

利用统计软件对数据进行统计处理。

三、结果分析

（一）大学生对体质健康测试重视度不够

通过对比北工商 2017—2023 年新生体质健康测试情况（见表1），不难发现，不及格率居高不下，而优秀率极低，且波动较大。尤其在男生中，引体向上测试的成绩情况更为堪忧，数据表明超过50%的学生都放弃了这一测试项目，且及格率相对较低。具体而言，2019 年的及格率仅为 13.8%，而最高及格率也仅在疫情过后的 2022 年新生中略有上升，达到了 17.4%（见表2）。更令人担忧的是，90 分以上的成绩在各年级中均占比不到 5%，仅有两个年级超过这一标准。调查数据显示，大多数学生在体质健康测试前没有进行有针对性的准备和训练。而在体质健康测试结束后，他们对成绩并不太关心，导致潜在问题未能被及时发现和解决。一些学生错过了补测或重测的机会，从而失去了获得优秀评价或奖励的资格。此外，一部分学生仅仅追求及格，对测试采取较为随意的态度，甚至采取消极的态度，只要达到及格分数就立刻放弃未完成的项目。特别是在男生中，引体向上测试是放弃率最高的项目。这一趋势表明，有必要采取措施以激发学生对体质健康的兴趣，鼓励他们更积极地参与测试，并重视测试成绩的改进。

表1 北工商 2017—2023 年新生体质健康测试情况统计（总数 3 039~3 247 人）

单位：%

	2017 年	2018 年	2019 年	2020 年	2021 年	2022 年	2023 年
优秀率	0.49	0.82	0.52	0.68	—	0.31	0.35
不及格率	21.91	14.02	10.85	15.27	—	14.36	14.03

注：受疫情影响，2021 年无体测数据。下同。

表2 北工商 2017—2023 年大一男生引体向上测试情况统计

单位：%

	2017 年	2018 年	2019 年	2020 年	2021 年	2022 年	2023 年
测试率	46.7	46.9	31.9	38.5	—	45.4	64.8
及格率	14.4	19.3	13.8	17.3	—	17.4	15.9
优秀率	3.1	6.8	4.9	5.1	—	4.2	4.2

(二) 体质健康测试学生作弊较多

由于学生对体质健康测试的轻视，作弊现象变得普遍。对学校本科 4 个年级学生关于体质健康测试作弊情况的调查问卷显示，近一半的学生承认曾有作弊的念头，但仅有 0.5% 的人被发现并受到处理。更令人担忧的是，作弊成功的比例竟然高达 20.2%，这仅仅是那些愿意承认作弊行为的学生中的数据（见表 3）。让人惊讶的是，大多数学生认为，选择耐力项目作弊的机会更多，因为这些项目通常较为考验耐力和体力，然而在作弊项目中，肺活量测试的作弊率高达 74.5%，其次是引体向上和耐力项目（见表 4）。研究还发现，肺活量测试通常需要的时间最短，工作人员刷卡后，转瞬即可更换测试人员，甚至有男生替女生参加测试的情况。随着信息技术的高速发展，作弊手法愈加多样化、高科技化，并呈现商业化趋势。调查表明，大学生体测作弊的方法主要包括找同学替测、花钱雇人测、自我降低标准等。其中，自我降低标准的占比为 15.42%，主要表现为：在身高体重测试时藏匿重物在衣物内，请同学帮忙增加体重，屈膝或踮脚尖等；坐位体前屈测试时弯曲膝盖或用力推挡板；仰卧起坐和引体向上等动作不完整；50 米跑和 800 米跑/1 000 米跑抢跑；等等。此外，体质健康测试作弊现象还演变成了一种牟利手段，一些学生将作弊服务公然发布在社交平台和朋友圈，并标明价格。根据问卷调查，15.38% 的学生曾通过微信、QQ、贴吧等社交平台或通过朋友介绍等方式支付费用雇人代替自己参加测试。

表 3　大学生体质健康测试作弊情况

作弊情况	人数	比例（%）
有作弊行为，被处理	51	0.5
有作弊行为，未被发现	2 038	20.2
有作弊想法，没有实施	5 026	49.8
无作弊想法	2 987	29.6

表 4　作弊行为被发现的项目情况统计

作弊项目	人数	比例（%）
800 米跑/1 000 米跑	6	11.8
引体向上	6	11.8

续表

作弊项目	人数	比例（%）
肺活量	38	74.5
所有体测项目	1	2.0

(三) 体质健康测试宣传力度不够

根据表 5 的数据可以看出，在高校体质健康测试宣传教育方面，有 3 所高校表现非常出色，占比为 15%；另外，4 所高校在宣传教育方面表现较好，占比为 20%；还有 5 所高校的宣传教育水平属于一般，占比为 25%；然而，8 所高校的宣传教育工作不尽如人意，占比为 40%。根据了解，当前高校的体质健康测试宣传教育力度仍有待加强。大学生对体质健康测试管理了解有限，缺乏正确的健康管理理念。因此，大部分学生未积极主动参与学校的体质健康测试与管理活动，这降低了体质健康测试管理的实际效果。

表 5　大学生体质健康测试宣传教育情况（$n=20$）

	非常好	较好	一般	不好
高校数量（个）	3	4	5	8
比例（%）	15	20	25	40

进一步随机抽取大学生调查其对体质健康测试的认知情况，结果显示，只有极少数学生对体质健康测试有所了解，一部分学生有一定程度的了解，大多数学生表示只是听说过，而剩余的学生则坦言对此一无所知或者不够熟悉。因此，加强体质健康测试的宣传和教育工作，显然是提升高校学生体质健康测试管理水平的关键路径。

(四) 测试数据与上报数据差异较大

在研究过程中将大学生体质健康测试的抽查数据与原测试数据进行对比分析可以发现，存在一些院校虚报管理结果与测试数据的情况。通过表 6 可以看出，在访谈的 20 所高校中，有 13 所高校表示测试数据与上报数据存在差异性，占比为 65%，而有 7 所高校表示测试数据不存在上报差异，占比为 35%。高校之所以存在学生体质健康测试数据虚假上报的情况，也是因为缺乏科学的大学生体质健康测试管理制度，同时也是因为毕业率与就业率对高校有考核要求，而教育部明文要求体质健康测试不合格不予毕业。此外，由于我国一些高校对于大学生的身体健康测试的重视程度不足，没有认识到对大学生开展身体健康测试管理的重要价值，且对体质健康测试工作的资源投入较少，存在基础设施配置不足、缺乏有效的组织管理、测试过程控制力度较弱、测试数据实用性较低等情况。

表6　大学生体质健康测试数据与上报数据存在差异（$n=20$）

	存在差异	不存在差异
高校数量（个）	13	7
比例（%）	65	35

（五）体质健康测试申免证明真实性有待考证

国家体质健康测试标准实行以来，每个学校每年都有不少学生因为身体原因申请免于体质健康测试。从表7可以看出，2017年以来，北工商每年申请免于体质健康测试的学生在140人左右，到了2022年申免率升至1.71%，1万人中就有近200人申请体质健康测试免测，四个年级中尤其以大四学生占比最大，达到了所有申免学生总人数的一半。据调查，大四学生没有体育课，由于锻炼少以及考研和就业压力大等，担心体质健康测试不合格，寻求申免就成为多数学生的选择。当然，由于体质健康测试免测的申请程序不严格、标准不统一，部分学生为逃避体质健康测试而弄虚作假的情况更不少见。另外，近几年校园安全事件频频发生，为了降低这些安全事故的可能性，在模棱两可的时候都会通过申请，这也导致很多学生存在侥幸心理，甚至找医院关系伪造伤、病申请免于体质健康测试。

表7　北工商2017—2023年四个年级体质健康测试申免统计（总数9 000~11 000人）

	2017年	2018年	2019年	2020年	2021年	2022年	2023年
申免（人）	145	138	141	126	—	153	140
免测率（%）	1.45	1.53	1.47	1.35	—	1.71	1.63

（六）部门协调不够，教师积极性不高

目前国内绝大多数高校存在着一个问题，即体育部门通常独立承担整个学校的体质健康测试工作，这反映出高校领导对国家体质健康测试的重

视程度还有待提高。我们认为,体育部门应该主导这项工作,而学校的教务部、学工部、信息部以及各学院等应该协同合作,共同完成这一任务。长期以来,在教育资源配置方面,高校更多地将资源用于道德教育和智育,而相对轻视体育教育和美育,这导致高校的体育教学和管理资源不足,难以确保足够的资金支持。在体质健康测试方面,很多高校依然依赖体育教师自行承担这一任务。由于高校体质健康测试工作量巨大,许多教师不愿意承担额外的工作负担,然而,一些高校却因为人员短缺而不得不强制教师执行这一任务,这严重影响了工作的积极性和质量。

在实际测试过程中,出现了敷衍塞责、监测不到位的情况,这导致学生的体质健康测试结果变得不够准确,降低了测试数据的实用性,不利于进行有效的大学生身体健康测试数据管理工作。因此,有必要重新审视高校体质健康测试的组织和资源配置,以确保其科学、高效、公正,从而更好地服务于学生的体育健康。

四、结论

（一）重视测试监测,轻视测试过程

国家教育部门对学生体质健康测试监测非常重视,有测试赛监测模式、网络监测模式、专家抽查复核模式等。例如,北京大学生体育协会受教委委托每年都举行首都高校大学生自然班的体质测试赛,从测试赛过程与结果来研判首都高校大学生体质健康测试情况、体质健康状况等,并且将测试结果作为高校开展大学生体育教育活动、体育竞赛活动以及进行实践活动方案设计的重要参考,也作为提升学生身体素养的关键资料。从赛事、网络和专家抽查等模式来看,重点还是通过查看高校体质健康测试的运行、数据管理等情况来分析大学生健康发展趋势,很少涉及各高校健康测试的过程,包括测试组织与管理、测试时间与地点、测试工作人员培训和测试过程监管等,这也导致了部分测试数据的失真。

（二）重视测试形式,轻视后续管理

对于每年的大学生体质健康测试,各高校都非常重视数据采集工作,花费不少人力、物力和财力来保障测试工作的顺利进行。有的利用周末两天,有的利用课堂时间,有的集中时间让没课学生陆续测试,但是大都轻视测试后续的管理工作。一是测试工作重测试过程，轻后期管理。大学生将测试作为任务完成，测试结束后没有后续管理。测试后续服务的价值体现不出来，且大学生身体素质也得不到提升。二是对测试数据管理不完善。学校没有提供学生在校期间的身体健康对比数据，学生不能及时掌握自身健康状况，无法利用健康数据来制订下一步的锻炼计划。三是缺乏健康咨询专业的健身指导部门。90%以上的高校建立了健康咨询部门，但只针对心理健康问题。由于缺乏相应的健身指导，大学生只能盲目进行锻炼，因此素质提升缓慢。四是大学生普遍缺乏健康测试积极性。学校相关部门没有建立相应的健康测试管理机制，没能落实国家体质健康测试标准的相关要求，导致学生对体质健康测试不重视、不积极。

(三) 重视数据上报，轻视测试模式

各高校每年都重视大学生体质健康数据上报工作，而轻视测试模式和手段。为了达到一定要求，部分高校还对上报数据做了调整。这既暴露出数据上报缺乏有效的监管，又使国家对上报数据掌握不够客观，不能有效指导学生体质健康工作，学生素质难以得到提升。这种只重结果而轻过程的测试在各高校的表现也不一样。在笔者访谈的高校中，45%的学校没有专门经费支持，采取随堂体育课测试，占用大部分教学时间，教师积极性不高，测试过程难以保证公平，同时还严重影响教育教学质量；37%以上的学校有一定经费，成立了大学生体质健康测试中心，有专人负责管理，测试时间大多是在周末双休日，测试人员包括教师、学生志愿者，测试过程相对较好于随堂测试模式，数据采集相对公平，但也不能保障测试过程公平合理，毕竟大部分测试操作都由学生负责；较少的高校采取购买第三方服务模式进行学生体质健康测试，在规定的合理时间内，由专业的第三方工作人员负责完成数据采集，全程录像监控、监督，发现作弊立即处理，体育部门只对第三方进行监管，测试过程和数据采集更加公平、客观。

五、建议

(一) 加强体质健康测试管理

国家体质健康测试不是体育部门一家之事，学校及相关部门应高度重视。建议学校牵头成立大学生体质健康测试管理机制，整合教务处、财务处、体育部、校医院、学工部、院系专业等部门，调动校内各方力量，促使各部门全面参与到大学生体质健康测试管理工作中，以此保证体质健康测试管理工作的顺利开展，为体质健康测试数据在学生体育教育、素质教育中的应用提供有力保障。

(二) 重视体质健康测试过程

各高校要重视体质健康测试的过程，包括加大体质健康宣传、工作人员培训、测试设备调试、测试过程控制与监管、安全保障等，以保障测试数据真实有效，促使学生认识到努力锻炼是提高成绩的唯一途径，从而达到提升学生身体素质的目的。

(三) 改变体质健康测试模式

要强化对国家体质健康测试的管理和监督，并采用有效的测试模式和手段来确保数据的客观性。我们认为，应该彻底废除侵占教学时间来进行体质健康测试的模式。购买第三方服务进行体质健康测试是最有效、最合理的方法。这一模式不仅省去了为器材和设备投入资金的开支，也不需要耗费人力和物力来培训和实施测试。与学校教师自行负责体测相比，采用购买第三方服务模式的总经费投入并没有显著增加。并且，这一模式能够确保教师全身心地投入教学，测试数据也更加真实和有效。此外，这一模式还能够有效保障国家体质健康测试标准的全面实施和贯彻。

六、结语

首都大学生体质健康测试作为体育教育的重要组成部分，关乎国家健康政策的贯彻落实与学生身体素质的提高，一直备受关注。通过本文的探讨，我们不仅深入了解了目前首都高校体质健康测试的现状，也明确了一系列可能的改进与优化方案。通过继续深入研究与不断创新，我们有信心优化首都大学生体质健康测试的管理，提供更高质量的体育教育，为中国青少年的全面健康发展贡献一份力量。希望本研究能够为未来的学校体育改革提供有益的见解，并推动健康中国计划的成功实现。

参考文献

[1] 蔺亚南,王莉.大学生体质健康测试作弊现状及对策研究:以广西外国语学院为例[J].运动精品(学术版),2021(9):81-82.

[2] 荣誉,吕志刚.大学生体质健康测试后续服务管理模式分析[J].当代体育科技,2020,10(17):79-80.

[3] 杜小安,朱斌.大学生体质健康测试后续服务管理模式与运用[J].成都体育学院学报,2010,36(8):91-94.

[4] 陈华胜.试析大学生体质健康管理模式的建立[J].广州体育学院学报,2013,33(3):105-108.

[5] 马蕲.大学生体质健康测试指标研究[D].武汉:华中师范大学,2007.

[6] 李勃.大学生体质测试后续服务问题分析与管理模式构建[J].广州体育学院学报,2019,39(2):119-122.

"体育强国"视阈下健美操运动对于提升大学生体质健康的有效策略分析

刘怡宏　陈天庚　刘振华[*]

【摘　要】 随着"体育强国"理念的提出，国家对国民健康的关注度越来越高。大学生是社会的中流砥柱，是祖国未来的希望，其拥有良好的身体素质与社会的高质量发展之间关系密切。而当前存在较多大学生排斥体育锻炼的现象，严重影响了其身体健康。在体育项目中，健美操运动在提高大学生身体素质方面扮演了至关重要的角色。如何充分展现健美操运动的魅力，以此改变大学生的运动态度，也是众多高校关注的焦点。基于此，本文将运用文献资料法，分析健美操运动对于大学生的积极影响，探讨当前高校健美操运动中存在的问题，提出采用健美操运动提升大学生体质健康的有效策略，以此将"体育强国"的要求落实到位。

【关键词】 体育强国；健美操；大学生

一、引言

在社会进步、国家强盛的过程中，大学生群体的作用不容忽视。而进

---

[*] 刘怡宏，首都经济贸易大学体育部教师；陈天庚，首都经济贸易大学体育部教师；刘振华，首都经济贸易大学体育部教师。

入信息化时代,各种电子产品的不断涌现给自制力较弱的大学生带来了极大的负面影响。多数大学生选择用课余时间看网络小说或玩网络游戏,分配在体育锻炼上的时间越来越少,没有养成良好的体育锻炼习惯。大学生体育锻炼时长不足,身体健康受到影响,甚至产生各种心理疾病,进而对社会稳定和大学生的人身安全带来负面影响。为此,高校体育教师要合理选择大学生容易接受的体育运动来引导大学生改变对体育运动的刻板印象。健美操项目具有独特的魅力和极大的感染力,能够让大学生在积极活跃的氛围中进行锻炼,激发大学生参与健美操运动的兴趣,在感受快乐的同时提高身体素养水平,培养终身体育锻炼的意识。

二、"体育强国"视阈下健美操运动对大学生的积极影响

(一) 提高大学生的身体素质

首先,健美操属于有氧运动的一种。学生通过上肢动作和下肢步伐的配合完成各类健美操套路动作,能够有效提高全身肌肉力量和心肺耐力。其次,进行健美操运动时,学生需要伴随音乐节奏做出不同的动作,需要上肢和下肢的协调配合,这对于学生身体灵活性及身体协调能力的提升也有积极意义。再次,健美操运动可以帮助学生增加心脏输血量,增强学生的心肺功能。最后,健美操运动具有明显的减肥功效,能够塑造学生形体和健康美的体态。

(二) 提高大学生的专注能力

健美操运动有其独特性。学生在进行健美操锻炼的过程中需要保证最少30分钟的注意力,以此完成连续性的健美操动作。实践表明,经常进行健美操锻炼的学生更能全身心投入文化课学习当中,因而这部分学生的学习成绩也更加理想。同时,在良好专注力的影响下,学生可以更好地克服自身在学习与生活中遇到的各项困难,这对于学生日后取得理想成绩和未来的长远发展大有裨益。

(三) 增强大学生的合作能力

现阶段部分大学生的合作沟通能力有待加强。校内生活是大学生群体参与社交活动的主要途径。健美操运动是一项团体性运动,为了取得理想

的成绩，大学生必须互相配合、共同努力，遇到问题时相互沟通和帮助，这有助于大学生养成良好的个性品质和提高大学生的团结合作能力。

(四) 提高大学生的审美能力

健美操是融合身体线条美、音乐美以及韵律美的多元化运动。学生在富有动感、美感的音乐带动下，系统地进行健美操运动，有助于身心健康发展。与此同时，教师结合健美操动作的实际特点为学生选择优美的动作和极具感染力的音乐，不仅能为学生提供压力释放的渠道，还能进一步培养学生的音乐鉴赏能力和艺术审美能力。

(五) 增加大学生克服困难的勇气

健美操运动与其他项目相比较为简单。但学生之间的体育运动基础各不相同，对于一些不经常进行复杂肢体运动或舞蹈基础差的学生来说，健美操运动具有一定难度。而通过教师的专业化指导和学生自身坚持不懈的努力，学生的肢体协调性、柔韧性和心肺耐力都能够得以增强。同时，在学习过程中，学生也能够在不断的自我突破中逐渐增加克服困难的勇气。

三、当前高校健美操运动中存在的主要问题

(一) 健美操教师的专业能力有待提升

作为健美操教学的主要实施者，健美操教师的教学理念是否新颖，专业教学能力是否突出等，对学生最终的健美操学习效果有直接影响。而当前部分高校的健美操教师缺乏高水平的专业素养，教学理念陈旧，仍然热衷于"填鸭式"的健美操授课方式，难以充分激发学生的健美操学习兴趣，也不利于提高学生的健美操学习成绩。此外，学生普遍具有向师性，若健美操教师不具备高水准的健美操专业能力，很难让学生信服，学生的学习积极性就会随之降低。

(二) 未体现学生的主体地位

发挥教师的主导作用和体现学生的主体地位是新课程改革对高校健美操教师提出的新要求。但多数健美操教师没能把握好这二者之间的关系，习惯运用教师演示、学生模仿，或者让学生跟随视频学习的方法开展健美操教学。学生只能被动地接受教师的指导，缺乏与教师、同伴互动的机

会，不利于增加课堂的趣味性，也阻碍了学生创新能力的发展。

(三) 大学生对健美操项目的重要性认识不足

教师将健美操学习的重要性更好地展现在学生面前，可以切实优化学生的健美操学习效果。而当前部分健美操教师只一味地向学生讲解健美操动作，花费大量精力组织学生练习健美操动作，却不注重向学生讲解健美操的发展背景和其重要性，不利于提高学生健美操学习的持续性。

(四) 缺乏多样化的健美操教学形式

学生之间的健美操学习基础与新知接受能力各不相同，若教师一味采取同一种方式来组织健美操教学，很难满足不同学生的个性化发展需要。进入信息化时代，高校健美操教师需要与时俱进地利用信息技术来提升健美操教学的实效性。但部分高校存在信息化教学设备尚不完善、健美操教师的信息素养水平不高等问题，这都是影响健美操教学效果的重要因素。

(五) 健美操教学的课堂评价质量有待提升

科学、合理的教学评价能够发挥指向性作用，为学生的健美操学习持续注入新的动力。而现阶段部分高校的健美操教师缺乏科学化评价理念，只以简单的课堂总结代替评价，或者只评价学生存在的问题，难以提高学生对于健美操运动的学习动力，也无法促进学生进一步成长。与此同时，教师的评价方式过于单调、评价内容有失全面性等问题降低了评价的科学性。

四、"体育强国"视阈下健美操运动提升大学生体质健康的有效策略

(一) 提高健美操教师的专业能力

首先，高校要大力选聘专业水平高、综合素养突出的健美操专任教师，为健美操教学的高质量发展做好铺垫。在具体的人才招聘过程中，高校不仅要关注应聘教师的教学理论掌握情况，还要重点关注教师的实践教学能力是否优秀，以及教师是否具备高水准的思想道德品质等，尽最大努力选聘综合能力突出的健美操教师来提高本校健美操教学的实效性，在增加健美操教学专业性、科学性的同时，大幅度提高学生的健美操学习兴趣。其次，高校要做好对健美操教师的培训工作，促使健美操教师与时俱进地更新教学理念，稳步提高健美操教学的有效性。一方面，可以定期为

教师提供与提高健美操教学质量相关的教学讲座、经验交流会等，助力教师把握正确的健美操教学方向。另一方面，将线下培训与线上培训相结合，用优质的健美操教学案例来丰富教师的教学灵感。同时，在观看培训视频、完成答题和获得学分奖励的培训模式下，教师对相关培训知识的掌握效果更加理想。此外，为教师提供到更高平台学习、进修的机会，更利于教师实现成长蜕变。再次，高校要出台富有效力的考核激励制度。针对在健美操教学中表现优异的教师，高校要在相关考核上有所体现，及时为这部分教师颁发一定的精神或物质奖励，以此维护其工作积极性。对于考核成绩不理想的教师，高校要认真分析原因，努力转变这部分教师的教学态度。最后，除了参加学校组织的教学培训外，健美操教师自身也要加强学习。其一，教师要借助网络渠道广泛获取优质的健美操教学资源，在立足本校学生发展实质的基础上有选择性地吸取他人优秀的教学经验，为实现健美操教学创新奠定基础。其二，教师要增强合作意识，在与行业优秀人士交流教学经验的过程中实现教学能力的进一步突破。其三，教师要不断增进业务能力，运用高水准的健美操动作来为学生做示范，以此拉近与学生之间的心理距离，促进学生取得理想的健美操学习成绩。

（二）尊重大学生的健美操学习主体地位

健美操教师将学生的健美操学习中心地位落到实处，可以进一步提升学生的健美操学习积极性，这也是提高学生健美操学习成绩的主要路径。为了实现这一目标，教师要与时俱进地更新自己的健美操教学理念，能够自觉站在学生的角度选取健美操教学素材，并多与学生进行教学互动，也为学生之间的高质量互动创造机会，更好地提升学生的合作能力与探究能力。这样一来，学生的健美操学习兴趣才能越来越浓厚，进而有助于学生养成良好的健美操运动习惯，健美操在提升学生身体素质方面的作用也能得到完美展现。首先，教师可以借助微课视频向学生讲解基本的健美操动作要领，随后为学生亲自示范整套健美操动作，发挥自身的榜样与激励作用，引导学生以良好的状态投入课堂学习当中。部分大学生第一次接触健美操运动，学习基础较弱，很难跟上教师的节奏，为此教师要多给予这部分学生鼓励与表扬，有效维护其健美操学习信心。其次，教师要正确运用小组合作来提高学生对健美操动作的掌握效率。教师可以结合调查问卷、组织测验和日常观察等手段把握学生不同的学情，据此科学划分健美操学习小组和安排小组长,要求小组长合理把握组员的练习节奏,并认真记录组员存在的问题,以便教师集中解决相关问题。为了进一步提高小组合作的质量,教师也可以引入"小组竞赛制",为表现优异的小组提供加分奖励。在良性的竞争氛围中,学生的学习热情也会愈加浓厚。最后,教师要适当给予学生一定的选择权,鼓励学生以小组为单位自主选择健美操音乐和创编健美操动作,在综合检验学生健美操学习效果的同时,也能为学生的创新能力、合作能力发展打下坚实基础。同时,教师要为学生提供更多参与健美操比赛的机会,以赛促练,推动学生在明确自身缺点的基础上采取措施优化自己的健美操学习效果。

(三) 提高大学生对于健美操项目重要性的认识

健美操在促进学生保持身心健康方面扮演着重要角色。教师只有让学生明确健美操运动的重要性,才能进一步提高学生学习健美操的积极性,推动学生取得理想的健美操学习成绩和拥有更加强健的体魄。为此教师在日常教学中不仅要关注学生的健美操基础动作掌握情况,还要有意识地向学生灌输坚持健美操运动的必要性,引导学生积极践行"体育强国"的要求,使学生自觉养成良好的体育运动习惯。首先,教师可以向学生讲述健美操运动员的优秀事迹,以此鼓舞学生不畏困难,勇敢克服学习健美操过程中遇到的种种困难,不断突破自我。其次,环境具有较强的隐性教育作用,教师要合理发挥环境的教育力量,让学生在潜移默化中感受到健美操学习的意义。例如,高校可以在体育馆墙壁或校园走廊处张贴健美操的发展历史和运动要点等有关健美操的知识内容。再次,教师要借助多媒体技术形象生动地向学生展示健美操运动与保持身体健康之间的关系,以此加深学生的理解,提高学生的运动主动性。又次,学生之间具有健美操学习差异性,不同学生的身体素质也各不相同。教师在此基础上为不同类型的学生提供富有针对性的健美操练习方案,更利于全体学生认识到健美操锻炼的重要性。最后,教师要不断激发学生的健美操学习兴趣,借助健美操社团和健美操赛事让更多的学生加入健美操学习过程中,真正让健美操运动成为学生释放身心压力、发展人际关系的良好渠道,进而为学生的健康成长奠定基础。

(四) 丰富健美操授课方式

进入信息化时代,"互联网+"教育的发展日渐深入。将健美操运动创造性地与信息技术相结合,成为提升健美操教学实效性的有效途径。高校要加大在信息化教学设施建设方面的人力、物力、资金等的投入力度，为学生打造良好的信息化健美操学习环境，有效激发学生的学习兴趣。借助信息技术，教师可以更好地开展分层教学。教师应结合学生的健美操学习基础，将学生分成不同层次的健美操学习小组。对于基础较弱的学生，教师要引导其掌握基础、简单的健美操动作。对于基础一般的学生，教师要鼓励其熟练掌握课程范围内或课标要求的健美操动作。对于基础较好的学生，教师要鼓励其在保证自身安全的前提下不断尝试新的、难度高的健美操动作。教师只有提升因材施教的质量，才能使所有学生在自己现有水平的基础上都取得进一步成长。同时，信息化健美操教学为学生的个性化发展打造了良好空间。在课前，教师可以将课堂即将要学的健美操内容以微课视频的形式推送给学生，引导学生结合自身情况开展预习活动。通过预习，学生在课前对课堂所学内容有了一定的了解，在课上更能紧跟教师的步伐，不断提高自身的健美操运动技能掌握水平。此外，为了满足不同层次学生的健美操学习需求，教师可以借助信息化教学平台为学生分层布置课后作业。课上学习效果不理想的学生可以根据教师推送的学习视频有针对性地复习和巩固健美操动作。课上掌握效果较好的学生也能在教师推送的拓展类学习视频的帮助下实现能力的进一步突破。不仅如此，教师还要引导学生将自己课下的健美操锻炼内容以视频或图文结合的形式上传到信息化平台上，作为教师对学生开展评价的重要依据。教师也要实时对学生的作品进行点评和指导，帮助学生持续取得健美操学习的进步。

(五) 科学开展健美操学习评价

首先，教师要多运用激励性评价语言来维护学生的健美操学习信心和热情。教师的鼓励和表扬可以提高学生的学习热情，而教师不合理的批评只会打击学生的学习积极性。为此健美操教师要有针对性地储备丰富的激励性评价话语，结合实际情况发自内心地赞美学生，不断提高学生的健美操学习动力。其次，教师要丰富评价的内容。学生最终呈现的健美操学习成绩是教师评价学生的主要参考。除此之外，学生在健美操学习过程中展现出来的学习积极性、持之以恒的能力和合作能力等都应被教师纳入最终的评价范围内，更加关注学生的健美操学习过程，才能进一步增加评价的科学性、全面性。再次，教师要积极拓宽评价的主体。除了教师自身对学生的健美操学习表现作出评价外，教师还要引导学生从客观角度评价自己或同伴的健美操学习表现，以此培养学生的反思与总结能力，也能培养学生善于汲取他人优点的良好品质。同时，学生家长也能借助教师上传到新媒体平台或网页上的视频对学生的健美操学习表现作出评价，不断优化家校共育效果。最后，教师要针对学生在健美操学习中的具体表现为学生建立成长档案，记录学生取得的点滴进步，为学生实现从量变到质变做好铺垫。

五、结论

综上所述，在"体育强国"背景下，提高大学生的身体素质逐渐成为社会各界关注的焦点。健美操由于其形式多变、运动简单且富有美感被多数大学生所热衷。健美操运动不仅能提升学生的身体素质、专注能力和审美能力，还能够增强学生的合作意识，培养学生不畏困难、敢于拼搏的良好品质。为了充分展现健美操的价值，高校要引进专业水平高、综合素质强的健美操专任教师，相关教师要以学生为中心组织健美操教学，提高学生对健美操运动重要性的认识，不断丰富健美操教学方式，增加健美操教学评价的科学性。

参考文献

[1] 谭淼．健美操运动促进大学生体质健康的价值及方法研究[J]．健与美，2023（5）：125-127．

[2] 李充，王小妮，王小艳．培养高校学生健美操运动兴趣的策略[J]．冰雪体育创新研究，2022（11）：67-69．

[3] 黄欣．"体育强国"视阈下健美操运动提升大学生体质健康的有效策略研究[J]．经济师，2021（8）：195-196．

[4] 王健，马强．探究健美操对提升高校学生体质的影响[J]．中国外资，2012（14）：276．

[5] 王旭瑞．健美操对大学生自信心的影响探讨[J]．当代体育科技，2020，10（9）：242-243．

[6] 张桂玲，庄伟．健美操锻炼对女大学生体质和心理健康的影响研究[J]．甘肃联合大学学报（自然科学版），2009，23（6）：116-118．

素质拓展训练对大学生抑郁情绪和体质的影响研究[*]

曹峰　苏日塔拉图　刘贞宏　王昊[**]

【摘　要】本研究通过对轻度抑郁情绪的大学生进行素质拓展训练，同时与普通有氧运动进行比较，探讨素质拓展训练对抑郁情绪、体质健康是否产生效果，进而为大学生改善轻度抑郁情绪提供一种更有效的方法。本研究选取中央民族大学24名有轻度抑郁情绪的大学生，通过随机抽样分为实验组与对照组。实验组进行连续6周，每周两次课，每次课60分钟的素质拓展干预；对照组在同时间内进行有氧运动。研究发现：素质拓展训练对缓解大学生抑郁情绪有更好的效果，且通过运动可以提高大学生身体素质、身体机能，减轻体重。

【关键词】素质拓展训练；抑郁情绪；大学生体质；有氧运动

---

[*] 基金项目：中央民族大学2022年研究生课程建设和教育教学改革项目（GRSJYGG2）。
[**] 曹峰，中央民族大学体育学院在读硕士研究生；苏日塔拉图，中央民族大学体育学院教师，讲师；刘贞宏，中央民族大学体育学院在读硕士研究生；王昊，中央民族大学体育学院在读本科生。

一、引言

大学生抑郁情绪呈现出逐年增高的趋势。《中国国民健康发展报告（2019—2020）》的调查结果显示，中国大学生抑郁症发病率超过30%。世界卫生组织的调查研究表明，中国近25%的大学生出现过抑郁的现象，并且在出现过抑郁现象的大学生中，有近35.5%的大学生有过严重的自杀倾向。因此，非常有必要寻找合适并且可以有效改善大学生抑郁情绪的举措。

本文采用运动干预的方法对大学生抑郁情绪进行了缓解和改善。目前关于缓解和改善抑郁情绪的运动干预方法主要集中在有氧运动以及不同球类项目，但关于素质拓展训练方面的干预研究比较少，所以本研究运用素质拓展训练为干预手段。

二、研究对象、实验对象和研究方法

（一）研究对象

素质拓展训练对大学生抑郁情绪和体质的影响。

（二）实验对象

在贝克抑郁自评问卷（BDI）评分为轻度抑郁情绪以上的学生中，选取自愿参加本实验的学生30人，筛除由于实验期间无法参加训练和前期测试数据不完整样本后剩余24人，通过随机抽样分为实验组和对照组，每组各12人。

（三）研究方法

1. 问卷调查法

本研究调查所采用的测评量表是贝克抑郁自评问卷（BDI），又名贝克抑郁自评量表（Beck depression rating scale）。该问卷严格运用量化的标准和尺度得出具有研究价值的统计数据，为进一步的数据分析打下基础。

2. 实验法

对所选取的24名有抑郁情绪的大学生进行连续6周的干预实验，每周两次课，每次课60分钟。

（1）测试指标。为了了解学生身心健康状况和干预效果，干预前后分别进行了抑郁情绪和体质健康测试。具体测试指标和测试项目如表1所示。

表1 测试指标及测试项目

测试指标	测试项目
一般资料	姓名、性别
抑郁情绪	BDI量表
身体形态	体重
身体机能	肺活量
身体素质	坐位体前屈、立定跳远、1分钟仰卧起坐、50米、3分钟跳绳

（2）实验步骤。

在实验前（前测）：在实验干预的前一周，依照《国家学生体质健康标准》分别对实验组、对照组的学生进行体质测试。由于实验时间在冬天，天气越来越冷，因此将800米跑/1 000米跑换成室内3分钟跳绳，以便减小干扰。为了保证数据的准确性，一对一地发放贝克抑郁自评量表，分别对实验组和对照组进行心理测试。

在实验后（后测）：实验干预6周后，对被试的学生进行抑郁情绪状态的测量（BDI），并再次进行体质测试（要求同前测）。

（3）实验的教学内容。实验组是以体能与智能相结合的素质拓展训练项目进行干预，每周2节课，每周二进行体能类的项目，每周五进行智能类的项目，并且选择的拓展训练项目趣味性比较高。对照组以有氧运动为主，强度控制在中小强度。

三、研究结果

（一）实验前实验组和对照组大学生抑郁情绪的对比分析

在实验前对实验组和对照组的24名有轻度抑郁情绪的大学生BDI进行独立样本 t 检验，结果如表2所示。

素质拓展训练对大学生抑郁情绪和体质的影响研究

表2 实验前实验组与对照组 BDI 得分对比 （M±SD）

	项目	实验组（n=12）	对照组（n=12）	t 值	P 值
抑郁情绪	BDI（分）	5.83±1.11	6.58±1.24	-1.55	0.13

从表2可知，实验组与对照组学生的 BDI 无显著差异（$P>0.05$），因此，不会对实验产生干扰。

（二）实验前实验组和对照组大学生体质健康的对比分析

为了确保实验的准确性，在实验前对实验组与对照组7个测试项目进行独立样本 t 检验，结果如表3所示。

表3 实验前实验组与对照组测试成绩分析（M±SD）

	测试项目	实验组	对照组	t 值	P 值
身体形态	体重（千克）	54.85±9.15	61.40±19.03	-1.07	0.29
身体机能	肺活量（毫升）	2 840.25±713.00	2 881.67±737.14	-0.14	0.89
身体素质	50米跑（秒）	10.13±0.96	9.70±1.21	0.96	0.35
	立定跳远（厘米）	158.25±14.69	174.29±36.73	-1.41	0.18
	坐位体前屈（厘米）	18.98±3.46	16.79±4.04	1.43	0.17
	3分钟跳绳（个）	293.08±63.46	281.50±40.10	0.54	0.60
	1分钟仰卧起坐（个）	29.42±9.97	23.08±16.64	1.13	0.27

从表3可知，7个项目的测试成绩在实验前的实验组与对照组之间均不存在显著差异（$P>0.05$），因此不会对实验产生干扰。

（三）实验前后大学生抑郁情绪对比分析

1. 实验组实验前后大学生抑郁情绪的对比分析

本研究经过6周的拓展运动干预，将实验组学生 BDI 的前、后测数值进行配对样本 t 检验，结果如表4所示。

表4 实验组学生实验前后的 BDI 得分对比（M±SD）

	项目	实验前	实验后	差值	t 值	P 值
抑郁情绪	BDI（分）	5.83±1.11	3.08±3.23	2.75	2.50	0.03

从表4可以看出，实验组 BDI 得分后测值显著低于前测值（$t=2.50$，$P<0.05$），实验前与实验后之间的均值差为2.75，说明拓展训练对缓解大

学生轻度抑郁情绪有明显的效果。

2. 对照组实验前后大学生抑郁情绪的对比分析

经过6周的有氧运动，将对照组学生BDI的前、后测数值进行配对样本t检验，结果如表5所示。

表5　对照组学生实验前后的BDI得分对比（$M±SD$）

	项目	实验前	实验后	差值	t值	P值
抑郁情绪	BDI（分）	6.58±1.24	4.75±1.06	1.83	2.33	0.04

从表5可以看出，对照组BDI得分后测值显著低于前测值（$t=2.33$，$P<0.05$），前测与后测之间的均值差为1.83，说明有氧运动可有效地缓解大学生轻度抑郁情绪。

3. 实验后实验组与对照组大学生抑郁情绪的对比分析

经过6周的实验干预，将实验组与对照组学生BDI后测成绩进行独立样本t检验，结果如表6所示。

表6　实验后实验组与对照组学生BDI得分对比（$M±SD$）

	项目	实验组（$n=12$）	对照组（$n=12$）	t值	P值
抑郁情绪	BDI（分）	3.08±3.23	4.75±3.05	-1.30	0.21

从表6可以看出，在实验后，实验组和对照组的BDI无显著性差异（$t=-1.30$，$P>0.05$）。实验组在实验前后均值差为2.75，对照组在实验前后均值差为1.83，对比可知：虽然拓展训练与有氧运动都可以缓解抑郁情绪，但拓展训练对缓解大学生轻度抑郁情绪有更好的效果。

（四）实验前后大学生身体形态对比分析

1. 实验组实验前后大学生身体形态的对比分析

经过6周的拓展运动干预，将实验组学生身体形态的前、后测数值进行配对样本t检验，结果如表7所示。

表7　实验组学生实验前后的身体形态对比（$M±SD$）

	项目	实验前	实验后	差值	t值	P值
身体形态	体重	54.85±9.15	53.67±8.69	1.18	4.04	0.00

从表7可知，实验组身体形态的后测成绩极显著低于前测成绩（$t=$

4.04，$P<0.01$），前测与后测之间的均值差为 1.18，说明拓展训练可以减轻大学生的体重。

2. 对照组实验前后大学生身体形态的对比分析

经过 6 周的有氧运动，将对照组学生身体形态的前、后测数值进行配对样本 t 检验，结果如表 8 所示。

表 8　对照组学生实验前后的身体形态对比（$M±SD$）

	项目	实验前	实验后	差值	t 值	P 值
身体形态	体重	61.40±19.03	59.04±17.67	2.35	4.31	0.00

从表 8 可知，对照组身体形态的后测成绩极显著低于前测成绩（$t=4.31$，$P<0.01$），前测与后测之间的均值差为 2.35，说明有氧运动可以很好地减轻体重。

3. 实验后实验组与对照组大学生身体形态的对比分析

经过 6 周的实验干预，将实验组与对照组学生身体形态的后测成绩进行独立样本 t 检验，结果如表 9 所示。

表 9　实验后实验组与对照组学生的身体形态对比（$M±SD$）

	项目	实验组（$n=12$）	对照组（$n=12$）	t 值	P 值
身体形态	体重	53.67±8.69	59.04±17.67	-0.95	0.40

从表 9 可以看出，在实验后，实验组和对照组的身体形态不存在显著性差异（$t=-0.95$，$P>0.05$）。但实验组在实验前后均值差为 1.18，对照组在实验前后均值差为 2.35，对比可知，有氧运动对减轻体重的效果更好。

（五）实验前后大学生身体机能的对比分析

1. 实验组实验前后大学生身体机能的对比分析

经过 6 周的拓展运动干预，将实验组学生身体机能的前、后测数值进行配对样本 t 检验，结果如表 10 所示。

表 10　实验组学生实验前后的身体机能对比（$M±SD$）

	项目	实验前	实验后	差值	t 值	P 值
身体机能	肺活量	2 840.25±713.00	3 535.00±394.83	-694.75	-4.22	0.00

从表 10 可知，实验组身体机能的后测成绩极显著高于前测成绩

（t=-4.22，P<0.01），后测与前测之间的均值差为694.75，说明拓展训练可以提高大学生的肺活量。

2. 对照组实验前后大学生身体机能的对比分析

经过6周的有氧运动，将对照组学生身体机能的前、后测数值进行配对样本 t 检验，结果如表11所示。

表11 对照组学生实验前后的身体机能对比（$M±SD$）

	项目	实验前	实验后	差值	t 值	P 值
身体机能	肺活量	2 881.67±737.14	3 915.92±984.05	-1 034.25	-7.98	0.00

从表11可知，实验组身体机能的后测成绩极显著高于前测成绩（t=-7.98，P<0.01），后测与前测之间的均值差为1 034.25，说明有氧运动可以明显地提高学生的肺活量。

3. 实验后实验组与对照组大学生身体机能的对比分析

经过6周的实验干预，将实验组与对照组学生身体机能的后测数值进行独立样本 t 检验，结果如表12所示。

表12 实验后实验组与对照组学生身体机能对比（$M±SD$）

	项目	实验组（n=12）	对照组（n=12）	t 值	P 值
身体机能	肺活量	3 535.00±394.83	3 915.92±984.05	-1.24	0.23

从表12可以看出，在实验后，实验组和对照组的身体机能不存在显著性差异（t=-1.24，P>0.05）。但对比实验组与对照组后测和前测的均值差可知，有氧运动对提高大学生肺活量的效果更好。

（六）实验前后大学生身体素质的对比分析

1. 实验组实验前后大学生身体素质的对比分析

经过6周的拓展运动，将实验组学生身体素质的前、后测数值进行配对样本 t 检验，结果如表13所示。

表13 实验组学生实验前后的身体素质对比（$M±SD$）

测试项目	实验前	实验后	差值	t 值	P 值
立定跳远	158.25±14.69	166.21±15.62	-7.96	-3.68	0.00
1分钟仰卧起坐	29.42±9.97	32.83±9.19	-3.42	-3.06	0.01

续表

测试项目	实验前	实验后	差值	t 值	P 值
坐位体前屈	18.98±3.46	23.62±3.25	-4.64	-5.45	0.00
3 分钟跳绳	293.08±63.46	333.50±76.50	-40.42	-7.21	0.00
50 米跑	10.13±0.96	9.78±1.01	0.34	3.66	0.00

从表 13 可知，在立定跳远方面，实验组的后测成绩极显著高于前测成绩（$t=-3.68$，$P<0.01$），实验前后均值差为 7.96；在 1 分钟仰卧起坐方面，实验组的后测成绩显著高于前测成绩（$t=-3.06$，$P<0.05$），实验前后均值差为 3.42；在坐位体前屈方面，实验组的后测成绩极显著高于前测成绩（$t=-5.45$，$P<0.01$），实验前后均值差为 4.64；在 3 分钟跳绳方面，实验组的后测成绩极显著高于前测成绩（$t=-7.21$，$P<0.01$），实验前后均值差为 40.42；在 50 米跑方面，实验组的后测成绩极显著高于前测成绩（$t=3.66$，$P<0.01$），实验前后均值差为 0.34。综上，拓展训练可以提高学生立定跳远、1 分钟仰卧起坐、坐位体前屈、3 分钟跳绳、50 米跑的成绩。

2. 对照组实验前后大学生身体素质的对比分析

经过 6 周的有氧运动，将对照组学生身体素质的前、后测数值进行配对样本 t 检验，结果如表 14 所示。

表 14　对照组学生实验前后的身体素质对比（$M\pm SD$）

测试项目	实验前	实验后	差值	t 值	P 值
立定跳远	174.29±36.73	187.63±36.82	-13.33	-5.53	0.00
1 分钟仰卧起坐	23.08±16.64	25.58±18.05	-2.50	-2.83	0.02
坐位体前屈	16.79±4.04	20.26±4.50	-3.47	-3.64	0.00
3 分钟跳绳	281.50±40.10	347.42±56.66	-65.92	-5.71	0.00
50 米跑	9.70±1.21	9.27±1.20	0.43	2.86	0.02

从表 14 可知，在立定跳远方面，对照组的后测成绩极显著高于前测成绩（$t=-5.53$，$P<0.01$），实验前后均值差为 13.33；在 1 分钟仰卧起坐方面，对照组的后测成绩显著高于前测成绩（$t=-2.83$，$P<0.05$），实验前后均值差为 2.50；在坐位体前屈方面，对照组的后测成绩极显著高于前测

成绩（$t=-3.64$，$P<0.01$），实验前后均值差为 3.47；在 3 分钟跳绳方面，对照组的后测成绩极显著高于前测成绩（$t=-5.71$，$P<0.01$），实验前后均值差为 65.92；在 50 米跑方面，对照组的后测成绩显著高于前测成绩（$t=2.86$，$P<0.05$），实验前后均值差为 0.43。综上，有氧运动可以提高学生立定跳远、1 分钟仰卧起坐、坐位体前屈、3 分钟跳绳、50 米跑的成绩。

3. 实验后实验组与对照组大学生身体素质的对比分析

经过 6 周的实验干预，将实验组与对照组学生身体素质的后测数值进行独立样本 t 检验，结果如表 15 所示。

表 15　实验后实验组与对照组学生身体素质的对比（$M±SD$）

项目	实验组	对照组	t 值	P 值
立定跳远	166.21±15.62	187.63±36.82	-1.90	0.08
1 分钟仰卧起坐	32.83±9.19	25.58±18.05	1.24	0.23
坐位体前屈	23.62±3.25	20.26±4.50	2.10	0.04
3 分钟跳绳	333.50±76.50	347.42±56.66	-0.51	0.62
50 米跑	9.78±1.01	9.27±1.20	1.14	0.30

从表 15 可以看出：在立定跳远方面，实验后，实验组和对照组的测试成绩不存在显著性差异（$t=-1.90$，$P>0.05$）；在 1 分钟仰卧起坐方面，实验后，实验组和对照组的测试成绩不存在显著性差异（$t=1.24$，$P>0.05$）；在坐位体前屈方面，实验后，实验组和对照组的测试成绩存在显著性差异（$t=2.10$，$P<0.05$）；在 3 分钟跳绳方面，实验后，实验组和对照组的测试成绩不存在显著性差异（$t=-0.51$，$P>0.05$）；在 50 米跑方面，实验后，实验组和对照组的测试成绩不存在显著性差异（$t=1.14$，$P>0.05$）。

四、分析与讨论

（一）素质拓展训练与有氧运动对大学生抑郁情绪影响的分析

经过 6 周的干预之后，实验组与对照组学生的抑郁情绪均得到良好的缓解。

薛培育研究发现，有氧运动对大学生的抑郁情绪有着良好的改善，而对照组改善效果不明显。黄龙研究发现，进行拓展训练可以在一定程度上缓解心理症状，而对照组缓解效果不明显。这与本研究的结果相一致。

实验组与对照组在实验前后均值相差的原因分析如下：第一，拓展训练的核心是"挑战自我、熔炼团队"，通过干预，学生的自信心和团队合作意识得到增强，学生更容易体验到成功感和满足感，从而以更加乐观、自信的心态面对生活中的挑战与困难；第二，拓展训练上课时的训练方法多样化，氛围更加活跃，提高了学生运动的积极性；第三，拓展训练趣味性比较高，通过团队的合作，增进了学生与学生之间的交流，提高了他们的人际交往能力，合理宣泄了负性情绪；第四，每一个拓展训练项目背后都蕴含着一些生活道理，学生在进行反思与总结后，就能在以后的日常生活中保持更加良好的心态，因此，拓展训练有更好的缓解效果。

拓展训练与有氧运动在实验后没有显著差异，但从它们均值差的对比我们可以推断，趣味性比较高的素质拓展训练对大学生轻度抑郁情绪有更好的缓解效果。

（二）素质拓展训练与有氧运动对大学生身体形态影响的分析

许多前人的研究表明，拓展训练与有氧运动不会对身高产生影响，且大学生已过骨骼发育黄金时期，因此本实验没有测量参与者的身高，只测试参与者的体重。实验结果表明，实验组与对照组体重指标均有所下降。

张春燕研究发现，采用有氧运动进行干预可以很好地降低学生的体重。邱建华研究发现，运用拓展训练进行干预可以很好地改善学生的身体形态。由此可看出适当的有氧运动和拓展训练均能减轻体重，从而降低BMI（身体质量指数），这与笔者的研究结果相同。

从表8和表7可知，对照组实验前后均值差为2.35千克，实验组实验前后均值差为1.18千克，由此我们可以推断，有氧运动比拓展训练对改善体重的效果更为明显。在实验后实验组与对照组没有显著差异。出现以上情况的原因包括：第一，拓展训练有一些项目是有氧运动，比如极速60秒和旋风跑等项目，会对体重产生较小影响；第二，对照组每次课是以中小强度为主的有氧慢跑，持续消耗能量较大，可能会对体重产生重要的影响。

(三) 素质拓展训练与有氧运动对大学生身体机能影响的分析

从表10和表11可以看出，通过6周素质拓展训练干预的实验组和有氧运动对照组的肺活量均有所提高。

在本次实验设计中，素质拓展训练有一部分是体能类的运动，比如板鞋竞速、旋风跑等项目，对学生在一定程度上进行了有氧训练，提高了心肺能力。许金福、邓禹昕研究发现，拓展训练可以提高学生的肺活量。张春燕在研究中也证实了有氧运动能有效改善女大学生的心肺能力和心肌功能。这与笔者的研究结果相一致。

从表10和表11可知，实验组与对照组实验前后均值差分别为694.75毫升、1 034.25毫升。由此我们可以推断，与素质拓展训练相比，有氧运动对大学生肺活量的提高效果更明显。

(四) 素质拓展训练与有氧运动对大学生身体素质影响的分析

表13和表14表明，实验组与对照组在立定跳远、3分钟跳绳、50米跑、坐位体前屈、1分钟仰卧起坐等项目的身体素质均得到了提高。

以上身体素质得到提高的原因分析如下：在立定跳远、50米跑、3分钟跳绳等方面，拓展训练可以增强腿部肌肉力量及协调能力，如"七手八脚"、旋风跑等项目；而有氧运动使学生们减轻了体重，提高了协调与移动能力。在1分钟仰卧起坐方面，拓展训练有一些项目可以很好地增强腰腹力量；而有氧运动可以增强肌肉力量与肌耐力，所以腰腹力量得到了增强。在坐位体前屈方面，拓展训练的一些项目提高了学生的柔韧素质；而有氧运动在每节课的开始与结束部分进行压腿等柔韧练习，因此柔韧素质慢慢得到了提高。靳颖的研究表明，拓展训练可以提高学生立定跳远、耐力跑、50米跑等的成绩。陈上党的研究证实，有氧运动可以提高女大学生身体素质。这与本研究的结果相同。

由表13和表14可知，在立定跳远方面，实验组与对照组均值差分别为7.96厘米、13.33厘米；在3分钟跳绳方面，实验组与对照组均值差分别为40.42个、65.92个，对照组比实验组提升显著；在50米跑方面，实验组减少了0.34秒，对照组减少了0.43秒，对照组比实验组提升显著。由此我们可以推断，有氧慢跑运动比拓展训练更能提高大学生立定跳远、3分钟跳绳、50米跑的成绩。

在1分钟仰卧起坐方面，实验组提高了3.42个，对照组提高了2.50

个，实验组比对照组提升明显；在坐位体前屈方面，实验组与对照组分别提高了 4.64 厘米、3.47 厘米，实验组比对照组提升显著。由此可以推断出拓展训练更能提高大学生柔韧素质并增强核心力量，这与付弟雯、刘沁等学者的研究结果相同。毕永刚对 100 名学生进行素质拓展训练干预，发现素质拓展训练对柔韧素质有显著促进效果。

综上所述，素质拓展训练与有氧运动对提高大学生身体素质均有一定的改善效果。但在爆发素质与耐力素质方面，有氧运动比拓展训练提升效果更明显；在力量素质与柔韧素质方面，拓展训练比有氧运动提升效果更明显。

五、结论

（一）抑郁情绪方面

通过每周两次的 6 周干预后，实验组和对照组均能缓解大学生的抑郁情绪，表明素质拓展训练与有氧慢跑运动均能缓解大学生的抑郁情绪，但拓展训练的缓解效果更好。

（二）身体形态方面

通过每周两次的 6 周干预后，实验组和对照组均能减轻大学生的体重，说明素质拓展训练与有氧运动均能减轻大学生的体重，但有氧运动对减轻体重的效果更好。

（三）身体机能方面

通过每周两次的 6 周干预后，学生的肺活量成绩显著提高，说明素质拓展训练与有氧运动均能提高大学生的心肺耐力，但有氧运动对提高肺活量的效果更好。

（四）身体素质方面

通过每周两次的 6 周干预后，大学生立定跳远、1 分钟仰卧起坐、50 米跑、坐位体前屈、3 分钟跳绳等的成绩均得到提高，说明素质拓展训练与有氧运动对核心力量、下肢力量等均有提升，但拓展训练对 1 分钟仰卧起坐、坐位体前屈提升的效果较好，有氧运动对立定跳远、50 米跑、3 分钟跳绳提升的效果较好。

参考文献

[1] 薛培育. 有氧运动对大学生心理健康的影响 [J]. 科技资讯, 2022, 20 (14): 244-247.

[2] 黄龙. 拓展训练对提高大学生心理健康水平和心理素质的作用研究 [D]. 芜湖: 皖南医学院, 2016.

[3] 张春燕. 有氧运动对女大学生体质健康的影响分析 [J]. 中国青年政治学院学报, 2011, 30 (3): 33-37.

[4] 邱建华. 高校开设体育拓展课程对大学生体质健康的影响 [D]. 南昌: 华东交通大学, 2020.

[5] 许金富, 邓禹昕. 拓展训练教学对学生体质健康的影响 [J]. 湖州师范学院学报, 2015, 37 (8): 113-116.

[6] 靳颖. 拓展训练教学对学生体质健康的影响分析 [J]. 体育世界 (学术版), 2019 (7): 81-82.

[7] 陈上党. 有氧运动对女大学生体质健康影响的研究 [J]. 科技资讯, 2008, 147 (6): 246-247.

[8] 付弟雯, 刘沁, 廖宏. 拓展训练对大学生体质健康教育影响的实验研究 [J]. 景德镇学院学报, 2017, 32 (3): 91-93.

[9] 毕永刚. 素质拓展训练对我国青少年体质状况的运动干预 [J]. 当代体育科技, 2018, 8 (16): 237-238.

体卫融合背景下科学健身促进大众健康的困境与对策

丁思劼*

【摘　要】在体卫融合的背景下,科学健身显得尤为重要,特别是在预防和治疗心血管疾病方面。然而,受到传统观念、资源不足和社会环境的影响,科学健身在大众中的推广和实施面临诸多困境。为走出困境,需要加强对心血管健康的教育与宣传,制定合理的健身指南,优化资源分配,并加强对健身教练与医疗人员的培训。此外,社区和企业也应更积极地参与到这一健康促进活动中,形成一个支持健康生活方式的社会文化。

【关键词】体卫融合;科学健身;心血管健康;困境;对策

一、引言

在人们对健康越来越重视和体卫融合的大背景下,通过体育运动来预防疾病、提高健康水平逐渐成为人们关注的焦点,这种跨界合作为现代健康观念的实践提供了新的路径。同时,研究显示,适当的体育锻炼能够预防心血管疾病。科学健身,不仅仅是简单的锻炼身体,更是在医学和专业

---

* 丁思劼,中国传媒大学体育部教师,讲师。

指导的基础上，为个体提供个性化、有目的的运动方案。这种有针对性的运动更能给心血管健康带来实质性的益处。然而，即便科学健身的好处如此明显，仍然存在许多阻碍其在大众中推广的困境。针对这些困境，我们必须及时采取对策，确保每个人都能受益于科学健身，真正实现体卫融合的目标。

二、体卫融合对科学健身的影响

（一）体育与健康医疗的结合带来的机会

在当今社会，体育与健康医疗的结合正逐渐成为一种新的趋势。体卫融合不仅打破了传统的界限，更为科学健身带来了前所未有的机会。首先，随着健康意识的增强，人们开始更加重视体育锻炼在健康维护中的作用。医疗机构与体育中心的紧密合作，可以为人们提供更为科学、个性化的健身建议和计划，确保每个人都能够找到适合自己的锻炼方式。其次，体卫融合还推动了健身科技（如智能健身器械、健康追踪App等）的发展，为消费者带来更为便捷和高效的健身体验。

（二）传统的健身观念与现代健康需求的碰撞

随着社会的快速发展，人们对于健康和健身的认知也在不断地变化。传统的健身观念往往过于重视体能的提高和外在的肌肉线条，而对于身体的整体健康和内在平衡关注不足。然而，现代人更加注重生活质量，追求的是身心健康的完整体验。这导致了传统的健身观念与现代健康需求之间的碰撞和摩擦。例如，过度的力量训练或极端的节食可能会对身体造成伤害，而现代健身则强调全面、均衡的锻炼，注重身体的长期健康。为了适应这一变化，健身行业需要及时调整策略，融合现代医学知识，为消费者提供更为科学和人性化的服务。

三、心血管健康现状分析

（一）全球与国内的心血管疾病发病率与死亡率

在全球范围内，心血管疾病已经成为主要的死因之一。根据世界卫生组织的数据,每年有大约 1 700 万人因心血管疾病死亡,占全球死亡总数的 31%。这些疾病主要包括冠状动脉心脏病、高血压、中风等。在很多发展中国家和发达国家,由于生活方式的改变和人口老龄化,心血管疾病的发病率和死亡率都在逐年上升。在国内,由于快速的城市化、工业化以及不健康的饮食习惯和生活方式,心血管疾病的发病率也呈现出上升的趋势,对公共卫生造成了巨大的威胁。

(二) 诱发心血管疾病的主要风险因素

诱发心血管疾病的风险因素多种多样,其中一些是不可改变的,如年龄、家族史和遗传。然而,许多主要的风险因素是可以通过改变生活方式来控制的。这些因素包括吸烟、不健康的饮食、缺乏体育活动、过度的酒精摄入,以及持续的高血压、高胆固醇和高血糖。特别地,现代社会中的快节奏生活、高压工作环境以及不规律的作息常常导致心理压力,这也是诱发心血管疾病的重要因素。对这些风险因素的预防和管理对于降低心血管疾病的发病率至关重要。

(三) 科学健身与心血管健康的关联

科学健身不仅可以增强体质、塑造体形,更重要的是它对心血管健康有着直接的正面影响。定期的有氧运动,如快走、跑步、游泳和骑自行车,能够帮助加强心脏的泵血功能,促进血液循环,降低诱发高血压的风险。此外,科学健身还能够帮助调节血糖和胆固醇水平,降低动脉粥样硬化的风险。而肌肉锻炼不仅能够提高基础代谢率,还有助于控制体重,进一步降低诱发心血管疾病的风险。总体来说,科学健身是预防心血管疾病、促进心血管健康的关键策略之一。

四、困境分析

(一) 大众对于科学健身的误解与偏见

首先,有些人认为健身就是为了追求好的身材,缺乏对健身深层次、全面的健康意义的认识。其次,有些人误以为"越累越有效",认为高强度的运动是唯一能够带来效果的方式,而忽略了适度、个性化的锻炼对健康的重要性。这些误解和偏见使得许多人在健身过程中走入误区,不仅达不到预期效果，甚至可能对身体造成伤害。

（二）传统体育训练与现代健康需求的差距

传统体育训练往往注重技巧、竞技水平和体能的提高，而对于心血管健康、关节灵活性、骨骼健康等方面的关注相对较少。在现代，由于久坐、压力大、空气质量下降等，人们对于健身的需求更加多元化，不仅仅是为了锻炼身体，更多的是为了改善身体健康状况和提高生活质量。这种差距使得许多传统的体育训练方法难以满足现代人的健康需求。

（三）社会环境与文化因素对健身观念的制约

在不同的文化和社会环境中，对于健身的理解和价值观都存在显著的差异。在某些文化中，重视食物的滋味和享受，而不过分追求身材；而在某些地方，则可能存在对体育和健身活动的传统忌讳。此外，社会环境中对于"成功"的定义也可能与健康生活方式发生冲突，如在某些职业圈子中，长时间工作和熬夜被视为对工作的热情和努力。这些社会环境和文化因素无疑给健身观念的推广带来了障碍，使得许多人在追求健康的道路上面临更多的挑战。

（四）专业指导与资源的不足

随着健身行业的迅速发展，尽管健身中心、工作室和各类课程如雨后春笋般出现，但真正的专业指导和高质量的健身资源依然是稀缺的。许多健身教练可能并未经过严格的专业培训，只是依靠自己的经验和观念指导学员，这不仅达不到预期的锻炼效果，甚至可能带来伤害。此外，由于缺乏对健身市场的有效监管，许多健身产品和服务的质量参差不齐，使得消费者难以选择。对于大众来说，如何在众多的信息中筛选出真正有益于健康的健身方法和资源，无疑是一个巨大的挑战。

五、对策与建议

（一）加强对心血管健康的教育与宣传

增强心血管健康意识并不仅仅是医疗健康的任务，它也与我们的日常生活紧密相关。随着生活节奏的加快和工作压力的增大，大众对于心血管健康的关注程度显然还不够。首先，我们需要从基础教育阶段开始就将心血管健康知识纳入学校教育内容，让孩子们从小培养良好的生活习惯和运动习惯。其次，通过媒体报道、社区活动等多种形式，广泛宣传心血管疾病的预防知识和健身方法。然而，仅有知识并不够，还必须加强实践。

(二) 制定合理的健身指南

在体卫融合的背景下，不同的人群需要不同的健身方法。例如，青少年和老年人、健康人和患有某种疾病的人，在健身方法和强度上都存在很大的差异。为此，我们需要结合专家的意见，参考国内外的研究成果，制定一套既科学又实用的健身指南。这些指南应当详尽地分类，为不同人群提供个性化的健身建议和计划。同时，考虑到现代人的工作和生活习惯，指南还应包含日常生活中可以实施的简单健身方法，使大家在工作和休息时都能有效锻炼身体。

(三) 优化资源分配

心血管疾病的预防与康复并不只是个人的责任，更需要整个社会的参与和支持。首先，政府应当加大对心血管疾病预防与康复的投入，不仅仅在经费上，更要在政策、人才、技术等多个方面给予支持。其次，我们应鼓励私营部门参与。通过与企业的合作，可以引入更多的资金和技术，开展各种公益活动，建设更多的公共健身设施，提供更多的健身课程和服务，让更多的人受益。

(四) 加强培训与认证

健身教练和医疗人员在心血管健康的推广中起到了至关重要的作用。因此，他们的专业素质直接影响到大众的健康。目前，许多健身教练和医疗人员在接受培训时只是片面追求技能的提升，而忽略了真正的健康观念和科学知识。因此，我们需要制定并落实培训与认证制度，确保他们都具备高度的责任心和专业素养，能够为大众提供真正有效的健身指导和医疗建议。

(五) 社区与企业的参与

社区是大众生活的基础，企业则是社会经济发展的重要力量，它们在心血管健康的推广中起到了不可或缺的作用。首先，社区和企业都可以利用自己的资源和平台，开展各种健康活动，如健步走、太极拳、瑜伽等，鼓励民众参与，培养他们的健康意识和锻炼习惯。其次，社区和企业都可以建设各种健身设施，如公园、健身房、游泳池等，为大众提供方便的健身场所。最后，社区和企业还可以通过各种方式，如举办健康讲座、提供健康餐饮等，营造一个健康的文化氛围，让每个人都能真正体验到健康的乐趣和价值。

六、结束语

随着时代的发展，我们对健康的认识日益深入，体卫融合为我们提供了一个全新的视角去看待科学健身与健康的关系。心血管健康，作为现代社会最为关注的健康议题，与科学健身有着千丝万缕的联系。面对各种困境，我们不能回避，更不能等闲视之。只有积极寻找有效的对策，不断推进体育、健康和医疗的深度融合，才能真正为大众的健康护航。期望在不远的将来，每一个人都能真正理解、珍惜和维护自己的健康，享受到科学健身带来的益处。

参考文献

[1] 耿瑞楠，马鸿韬，宋冰. 大健康背景下科学健身的现状、困境与解决路径 [J]. 长治学院学报，2021，38（2）：71-74.

[2] 张蕾，李谐. "健康中国"背景下国民体质发展对策研究：政府构建科学健身体系的探索 [J]. 武术研究，2020，5（5）：130-132.

[3] 尤传豹，刘红建，周杨，等. 推动全民健身与全民健康深度融合的政策路径研究 [J]. 沈阳体育学院学报，2022，41（3）：56-63.

[4] 房英杰，王子朴，张政龙，等. 新时代中国特色社会主义全民健身的困境与有效路径 [J]. 哈尔滨体育学院学报，2022，40（3）：62-67.

[5] 肖伟，田媛，夏成前. 我国全民健身公共服务的发展困境及对策分析 [J]. 河北体育学院学报，2015，29（5）：1-5.

[6] 王印，张兆龙. 大健康视角下全民健身战略的价值、实施困境及消解 [J]. 南京体育学院学报（社会科学版），2017，31（5）：77-80.

医学院校大学生课外体育活动参与及运动损伤的现状研究

王新磊*

【摘　要】 本研究以北京某医学院校大二、大三本科生为对象，通过问卷调查和数理统计法探讨了学生的课外体育活动参与情况及运动损伤的相关情况。研究发现，学生体育活动的参与度与其擅长的项目有关，技术要求高的竞技项目参与者较少，而简单、娱乐性和社交性强的项目参与者较多。近两年内，超过1/3的学生发生过运动损伤，伤害主要集中在下肢部位，常见伤害类型包括擦伤、关节和软组织炎症等。医学专业学生对运动损伤知识的认知明显优于非医学专业学生，但大部分学生的运动习惯存在损伤风险。研究建议增强技术指导、加强热身放松、传播运动损伤知识、增强学生的自我保护意识和身体素质，以减少运动损伤并提高锻炼效果。

【关键词】 医学院校；大学生；体育活动；运动损伤；现状研究

随着现代人对健康和身体素质的重视，大学生对体育活动的参与度日益提高。在医学院校就读的大学生不仅从专业角度了解身体健康的重要

---

* 王新磊，首都医科大学应用体育学学系教师，助教。

性,还可能更加倾向于通过体育活动来促进自身健康。然而,与体育活动参与度的提高相对应的是运动损伤的风险可能也随之上升。运动损伤不仅可能影响学生的日常生活和学业,还可能对其未来的职业生涯产生影响。过去的研究已经关注了普通大学生的体育活动与运动损伤之间的关系,但较少关注医学院校学生。因此,本研究旨在探讨医学院校大学生的课外体育活动参与情况,以及他们在运动中遭受损伤的情况和原因,从而为未来的体育教育和运动损伤预防提供有益的参考。

一、研究对象与研究方法

(一)研究对象

以北京某医学院校大二、大三本科生为研究对象。采用分层随机抽样发放问卷417份,回收有效问卷378份。其中,男生120人,女生258人,详见表1。

表1 研究对象分类统计表(N=378,100%)

性别分类	年级分类	专业分类
男120人,31.75%	大二183人,48.41%	医学专业348人,92.06%
女258人,68.25%	大三195人,51.59%	非医学专业30人,7.94%

体育课为该校大一、大二必修课,问卷发放时间为2023年9月,受访学生刚经历一年或两年高校体育教育。

(二)研究方法

1. 问卷调查法

根据研究需要,设计课外体育活动参与与运动损伤调查问卷,向该校大二、大三学生发放问卷。医学院校开设专业可划分为医学类专业和非医学类专业,为提高样本代表性,采用分层随机抽样法,以样本量不低于总体10%的比例发放问卷,回收问卷417份,重测信度检验结果显示ICC>0.75,即问卷信度良好。剔除无效问卷,得到有效问卷378份,有效率为90.6%。

2. 数理统计法

对调查问卷及访谈相关数据资料运用 Excel、SPSS 25.0 软件进行统计分析。

二、研究结果与分析

（一）大学生课外体育活动参与情况

大学生体育活动由体育必修课和课外体育活动构成。基于普通高校自主开放的办学形式，大学生课外体育活动参与呈现出较高的自主性和灵活性。高校普遍拥有众多体育社团和运动队，各种形式的运动竞赛为大学生提供了丰富的课外体育活动参与动机。随着高校体育教学改革的不断推进，许多高校结合实际情况，将课外体育活动纳入体育课程计划和考核，有效提高了大学生课外体育活动参与度。

本研究从大学生擅长的体育项目、大学生常参与的课外体育项目、大学生课外体育活动参与频次这三个方面进行统计分析，作为进一步探究课外体育活动参与与运动损伤发生之间关系的前置研究。

1. 大学生擅长的体育项目

问卷中本题为多选题，主要调查大学生对运动项目的主观认知程度，统计结果见表2，卡方检验结果显示各选项间存在显著差异。隔网对抗型球类项目和体能主导类耐力型项目的普及率较高，均接近50%，远高于其他项目。然而，擅长并不等于专业，调查对象中曾经有运动员经历的学生比例仅占6.1%，且仅有两人为二级运动员。可见，对身体素质和运动技术要求较高的竞技类项目，擅长的学生比例较低；而娱乐性、社交属性较强且入门简单的项目，擅长的学生较多。值得注意的是，接近1/3的学生选择了"没有擅长的项目"，且在不同年级中的占比接近。

表2 大学生擅长的体育项目统计

运动项目	响应 n	响应率（%）	普及率（%）
隔网对抗型（乒乓球、排球、网球、羽毛球）	186	28.31	49.21
耐力型（游泳、长跑、自行车）	182	27.70	48.15

续表

运动项目	响应 n	响应率（%）	普及率（%）
没有擅长的项目	120	18.26	30.69
同场对抗型（篮球、足球、橄榄球）	51	7.76	13.49
速度力量型（速滑、短跑、投掷、举重）	32	4.87	8.47
表现难美型（体操、健美操、舞蹈、花游、花滑等）	29	4.41	7.67
冰雪项目、极限运动	16	2.44	4.23
传统武术、民族传统体育项目	15	2.28	3.97
格斗对抗型（击剑、柔道、摔跤、拳击、跆拳道等）	11	1.67	2.91
其他球类项目（冰球、曲棍球、棒球、垒球、手球、高尔夫）	9	1.37	2.38
其他	6	0.91	1.59
汇总	657	100	172.76

注：拟合优度检验 $\chi^2 = 841.965$，$P = 0.000$。

2. 大学生常参与的课外体育项目

问卷中本题为多选题，统计结果见表3，卡方检验结果显示各选项间存在显著差异，表明学生在课外体育活动项目的选择上有明显偏向，具体有三种。第一，常参与项目与擅长项目的分布近似，技术难度较低、娱乐性较高的大众健身项目普及率较高。第二，分层聚类结果（见图1）显示学生常参与的项目可归为三个聚类：①徒手、器械健身和其他小众项目；②同场竞技型球类项目、速度力量型田径项目、格斗对抗类项目、极限运动；③体能主导类耐力项目、隔网对抗型球类项目、表现难美型项目。分析性别与所选项目可知，聚类②参与对象多为男性，而聚类③参与对象中女性比例高于男性。第三，高被选的常参与项目与学校课外体育活动考核要求、场地设备供应相关。

表3 大学生常参与的课外体育项目统计

运动项目	响应 n	响应率（%）	普及率（%）
长跑、快走	176	14.45	46.56
羽毛球、网球	162	13.30	42.86

续表

运动项目	响应 n	响应率（%）	普及率（%）
自行车	97	7.96	25.66
游泳	87	7.14	23.02
健身操、瑜伽	82	6.73	21.69
太极拳、养生气功、传统体育项目	73	5.99	19.31
短跑	66	5.42	17.46
排球、气排球	65	5.34	17.20
乒乓球	62	5.09	16.40
徒手、器械健身	60	4.93	15.87
篮球	51	4.19	13.49
几乎不参加课外体育活动	50	4.11	13.23
舞蹈	36	2.96	9.52
足球	29	2.38	7.67
跳高、跳远	28	2.30	7.41
冰上项目	26	2.13	6.88
雪上项目（冬季）	19	1.56	5.03
体操、竞技健美操	13	1.07	3.44
极限运动（滑板、攀岩、跑酷等）	10	0.82	2.65
格斗对抗项目	9	0.74	2.38
其他小众项目	7	0.57	1.85
投掷类	6	0.49	1.59
其他球类项目	4	0.33	1.06
汇总	1 218	100	322.23

注：拟合优度检验 $\chi^2 = 984.207$，$P = 0.000$。

3. 大学生课外体育活动参与频次

问卷中本题为单选题，统计结果见图2。对选项分布进行 Jarque-Bera 检验，$P = 0.386 > 0.05$，说明学生每周课外活动参与频次具有正态分布特征，即几乎每天参与和几乎不参与的学生占比较低，58.7%的学生能保持每周2~5次的课外体育活动参与频次。

```
  0.10 0.20 0.30 0.40 0.50 0.60 0.70 0.80 0.90 1.0 1.1
```

几乎不参加课外体育活动
徒手、器械健身
其他小众项目
足球
短跑
跳高、跳远
乒乓球
太极拳、养生气功、传统体育项目
其他球类项目
投掷类
体操、竞技健美操
篮球
格斗对抗项目
极限运动（滑板、攀岩、跑酷等）
雪上项目（冬季）
游泳
排球、气排球
冰上项目
舞蹈
羽毛球、网球
自行车
长跑、快走
健身操、瑜伽

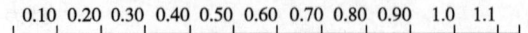

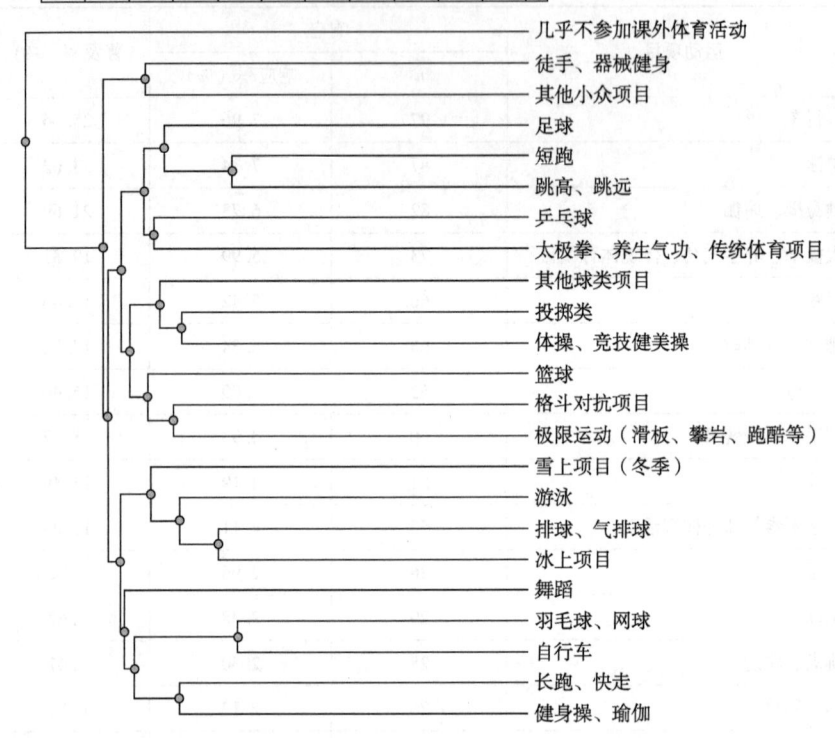

图1 大学生课外体育活动常参与项目分层聚类结果

不同参与频次的学生群体在项目选择上存在差异。在几乎每天参与课外活动的学生中，长跑与快走占比为79.2%，徒手、器械健身占比为50%，而球类项目占比均在30%以下。随着参与频次降低，球类项目的选择比例上升。每周2~3次的学生中，羽毛球和网球的占比为61.6%，高于长跑和快走（51.8%）。可见参与频次高的学生，选择的项目更具针对性，并以提高运动能力、改善体形为目的。而参与频次较低的学生，更多以娱乐为目的。

从性别角度看，男生课外体育活动参与频次显著高于女生。偶尔及几乎不参与课外体育活动的男生占受调查男生的24.2%，而在女生中则高达39.1%。

值得注意的是，在没有擅长项目的学生中，几乎从不参与课外体育活动的比例达到36.2%。体育技能是需要经常参与体育活动并反复练习来获得的，在运动中通过展现技能取得优胜又是激发体育参与热情的因素。体育参与与技能习得相辅相成，互为促进。如何促进无擅长项目的学生参与体育锻炼，值得在教学实践中进行进一步的探索。

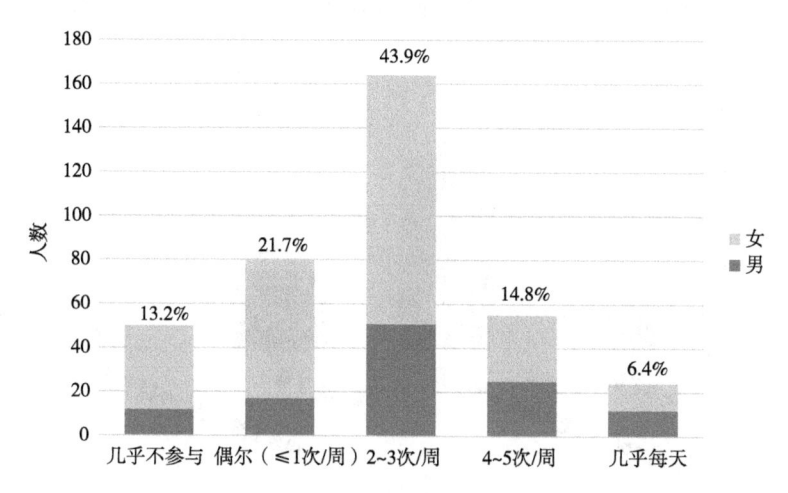

图2 大学生课外活动参与频次统计

（二）大学生对运动损伤的了解情况

通过设置主观题调查学生对运动损伤的主观认识程度，通过设置客观题分析学生对运动损伤的实际了解程度。

主观题调查结果（见图3）显示，多数学生认为对运动损伤的了解程度较低，无法有效运用相关知识指导自身运动实践。医学院校医学专业的基础课程涵盖解剖、生理、生化、病理，学科知识与运动损伤有交集关系，因此相比非医学专业学生，医学专业学生在学习、理解运动损伤基本知识方面具有学科优势和基础。本研究调查的非医学专业学生中，仅13.3%的学生认为对运动损伤有一定了解，而23.3%的学生则选择完全不了解。这表明，对于运动损伤的主观认知程度，医学专业学生优于非医学专业学生。

客观题的答题结果（见表4）显示，学生对运动损伤的常识性问题了解情况较好，但对涉及损伤机制和原理的内容不甚了解。受调查的非医学专业学生数量远少于医学专业学生，因此两类学生在回答正确率上的差异无法关联所学专业对运动损伤了解情况的影响。

知识的掌握程度与知识来源密不可分。为保障学生运动安全，体育教师应向学生传授运动损伤相关知识。本研究发现，学生认为运动损伤相关知识多来自大学课堂,而来自中学时代、自学、自身运动或损伤经历的则较少(见表5)。可以认为,大学体育课堂是传授运动损伤知识的重要渠道,因此在体育课程融入运动损伤防护方面应进一步加强结构设计和系统建设。

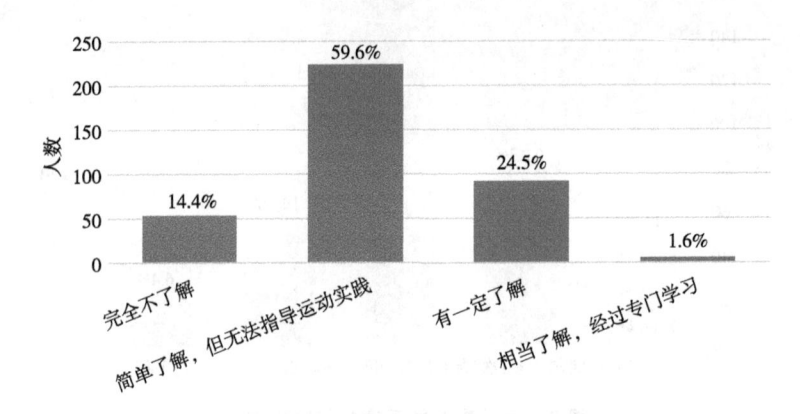

图3 大学生对运动损伤的主观认识程度

表4 运动损伤客观题答题情况统计 单位:%

客观题	医学专业学生正确率	非医学专业学生正确率	总体正确率
[判断题]扭伤后即刻进行冷敷,可促进毛细血管收缩,减少血肿形成。	86.7	89.0	88.5
[判断题]脚扭伤12小时后可以进行恢复性锻炼。	83.3	76.8	77.0
[判断题]容易复发是跟腱损伤的特点之一。	100.0	98.8	98.9
(单选题)下列选项中,属于开放性损伤的是(选项略)	73.3	80.2	79.5
(单选题)运动性腹痛的发病机理不包括(选项略)	30.0	31.6	30.3
(单选题)半月板前角损伤的产生机制是(选项略)	23.3	41.8	40.8

表5 运动损伤知识了解途径统计 单位:%

了解途径	无	很少	一般	较多
中学教师传授	8.75	41.88	41.56	7.81
大学教师传授	1.56	9.06	45.00	44.38
自主查阅书籍、教学视频	13.4	32.4	38.94	15.26
运动训练经历	12.5	29.69	39.38	18.44

续表

了解途径	无	很少	一般	较多
受伤和康复经历	24.84	35.71	28.88	10.56
讲座、社团活动	23.68	35.83	35.20	5.30
队友、朋友	13.40	34.89	41.12	10.59
其他	48.41	28.98	19.75	2.87

（三）运动损伤发生率及人次

问卷调查表明，有 128 名学生在近两年内受过运动损伤，损伤率为 33.9%。进一步分析损伤情况（见图 4）发现，在这些学生中，超过 2/3 经历过不止一次运动损伤。为探究运动损伤发生频次是否与参与课外体育活动频次有关，对每周课外体育活动参与频次与近两年内是否发生损伤进行卡方分析，对每周课外体育活动参与频次与近两年内损伤次数进行 K-W 检验，结果均显示无显著差异，即学生课外体育活动参与频次与近两年内是否经历运动损伤及损伤次数无显著性关系。

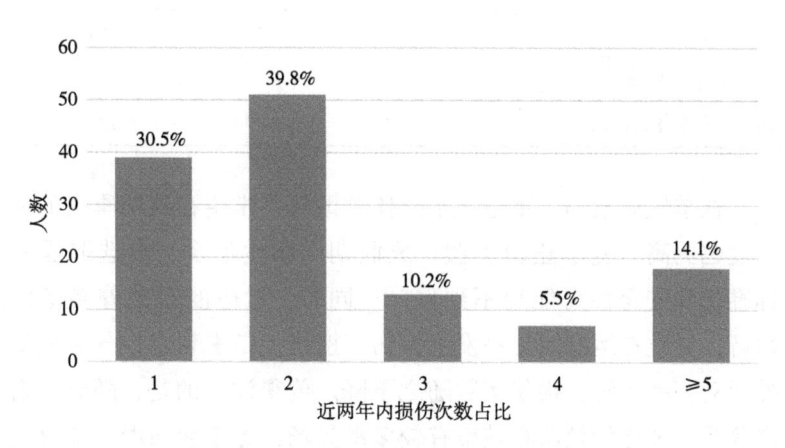

图 4 近两年内受过运动损伤的学生的损伤情况统计

（四）运动损伤发生时间和场景

该校地处北方，四季气候温度变化明显。环境温度对室外活动的影响表现在诸多方面，包括且不限于运动服装、参与积极性、参与频率、损伤风险。在学生经常参与的体育活动中，除羽毛球和游泳项目外，大部分需要在室外场地进行，因此体育活动参与和运动损伤发生可能与季节相关。

本研究调查发现，该校学生运动损伤易发生的季节依次为夏季、秋季、冬季和春季（见表6）。本研究还统计了学生运动损伤发生场景，结果显示课外体育锻炼是损伤发生的主要场景，其次是体育课内、日常体力活动、体育竞赛、运动队训练（见表7）。

表6　运动损伤发生时间

季节	损伤例数（近两年）	占比（%）
春	61	19.2
夏	102	32.2
秋	88	27.8
冬（非雪上项目+雪上项目）	66（45+21）	20.8（14.2+6.6）

表7　运动损伤发生场景

场景	损伤例数（近两年）	占比（%）
体育课内	52	16.4
课外体育锻炼	171	53.9
体育竞赛	31	9.8
运动队训练	22	6.9
其他（日常体力活动）	41	12.9

夏、秋季气温较高，更适宜室外体育锻炼，学生在这两季度的体育活动参与度也更高。夏季正值暑假，放假期间学生返乡，在选取运动场所时，标准化和安全性可能得不到保障。同时，对应的运动着装普遍是短袖、短裤，导致在运动时更易发生擦伤、挫伤。冬季和春季气温较低，学生室外活动频率下降，损伤例数随之下降。值得注意的是，随着冰雪运动的推广普及，加之学校所在城市有较多滑雪场，冬季参与滑雪项目的学生也越来越多，雪上项目的损伤例数占到了冬季总例数的31.8%。

（五）运动损伤发生部位和类型

由表8可知，学生所受运动损伤最常累及下肢。在近两年内有损伤史的学生中，经历踝以上的腿部和踝以下的足部损伤的比例都接近50%，这与学生常参加的体育项目密不可分。跑步、快走是学生参与度最高的项目，尽管技术难度较低，但损伤风险因素较多。作为体能主导类的周期重复性项目，微细损伤的累积可能引起各种下肢过劳性损伤。其次是球类项目，参与者需频繁跑动、急停、加速、变向，无疑都会对膝关节、踝关节施加压力，导致损伤发生。

表8 运动损伤发生部位（可多选）

部位	人数	占比（%）
腕、掌、指	39	30.5
肩、手臂、肘关节	29	22.7
大小腿、膝关节	63	49.2
踝、足、趾	62	48.4
脊柱、胸背	12	9.4
腰腹、骨盆	11	8.6
头颈部	7	5.5
其他	1	0.8

出现上肢损伤的人次低于下肢，肩臂的损伤人次低于手掌。通过对学生常参与项目与损伤部位的交叉分析可以得出，肩、臂、肘损伤在各种球类项目中并不突出，但在徒手、器械健身的学生群体中发生率达到37.9%。手部损伤在常参与篮球、排球的学生中的发生率分别为47.8%和45.5%，说明手指与球意外接触造成的挫伤时有发生，需要引起重视。

由表9可知，学生所受运动损伤的常见类型为擦伤、关节和软组织急慢性炎症、肌肉肌腱拉伤、韧带损伤以及肌肉挫伤。

表9 运动损伤发生类型（可多选）

类型	人数	占比（%）
肌肉挫伤	34	26.6
肌肉肌腱拉伤	41	32.0
韧带扭伤、撕裂	35	27.3
皮肤擦伤	42	32.8
各种关节、韧带、肌腱止点的急慢性炎症	42	32.8
脊柱、椎间关节损伤、神经压迫	10	7.8
震荡性损伤	3	2.3
骨裂、骨折、脱位	10	7.8

擦伤、挫伤的损伤机制与碰撞、摔倒有关，涉及高速奔跑的项目和有直接身体接触的项目中擦伤较为常见。对学生常参与项目与损伤类型进行交叉分析后发现，足球和格斗类项目的擦伤发生率均高达66.7%，其次是短跑（41.2%）和跳高跳远（40%）。挫伤在同场竞技的球类项目（篮球、足球）中发生率较高。

肌肉肌腱拉伤在各项目中均有发生，累计的部位在发生率上也没有明显差异，提示拉伤的风险因素和诱因较多。

关节、软组织的急慢性炎症可能是急性损伤的后期，也可能是长期重复使用造成的过劳损伤。对学生参与课外体育活动频率与损伤类型进行交叉分析后发现，偶尔运动（每周≤1次）且经历损伤的学生中，关节、软组织急慢性炎症发生比例达到54.17%；而在经常运动（每周≥4次）且经历损伤的学生中，其发生比例为34.3%。这表明偶尔运动的学生由于身体素质欠佳或技术不足，容易出现急性损伤。而经常参与运动的学生，技术水平可能较好，同时运动强度又不足以引起微细损伤累积，所以关节软组织炎症发生率低于偶尔运动的学生。

骨折、脑震荡、脊椎关节损伤等较为严重的损伤尽管在该校学生中发生率低，但也有发生，应当引起重视。

（六）运动损伤产生的原因

运动损伤的产生是由内在风险因素、外在风险因素和诱因共同导致的。通过表10可以发现，大多数有损伤经历的学生都意识到了内在风险因素的存在，主要表现为身体素质和运动技术欠佳。身体素质包括力量、柔韧、耐力、协调和灵敏，在耗时较长、需要快速移动和爆发力、对抗激烈的运动项目中，五大身体素质中的任一短板都是潜在的致伤因素。在技巧复杂度高的项目中，若发力不正确，将会对关节、肌肉造成影响。例如，在足球的传射、羽毛球的快速挥拍、篮排球的起跳和落地以及器械健身中的负重力量训练中，错误的技术动作是重要的急性损伤致伤因素。在长跑、游泳等耐力项目中，不恰当的技术动作会引起微细损伤的累积，容易引发关节磨损和炎症。

59.4%的学生将意外视为致伤原因。遭受他人撞击、场地设备等导致的意外损伤时有发生且不可避免，因此急性损伤处理的相关知识和技巧就显得尤为重要。此外，良好的身体素质和反应能力有利于降低意外损伤的严重程度。

值得注意的是，27.3%的学生认为热身不足是损伤的诱因。课堂上有教师带领进行准备活动，而学生在自主体育锻炼时经常省略热身这一步，这也反映了学生在课外活动中的运动习惯有待改进。

表10 导致运动损伤的原因（主观题，可多选）

原因分析	人数	占比（%）
身体素质欠佳	80	62.5
意外	76	59.4
动作技术不标准	63	49.2
遭受外力	50	39.1
场地环境不佳	40	31.3
热身不足	35	27.3
体态不良（肥胖、X形腿、踝外翻等）	30	23.4
疲劳	30	23.4
恶劣天气	14	10.9
装备、器械问题	11	8.6
情绪不良	10	7.8

（七）学生希望了解的运动损伤防护相关知识

问卷中本题共收集94个有效回答，经过整理归纳，总结在表11中。从调查结果看，学生提及的问题基本涵盖了运动损伤防护体系的各个方面，包括损伤风险评估、损伤预防、急性损伤的处理、伤后康复等。

学生提及最多的为急性损伤的处理，包括如何在医疗条件不足的情况下实现处理效果最大化。急性运动损伤通常发生在运动场，闭合性急性损伤处理所需的冰敷、包扎器材，开放性损伤所需的止血、消毒、保护固定器材，学生不知如何获取，这是值得考量的。学生提及较多的还有损伤预防措施和损伤康复方案。预防运动损伤应结合运动专项、个体情况进行具体分析，从项目所需的身体素质、正确的运动技术入手，逐渐减少损伤风险因素。损伤康复涉及医学相关知识和经验，但学生了解损伤康复的基本分期和原则是有必要的。

表 11 学生希望了解的运动损伤相关知识

涉及方向	计数
急性损伤的处理	30
损伤预防措施	24
损伤康复方案	21
科学健身指导	12
运动损伤基础知识	6
损伤风险评估	1

三、结论与建议

（一）结论

第一，医学院校学生体育活动参与度与擅长项目有关：擅长技术要求高的竞技项目的学生较少，而擅长入门简单、娱乐性和社交性强的项目的学生较多。相当一部分学生认为自己没有特别擅长的体育项目，且这一部分学生中有很多人几乎不参与课外体育活动。

第二，医学院校学生参与课外体育活动频次与目的相关：高频次参与体育活动的学生往往有明确的锻炼目标，如提高运动能力或改善体形，而低频次的学生则更多是为了娱乐。此外，男生对课外体育活动的参与度比女生高。

第三，医学院校学生对运动损伤的认知程度不足以指导其运动：虽然学生对基本的运动损伤知识了解较多，但对具体的损伤机制和原理了解较少。医学专业学生在这方面的认知明显优于非医学专业学生。

第四，医学院校运动损伤的实际情况如下：

一是学生近两年内的运动损伤率超过 1/3，且有损伤经历的学生中，大多数都经历过多次损伤。

二是学生的运动损伤多发生在夏秋季节，但冬季因滑雪产生的损伤也不容忽视。

三是运动损伤多集中在下肢部位；在徒手和器械健身中，肩、肘、臂的损伤发生率较高；而手部损伤则在常参与篮球和排球运动的学生中较为常见。

四是学生所受运动损伤的常见类型有擦伤、关节和软组织急慢性炎症、肌肉和肌腱拉伤、韧带损伤以及肌肉挫伤。

第五，医学院校学生的运动习惯存在问题：尽管大多数有损伤经历的学生都意识到了可能的风险，但他们在实际锻炼中往往忽略了热身环节，暴露出他们在课外体育活动中的运动习惯有待改进。

（二）建议

第一，将准备活动和运动后放松落实到位。体育教师在课堂上应加强准备活动和整理活动重要性的讲解，让学生理解热身和放松对于预防损伤的重要性，以及如何依据实际情况做有针对性的准备活动。同时还要讲解对应项目常受累的关节和肌群，做好针对性的放松和牵拉。

第二，加强技术指导，规范学生的技术动作。教师应加强技术指导，强调正确技术动作对于预防损伤的重要性，耐心纠正错误动作，在学生提高技术动作的熟练程度后再安排高强度的训练及比赛，以达到减少损伤的目的。

第三，传播运动损伤相关知识，增强学生自我保护意识和能力。通过体育教师的讲授和宣传，提高学生对运动损伤防护知识的认识，培养学生预防损伤的意识。发挥医学专业优势，将损伤防护知识深入体育课堂，这样学生在锻炼或比赛中就会多关注自身健康状态，预判更多的损伤风险，不去做那些容易致伤的动作，进而减少运动损伤的发生。当学生掌握了更多损伤处理和康复相关知识时，其应对运动损伤也会更加从容和规范，由损伤带来的后续影响也将大幅减少。

第四，提高学生身体素质。教师应积极宣传身体素质训练的重要性，为学生提供个性化的练习方案，同时循序渐进地安排负荷。

参考文献

[1] 陈彩虹. 大学生健身运动风险分析 [J]. 中国学校卫生，2013，34（2）：190-192.

[2] 李立伟. 黑龙江省高校大学生运动损伤现状调查与分析 [J]. 武汉体育学院学报，2012，46（12）：89-93.

[3] 郑卫军，何凡. 现况调查的样本量计算方法 [J]. 预防医学，2020，32（6）：647-648.

[4] 陶成武，李萍. 大学生课外体育活动促进主体职能转变与关系建构 [J]. 广州体育学院学报，2019，39（6）：118-122.

高校大学生体质健康现状与对策研究

——以北京印刷学院为例

韩 旭 王 威*

【摘 要】 大学生的健康水平不但关乎他们自己以后的幸福生活，从一定程度上来说更关乎我国社会主义现代化的发展进程。因此，分析我校大学生体质健康的主要影响因素，可为学校相关部门制定关于学生体质健康的决策提供一定参考。本文根据研究的需要，通过学校图书馆及网络媒体收集、查阅、整理、分析相关文献资料；运用数理统计法对北京印刷学院部分学生2023年体质健康测试数据进行计算与处理，为本研究提供可靠的数据支持；运用体育教育学、教育学等相关理论，通过长期教学实践经验指导，对我校学生体质健康测试成绩及调查结果进行理论与逻辑分析，并通过对各数据的对比与分析得出相关结论。

【关键词】 高校大学生；体质健康；现状；影响因素；对策

---

* 韩旭，北京印刷学院基础教育学院体育部副主任，副教授；王威，北京印刷学院基础教育学院副院长，副教授。

一、前言

健康的身体是人类得以生存与发展的基本前提和重要保障，高校大学生是家庭、国家和民族的未来。增强高校大学生体质对提高全民的身体素质，培养全面发展的人才尤为重要。2002 年教育部、国家体育总局出台了以"健康第一"为宗旨的学生体质健康状况干预措施，其目的就是促进学生积极地参加体育锻炼，上好体育课，以增强体质和提高健康水平，把学生培养成为德、智、体、美、劳全面发展的高素质人才。

本研究以北京印刷学院部分学生 2023 年体质健康测试成绩为主要数据，结合我校学生体质健康特点及实际情况，剖析当前我校学生体质健康存在的问题，探讨影响学生体质健康的因素以及促进学生体质健康发展的对策，在现有体系下为学生体质健康发展提供可行的发展之路，让更多的学生参与到体育锻炼中去，体会体育锻炼带来的乐趣，同时也减少疾病的发生，并呼吁广大高校学生、学校各级领导、当地教育部门、社会各界人士关注体质健康，努力提高全民身体素质，更好地享受幸福生活。

二、研究对象与研究方法

（一）研究对象

以北京印刷学院学生体质健康现状为研究对象，以学生的体质健康测试成绩作为本次研究的主要数据。参加体质健康测试的共有 7 001 人，其中，女生 4 612 人，占比为 65.9%；男生 2 389 人，占比为 34.1%。

（二）研究方法

1. 文献资料法

根据研究的需要，通过学校图书馆及网络媒体收集、查阅、整理、分析相关文献资料，了解体质健康研究的现状、发展趋势、影响因素及对策等，为本论文提供坚实的理论依据。

2. 数理统计法

运用 Excel 统计软件对北京印刷学院部分学生 2023 年体质健康测试数

据进行计算与处理，为本研究提供可靠的数据支持。

3. 逻辑分析法

运用体育教育学、教育学等相关理论，通过长期教学实践经验指导，对我校学生体质健康测试成绩及调查结果进行理论与逻辑分析，并通过对各数据的对比与分析得出相关结论。

三、结果与分析

（一）北京印刷学院学生体质健康总分达标状况分析

本研究根据《国家学生体质健康标准》（2014年修订）（以下简称《标准》）中对各测试项目分值的规定，来进行学生成绩等级的划分、统计。《标准》中高校大学生体质健康总分评定等级如表1所示，满分为100分，由所测试各项目单项成绩与各单项成绩所占权重（见表2）组成。

表1 《标准》体质健康测试成绩总分评定等级

优秀	良好	及格	不及格
90.0分及以上	80.0~89.9分	60.0~79.9分	60.0分以下

表2 单项指标与权重

单项指标	身体质量指数（BMI）	肺活量	50米跑	坐位体前屈	立定跳远	引体向上（男）/1分钟仰卧起坐（女）	1000米跑（男）/800米跑（女）
权重	15	15	20	10	10	10	20

根据对北京印刷学院部分学生体质健康测试总分达标情况的调查，由表3可知，北京印刷学院学生体质健康测试总分达标情况主要集中分布在及格等级。参加测试的学生体质健康总分达标情况不及格率与缺少测试项目率（即缺项率）较高（分别为4%，25.5%），良好率较低（18.1%），优秀率极低（3%），这一结果与中国近些年高校大学生体质健康状况逐年下降的现状吻合。通过长期体育健康测试实践指导可知，学生整体身体素质下降现象十分普遍，部分同学抱着及格就好的心态，这是导致优秀率与良好率极低的重要原因之一，对这一现象应引起重视。

表3 学生体质健康测试总分达标情况

测试人数	优秀率（%）	良好率（%）	及格率（%）	不及格率（%）	缺项率（%）
7 001	3.0	18.1	49.4	4.0	25.5

1. 男、女生体质健康总分达标状况分析

如表4所示，可以清晰地看到男女生体质健康总分达标情况主要集中在及格等级。男女生优秀、良好和及格的比率总和分别为66.8%，72.3%，相比较，女生该比率稍高于男生；而男生不及格率高达7.3%，远高于女生的2.3%，男生不及格人数较多。这一情况的出现在一定程度上跟性别有所关联，在一般情况下，女生比男生更遵守纪律，在测试时更尽全力，这就导致女生不及格率较低。优秀率男女生都不足4%，且良好率男生仅为11.8%，女生为21.3%，约为全国高校大学生体质健康标准的平均值，从一定程度上说明测试学生体质健康水平较平均。但还是存在部分学生身体素质较差的问题，应该引起重视。

表4 不同性别学生体质健康测试总分达标情况（$N=7\ 001$）

测试性别	测试人数	优秀率（%）	良好率（%）	及格率（%）	不及格率（%）	缺项率（%）
男	2 389	3.6	11.8	51.4	7.3	25.9
女	4 612	2.6	21.3	48.4	2.3	25.4

另外，测试中缺项人数占比平均，男女生都有20%以上人数未能完成完整测试。一方面，受到疫情波动影响，学生在校时间不稳定，无法顺利开展体质健康测试；另一方面，可以看出我校学生在面对体质健康测试时态度不端正、行为不积极，很大一部分同学亟须鼓励、引导、改变。

2. 五学院不同年级学生体质健康总分达标状况分析

如表5所示，从及格率看，大一及格率最高，其次是大二，大三最低；从不及格率看，大二不及格率最高，其次是大三，大一最低；良好率及优秀率方面，大二最高，其次是大三，大一最低；而缺项方面，随着年级升高，缺项率在有些许回落后陡然增加。从以上数据可以发现，我校部分测试学生体质健康总分达标情况与所在年级有一定程度上的关联，存在较明显的年级差距。随着年级的升高，学生的体质健康水平反而呈下降趋势，这与随着年级的升高学业加重、就业压力以及社会压力的增大，使得学生休闲运动的时间减少有很大的关系。

表5　五学院（除新闻传播、出版学院）不同年级学生
体质健康测试总分达标情况（N=4 163）

学院	测试人数	优秀率（%）	良好率（%）	及格率（%）	不及格率（%）	缺项率（%）
大一	1 377	2.2	15.9	57.2	5.5	19.2
大二	1 261	3.8	23.8	50.8	5.8	15.8
大三	1 525	4.5	17.5	45.3	5.6	27.1

（二）北京印刷学院学生身体形态指标分析

身体形态的基本指标为身高、体重与胸围，在大学生体质健康测试中包括身高、体重。

如表6所示，男女生平均身高较全国平均值高，男生均值差距较女生差距小。身高受遗传、营养、生活环境等多种因素影响。

表6　学生身高测试结果（N=7 001）

测试性别	测试人数	平均值（cm）	全国平均值（cm）
男	2 389	173.7	170.5
女	4 612	163.7	160.3

如表7所示，男生体重平均值为73.1kg，高于全国平均值66.2kg；女生平均值为59.4kg，高于全国平均值57.3kg。一方面，可以看出我校大学生整体健康状况良好。另一方面，综合身高体重信息，可以看出部分学生有肥胖风险。近年来，互联网的发展给学生的学习和生活带来了便捷，但同时也带来了长期不运动、身体变弱、抵抗力下降等问题，加之现代生活方式的急速转变，高校大学生宅宿舍的问题更为严重。

表7　学生体重测试结果（N=7 001）

测试性别	测试人数	平均值（kg）	全国平均值（kg）
男	2 389	73.1	66.2
女	4 612	59.4	57.3

（三）北京印刷学院学生身体机能指标分析

身体机能评价指标主要有心率、心排血量、肺活量等，在大学生体质

健康测试中主要是指肺活量。肺活量是评价人体呼吸系统机能的重要指标。

如表8所示，参照《标准》而言总体表现良好，测试学生成绩分布较合理，良好及以上比率占58.6%，及格率所占比重较大，不及格率仅为2.3%。从性别上来看，男生主要集中在良好及以上与及格等级。女生则主要集中在良好及以上等级。对比发现：男生良好及以上比率低于女生，而女生及格率略微低于男生，男生不及格率明显高于女生。之所以出现这一现象，除了受测试影响外，还跟运动习惯有关。学校内部分男生存在肥胖隐患，加之长期缺乏运动，肺活量水平有了明显下滑，我们应当对这一群体提高关注。

表8 学生肺活量测试情况（N=3 918）

测试性别	测试人数	良好及以上比率（%）	及格率（%）	不及格率（%）
男	1 670	55.5	40.7	3.8
女	2 248	60.8	37.9	1.3
总	3 918	58.6	39.1	2.3

（四）北京印刷学院学生身体运动素质指标分析

身体运动素质是人体在运动中表现出来的速度、力量、耐力、灵敏、柔韧、平衡、协调等。在体质健康测试中主要包括：立定跳远——主要测量下肢肌肉爆发力；引体向上——握力体重指数，反映肌肉的相对力量（男生测试项目）；仰卧起坐——反映女生腹部与髋部肌肉力量（女生测试项目）；男生1 000米跑/女生800米跑——测试耐力素质。

1. 立定跳远测试结果与分析

如表9所示，从整体来看，测试的男女生成绩主要集中在60~80分，比例高（男生65.5%、女生63.2%）；高于80分的比例有逐年上升趋势，现占比较高（男生22.9%、女生26.8%），测试中高分学生越来越多，学生身体素质稳中向好，成绩分布呈明显的中间大、两头小且其中一头极小的特点；低于60分的所占比重较小（男生11.6%、女生10.0%），测试中不合格学生较少，从整体上说明测试学生的爆发力素质较好，经过体质健康测试现场实践观察后我们发现，成绩不理想的学生大多是因为未能掌握规范的立定跳远技术动作，无法完成一次质量较高的测试，对此在教学实践中需要逐步跟进。

表9　学生立定跳远测试情况（$N=5\ 422$）

测试性别	测试人数	>80分（%）	60~80分（%）	<60分（%）
男	1 860	22.9	65.5	11.6
女	3 562	26.8	63.2	10.0
总	5 422	24.0	63.0	13.0

2. 力量测试结果与分析

如表10所示，男生引体向上测试成绩总体呈倒金字塔形，即呈不及格人数众多、及格人数较多而优秀人数极少的特征分布。不及格人数所占比重高达55.0%，优秀人数仅占6.5%，差距过大。这反映了男生肌肉相对力量较差。

表10　男生引体向上测试情况（$N=1\ 357$）

测试人数	优秀率（%）	良好率（%）	及格率（%）	不及格率（%）
1 357	6.5	15.4	23.1	55.0

如表11所示，女生仰卧起坐测试成绩集中分布在及格等级，优秀率仅为15.6%，不及格率为2.3%，从总体来看成绩分布合理。这说明女生的腰腹部力量虽然仍有锻炼提升空间，但整体已经达到一个较为理想的状态。在测试时，很多学生动作不标准，还有学生因身体稍微不舒服而未能坚持下去，这些在很大程度上影响了测试的最终成绩。

表11　女生仰卧起坐测试情况（$N=3\ 609$）

测试人数	优秀率（%）	良好率（%）	及格率（%）	不及格率（%）
3 609	15.6	27.4	54.7	2.3

3. 耐力测试结果与分析

从整体来看，男生及格率高于女生，不及格率男生却高于女生，良好率与优秀率差距不大（见表12和表13）。一定程度上男生成绩较女生稍好，但部分群体水平低。我们了解到，学生普遍对耐力跑没有兴趣，甚至部分学生对该测试有抵触情绪。通过在测试现场交流我们发现，女生比男生更不喜欢耐力跑，普遍持抗拒心理，觉得太累，没有作用，测试时不认真对待。但是男生存在更多身体素质过差人群，男生中两极分化严重。如何通过健康运动的学生调动体质较差的学生进行锻炼是一个需要长期关注的问题。

表 12 男生 1 000 米跑测试情况 （$N=1\,826$）

测试人数	优秀率（%）	良好率（%）	及格率（%）	不及格率（%）
1 826	4.7	7.5	48.1	39.7

表 13 女生 800 米跑测试情况 （$N=3\,545$）

测试人数	优秀率（%）	良好率（%）	及格率（%）	不及格率（%）
3 545	3.2	6.1	42.7	48.0

四、结论

随着年级的升高，学生学业加重，就业压力和社会压力增大。学生对体质健康的重视度低、未养成体育锻炼习惯、作息时间错乱、饮食不合理不健康，都在一定程度上影响了学生的体质健康。

针对这些问题，应加强学生体质健康知识的宣传，提高学生对体质健康的重视度；改善学校体育硬件设施，提高场地利用率；加强对学生生活、饮食习惯与作息规律的引导；积极组织课外体育活动，鼓励学生积极参与，遏制学生体质健康水平日渐低下的势头，提高学生体质。

参考文献

[1] 侯新新. 宁夏高校大学生体质健康现状调查与分析 [D]. 西安：西安体育学院，2017.

[2] 谢刚，方跃平. 大学生体质健康与体育锻炼状况研究 [J]. 淮海工学院学报（人文社会科学版），2019（10）.

[3] 王薇. 大学生体质健康现状及影响因素研究：以南昌航空大学为例 [D]. 南昌：南昌航空大学，2016.

[4] 李非. 江苏部分高校学生体质现状的动态分析与研究 [D].

苏州：苏州大学，2007.

[5] 梅进松. 北京市职业高校大学生体质健康现状调查与对策研究 [D]. 北京：北京体育大学，2016.

[6] 陈华卫. 吉林省城市中学体育环境与学生体质健康关系研究 [D]. 长春：东北师范大学，2012.

[7] 田凤彩，李子明. 首都师范大学学生体质健康现状及对策研究 [J]. 首都师范大学学报（自然科学版），2006（4）.

[8] 颜乾勇. 泰州市大学生体质健康现状分析与对策研究 [D]. 苏州：苏州大学，2015.

[9] 姚小燕，刘继志. 黑龙江省中小学生体质健康现状及发展策略研究 [J]. 哈尔滨体育学院学报，2011，29（1）.

《国家学生体质健康标准》对高校体育教学的影响

——以北京印刷学院为例

王 威 韩 旭[*]

【摘 要】《国家学生体质健康标准》的颁布，为新时期我国高校体育教学工作的开展提供了更加全面的参考依据，对我国高校体育教学工作的开展提出了更高的标准和要求。本文就《国家学生体质健康标准》实施的意义及改革模式做了相应的探讨与分析，认为为了更好地符合该标准对全国学生体质健康的要求，高校教师要全面了解大学生的体质健康状况，创新高校体育教学活动模式与手段，使大学生的身心得到全面发展。

【关键词】《国家学生体质健康标准》；高校；体育教学；教学模式

少年强则国强，大学生的体质健康关系到国计民生，开展相关体育教学活动的目的就是让学生接受更系统、更全面的体育学习，让学生在大学学习中形成终身锻炼的良好意识，提高学生的体质，促进学生身心健康发展。随着新课改的持续推进，大学生的身体健康问题越来越受到重视。提高大学生参加体育锻炼的频率，培养他们的终身体育锻炼意识，是目前我

---

[*] 王威，北京印刷学院基础教育学院副院长，副教授；韩旭，北京印刷学院基础教育学院体育部副主任，副教授。

国高校开展体育教学的一个重要目标。

一、实施《国家学生体质健康标准》的意义和作用

（一）树立正确的体育教学理念

在实施《国家学生体质健康标准》（以下简称《标准》）的背景下，以当前素质教育为背景，以提高大学生体质健康水平为目标，构建了一套全新的体育教学评价体系，着重对大学生体质健康标准进行细化分类。在《标准》的指导下，我国传统的大学体育教学活动与教学观念存在着一定的滞后性，为此，有必要建立一套符合我国国情的体育教学模式和指导思想。体育教学指导思想的科学合理与否，直接关系到高校体育教学的效果。长期以来，受我国传统应试教育的影响，我国高校体育教学活动的开展主要集中于向学生传授知识、传授技能，对高校体育教学活动的教学质量是否达标等方面的评价较为单一、滞后，不能有效反映大学生参加体育教学活动时身体素质的变化。但是，《标准》对测量标准进行了更细化的分类，使每一位学生都能从相关的体育教学活动中发现适合自身体质健康的衡量标准，从而使学生的主观锻炼意识逐步增强，在日复一日的锻炼中不断提高自己的体质。

（二）适应学生个体发展需求

随着经济水平的提高，人们的需求也在不断地变化着，我国人民对身体素质的追求也从生理上的健康上升到了生理和心理上的健康，所以，仅仅以有没有疾病来衡量自己的身体是否健康，已经不能满足现代社会对身体素质的评价。为更好地适应新时期社会对大学生体质健康的多样化评价需要，《标准》对大学生的身体机能、形体形态、身体素质等多个维度进行了更加系统、全面的评价，对学生体育锻炼意识的优化与培养给予了更多的关注和重视，以期使学生在日常的体育锻炼活动中形成坚定的体育锻炼意识，促进学生的身心发展。

（三）为高校体育教学成果的检测提供依据

由于《标准》中大部分体育测试项目均来源于《大学生体育合格标准》，所以，就综合性而言，《标准》符合高校体育教学的实际。但不同之处在于，《标准》增加了大学生身体机能和身体形态的测试类别，如大学

生的体重、身高、肺活量等，并在各种评价指标的制定方向上，充分考虑到学生和学生之间的个体差异性，在制定过程中融入了适合学生的比例和参数，使不同的学生也能对自己的身体素质进行评价。另外，《标准》对大学生体能测试的类别进行了灵活的设置，并没有对项目设置标准化的达标标准，而是更加注重大学生身体机能测试的结果。在这样一种对大学生身体机能测试结果进行评价的基础上，大学生们也能够根据自己的实际情况以及对体育活动的适应性来选择适合自己的项目，改变了大学生在传统体育教学活动中的被动地位，对提高大学生体育活动的兴趣与热情有着显著的作用。

二、《标准》在执行过程中出现的几个问题

（一）大学生对身体素质检测的认识不足

《标准》的出台，旨在进一步推动大学生的身体形态、技能和身体正常发育协调发展，使大学生的身体综合素质得到全面提高，从而激发大学生参加体育锻炼的自觉性和主动性。然而，目前我国大学生对开展体质检测的重要性、目的、内涵等的认识还不够深入。因此，在开展相关的体育活动中，他们的动机和态度与预期目标存在一定的偏差，缺乏对体育测试的热情，造成体育测试数据偏差很大，学生也不能从体育测试中真正了解自己的身体状况。

（二）缺少对体质监测结果进行有效反馈的途径

制定标准，是为了开展体育教学活动，并以间接或直接的方式对学生体质状况进行评价。同时，也是为了帮助大学生制定合适的体育锻炼目标，从而更好地进行自我评估。对各种数据信息进行对比，可以使大学生认识到自己身体素质方面的不足，重视自己的身体健康，从而更加主动地参加体育锻炼。然而，因为参加高校体育体质测试的人数比较多，所以大学生们往往只能够拿到体质测试的最终总分，而很难获得各分项成绩、平均成绩等细化数据，这严重影响了体质测试最后的反馈效果和价值，不能为大学生提供更细致、准确的体质参考数据，也不利于大学生体育锻炼目标的制定及后续体育活动的开展。

（三）大学生体质健康的宣传教育工作滞后

正是因为我国各大高校的体质健康教育教学活动相对滞后，许多大学生

对体质健康的认识出现了误区，认为身体健康和体质好的标准仅仅是没有生理疾病，这说明大学生对自己身体状况的认识出现了偏差。当前，大学生在学校的生活与学习中，经常忽略体育锻炼的重要作用，没有养成积极参加体育锻炼的好习惯，也没有认识到体育锻炼与身体健康是密不可分的。大学生对体质健康缺乏正确的认识，其主要原因在于学校在平时的教学活动中没有对体育教学进行宣传，教育机制不健全，宣传形式单一，宣传渠道不畅。

三、在高校体育教学改革中贯彻落实《标准》

（一）把《标准》贯彻落实与高校体育教学改革相结合

在传统的应试教育与分数至上的整体教学环境下，大学生在体育测试时可能会把目标和重心更多地放在追求体育测试结果上，忽视了体育教学活动本身所包含的趣味性。因此，在实施《标准》的高校体育教学活动中，高校要始终坚持以学生为中心，以学生的身心健康为核心的体育教学理念，以培养学生的终身体育锻炼意识作为教学目的，调动学生参与体育教学活动的积极性，把学生的个性与体育教育活动有机结合起来，把理论教学与实践教学相结合，以提高学生的身体素质。

（二）加强对体质健康和运动知识的教学与指导

我国传统的大学体育教学活动基本都是以体育测试的结果为依据进行的，大学生对体育考试内容和考试形式的关注太多，而忽视了体育考试背后的真正意义——帮助大学生掌握更多的运动技能，提高他们的身体综合素质。许多大学生已经熟练地掌握了体育测试的方法、内容和评分标准，但是对于体育测试指标选择的依据、体育测试的目的、测试体现出的身体素质、怎样加强自己的身体素质等都是一无所知的。为此，我国高校体育教学应拓宽渠道，多维度地解读《标准》，使学生了解运动生理学、运动训练等运动科学，了解体育健康测试的真实意义，了解体育知识和体育的文化背景，使体育教学活动的引导功能和价值最大化。

（三）严格要求与宽松管理相结合

《标准》要求我国高校大学生每年在体育测试成绩上必须达到良好或者是良好以上，才能够参与奖学金评奖和年终评优，毕业时体育测试成绩无法达到 50 分的按照结业或肄业处理。若是将其作为高校大学生毕业的硬性规定，则会成为我国高校大学生毕业路上的重要阻碍，在我国各大高校追求大学生就业率的时代背景下，想要实现这一想法是非常困难的。所谓对高校大学生体育教学的严格要求，就是严格执行测试标准和测试要求；而所谓的宽松管理，即鼓励学生通过体育社团活动和早操以及竞赛等方式来获取体育加分，以此来达到《标准》在分数上的要求，这也是从间接角度来实践《标准》的重要途径。

（四）建立相应的保障办法

针对《标准》中学生身体素质评估内容的调整，高校应制定相应措施，保证体育教学、课外体育活动和标准测试等各项工作的顺利开展。要建立学校实施《标准》的具体制度、《标准》的测试细化管理制度、《标准》的有效实施监督机制以及相应的奖惩机制，以保证相关工作的顺利进行。只有完善和优化相关制度与措施，才能全方位、深层次地贯彻《标准》的要求，使大学生积极主动地参加体育活动，逐步养成良好的体育锻炼意识与习惯，优化体质。

四、结语

总而言之，大学生的体质健康状况与国家整体的体质健康水平有很大的关系。如果大学生的体质健康水平达不到预期的目标，不仅会给他们今后的工作生活带来健康上的压力，还会对国家的整体健康素质水平产生影响，对我国未来的发展和建设也会产生不利的影响。《标准》的实施，要求高校根据自身的实际发展情况，对高校体育课程进行改革与创新。

参考文献

[1] 黄培佳，黄小江.《国家学生体质健康标准》对中小学体育教学的影响 [J]. 体育科技文献通报，2019（10）：168-171.

[2] 杨文瑞.《学生体质健康测试标准》实施对高校体育教学改革的引导作用 [J]. 内蒙古财经大学学报，2019（3）：108-110.

[3] 吴瑞巍. 新《国家学生体质健康标准》下的高校体育教学改革实践 [J]. 体育风尚，2018（6）：190.

大学生睡眠质量与运动锻炼相关性研究

陈 磊*

【摘 要】 睡眠健康是一个全球性的健康问题，睡眠障碍影响着人的身心健康。而良好的睡眠对人体生理与心理都有着积极作用。优质的睡眠也能够提高运动表现，消除疲劳，促进人体系统的新陈代谢。当代大学生是时代进步与发展的主力军，睡眠质量的好坏影响着大学生的学习与工作。相关研究表明，运动对睡眠也具有积极的干预作用。本文通过对相关研究进行整理与分析，研究了睡眠质量与运动锻炼的相关性，对改善睡眠质量以及选择运动锻炼具有指导作用。

【关键词】 大学生；睡眠质量；睡眠障碍；运动锻炼

一、引言

随着时代的发展，人们的生活节奏不断加快。人们把更多的时间用于工作、学习、娱乐活动等方面，这就导致睡眠时间严重不足，睡眠质量变得越来越差。而睡眠质量问题已经上升为世界性问题，因此世界卫生组织把3月21日定为世界睡眠日，呼吁世界人民更加注重睡眠的重要性。1991年，世界睡眠联合会（World Sleep Federation，WSF）成立，其他国家的睡

---

* 陈磊，北京体育大学在读硕士研究生。

眠研究会也相继成立。1994 年，中国睡眠研究会成立。由此可以看出，各国对睡眠的关注越来越多。睡眠障碍的人群也不断增多。世界卫生组织的相关调查结果显示：有 27% 的人有睡眠问题，与此同时，存在不同程度睡眠问题的青少年高达 18%。学生群体在有睡眠问题群体中占比较大。而青少年学生还处于身心发展时期，无论是身体机能还是心理都不完全成熟。睡眠不足会严重损害学生身心健康。

近年来，大学生睡眠相关问题得到越来越多的关注，许多研究在大学生睡眠质量调查、影响睡眠的因素以及如何更好地改善睡眠质量等方面展开。研究发现，通过体育活动干预能够有效改善大学生睡眠质量。

本文对大学生睡眠质量与体育活动的影响进行分析，为以后改善、实验干预大学生睡眠质量提供理论依据。

二、研究对象与研究方法

（一）研究对象

以北京体育大学在校生为研究对象。

（二）研究方法

1. 文献资料法

在中国期刊全文数据库（CNKI）、PubMed 数据库、万方数据库（WFSD）等数据网上以睡眠质量和运动锻炼为主题整理和分析相关文献，以"睡眠障碍""学生睡眠情况""睡眠健康""运动对睡眠的影响"等为关键词进行二次分类，并进行高级检索，查阅相关期刊、硕博士论文。精读近年来的著作、文献，进行筛查后选取与本研究更贴近的文献，为本研究提供理论支撑。

2. 问卷调查法

对北京体育大学在校生进行随机抽样发放问卷，从主观和客观两个方面进行检验。每一位调查对象分别填写匹茨堡睡眠质量指数量表（PSQI）与体育锻炼等级量表，以保证问卷的一致性、可靠性。调查人员填写年级与专业。通过问卷星（专业问卷调查网站）对问卷进行发放与回收。

本次调查共设两份问卷，即匹茨堡睡眠质量指数量表（PSQI）与体育锻炼等级量表。PSQI 由 19 个自评条目组成 9 个问题，通过 7 个因子对睡眠质量进行评估。每个因子 0~3 分，总分 21 分，得分越高说明睡眠质量越差，其中单个因子大于等于 2 分，为因子因素睡眠障碍。而体育锻炼等级量表采用李克特五级量表评分进行编制，共 8 个问题，每个问题有 5 个选项指标，对应 1~5 分，累计得分越高说明运动锻炼等级越高，运动利用率越高。本次共发放问卷 138 分，回收问卷 138 分，问卷回收率为 100%，具体检验见表 1。

表 1 信度与效度检验分析 ($N=138$)

问卷	Cronbach's α	KMO 系数	P 值
PSQI	0.83	0.760	0.000
体育锻炼等级量表	0.73	0.693	0.000

（1）信度检验。通过回收数据在 SPSS 进行信度检验，采用 Cronbach's α 可靠性分析，Cronbach's $\alpha>0.7$ 且越接近 1 说明信度越高。如表 1 所示，匹茨堡睡眠质量指数量表 Cronbach's $\alpha=0.83$，体育锻炼等级量表 Cronbach's $\alpha=0.73$，说明问卷结构信度可靠。

（2）效度检验。问卷的效度主要说明题目的相关性、可靠性，是对题目合理性的有效分析。效度检验采用 KMO 与巴特利球体检验，在问卷的结构效度上，当 KMO 系数大于 0.5 且显著性 P 值小于 0.05 时，说明问卷内容问题结构集中，结构效度有效。经过检验，匹茨堡睡眠质量指数量表 KMO 系数为 0.760（且 $P=0.000$），体育锻炼等级量表 KMO 系数为 0.693（且 $P=0.000$），说明该研究问卷设计结构效度可靠。

3. 数理统计法

通过收集、整理、分析并统计数据，运用 SPSS 22.0 软件，通过降维因子分析与可靠性分析对所采用的问卷量表进行信效度检验。通过采用因子分析检验、独立样本 t 检验、配对样本 t 检验、回归分析等对数据进行整理分析。

4. 数据分析法

通过 Excel 对所测量数据进行公式计算和分析。

三、结果与分析

(一) 体育大学生睡眠质量及影响因素分析

1. 体育大学生基本信息描述性统计

如表2所示,在性别方面,男女生占比相差不大,后文会根据男女生之间睡眠质量做详细比较。在运动经历、学科性质方面也会做相应比较,以分析不同学科之间、有无受过系统训练之间的睡眠质量的差异。而在不同年级上,因为不同年级人数变量差距过大,因此对年级上得分变化相关差异性不进行分析描述。在体育大学生运动锻炼时采用什么类型的代谢方式的统计中,有近80%的学生会采用有氧代谢为主的运动,因此对不同代谢运动方式对睡眠质量的影响有无差异性会进行描述分析。在运动后对睡眠质量自我评价方面,有82.61%的学生感觉运动对自身睡眠质量有一定的积极影响,这说明体育锻炼对睡眠质量的干预有着正向影响。

表2 基本信息描述分析（$N=138$）

内容	分类	人数	占比（%）
性别	男	67	48.55
	女	71	51.45
年级	2020级	14	10.14
	2019级	18	13.04
	2018级	17	12.32
	2017级	75	54.35
	研究生以上	14	10.14
学科性质	学科生	85	61.59
	术科生	53	38.41
有无受过系统或专业训练	无	38	27.54
	1~3年	25	18.12
	3~6年	24	17.39
	6年以上	50	36.23

续表

内容	分类	人数	占比（%）
在运动锻炼中所采用的代谢方式	有氧代谢	109	78.99
	无氧代谢	28	20.29
（自主评价）运动对睡眠质量有无提高	有	114	82.61
	无	24	17.39

2. 体育大学生问卷量表得分描述性统计

通过数据分析，采用独立样本 t 检验与平均值±标准差（$M\pm SD$），发现表中各项变量除睡眠障碍紊乱和白天功能紊乱两项外，其他检验 P 值都大于0.05，说明男女之间在睡眠质量量表中的七个因素以及总分都无显著差异，体育锻炼水平也无显著差异（见表3）。但值得一提的是，男女PSQI总分平均值都大于10，即睡眠障碍总分平均值已经超过前人研究。这说明大学生睡眠质量明显下降，睡眠问题需要引起重视。

表3　量表得分描述性统计（N=138）

变量	男大学生（n=67）	女大学生（n=71）	t 值	P 值
PSQI总分	10.58±2.59	10.69±2.90	-0.230 -0.231	0.490
主观睡眠质量	0.92±.80	1.02±0.75	-0.775 -0.773	0.344
入睡时间	2.29±0.71	2.18±0.76	0.915 0.916	0.799
睡眠时间	0.67±0.87	0.69±0.91	-0.121 -0.121	0.832
睡眠效率	2.09±0.33	2.07±0.39	0.308 0.309	0.711
睡眠障碍紊乱	2.14±0.65	2.01±0.57	1.290 1.285	0.021
睡眠药物使用	0.22±0.69	0.33±0.89	-0.835 -0.841	0.082
白天功能紊乱	2.22±0.88	2.36±0.74	-1.026 -1.021	0.009
体育锻炼水平	13.03±3.55	13.39±3.86	-0.576 -0.577	0.556

3. 大学生PSQI各因子分析

采用因子分析法对PSQI各因子进行分析。在各因子中，因子分数≥2说明该睡眠因素有障碍。表4展示了每个因子得分的人数和比率。在入睡时间、睡眠效率、睡眠障碍紊乱和白天功能紊乱方面有着明显差异，有81.9%的学生入睡时间长，出现难以入睡现象。更是有97.1%的学生睡眠效率低，由睡眠效率计算公式"睡眠效率=睡眠时间/床上时间"得出此部分学生有严重的睡眠时间不足情况，反映出大学生熬夜等现象日益加重。有92%的学生有睡眠障碍紊乱现象。而劣质的睡眠质量又对白天机体功能造成了严重影响，导致日间机体精力不佳、心理疲劳等现象。

表4 PSQI各因子分析

因子项	0分	比率（%）	1分	比率（%）	≥2分	比率（%）
主观睡眠质量	39	28.3	67	48.6	32	23.2
入睡时间	0	0	25	18.1	113	81.9
睡眠时间	80	58	26	18.8	32	23.2
睡眠效率	0	0	4	2.9	134	97.1
睡眠障碍紊乱	0	0	21	15.2	127	92.0
睡眠药物使用	120	87	6	4.3	12	8.7
白天功能紊乱	0	0	31	22.5	107	77.5

（二）睡眠质量与运动锻炼相关分析

1. 不同学科性质对PSQI差异分析

通过配对样本t检验对不同类别学生与运动时代谢方式进行分析。由表5可知，学科生的PSQI得分平均值大于术科生，说明术科生的睡眠质量相对较好一些，其原因可能是术科生拥有一定的运动经历和良好的运动习惯。t检验结果显示，$P=0.031$，说明两者有显著差异，具有统计学意义。因此，运动锻炼对睡眠有一定正向作用。

表5 不同学科性质学生睡眠质量得分对比（$N=138$）

名称	变量	($M\pm SD$)	P值
学科性质	学科生（$n=53$）	10.73±3.09	0.031
	术科生（$n=85$）	8.67±2.64	

2. 体育锻炼等级量表与 PSQI 回归分析

根据体育锻炼等级量表，对运动时间、运动强度和运动量进行评分，并与 PSQI 进行线性回归分析，结果如图1、图2、图3所示。

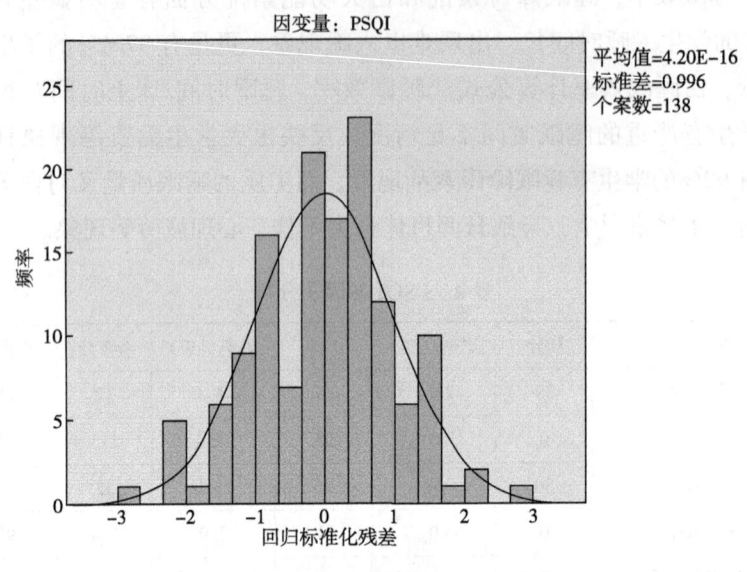

图1　直方图

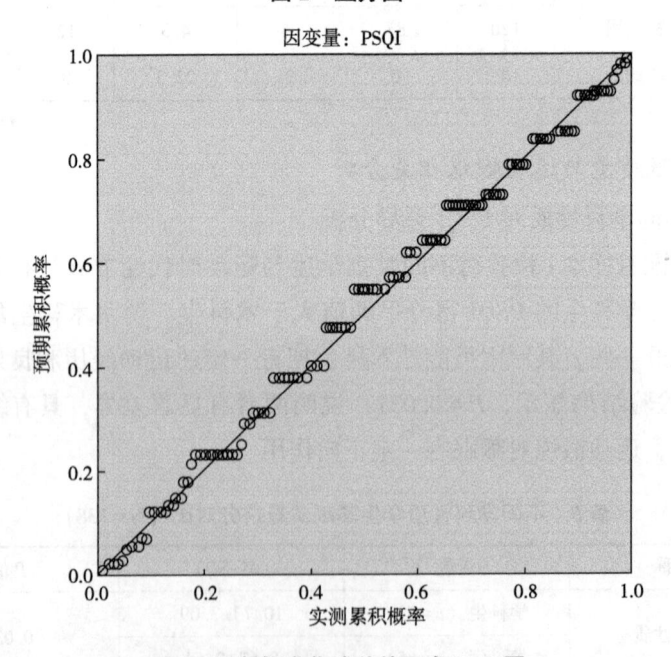

图2　回归标准化残差的正态 P-P 图

因变量：PSQI

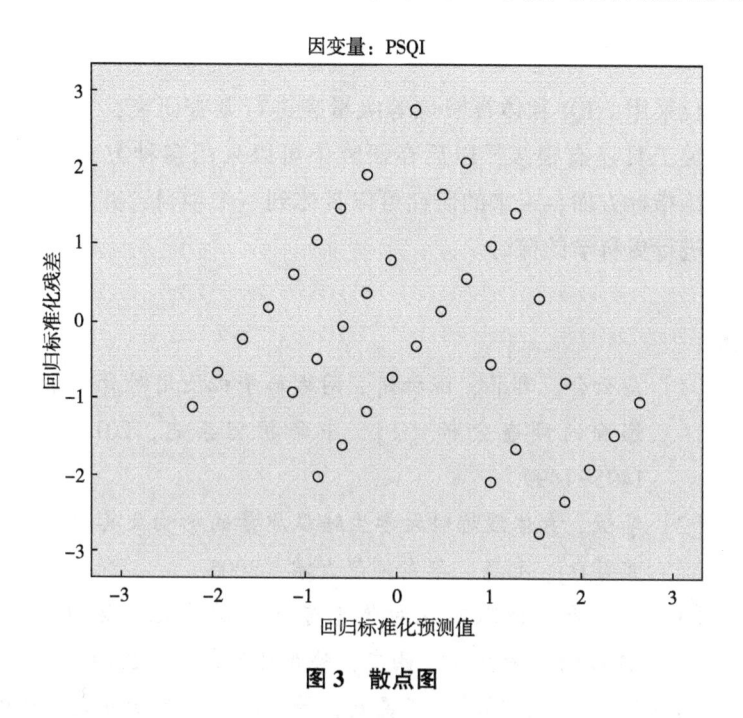

图 3　散点图

从图 1、图 2、图 3 能够清晰地看出体育锻炼与 PSQI 呈正相关关系。在方差分析中，ANOVA 为 0.000，说明其结果具有统计学意义。通过回归分析结果得知，在体育锻炼中，运动强度、运动量等均会对睡眠质量产生影响。

四、结论与建议

（一）结论

研究发现，大学生睡眠质量严重下降。睡眠障碍以及睡眠中的其他问题需要重点关注。调查表明，大学生 PSQI 得分平均值在 10 以上。在 PSQI 各因子中，影响最大的是睡眠时长与睡眠障碍。有 97.1% 的学生睡眠效率低，有 92% 的学生有睡眠障碍紊乱现象。因此，在睡眠问题上我们一定要重视起来。

在调查统计分析后，我们能够了解到，运动锻炼对睡眠有一定的正向影响，其中运动量与运动强度对睡眠影响最大。因此，可以通过相应的运动锻炼来改善睡眠质量。

（二）建议

本文仅采用PSQI和体育锻炼等级量表进行调查研究，关于测量睡眠质量的相关工具还有很多，以后在研究中可以采用多种方式进行全面测量。在训练指标方面，未来的研究可以具体到一个项目，并考虑人群的年龄，从而进行更科学的探讨。

参考文献

[1] 马云会，郭菲，陈祉妍．网络与手机使用对青少年睡眠质量影响的调查分析［J］．中华护理杂志，2014，49（12）：1495-1499．

[2] 李樑．身体锻炼对大学生睡眠质量的影响及其心理机制的研究［D］．上海：华东师范大学，2005．

[3] 王任重．睡眠不足对体育专业大学生无氧运动时HRV与EMG的影响［D］．西安：陕西师范大学，2019．

[4] 陈洁瑜，梁国骏，王嘉莉，等．睡眠与生活方式及亚健康的关系［J］．广东医学，2016，37（4）：594-597．

[5] 王广海．我国学龄前儿童睡眠问题：特点、影响因素及行为干预［D］．上海：华东师范大学，2015．

[6] 世界睡眠日［J］．医疗装备，2016，29（5）：206．

[7] 白雪，朱亚鑫，王子琪，等．大学生睡眠质量及其影响因素研究［J］．中国卫生统计，2017，34（5）：739-740，744．

[8] 蔡圆，薛雅卿，李咪咪，等．老年人睡眠质量状况及影响因素分析［J］．现代预防医学，2020，47（17）：3174-3178．

[9] 朱伟芳，孙嘉曦．高血压病与睡眠障碍的相关性研究［J］．实用医学杂志，2014，30（1）：139-142．

[10] ALLEN R P, SINGER H S, BROWN J E, et al. Sleep disorders in Tourette syndrome：a primary or unrelated problem？［J］．Pediatric Neurol，1992，8（4）：275-280．

11~16岁青少年自主健身运动负荷监控与健身效果评价量表的研制[*]

潘 娣 杨洪志 刘广凯[**]

【摘 要】 国际学术界对运动提升抗疫能力的研究表明,运动健康是预防疾病的重要手段。从青少年自主健身的安全性和运动提升免疫力两个方面看,科学有效地开展自主健身促进身体健康,关键在于运动负荷监控。本研究在对健身运动负荷、运动与免疫力和健身效果评价进行理论研究的基础上,设计了青少年健身运动负荷监控和健身效果评价量表,以期为青少年自主健身监控与评价提供一套简易、可操作的实用工具。

【关键词】 运动负荷监控;健身效果评价;青少年;自主健身;量表研制

一、问题的提出

国际学术界对运动提升抗疫能力的研究表明,运动健康是预防疾病的

---

[*] 基金项目:2023年北京联合大学教育科学研究课题(No. JK202314)和北京联合大学科研项目(No. SKZD202302)。

[**] 潘娣,北京联合大学体育教学部教师,讲师;杨洪志,北京联合大学体育教学部教师,教授;刘广凯,北京财贸职业学院体育部教师。

重要手段，运动免疫是主动防御病毒的利器。从人类进化的角度看，人在追捕山羚羊或与老虎搏斗的运动中，受伤和被感染的概率持续增加，运动能够促进人的"fight and flight"（搏斗或逃生）的反应机制，积极调动人的免疫功能。因此，运动成为调动人体免疫系统"准备战斗"的命令。

青少年健身有助于在提高自身免疫能力的同时增强体质健康。2023年9月26日，北京市发布"新中考"改革方案，此次改革重视体育但是打击体育速成，过程性考核从10分提升到40分，虽然中考体育总分值增加，但是过程性考核的占比更大，相当于鼓励学生持续、稳定地参加体育锻炼，而不是仅仅依赖中考前的突击，由此也对青少年的自主健身提出了新的要求。此前一项关于自主体育锻炼能否起到期待效果的全国抽样调查结果显示，在1 209名体育教师和体育教研员中，只有30.77%的调查对象认为效果非常好，其余七成认为效果一般或不太好。体育教师普遍认为，自主健身无法保证学生完成动作的负荷强度是导致锻炼效果大打折扣的主要原因。自主健身需要制定科学的运动负荷，只有这样，学生锻炼才能获得安全有效的健身效果，进而提高机体免疫力。青少年自主健身如何进行运动负荷的自我监控？自主健身区别于指导下的健身活动，其效果评价是否有简易且可操作的方法？针对上述问题，笔者设计了自主健身运动负荷监控量表和自主健身效果评价量表，以期为青少年自主体育健身提供一套简易、可操作的实用工具。

二、研究方法

本文采用文献证据收集、专家访谈、实验法、问卷调查等研究方法，梳理前人研究成果，提出量表研制的理论框架，通过电话访谈形式咨询专家，针对专家提出的意见修改问卷并进行预实验，基于实验结果研制量表。以运动负荷监控、运动免疫、健身效果评价等为关键词检索文献，在查阅和证据收集中得出：运动与人体免疫机能的关系不是简单的线性关系，并非只要运动就能提高机体的免疫力，不同运动负荷对免疫机能产生不同的影响。中等运动负荷可以提高免疫力，降低感染疾病的风险。相反，大强度运动负荷则对免疫机能有抑制作用。这种运动性免疫模式称为"J"形曲线模式（见图1）。另一种运动性免疫模式是"开窗"（open window）理论模式

(见图2)。该理论提出，一次大强度运动负荷将引起机体免疫低下，免疫低下期可持续3~72小时，也称为"开窗"期，意为"免疫系统被打开了窗户，病原体可自由地进入"。

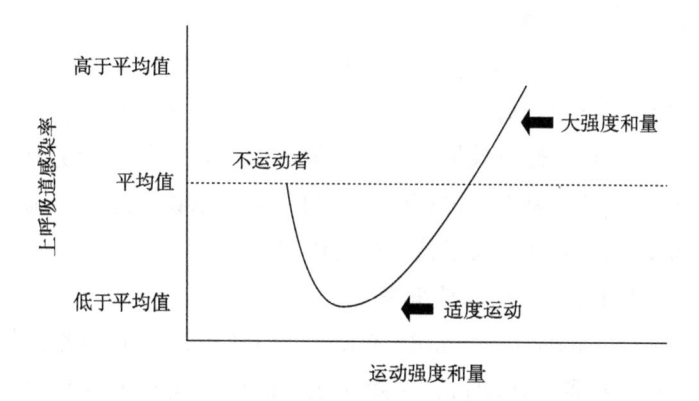

图1　"J"形曲线运动性免疫模式

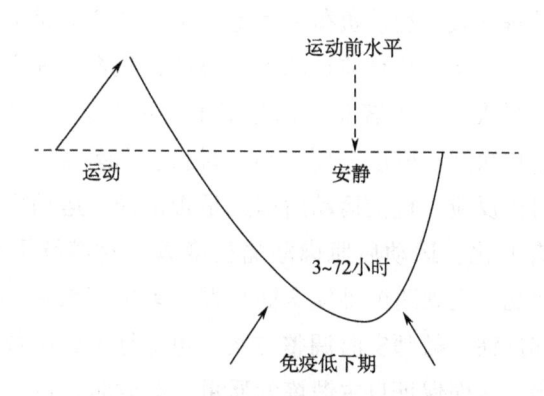

图2　"开窗"运动性免疫模式

由此可见，运动负荷过小难以达到理想的健身效果；运动负荷过大反而导致机体免疫力下降，不利于身体健康。因此，科学监控运动负荷是保证自主健身效果的前提。每个人的最佳运动负荷不尽相同，需要通过健身效果评价确定个人的最佳运动负荷。科学运动才能达到增强抵抗力的目的，青少年盲目性、随意性的自主锻炼将大大增加运动损伤、免疫力下降的概率。所以个性化的运动负荷监控量表和健身效果自评量表亟待开发和研制，以便为青少年自主健身提供定量化的数据支撑，培养其科学锻炼的健康行为。

三、青少年自主健身运动负荷监控与健身效果评价量表研制

(一) 量表的设计思路与理论框架

检索文献得出,针对自主锻炼的研究集中在锻炼原则和方法的探讨上,而自主锻炼运动负荷监控和效果评价的研究较少。本研究从身体和心理两个维度评价自主健身效果,通过效果评价确定最佳、最适宜的运动负荷。对于青少年尤其是面临体育中考的初三学生来说,运动负荷自我监控和健身效果评价的方法是其亟待掌握的内容。

1. 自主健身运动负荷监控量表

运动负荷(exercise workload,WE)是加载于机体上的各种外部物理"功"的总称,也称为运动量,一般用运动时间、运动强度和运动密度表示。根据监控的指标来源,运动负荷有外部负荷和内部负荷两种形式;根据监控的统计处理方式,运动负荷分为绝对负荷和相对负荷。在前人研究的基础上,本文根据运动负荷监控的方法属性,从客观评定和主观评定两种监控手段设计量表,其中客观指标包括单次运动强度、单次运动时长、单次运动间歇、单次运动密度、周运动总时长、周运动频次;主观指标则涉及运动后的身体反应,包括运动后即刻是否出汗、运动后睡眠和饮食情况与往常是否有变化、运动后肌肉酸痛程度以及对继续训练的心理感受(见图3)。从客观和主观两个维度全面掌握运动负荷水平,根据学生运动后的实时记录和反馈,教师实时调整方案,包括练习的次数和组数、练习的强度和时间等,从而保证自主锻炼的质量、有效防止运动损伤的发生以达到强身健体增强抵抗力的效果。

2. 自主健身效果评价量表

自主健身的目标主要是提高自身的健康相关体能(简称"健康体能")和锻炼自我效能(见图4)。健康相关体能即为健康储备的体能,包括心肺功能、肌肉力量、肌肉耐力、柔韧性和身体成分五个方面。通过健身锻炼能够提升自己对成功完成锻炼任务的信心和期望,即锻炼的自我效能有一定改善。自我效能(self-efficacy)源于班杜拉的社会认知理论,是指一个人对自己能否成功地完成一项任务所持的信心和期望,或者对自己成功地完成一项任务所具备潜能的认识。2010年,国外学者对体育领域自

我效能测量进行了综述，分为六类：行为效能、障碍效能、疾病或健康行为效能、主观行为控制、一般化效能和其他。基于理论研究，自主健身效果评价量表从青少年的身体和心理两个维度设计和评价健身效果。

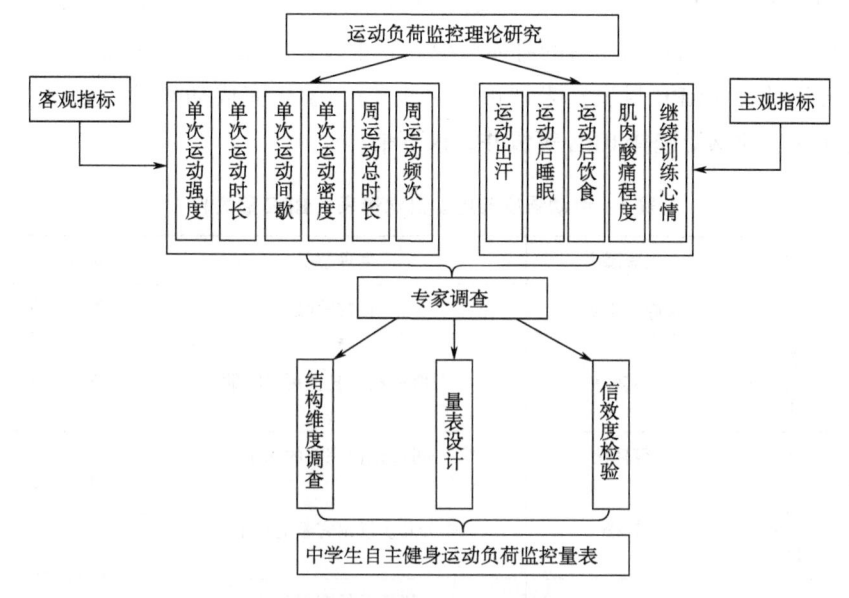

图3　自主健身运动负荷监控量表设计思路

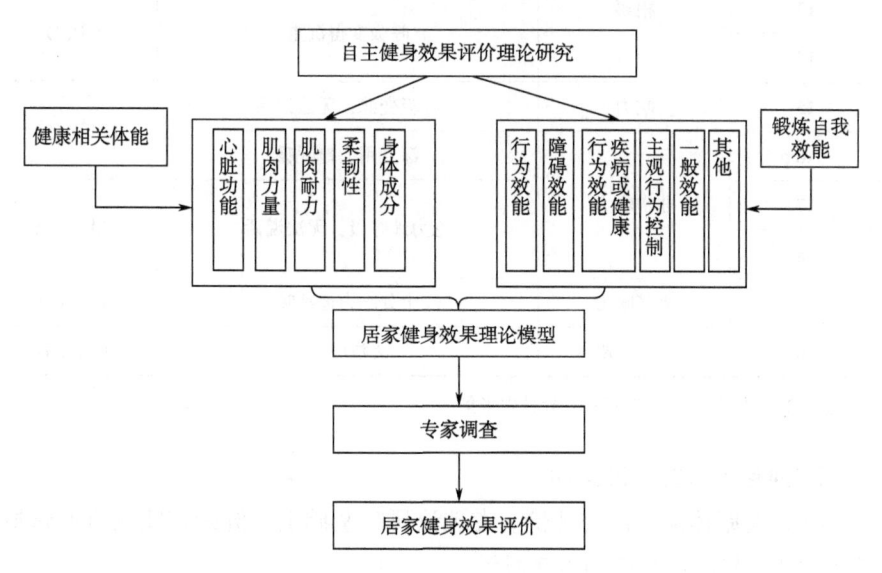

图4　自主健身效果评价研究思路

（二）指标测量

1. 运动负荷的测量指标

学生每次健身后填写自主健身运动负荷量表，记录每次锻炼的时间（分）、动作间歇时间（秒）、运动密度（%）、周运动总时长（分）、周运动频次（次）以及运动后的身体反应。其中，运动强度采用运动强度与运动自觉量表（RPE 量表）来评价（见表1），学生完成动作后，根据主观感受和生理感受选择 RPE 等级并记录下来。

表1 运动强度与运动自觉量表（RPE 量表）

等级	主观感受	生理感受	对应心率
6	安静、不费力	正常呼吸	静息心率
7	极其轻松	呼吸轻松，甚至可以唱歌	70 次/分
8			
9	很轻松	可以说出完整的句子	90 次/分
10	轻松	分几次说出完整的句子	
11			110 次/分
12	稍累	说话开始变得艰难	
13		呼吸变得沉重	130 次/分
14			
15	吃力	呼吸变深，无法说话	150 次/分
16		深且用力地呼吸	
17	非常吃力	吃力地呼吸，无法说话	170 次/分
18			
19	极其吃力	十分吃力地呼吸	195 次/分
20	精疲力竭	无法呼吸	最大心率

注：RPE 等级在运动结束后 10 分钟内采集。

2. 健身效果的评价指标

（1）健康体能测试与评价。在理论研究基础上，健康体能五方面选取指标及测试与评价方法如表2所示。

表2 健康体能测试与评价方法

指标	测试方法	评价方法
BMI（身体质量指数）	测量身高（米）和体重（千克），计算BMI值：BMI=体重/身高的平方（千克/米^2）	以《国家学生体质健康标准》（2014年修订）为准
心肺功能	心率恢复时间：测试安静心率→波比跳至力竭→测试即刻心率，记录恢复到安静心率的时间（秒）。越短越优	1. 自主健身开始前测试初始成绩； 2. 随后每隔两周（14天）测试1次； 3. 观察指标变化，纵向自身评价； 4. 各指标数据在班级排名； 5. 与同学对比，实现横向评价
肌肉力量	单腿抱膝立时间：单腿站立，双手抱膝于胸部高度，计算坚持时间（秒）。越长越优	
肌肉耐力	快速蹲起：完成20次，计算前10次所用的时间（秒）和后10次所用的时间（秒）之差。越小越优	
柔韧性	坐位分腿前屈：固定坐姿位置，双腿最大幅度分开，上体前倾贴地，双手前伸，测量中指指尖的位置。越远越优	

（2）锻炼自我效能测量与评价。采用由国外学者编制的参加体育锻炼的自我效能测量量表，对内容和测量尺度进行修订，主要从障碍效能角度进行测量（见表3）。

表3 青少年参加锻炼自我效能测量量表

编号	条目	完全没把握	很没把握	不确定	有把握	非常有把握
1	当我感到疲惫的时候	□	□	□	□	□
2	当我感到处于学习重压的时候	□	□	□	□	□
3	天气不好的时候	□	□	□	□	□
4	当我从中断锻炼的伤病中恢复过来的时候	□	□	□	□	□
5	当我正在经历或经历过个人问题的时候（一切与个人有关的不利影响）	□	□	□	□	□

续表

编号	条　目	完全没把握	很没把握	不确定	有把握	非常有把握
6	当我感到抑郁的时候	□	□	□	□	□
7	当我感到焦虑的时候	□	□	□	□	□
8	当我从使我中断锻炼的病痛中恢复过来的时候	□	□	□	□	□
9	锻炼过程中，当我感到身体不适的时候	□	□	□	□	□
10	当我有太多的作业需在家做的时候	□	□	□	□	□
11	当家里有客人的时候	□	□	□	□	□
12	当有其他有意思的事情可做的时候	□	□	□	□	□
13	当我没有达到锻炼目标的时候	□	□	□	□	□
14	当我没有得到家庭及朋友们支持的时候	□	□	□	□	□
15	当我有其他约会的时候	□	□	□	□	□
16	当经历家庭问题的时候	□	□	□	□	□

说明：以下描述的这些情况将使你坚持规律性锻炼变得困难。仔细阅读题目，请指出在以下情况下，你对自己仍能坚持规律性锻炼的自信程度是多少，请根据你的真实情况在相应的选项下打钩。

（三）专家访谈

从研究目的、研究方法、理论设计对相关专家进行访谈，访谈时间为 2023 年 2 月底至 2023 年 4 月。

访谈结果：

（1）运动负荷监控量表建议客观指标补充增加"运动形式"，即每次运动的名称，便于全面掌握运动负荷的各个方面。

（2）周运动时长、周训练频次和单次运动负荷不在同一分类水平上，建议调整。

（3）身体和心理两个维度各指标基本上涵盖了青少年自主健身的目标，可以反映自主健身的效果。

(4) 健康体能测试和锻炼自我效能量表设计符合青少年的年龄特点，可以应用于青少年自主健身效果评价。

(四) 结构维度分析与信效度检验

根据专家访谈结果和理论研究结果，对运动负荷监控量表的结构进行了调整，客观指标增加"每次运动名称"和"单次锻炼完成的动作数量（个）"，同时，将周末运动负荷指标与单次指标作区分。调整量表条目后，请35位青少年填写自主健身运动负荷监控量表。

信度检验：对初选条目进行样本调查，以检验量表的信度与效度。内部一致性系数是量表信度的重要指标，可以用Cronbach's α反映。青少年自主健身运动负荷监控量表的Cronbach's α是0.81，在0.7的标准以上。

效度检验：请有关专家对初步确定的评价量表中的条目予以评定，专家主要评定量表条目与理论模型的拟合性（即内容效度）。最后根据专家意见修改量表。

(五) 量表的修改确定

1. 青少年自主健身运动负荷监控量表

在专家调查、结构维度分析和信效度检验基础上，进一步修改调整量表条目，制定青少年自主健身运动负荷监控量表（见表4）。

表4 青少年自主健身运动负荷监控量表

编号	条目	记录与反馈
1	每次运动名称	
2	单次锻炼完成的动作数量（个）	
3	每个动作负荷强度（RPE等级）	
4	单次锻炼的时间（分）	
5	动作间歇总时长（秒）=所有动作间歇时间总和	
6	运动密度（%）=（锻炼时间-间歇时间）/锻炼时间×100	
7	周运动总时长（分）	
8	周运动频次（次）	

续表

编号	条目	记录与反馈		
9	训练后出汗了吗？	没出汗	微微出汗	出汗较多
10	训练后晚上的睡眠如何？	很好	和之前一样	睡不好
11	第二天起床后，是否有局部肌肉酸痛？	有点	很酸很胀	没太大感觉
12	三餐饮食有变化吗？	吃得多了	和之前差不多	不想吃东西
13	第二天、第三天训练心情如何？	很期待，很想练	很累，不想练	还行，能练

说明：以上条目是对自主健身运动负荷的记录和反馈，请每次锻炼结束后根据你的真实情况记录下表。1~8填写，9~13选择1个最适合的描述。

注：7~8为周运动负荷，仅在每周末作答。

2. 青少年自主健身效果评价量表

青少年自主健身效果可以用表2和表3，从青少年的身体和心理两个方面进行评价。通过学生纵向自身对比和横向与班级同学对比，全面掌握自主健身的体能状况。学生越有把握在各种情景下均能坚持锻炼，表明锻炼自我效能越强，自主健身的效果越好。

四、结论

本文设计的青少年自主健身运动负荷监控量表具有较好的信度和效度，符合测量学要求。评价量表包括客观运动负荷指标和主观评价指标，共13个条目。量表条目简单、操作性强，适合青少年应用，具有可推广性。

本文提出的青少年自主健身效果评价量表，从身体和心理两个维度评价青少年自主健身效果，科学全面、简便易行，具有很强的实用价值。

参考文献

[1] 王瑞元. 运动生理学 [M]. 北京：人民体育出版社，2002：441-442.

[2] 袁鹏，周苏坡. 运动负荷监控方法研究进展 [J]. 体育学研究，2018，1 (6)：74-87.

[3] 黄英，杜康力，李语晴. 中国青少年健康体能内容体系构建

[J].当代体育科技,2020,10(1):185-187.

[4] 张力为,毛志雄.体育锻炼与心理健康的关系综述[J].广州体育学院学报,2015,15(4):42-47.

[5] 黄希庭.运动心理学[M].上海:华东师范大学出版社,2009:37-38.

[6] 司琦.体育健康促进研究的行为理论与方法[M].杭州:浙江大学出版社,2017:39-40.

[7] 杨圣韬,尹晓峰,高炳宏.应用主观疲劳量表量化运动负荷的研究进展[J].体育科研,2019,40(5):85-94.

[8] 任弘.体质研究中人体适应能力的理论与实证研究[D].北京:北京体育大学,2004.

[9] 景妍.青少年在线学习策略问卷初步编制:理论框架与信度检验[J].中小学电教,2019(10):56-60.

[10] NIEMAN D C, PENCE B D. Exercise immunology: future directions [J]. Elsevier B. V., 2019.

[11] ARTHUR E K, WILLS C E, BROWNING K, et al. The self-efficacy to communicate about sex and intimacy (SECSI) scale: psychometric assessment in women treated for cancer [J]. Pubmed, 2020, 28 (3).

[12] TYSON G M, KLEINMAN W B. Ulnolunate distance and lunate height: reliability testing [J]. Pubmed, 2019, 46 (11).

首都高校学生体质健康测试工作的实施现状调查及对策研究

廖彦罡*

【摘 要】学生体质健康测试是监测学生体质健康状况最基本、最重要的手段，也是学校体育工作的重要部分。本研究对59所首都高校的学生体质健康测试工作进行调查统计，通过对高校学生体质健康测试工作的基本情况、具体安排、数据分析和管理等进行分析，提出相应的发展对策，期待为完善我国学生体质健康测试工作提供一定的理论和实践基础。

【关键词】首都高校；体质健康；学生体质健康测试

一、前言

随着社会的不断发展和进步，人们越来越重视身体健康。大学生是社会中坚力量和未来的希望，他们的身体健康状况不仅关系到个人的成长和发展，也关系到整个国家的发展和建设。第八次全国学生体质与健康调查显示，大学生的体质健康状况下降趋势依旧明显。尽管党中央、国务院出台了一系列针对青少年体质健康的相关政策，但效果依旧不明显，全面提

---

* 廖彦罡，首都经济贸易大学体育部教师，教授。

高学生的体质健康水平已经上升到国家发展战略高度。

学生体质健康测试简称"体测",是监测学生体质健康状况最基本也是最重要的手段,如何在学校科学有效地开展学生健康工作至关重要。本研究对59所首都高校的学生体测工作进行调查统计,通过对高校学生体测工作的基本情况、具体安排、数据分析和管理等进行分析,提出相应的发展对策,期待为完善我国学生体质健康测试工作提供一定的理论和实践基础。

二、研究对象与研究方法

（一）研究对象

本文以新时代背景下的59所首都高校体质健康测试工作的现状与对策为研究对象,其中普通高校46所,高职院校13所。

（二）研究方法

1. 文献资料法

通过中国知网、万方数据库等网站查阅高校学生体质测试方面的相关资料,提取重要文件和论文资料50余篇,为本文的研究奠定基础。

2. 问卷调查法

制定相关调查问卷,以首都高校体质健康测试工作的相关问题为问卷提纲,通过问卷星,邀请首都高校各体测具体负责人进行填写。

3. 访谈法

访谈相关体质健康测试的专家学者,并和部分高校的体测负责人进行深入交流沟通,了解学生体质健康测试的现状及发展对策,探讨课堂教学与体质健康标准的关系。

4. 数理统计法

对回收的问卷进行有效整理,并经 Excel 储存、统计、分析,得到较为清晰的数据。

三、研究结果与分析

（一）首都高校学生体测工作的基本情况分析

首都高校是否有单独的体测中心、是否有专门负责人、是否拥有专门的体测设备等是我们需要知道的基本情况。通过问卷调查，以及实地调查走访部分高校，我们了解到，首都各高校都有专人负责体质健康测试工作，有35所高校拥有自己的体质健康测试中心或教研室，24所高校没有。但负责体测工作的大多数均为兼职人员，几乎没有专职的体测中心人员。这说明体测工作在各高校还是具有一定的地位，学校都有专人对接相关体测事务。

所有调查的59所高校，都拥有专门的体质健康测试专用设备，不像中小学那样需要租借。这说明所有高校都投入了一定的资金来支持体质健康测试工作，虽然有的设备更新换代较慢，但大部分都能满足现有的体测需求。部分高校的体测设备闲置率较高，体育教师参与体测工作的比例在降低。

(二) 首都高校学生体测工作的具体安排

每学期初，体育管理部门都会召开体质健康工作会议，布置体测工作安排。调查中发现，有42所高校单独计算教师参与体测的工作量，说明学校较为重视，能够调动教师的积极性。有17所高校没有单独统计教师参与体测的工作量。进一步了解发现，没有体育教师参与的体测任务在部分高校已经开展，学校将体质健康测试工作外包，教师并不直接参与体测工作，而是由专门的公司来负责。

在大一、大二的体测时间安排上，有36所高校在体育课上进行测试，有6所高校通过网上预约进行测试，其余17所在体育部、学院指定的时间段测试。可以看到，首都大部分高校采用的是在体育课进行体质健康测试工作，这虽然便于体测的组织管理，但存在人员过于集中、监督力量不足等情况。

在大三、大四的体测时间安排上，有12所高校通过网上预约进行测试，其余均为在指定时间段测试，其形式包括集中组织、教师负责、提前测试等。事实上，网上预约时间段也是某些指定时间段的测试。大三、大四的体测安排一直是各高校比较头疼的事情，各学校学院的情况不尽一致，学校可根据学生的特殊情况和各院系的安排等灵活调整，由体育部门统筹规划，原则上以顺利平稳地完成本学期的体测工作为准。

在学期的体测时间安排上，有8所高校体质健康测试工作持续整个学期，24所高校持续一个月，12所高校持续三周，15所高校持续两周。可见,一大半高校的体测时间都超过一个月,说明每年的体测持续时间都较长,因为牵涉到四个年级的本科生,组织烦琐,任务繁重,需要体育部门和其他部门密切配合,分工协作,作为学校工作的一件大事来认真对待。

(三) 首都高校学生体测工作的数据分析

每年收集整理体测数据是了解学校体质健康测试工作的重要内容,也是学校体育工作成果的重要组成部分。从59所高校的体质工作调查问卷中发现,在体测数据采集中,纯手工完成体测数据采集的只有4所高校,能实现体测数据实时上传的有21所,手工和机器同时采用的有4所,大部分通过机器采集体测数据,然后单独找时间同步上传。首都高校学生体测数据的采集工作基本实现了从以机器为主、人工为辅的数据收集模式,逐渐向智能化靠拢。

在学生查询体测成绩方面,通过人工查询的有11所高校,通过网页查询的有13所,通过手机查询的有20所,通过网页和手机端查询的有12所,其他3所。学生可以比较方便地通过手机、网页了解到自我的体测成绩部分,但是还有部分高校智能化趋势较慢,只能通过教务处、学院、老师等来人工查询到体育成绩。在年度体测报告部分,有50所高校每年都会有年度体测分析报告,只有9所高校没有。有42所高校会将体测分析报告反馈给相关单位。大部分高校可以通过年度体测报告了解到学生体测的基本水平,将体测基本情况反映到相关部门,也能让学校其他部门了解到本学期体质健康测试的整体情况等信息,便于下阶段更好地开展体质健康测试工作。

针对教育部要求的体质健康测试的合格率、达标率,我们单独进行了分析统计。如图1所示,学生体质健康测试的合格率(体测成绩60分以上)高于85%的有20所,80%~85%的有17所,75%~80%的有8所,70%~75%的有6所,低于70%的有8所。可见大部分高校的体测合格率都在80%以上,但是比起中小学生90%以上的合格率,相差甚远。

如图2所示,在学生体测达标率(体测成绩50分以上)方面,95%以上的有21所,90%~95%的有14所,85%~90%的有12所,80%~85%的有3所,75%~80%的有4所,70%~75%的有3所,70%以下的有2所,大部分高校的体测达标率在90%以上。按照教育部的要求,未达标者不能毕业,如果强行实施的话,很多学校将会有不少学生不能毕业,使得学校相关工作难以顺利开展。

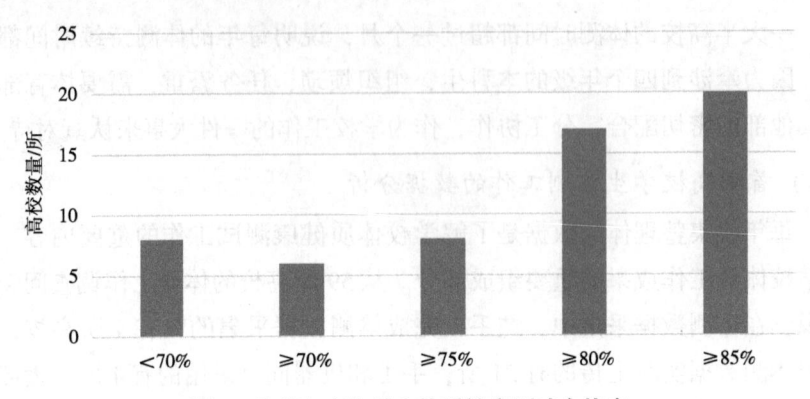

图 1　首都各高校学生体质健康测试合格率

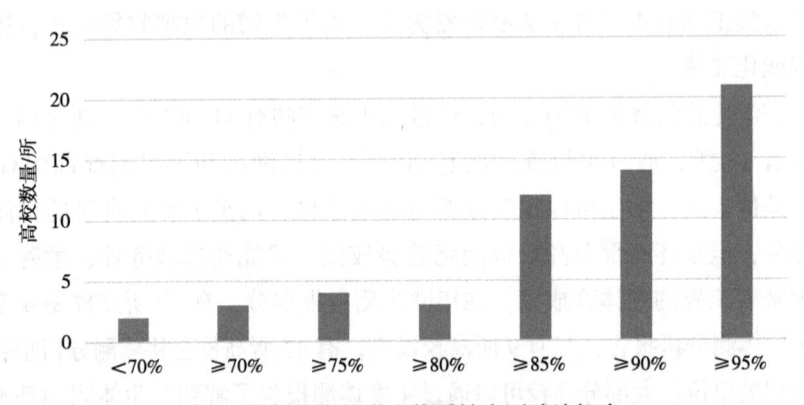

图 2　首都各高校学生体质健康测试达标率

（四）首都高校学生体测工作的具体管理

在学校是否严格执行体测成绩不达标不能毕业这一调查选项中，调查发现有 23 所高校严格执行，36 所未严格执行，但真实性有待考证。因为牵涉到体育部、教务处、学生处等相关部门的协调统一口径，从走访调研中我们了解到，目前能严格执行未达标不毕业的高校仅有几所，但也会用各种理由等来解释，例如疫情防控期间的防控、学生特殊情况等。期待今后更多的学校能严格执行教育部的相关文件精神，让更多的学生明白、了解并重视体测相关政策。

在"体测成绩是学生评奖评优的重要部分"这一选项中，42 所高校填写"是"，17 所高校没有把体测成绩作为学生评奖评优的重要内容。可以看到，大部分高校比较重视体测成绩对于学生的激励作用，根据教育部的相关文件将体测成绩纳入学生评奖评优的内容，但标准略有降低，严格执行 80 分以上才能评奖这一条的高校不多，大部分学校将体测成绩及格纳入学生奖学金评定的必备条件之一。

为了提高学生对于体测成绩的重视程度，将体测成绩纳入体育课成绩很有必要。调查中发现，有 35 所高校将体测成绩纳入体育课成绩，24 所高校没有，说明大部分高校比较重视体质健康测试工作。体育课是学校必修课，体测成绩影响体育课成绩，让学生从思想和行动上更加重视体测。

在"针对体测不及格的同学，贵校是否有单独的培训或技能提高？是否有运动干预？"这一问题的统计中，只有 21 所高校采用体测培训班等运动干预行为，38 所高校并没有采取相关的体测培训和技能提升辅导。可以看到，由于时间、精力、资源等有限，大多数高校的体育管理部门并没有采取相关的运动措施来提高体测弱势学生的体测成绩。

在"对于因伤病等特殊情况不能参加全部体测的同学，体育管理部门是否需要审核"的问题调查统计中，有 54 所高校需要审核，只有 5 所高校不需要。这说明在体测免体方面，体育部门参与较多，学生在有相关医院证明伤病的情况下，还需要在体育部门进行相关审核，加强审核是非常必要的。

对于体测诚信问题，当出现作弊行为时，各高校的处理方式不太一致，部分高校选择取消成绩、上报学校相关部门、通报到学院、批评教育、重新测试等多种形式，并没有像其他课程作弊一样严格处理，存在着各种各样的情况。体测作为校园体育的一部分，作为学校工作的重要环节，并没有和其他学科一样受到重视对待。

四、对策

教育部明确要求，要将学生体质健康状况作为评价学校教育质量和地方教育发展水平的重要指标。近年来，大学生体质健康测试工作受到了越来越多的关注，高校大学生体质健康测试为提高在校大学生的体质健康水平做出了巨大的贡献，但是在体质健康测试管理方面还存在着很多不尽如人意的地方，学校体质健康测试工作的大环境也存在着较大的改进空间。随着科学技术的发展和进步，测试工作应该更加规范化、科学化。

(一) 提高学校重视程度，明确职责分工，多方联动

按照相关要求，高校领导作为《国家学生体质健康标准》实施的领导者和指挥者，对学生体质健康测试的认识和重视程度，将直接影响高校大学生体质健康测试能否积极高效地完成，能否为学生体质健康水平的提高发挥应有的作用。

在校领导的直接领导下，必须建立以体育部门牵头，教务处、学工部门、校医院、后勤等部门联合管理的联动机制，调动一切资源来保障学生体测工作的指导、组织、监督和管理工作，多方联动，有效沟通。要明确职责分工，加大体测宣传，让大家更了解体测的目的和锻炼的意义，充分保证体测工作的有效实施。

(二) 完善学生体测工作制度，加强监督

要根据《国家学生体质健康标准》的实施办法，结合学校的实际情况为学校学生体质健康测试制定全面、有效、合理的规章制度，并且严格按照相关的规章制度执行，推进高校大学生体质健康工作科学化、规范化、程序化，加强监管。体测成绩的高低和学生的评奖评优、毕业审核有着重要的关联，要严格执行《国家学生体质健康标准》中的各项标准要求，让学生更加重视体质健康测试，端正态度。保证测试数据的真实性、科学性和有效性，测试前进行专门培训，及时检查测试设备，及时将体测成绩反馈给学生。

要强化体测工作的管理。严格按照体测的相关要求来完成，测试工作人员要认真负责，不掺假，保证测试的准确性，真实全面反映出学生的身体状况。对于学生作弊等情况要严肃处理。要针对学校和学生的具体情况灵活调整体测工作，更科学、人性化地安排，高效完成体测任务。

(三) 提高体测工作的智能化程度，精准分析体测数据

经费投入是体质健康测试工作顺利完成的重要保障。不少学校还存在着人工输入体测成绩、机器化程度不高、学生查询成绩不便利等问题。随着信息科学技术的不断发展，大数据时代已经来临，依托大数据的信息技术来推动体质健康测试工作的深入发展是大势所趋。智能化可能大幅提高体测效率。教师要精准分析所收集的体测数据，以便充分了解学生的具体身体状况，并及时进行干预和科学化训练。如何合理利用体测数据来进行

体育教学、精准干预，更快提升学生体测成绩，是我们下阶段要重点努力的地方。

（四）建立宣传的长效机制，加强课内外一体化建设

对广大师生进行体质健康测试的宣传和教育，是推进学校体测工作的重要环节。在测试前要进行体测宣讲，强调运动安全，通过网页、微信公众号、广播、视频号等多媒体进行宣传，扩大体育理论教学范畴。同时，要加强课内外一体化建设，实现课下运动与体育课程学习中的运动有机结合，将体测考核纳入体育课成绩，运用体质健康测试促进学生的自我锻炼，充分激发学生参与体育运动的积极性，进而养成终身体育锻炼的好习惯。

五、结论和建议

体质健康测试工作是首都高校体育工作的重要组成部分，大部分高校都有专人负责，每年投入一定的资金来保障，体测智能化程度不断提升，体测安排也灵活多样，但还存在着重视程度不足、设备老旧、体测成绩不高、制度不完善、管理不严格、缺乏专门的应对措施等问题，亟须解决。

学校需要提高对体测工作的重视程度，明确职责分工，加强监督，完善制度，提高智能化程度，建立宣传的长效化机制，加强课内外一体化建设，充分利用体测数据等为学生体育锻炼提供指导和帮助，促进学生身体素质的提升。

参考文献

[1] 廖培敏，祖晓敏．高职院校体质健康测试工作的运行现状及反思：以安徽冶金科技职业学院为例［J］．安徽冶金科技职业学院学报，2019（1）：75-77．

[2] 吕薇，英玉生．高职院校学生体质健康测试工作现状分析及对策探讨［J］．河南农业，2021（30）：16-18

[3] 杨方成．湖南省高校学生体质健康测试工作的运行现状与反思［D］．长沙：湖南科技大学，2016．

[4] 蒋奎娄．我国学生体质测试工作开展现状研究［J］．当代体

育科技，2018，14（8）：201-203.

[5] 罗晓勤，邓勇. 西部高职高专学生体质测试工作现状及对策研究［J］. 科技资讯，2014（33）：191-194.

[6] 杨英杰. 体育强国背景下大学生体质健康科学管理研究［M］. 长春：吉林大学出版社，2021.

[7] 佘孟焦. 万州区普通高中学生体质健康测试工作的研究［D］. 重庆：重庆三峡学院，2020.

[8] 张一民，秦春波，冯春生. 中国学生体质健康测试中心规范指南［M］. 武汉：武汉大学出版社，2021.

[9] 胡亮. 青少年体质健康促进政策研究［M］. 杭州：浙江大学出版社，2019.

[10] 韩伟. 青少年体质健康监控与管理研究［M］. 长春：吉林科学技术出版社，2020.

基于大学生体质健康测试结果的公共体育教学改革研究

——以首都经济贸易大学为例[*]

廖彦罡[**]

【摘 要】 大学生是祖国未来建设的主要承担者,他们的身体素质逐年下降的问题已经引起了社会各界对学生体质健康水平的广泛关注。学生体质健康测试是国家为加强学校体育工作、促进学生体质健康而采取的一项全国性健康普查工作,而体育教学的核心目标是提高学生综合身体素质。为更好适应学生体质健康测试的要求,需要体育教育工作者对体育课程教学进行改革创新,不断提升体育教学的效率和质量。本研究分析了大学生体质健康和体育教学现状,总结了首都经济贸易大学基于体质健康结果的体育教学改革经验,提出高校体质健康测试与体育教学结合的实施路径,期待为体质健康测试研究、高校的体育教学改革等提供一定的理论和实践依据。

---

[*] 基金项目:2022年首都经济贸易大学校级教改项目——大学生体质健康测试对财经类高校公共体育教学改革的影响研究。

[**] 廖彦罡,首都经济贸易大学体育部教师,教授.

【关键词】 体质健康测试；大学生；体育教学；教学改革

一、引言

青少年身心健康与国家富强、民族振兴休戚相关，是社会发展和个人全面发展的基础。资料显示，大学生身体素质在逐年下降，锻炼现状堪忧。2011年8月，教育部公布了第六次全国学生体质与健康调研结果，大学生的身体素质仍然呈下降趋势。这一结果的公布引起了社会各界对学生体质健康水平的广泛关注，如何通过开展有效的体育锻炼来促进学生的身心健康成为大家共同探讨的核心问题。这些问题若得不到有效解决，将严重影响青少年的健康发展，甚至影响国家和民族的未来。

大学生体质健康测试简称"体测"，是国家为加强学校体育工作、促进学生体质健康而采取的一项全国性健康普查工作，是国家针对学生身体健康状况而进行的指标性评价。高校体育教学面向全体大学生，以增进身体健康为核心目标。目前，在高校中，体育部门承担了大部分学生体质健康管理的工作，公共体育教学多以传统教学模式为主，围绕技术能力的掌握设置实践课，传统的体育教学模式程式化，教学内容缺乏新颖性，忽视培养学生自主健身健体的意识、习惯和能力。高校体育教学改革迫在眉睫。大量理论研究和实践证明：学生体质健康与体育教学的开展有密切的联系，体育健康测试对学生健康成长和身体素质的全面发展具有积极的促进作用。学生体质健康测试与高校体育教学有机结合，是实施素质教育的重要途径。

随着素质教育的全面开展，"以人为本、健康第一、终身体育"的思想理念在高校体育课程中的教学改革逐渐被采用。近些年来，首都经济贸易大学持续改革推进公共体育，以体质健康测试成绩提升和学生体质健康水平提高为主导，在体育课中大幅提高了基础素质训练内容的课程密度与授课比例，取得了良好的教学效果。本研究将深入挖掘财经类高校体育教学改革相关内容，探讨以学生体质健康测试为引导的公共体育改革新模式，为体质健康测试研究、高校的体育教学改革等提供一定的理论和实践依据。

二、首都经济贸易大学基于体质健康测试结果的体育教学改革

各校每学年所开展的体质健康测试活动，相当于对学生身体形态、身

基于大学生体质健康测试结果的公共体育教学改革研究
——以首都经济贸易大学为例

体机能、身体素质进行了一个"体检",可以清楚地看到学生身高、体重方面的身体形态是否标准,肺活量方面的身体机能是否健康,以及其他方面身体素质是否良好等,明确各个学生体质健康存在的问题。

首都经济贸易大学一直将体质健康测试作为校园体育工作的重要组成部分。学校是北京市属高校国民体质的二级测试点,是首都高校学生体质研究会的主席单位,校领导对健康校园工作非常重视。近些年来,基于现状和现有的资源,学校充分整理、挖掘与体质健康测试相关的教学内容,制定出良好的体育教学规划,运用测试优化体育教学,不断调整和改进教学手段,学生的体质健康状况得到了较好提升,体育教学的满意度保持在较高水平。在疫情防控的特殊三年期间,整体的学生体质健康状况稳固上升,接连在首都高校体测赛上取得过大一年级组第二名和第三名,总分第四名和第七名的优异成绩。

如表1所示,从学校近五年的数据中可以看到,在2019年开始实施体质健康测试进入体育课堂后,学生对体测的重视程度日益提高,在疫情反复、居家锻炼阶段也保持了不错的身体状况。2020—2022年虽然没有出现明显的成绩提高,但仍保持在一个不错的水平,和疫情前没有特别大的区别,这也从侧面说明了学校体育教学改革的成功。

表1 首都经济贸易大学2018—2022年体质健康总体平均分(大一、大二年级)

年份	大一男生	大一女生	大一合计	大二男生	大二女生	大二合计
2018	64.80	74.10	71.00	64.00	73.20	70.20
2019	67.49	75.86	72.60	67.42	75.52	72.80
2020	68.38	76.47	73.50	69.93	76.92	74.18
2021	68.18	76.15	72.80	70.11	77.09	74.53
2022	67.10	73.18	71.28	69.67	75.88	73.88

首都经济贸易大学基于体质健康测试结果的体育教学改革经验主要有以下四点。

(一)加大重视,改进体质健康测试的软硬件条件

每年的体质健康测试工作是一项烦琐的系统工程,牵涉到全校一万多本科生,持续一个月以上,需要大量的人力物力,需要体育部、教务处、团委、后勤、校医院等相关部门的密切配合。自2019年开始,体测中心尝

试将体质健康测试成绩上传到云端，学生可以自助查询成绩并预约。学校陆续购置了更科学、精确的体质健康测试仪器设备，实现了大三、大四学生的在线预约和查询。每年都对教师进行体测设备的培训，所有设备操作均有体育教师负责，严格规范各种仪器设备使用，保证了测试效果。针对疫情反复的特殊情况，灵活调整测试时间，各预约时间段严格控制入场人数，避免人员聚集等特殊情况，较好地完成体测数据的采集和上传。

(二) 将体质健康测试的内容引入体育课教学，将体测成绩纳入体育课考核部分

从2019年开始，学校体育教学改革中正式将体测成绩纳入体育课成绩，结合体育课教学内容的不同，体测成绩所占的比例略有不同。新生入学后的第一堂体育理论课上，特别强调了体质健康测试的重要性，加强身体素质锻炼必不可少。在大一、大二体育课的第一学期，学生不仅要在体育课上学习体质健康测试的内容，也要完成12分钟跑的考核，两项都算体育课成绩。体质健康测试一般占体育课成绩的20%~30%，尤其是大一第一学期的体育课所占比例较高，让同学们一入校就高度重视学生体质健康测试工作。

在正常的体育教学过程中，体育部要求教师积极融入体质健康测试项目的练习和训练，让学生更深入地了解和认识体测内容，尤其是掌握肺活量、立定跳远、坐位体前屈等的技巧。学生通过课上的练习，更能熟练掌握技术动作，取得更好的成绩。大一、大二体育课上的教师，需要在规定的体育课上对自己班上的学生进行各项目的体测，以便了解学生的身体素质情况，加强和学生的接触和教练，合理调整本学期的教学内容，并对学生的体育锻炼情况进行针对性指导。

(三) 加大宣传推广，让学生和教师更深刻地认识体质健康测试的重要性

长期以来，广大师生对于体质健康测试的认识理解不太深入，以应付为主，缺乏参与热情。每年的大规模体质健康测试开始前，学校都要组织相关的教师和学生进行培训和学习，对在校大学生宣讲体质健康测试内容，让学生明白参与体质健康测试的目的和意义，了解测试内容和标准，清楚测试结果所带来的影响。积极引导学生在思想和行动上对体测引起足够重视，提升认识。学校专门制作了各种体测项目的教学视频，从动作分析、技术特点、重点难点等角度进行解读，加深学生对于体测项目的了

解，以便其更好地完成项目内容。同时，针对学生体测自我训练的要求，还整理了体测攻略，提供一些专门的训练方法手段，让大家能够在短时间内快速提升技术动作，提高成绩。

在每年体测开始前，学校会发布专门通知，定制海报，安排相关体测培训，和教务处、各学院学生工作部门保持密切沟通。在测试过程中也会及时发布相关信息，在"首经贸体育"微信公众平台、各学院教务部门推送相关内容。测试后也会整理相关总结，包括视频、图片和数据分析报告等，形成年度体测报告，呈交给相关管理部门。"首经贸体育"微信公众号也会对每年体测成绩前十名的学生进行采访报道，树立运动榜样，了解他们优异成绩背后的故事，激发学生们的锻炼热情。

（四）促进课内外一体化建设，加强课外锻炼，积极筹备和组织各种赛事活动

目前，学校对大一、大二上体育课的学生有着课外体育锻炼的要求，每学期必须完成一个马拉松距离以上的课外跑，学生必须通过"步道乐跑"App进行跑步，每次有效跑步距离不能少于2公里，学期累加到42公里以上才能有体育课成绩。如果有代表学校参加相关体育赛事活动、取得一定的名次等特殊情况，可以部分减免。学校将跑步区域限定在运动场、校园内，通过这种强制的体育锻炼和课内课外一体化练习，希望能积极引导学生参与校园体育锻炼，培养他们运动的热情，更好地促进校园体育文化发展。

校园体育活动中，体育课只占较少部分，课外体育活动才是校园体育的主赛场。学校积极策划并组织各种校园赛事活动，包括三大球、三小球、田径运动会、团体操表演、12.9公里长跑接力等，让学生在校园内充分感受到运动的快乐以及体会体育赛事带来的青春风暴。尤其是从2021年开始，学校尝试开展了首都经济贸易大学第一届体质健康测试赛，针对各学院学生人数差异较大的情况，按照各学院人数5%的比例安排学生参加比赛，较好地促进了各学院之间的学生体测交流和沟通。

三、大学生体质健康测试与体育教学结合的实施路径

体育课是一门以身体练习为主要手段、以增进学生身心健康为主要目

的的必修课程，是学校课程体系的重要组成部分。学生体质健康测试是国家为加强学校体育工作、促进学生体质健康而采取的一项全国性健康普查工作，是国家针对学生身体健康状况而进行的指标性评价。体质健康测试的结果是体育教学改革对增强学生体质健康状况的客观反映。两者相互依存，相互影响。它们的有机结合，是实施素质教育的重要途径。两项任务的主体实施者均为体育教师，校园体育管理部门则发挥着重要的引领作用。下面在专家访谈、实地调研等基础上，结合学校的体育教学改革经验，提出几条高校体质健康测试和体育教学相结合的实施路径。

（一）进一步优化以大学生体质健康测试结果为导向的体育教学方式

目前，高校传统的体育课程包括篮球、足球、排球、武术、游泳、健美操等教学内容，采取以培养学生体育技能为主的教学模式。随着社会的发展变化和健康生活理念的不断推广，学生的锻炼需求和热情持续高涨，很多课程内容需要优化和完善，学生对于自身锻炼的认识也在加强。因此，我们可以加入瑜伽、街舞、拓展训练等学生感兴趣的内容，设置有助于学生减脂训练的体能课程，增加体育健康、体育鉴赏理论知识等，更好地激发学生学习的欲望和兴趣，构建更好的校园运动文化环境，让学生更多投入体育运动，劳逸结合，实现身体素质和综合能力的同步发展。

（二）建立以体质健康测试标准为依据的体育教学评价体系

我国传统的体育课程评价，以考核学生对运动技能的掌握程度为主，以学生对某项技术动作的掌握程度进行评价，缺乏对学生身体素质、运动能力的掌握情况。将大学生体质健康测试成绩纳入体育课考核中，在正常的体育课教学中增加身体素质锻炼时间，加强对大学生体质健康测试项目的学习，可以增强体育评价体系的科学性和实用性。通过体育过程评价和体育结果评价相结合的综合评价指标形式，让学生逐渐意识到体质健康测试的重要性，能够在课上认真学习，课下努力锻炼，从而既提高体育课成绩，也更好地加强身体锻炼，提升运动能力。

（三）加强体质健康教育，扩大体育教学理论范围

体育理论知识有很多，包括体育运动发展、体育技战术理论、运动健康理论等。体质健康教育理论是健康教育、体育教学和多学科知识的经验总结。学生通过对健康知识、运动常识的了解，能够很好地扩大知识面，

掌握运动锻炼的科学原理，形成良好的体质与健康运动行为。目前的高校体育课程设置中，体育理论知识所占比例较小，但却是非常重要的体育教学部分。我们可以通过线上教学、多方面宣传等形式加强学生对于体质健康教育的认识，加深学生对于体育理论知识的掌握。

（四）促进校园体育课内外一体化建设

课外体育活动是体育课的延伸和拓展，也是学校体育教学的重要组成部分。通过课外辅导、运动赛事活动、举办体育讲座、体育社团建设等，加强课内和课外的有机融合，让更多学生参与到体育活动中来，不局限于每周一次的体育课，激发参与热情，培养竞争意识、团队协作意识、沟通交流能力等，树立"健康第一、终身体育"的体育教学理念。

《国家学生体质健康标准》中规定，学生体质健康测试成绩和评奖评优、毕业审核挂钩。这就引起教师、家长和学生对于身体锻炼的高度重视，促进学生积极主动、自觉上好体育课，运用所掌握的体育知识、技能和科学锻炼方法等，增强体质健康，追求健康的生活方法。高校要将课下运动与体育课程学习中的运动有机结合，将课余锻炼纳入体育考核体系。运用体质健康测试促进学生的自我锻炼，充分激发学生参与体育运动的积极性，进而养成终身体育锻炼的好习惯。

（五）建立体质健康管理的新模式

在大数据背景下，可以借鉴健康管理的相关理论和经验，将学生体测成绩、体检报告等数据进行关联，与智慧校园的各类数据进行整合共享，通过计算机系统综合评价，根据学生体质、体能、身体疾病和心理问题等情况，为学生建立个人健康档案，开展个性化的运动健身处方，指导学生进行体育学习和课余锻炼。通过对学生体测的监控和反馈，及时调整，更好地实现对学生体质健康的监测、干预和管理，逐步形成"体质测试—体质评估—锻炼干预—再测试—再评估—再干预"的学生体质健康管理新模式。

四、结语

体育教学的核心目标是提高学生综合身体素质，而体质健康测试数据则为各项体育教学工作的开展提供了有效依据，学生体质健康与体育教学的开展有着密切的联系，体育健康测试对学生健康成长和身体素质的全面发展具有积极的促进作用。

首都经济贸易大学体测工作取得了一定的成绩，将体质健康测试内容引入体育课教学，将体测成绩纳入体育课考核部分，加大宣传和教育，进一步促进了课内外一体化建设。期待各高校能进一步加强体测的相关制度建设，积极引导学生参与体育锻炼、养成良好的锻炼习惯，提升学校的体育教学管理水平，建立体质健康管理新模式，提高大学生体质健康水平，为高校的体育教学改革、学生体质健康研究提供一定的参考和建议。

参考文献

[1] 韩艳. 健康体育视角下山东省高校体育教学改革走向的分析：以驻济高校为例 [D]. 济南：山东体育学院，2015.

[2] 王国军. 学生体质健康标准演变对高校体育教学改革影响的研究 [D]. 长春：东北师范大学，2007.

[3] 杨文瑞.《学生体质健康测试标准》实施对高校体育教学改革的引导作用 [J]. 内蒙古财经大学学报，2019，17（3）：108-110.

[4] 王远春. 以学生体质健康测试为基础的体育教学改革思考 [J]. 教师，2019（1）：93-94.

[5] 冯小东. 学生体质健康测试达标对高校体育教学改革的引导作用研究 [J]. 体育世界（学术版），2016（1）：108-109.

[6] 杨英杰. 体育强国背景下大学生体质健康科学管理研究 [M]. 长春：吉林大学出版社，2021.

[7] 刘宁宁. 大学生体质健康干预与科学健身方略研究 [M]. 北京：中国书籍出版社，2022.

[8] 张一民，秦春波，冯春生. 中国学生体质健康测试中心规范指南 [M]. 武汉：武汉大学出版社，2021.

[9] 胡亮. 青少年体质健康促进政策研究 [M]. 杭州：浙江大学出版社，2019.

[10] 韩伟. 青少年体质健康监控与管理研究 [M]. 长春：吉林科学技术出版社，2020.

[11] 尤黎黎. 学生体质健康测试对体育教学的影响研究 [J]. 福建茶叶, 2019 (9): 246.

[12] 梁钰婕. 学生体质健康测试对中职院校体育教学改革研究 [J]. 冰雪体育创新研究, 2021 (15): 141-142.

[13] 龙志强. 简析体质健康测试对高校体育教学改革的影响 [J]. 当代体育科技, 2020, 10 (24): 3-5.

[14] 曹鹏程. 天津市高职院校学生体质健康测试实施现状与对策研究 [D]. 天津: 天津体育学院, 2021.

[15] 周瑞.《学生体质健康测试标准》下的高职院校体育教学改革探索 [J]. 当代体育科技, 2020, 10 (15): 12, 14.

[16] 排木用. 以学生体质健康测试结果为据探索体育教学改革成效研究 [D]. 昆明: 云南师范大学, 2017.

普拉提和健美操对高校女生健康体适能影响的比较研究

高 寒*

【摘 要】采用文献资料法、实验法、数理统计法等,对首都经济贸易大学52名大二女生分别进行为期3个月的健美操和普拉提运动干预,观察受试者健康体适能的指标变化。结果显示,健美操可有效提高女大学生的心肺功能,普拉提可有效提高女大学生的肌力和柔韧性。建议高校开展普拉提课程,以增强女大学生的健康体适能,促进体质健康的全面发展。

【关键词】健美操;普拉提;高校女生;健康体适能

一、前言

高等学校是培养人才的重要基地。近十年来的国家体质健康测试数据显示,高校女生的体质健康水平逐年下滑,体质健康状况令人担忧。在高校课外体育活动的调研中发现,使用学校体育活动场所的人群,大多数以男学生为主。女大学生的身体结构和生理功能正值青春发育期的末期,她们参与体育运动意愿低,而繁重的课业、升学就业的压力,更降低了她们

---

* 高寒,首都经济贸易大学体育部教师,副教授。

运动的热情。所以，寻找适合高校女生的运动方式，全面提高身体素质，促进体质健康发展，成为亟待解决的问题。

普拉提和健美操是当前较为流行的体育健身项目，深受高校女生的喜爱。普拉提是一项依据人体解剖学、运动生理学、人体工程学等原理，促进整个身体健康的运动训练方法。普拉提是强调"呼吸、专注、控制、核心、精确、流畅"的健身体操，特别是在改善身体核心力量方面效果显著。健美操以舞蹈、体操为主要表现形式，配以有节奏感的音乐，动作简单易学，深受高校女生的喜爱。这两项运动对场地和器材的要求不高，便于在高校推广。健康体适能是与健康有密切关系的体适能，包括心血管适能、身体成分、肌肉适能和柔韧适能。本研究选取有针对性的普拉提垫上动作和大众健美操等级动作为练习内容，以首都经济贸易大学52名大二女生为研究对象，同时选取健康体适能相关指标，以求更客观、全面地探讨不同运动干预对高校女生身体素质的影响。期待通过比较健美操练习和普拉提练习对高校女生健康体适能的影响，为更好地提高高校女生体质健康水平、帮助她们选择最佳健身方式提供理论依据。

二、研究对象与研究方法

（一）研究对象

选取首都经济贸易大学60名大学本科二年级女生作为研究对象，并将受试者随机分为两组：健美操组和普拉提组。最终，共有52名受试者完成12周的练习（健美操组25人，普拉提组27人，见表1）。其他8人因伤病及其他原因退出了此次研究。

表1 受试者基本情况

组别	人数	年龄	体重（千克）	身高（厘米）
健美操组	25	19.23±1.03	51.98±7.26	159.90±4.57
普拉提组	27	19.81±0.71	52.10±6.76	160.68±5.12

（二）练习方案

健美操组和普拉提组均在专业的指导下进行练习。两组实验实施前均进行

5~7天的适应性练习,以学习健美操和普拉提动作为主。健美操和普拉提练习时间为每周3次,每次1小时。健美操组练习内容为:国家体育总局颁布的第三套全国健美操大众锻炼标准的二级规定动作。根据大学生特点,普拉提组选取初级和中级的垫上动作,练习内容为:普拉提成套动作练习(具体见表2)。

表2 普拉提组动作列表

动作列表	练习次数及组数	所需器材
仰卧举腿	左右腿各完成30次为1组,完成3组	垫子
直背起桥	保持50~60秒为1次,完成6次	垫子
百拍	配合呼吸完成80次为1组,完成3组	垫子
俯身游泳	手脚配合完成60次为1组,完成2组	垫子
指示犬式	重复30次为1组,完成4组	垫子
双腿伸展	根据自身情况完成20~30次	垫子
引体屈伸	根据自身情况完成20~30次	垫子
脊柱前屈	重复20次为1组,完成4组	垫子
侧卧画圈	每侧腿各40次,完成4组	垫子
十字交叉	重复30次,完成4组	垫子

(三) 实验测试

健美操组和普拉提组的受试者分别接受3个月健美操舞和普拉提练习,并在实验开始前和实验结束后分别进行1次身体成分、心肺适能、肌肉适能和柔韧适能测试。

身体成分评定:生物电阻抗法。

心肺适能评定:肺活量。

肌肉适能评定:1分钟仰卧起坐。

柔韧适能评定:坐位体前屈。

(四) 数据分析

采用Excel和SPSS 23.0统计软件对实验数据进行处理,数据均以平均数±标准差来表示。采用双因素方差分析检验组别和训练前后对受试者各项测试指标的影响。$P<0.05$表示差异有显著性。

三、结果与分析

由表3可知,健美操组和普拉提组的身体成分指标在运动前没有明显差异。经过3个月的运动后，也没有明显的下降趋势，不存在显著性变化（$P>0.05$）。身体成分受到多种因素影响，如不合理的饮食、生活习惯、缺乏运动等。合理的身体成分是人体健康的保障，也是判断身体健康的标志之一。有氧运动想要达到燃脂减肥的效果，运动时长需在30~40分钟以上，本研究的两种运动方式均满足要求。但是由于体脂率受饮食因素的影响，运动前并没有对受试者进行饮食的干预和控制，这可能是导致体脂率没有显著差异性变化的原因之一。另外，受研究的限制，只对受试者进行了3个月的运动干预，没有足够的运动干预时长可能也是影响的因素。

表3　身体成分测试结果（体脂率）

组别	人数	实验前（%）	实验后（%）
健美操组	25	26.2±3.8	25.8±3.6
普拉提组	27	27.5±3.2	25.2±2.9

由表4可知，健美操组运动前的肺活量指标是2 476.8±198.5，3个月运动后是2 683.1±184.5，$P=0.044$，$P<0.05$，存在显著性差异。普拉提组运动干预前的肺活量指标是2352.9±182.6，经过3个月的运动后是2 563.4±159.4，$P=0.067$，$P>0.05$，不存在显著性差异。健美操组和普拉提组经过3个月的运动后，$P=0.116$，$P>0.05$，不存在显著性差异。运动干预后，健美操组和普拉提组的肺活量指标均有提高，说明两项运动对呼吸系统及心血管系统有积极的影响，其中健美操组的提高具有显著性。健美操是有氧运动，运动时全身的肌群参与度高，跳动中有身体的移动、跳跃和腾空等对身体冲击较大的动作，是较为强烈的全身性运动。普拉提运动需要结合呼吸，完成动作时配合呼吸，强调全身肌肉的协调用力以便更好地完成动作。两种运动对提高肺活量都起到积极作用，健美操组的提高效果显著。

表4　肺活量测试结果

组别	人数	实验前（mL）	实验后（mL）
健美操组	25	2 476.8±198.5	2 683.1±184.5*
普拉提组	27	2 352.9±182.6	2 563.4±159.4

注：*表示实验前后相比 $P<0.05$。

由表 5 可知，健美操组运动干预前的 1 分钟仰卧起坐指标是 35.3±5.7，运动干预后是 34.7±5.2，$P=0.93$，$P>0.05$，没有显著性差异。普拉提组运动干预前的指标是 35.6±4.7，运动干预后是 40.7±4.0，$P=0.047$，$P<0.05$，存在显著性差异。健美操组和普拉提组经过 12 周的运动干预后，$P=0.033$，$P<0.05$，存在显著性差异。普拉提运动强调身体的控制能力，锻炼深层肌群，可以改善身体姿态，增强机体的核心力量。一些经典的普拉提动作是提高身体核心力量的有效方法。不管是在运动中还是在日常生活中，躯干力量都起到一个承上启下的重要作用，并起到稳定和支撑的作用。仰卧起坐反映核心区肌力，而普拉提可有效加强核心区力量。与健美操组相比，普拉提组对肌力的提高效果更显著。

表 5 1 分钟仰卧起坐测试结果

组别	人数	实验前（个）	实验后（个）
健美操组	25	35.3±5.7	34.7±5.2
普拉提组	27	35.6±4.7	40.7±4.0*▲

注：*表示实验前后相比 $P<0.05$；▲表示普拉提组和健美操组相比 $P<0.05$。

由表 6 可知，健美操组运动干预前的坐位体前屈指标是 13.5±3.5，运动干预后是 13.4±3.0，$P=0.57$，$P>0.05$，没有显著性差异。普拉提组运动干预前的指标是 12.7±3.9，运动干预后是 17.2±3.1，$P=0.024$，$P<0.05$，存在显著性差异。健美操组和普拉提组经过 12 周的运动干预后，$P=0.038$，$P<0.05$，存在显著性差异。

表 6 坐位体前屈测试结果

组别	人数	实验前（cm）	实验后（cm）
健美操组	25	13.5±3.5	13.4±3.0
普拉提组	27	12.7±3.9	17.2±3.1*▲

注：*表示实验前后相比 $P<0.05$；▲表示普拉提组和健美操组相比 $P<0.05$。

普拉提的动作可以提高大腿后群肌和臀肌等的柔韧性，而坐位体前屈主要也是反映大腿后群肌柔韧性的测试项目。普拉提组坐位体前屈对柔韧性的提高效果更显著（$P<0.05$）。普拉提是一项既可以有效提高肌肉力量，又可以很好地发展肌肉柔韧性的运动。本研究显示，通过 3 个月的普拉提

练习，既有效提高了肌肉力量，又显著提高了柔韧性素质。健美操在旋转、跳跃、蹬伸、扭动等动作中虽有一些关节的伸展动作，但动作幅度不大，对柔韧性的提高效果不明显。我们从实验结果也可以看出，健美操组的坐位体前屈成绩提高不明显，这可能是受动作编排的影响，可适当在编排过程中增加一些伸展和拉伸性的动作，或者在健美操课的身体素质练习时增加一些普拉提练习，以获得更好的锻炼效果。

健美操是一种在音乐伴奏下的全身性运动，方向多，旋转多，参与肌肉多。健美操可以提高身体的平衡感、协调性和灵活性。普拉提需要配合呼吸，注重控制力，可提高肌肉力量，增强肌肉的柔韧性。这两种运动都可以提高女大学生的健康体适能。普拉提对改善核心力量，提高下肢柔韧性的效果更好；健美操对提高心肺功能的效果更好。普拉提可以更好地动员和募集身体的深层肌肉，调动全身肌肉协同发力。在健美操课的身体素质训练中适当加入一些普拉提练习，既可以改善身体姿态，也可以更好地提高学生健康体适能的水平，以弥补健美操练习的不足。鼓励在高校开展普拉提课程，全面提高学生的健康体适能水平。另外，让学生在参与体育运动时有更多的选择，既可以激发学生的学习热情，也可以更全面地提高学生身体素质。

四、结论与建议

通过3个月的健美操和普拉提的运动干预，女大学生的健康体适能水平得到显著提高。其中，健美操可以有效提高肺活量，普拉提对仰卧起坐和坐位体前屈成绩的提高效果更好。建议高校开设普拉提课程，以增强女大学生的健康体适能，促进体质健康的全面发展。在运动方式上，学生可根据自身需求进行合理选择。多样的运动方式将起到更好的锻炼效果。

参考文献

[1] 温柔. 论普拉提对舞蹈训练的辅助作用：以运动人体科学的角度 [J]. 北京舞蹈学院学报，2011（4）：73-78.

[2] 刘剑. 抗阻伸膝和跖屈练习对老年人柔韧与平衡能力的影响 [J]. 北京体育大学学报，2010，33（7）：48-50.

［3］高寒，曲峰，张小航，等．广场舞和普拉提练习提高中老年女性抗跌倒能力的比较研究［J］．北京体育大学学报，2019，42（6）：139-147．

［4］米艳，赵兰苹．普拉提练习对女大学生身心健康影响的实验研究［J］．卫生职业教育，2012，30（21）：98-100．

［5］孙焕宇．普拉提垫上运动对女大学生健康体适能和身体自尊的影响［D］．沈阳：沈阳师范大学，2020．

家校社协同育人视角下儿童体质健康发展的路径探析

李芳馨　赫忠慧*

【摘　要】 儿童处于生长发育的黄金时期,而目前我国儿童体质状况不佳,近视情况加重,肥胖率上升,身体素质呈下滑趋势。儿童的体质健康发展离不开家长、学校、社会的共同努力。从家校社协同育人的角度出发,探究影响儿童体质健康的原因及健康发展路径,有助于梳理家校社协同育人机制,构筑儿童健康基石。研究发现,影响儿童体质健康的原因有:儿童身体活动不足,家长健康素养有待提升;学校体育开展不足,体教融合仍任重道远;适儿化体育设施缺乏,社区体育服务质量不高。为提升儿童体质健康,要加强儿童身体活动,提升家长指导监护能力。根据发育阶段采取不同的训练方法,提倡家长与孩子共同运动,加强对儿童运动的指导和监护。贯彻实施体育法的要求,强化学校体育建设,促进学生掌握基本的运动技能。同时,加强社区适儿化设施配置,促进公共体育服务更加完善、便捷,为儿童成长发展提供良好的环境支持。

【关键词】 家校社协同;儿童;体质健康

---

* 李芳馨,北京大学体育教研部在读硕士研究生;赫忠慧,北京大学体育教研部教师,教授。

党的二十大报告提出，要推进健康中国建设，把保障人民健康放在优先发展的战略位置，完善人民健康促进政策。体质是个体生命过程中，在先天遗传和后天获得的基础上表现出的形态结构、生理机能和心理状态方面的综合的、相对稳定的特质。儿童处于生长发育的黄金时期，而目前我国儿童体质状况不佳，超重率上升，身体活动不足的现象普遍存在。儿童存在肥胖、近视、睡眠不足、免疫力低下等问题，不仅影响身心健康，更上升为社会普遍关注的公共卫生问题。家庭、学校、社会的动态协作对儿童体质健康发展有显著影响，儿童健康素养的提升为后期身体活动习惯的养成奠定基础。从家校社协同育人的视角出发，分析我国儿童体质健康现状，探寻影响儿童体质健康的因素，提出儿童体质健康发展路径，有助于搭建家校社互嵌的动态儿童体质健康促进体系，整合资源、协同促进，构筑儿童健康发展基石。

一、我国儿童体质健康的现状分析

（一）身体素质不均，久坐行为严重

身体素质指机体在活动时所表现出来的各种基本运动能力，通常包括速度、耐力、力量、柔韧和灵敏等五大方面。3~6岁是幼儿期身体素质发展的重要阶段，在这期间，灵敏、协调和平衡性的发育趋势明显，运动系统功能不断完善。肌肉、骨骼、关节和神经系统共同协作，使儿童能够进行复杂的运动。幼儿期的体质状况受遗传因素影响较大，体质较弱的儿童大多存在先天不足的情况。而后天的身体活动、饮食习惯、生活环境也都影响体质的发展。积极参与身体活动可以提升身体素质，促进儿童的生长发育。第五次国民体质监测数据显示，除柔韧和平衡素质外，男性幼儿其他各项指标均优于女性幼儿。城镇幼儿下肢爆发力、灵敏性指标好于乡村幼儿，而乡村幼儿柔韧、平衡素质好于城镇幼儿。要结合性别及城乡差异，有针对性地提升幼儿的综合身体素质水平。

7~18岁学生柔韧素质提升，速度、下肢爆发力呈下降趋势，立定跳远和短跑成绩下降。学生缺乏足够的身体活动时间，长期久坐导致肌肉缺乏运动刺激，下肢肌肉力量逐渐下降，身体脂肪含量上升，神经系统协调能力下滑。儿童肌肉的爆发力不足，运动速度和耐力均受影响。该年龄段

的学生应避免长期久坐行为,增加身体活动频次和时间,促进身体素质均衡发展。

(二) 近视情况加深,眼健康问题突出

我国儿童近视形势严峻,近视率居高不下,并趋向低龄化发展,儿童近视已成为普遍关注的公共卫生问题。城市儿童近视率高于乡村儿童。随着年龄的增长,近视率不断上升,尤其在低年龄段增长速度较快。儿童生活作息不规律、户外活动不足、长时间近距离用眼、读写姿势不正确及采光照明不合格等都可能导致近视问题。儿童用眼负担加重,眼健康问题日益突出。

学龄前或者在低学龄时段近视现象加重。国家卫生健康委的数据显示,2020年我国儿童青少年总体近视率为52.7%,较2019年上升2.5个百分点,其中6岁儿童为14.3%,小学生为35.6%,初中生为71.1%,高中生为80.5%。幼儿园、小学是近视防控重点年龄阶段,近视在学龄前及低学龄段增长较快,对儿童日常生活、身体健康及未来发展造成较大影响。为有效防控儿童近视,要加强眼健康教育,了解正确的用眼习惯和护眼方法,增加户外活动时间,定期进行视力检查。对已出现近视问题的儿童及时采取措施减缓近视的发展,高度近视的儿童还需进行眼科检查,预防并发症的发生。

(三) 肥胖现象加重,危害儿童健康

随着生活水平的提高和生活方式的改变,儿童的肥胖率逐年增加,已成为影响儿童体质健康的重要因素。儿童肥胖极为有害,易引起很多系统性疾病,如心血管疾病、糖尿病、呼吸系统疾病、消化系统疾病等,引发社交和精神障碍。造成儿童肥胖的原因较为复杂,遗传、营养过剩和身体活动不足等因素都易引起肥胖。营养方面,儿童饮食结构不合理,食用过多高热量、高脂肪、高糖类食物,容易引起热量堆积。如果儿童缺乏足够的身体活动量,过多的能量无法消耗,就会转化为脂肪储存在体内,引起肥胖加重现象。

《中国居民营养与慢性病状况报告(2020年)》显示,我国6~17岁年龄段青少年的超重肥胖率高达19%,6岁以下儿童的超重肥胖率达10.4%。我国儿童青少年肥胖率居高不下,要采取有效措施预防和控制超重肥胖现象,增加身体活动时间,调整儿童的饮食结构,合理搭配清淡饮食,减少高热量食物摄入。各部门协同优化儿童青少年体重管理服务,遏制超重肥胖流行。

二、影响儿童体质健康的因素

（一）儿童身体活动不足，家长健康素养有待提升

儿童参与运动的意愿较低，参与体育锻炼的时间不足。随着电子产品使用增多，儿童往往沉迷于电视、电脑和手机等设备，忽视了体育锻炼的重要性。由于学习压力大、课业繁忙，儿童往往倾向于压缩身体活动时间，导致儿童体育锻炼不足，对体育重视不够，免疫力下降，身体素质有所下滑。此外，儿童还存在睡眠时间不足、饮食结构不合理、久坐及视屏学习或娱乐时间长等问题，容易产生视力下降、注意力不集中、腰颈椎劳损、肥胖等多种健康问题，对体质健康造成危害。

儿童身体活动频率的提升离不开家长的指引。目前，家长的健康素养仍有待提升，在家庭场景中存在运动缺位的现象。一方面，家长把关注点更多放在学习成绩上，忽视了对孩子运动能力的培养。家长的不够重视及对运动的认知偏差，影响了孩子身体活动习惯的养成。另一方面，家长的身体活动不足，未能起到良好的引导和示范作用。家庭运动氛围不足降低了孩子进行身体活动的积极性和主动性。

受双重因素影响，儿童身体活动习惯的养成面临挑战。

（二）学校体育开展不足，体教融合仍任重道远

学校体育存在课程设置单一、体教部门联动不足的现象，影响儿童青少年的体质健康发展。部分学校体育课程缺乏针对性和创新性，传统体育课程无法满足学生的个性化发展需求。学校体育还面临师资力量不足的困境。部分体育教师不重视对学生体育核心素养的培养，课堂模式单一，仅对动作进行示范和技能训练，学生被动接受而缺乏课堂参与的积极性，学生在体育方面的兴趣与潜力未能得到充分发掘。此外，社会资源对学校体育的倾斜不足，学校体育发展缺乏足够的支持和保障。

体教融合能够促进体育部门和教育部门协同合作、互补优势，但目前，中小学的体教融合整体培养模式较为单一，体育部门和教育部门之间协作不足，易陷入"分工不明"和"职能分散"的困境。体育部门和教育部门在课程设置、教学内容、考核评价等方面存在差异，体教融合推进过程中面临机制障碍。

(三) 适儿化体育设施缺乏，社区体育服务质量不高

目前，社区体育服务存在适儿化体育设施不足、服务质量不高的困境。社区大多缺乏儿童身体活动的场地和设施，且成人健身器材也存在老旧短缺的短板。一方面，儿童使用成人的器材锻炼极易诱发安全隐患，儿童被健身器材卡住受伤甚至死亡的事故时有发生，尤其是儿童独自使用时，极易造成失控现象。另一方面，新社区在规划开发过程中也忽视了儿童身体活动场所设施的建设，公共场所适儿化健身器材的投放力度较弱。

儿童身体活动场地设施建设既是社区体育服务的重要体现，也是城市治理水平的一大标志。目前我国社区体育服务水平有待提升，影响儿童的幸福指数和身心健康。社区适儿化体育资源支持分布不均，居委会儿童身体活动小组较分散，儿童身体活动服务质量一致性难以保持。要加强社区体育服务建设，提升适儿化的体育服务能力，为儿童提供更加优质安全的成长环境。

三、家校社协同育人视角下儿童体质健康发展的路径探析

(一) 增强儿童身体活动，提升家长指导监护能力

身体活动对于儿童体质增强有积极的促进作用。激发儿童对身体活动的兴趣，培养1~2项运动爱好，增强身体素质的同时促进心理和社交能力的发展。学龄前儿童每日不同强度的运动时间不少于180分钟，中等强度及以上的运动时间不少于60分钟。促进儿童养成正确的健康习惯，减少使用电子产品的时长，确保充足的睡眠时间。此外，针对儿童身体素质下降的趋势，根据儿童的发育阶段采取不同的训练方法，运用动态拉伸法增强柔韧性，通过跑步加强速度和耐力训练，通过俯卧撑、仰卧起坐等加强儿童的力量素质。通过有针对性的练习提升儿童身体素质。

此外，要重视家长的引导作用。父母体育锻炼行为对幼儿的体质健康有正向的促进作用。针对儿童身体活动时间不足的现象，提倡家长与孩子共同运动，促进运动日常化、生活化。加强对儿童运动的指导，引导孩子了解身体活动的基本原理，掌握正确的运动技巧和方法。还要提高安全意识和监护能力，避免运动损伤或意外事故发生。

(二) 贯彻实施体育法的要求，强化学校体育建设

学校体育对儿童的体质健康有良好的促进作用，能促进学生掌握基本的运动技能，养成良好的锻炼习惯。新体育法要求幼儿园为学前儿童提供适宜的室内外活动场地和体育设施、器材，开展符合学前儿童特点的体育活动。幼儿园应根据学龄前儿童的身体发育特点设计合适的体育活动，如简单的跑步、跳跃、攀爬等，培养儿童对运动的兴趣，提高儿童的体质健康水平，为学前儿童的成长发育奠定坚实的基础。

学校体育着重解决设施配置问题，强化对青少年身体活动的重视，促进体教融合全面发展。到2030年，学校体育场地设施与器材配置达标率应达100%，青少年学生每周参与体育活动达到中等强度3次以上，国家学生体质健康标准达标优秀率25%以上。整合学校体育现有资源，扩建体育场地设施，多措并举提高学校体育资源供给。此外，提高体育教师的授课能力，注重培养学生的体育核心素养。

(三) 提升公共体育服务能力，加强社区适儿化设施配置

社区是儿童身体活动的重要场所，对社区环境进行适儿化改造，促进公共体育服务更加完善、便捷。针对社区适儿化设施建设不足的现象，增设儿童设施如滑梯、秋千等，严格落实《室外健身器材的安全 通用要求》，对摆动式、摇动式、滑行式、攀爬式等具有超过600 mm跌落高度的器材，在所有的碰撞区域应设有着陆缓冲层，如沙层、土层、橡塑地板等。夜间使用器材的场所配置相应的照明设施，在社区内危险区域设置安全警示隔离带，排除器材使用的不安全因素。

充分利用社区边角地打造儿童运动场所，拓宽儿童的成长空间，优化面向儿童的公共体育服务，营造安全、健康、快乐的儿童运动社区氛围。规划适儿化道路建设，在人行道喷绘彩色跑道，打造儿童趣味跑廊。增加社区绿地和花园面积，吸引儿童开展户外活动。通过系列社区适儿化设施配置，推动儿童友好社区建设，提升公共体育能力，促进儿童安全、积极地开展户外活动，从家校社协同育人视角出发，提升儿童体质健康，为儿童的成长发展提供良好的环境支持。

参考文献

[1] 王琦. 中医体质学 [M]. 北京：中国医药科技出版社，1995：

1-2.

[2] 田麦久,刘大庆. 运动训练学[M]. 北京：人民体育出版社，2011.

[3] 第五次国民体质监测公报[EB/OL].[2022-10-16].https://www.gov.cn/guoqing/2023-03/12/content_5745851.htm.

[4] 宋逸,马乐,陈亚军,等.2010—2019年中国儿童体质发展报告[J].中国校外教育，2022(2)：92-115.

[5] 董彬,张凤云,潘臣炜,等.中国儿童近视状况研究[J].中国校外教育，2022(1)：99-116.

[6] 2020年我国儿童青少年总体近视率为52.7%[EB/OL].[2021-07-13].https://www.gov.cn/xinwen/2021-07/13/content_5624709.htm.

[7] 许泽,王伟,孟露.体育素养视域下儿童肥胖现状及因素分析[J].文体用品与科技，2021(22)：72-73,110.

[8] 中国居民营养与慢性病状况报告（2020年）[J].营养学报，2020,42(6)：521.

[9] 孙军,罗秋兰,罗小兵."双减"背景下我国中小学体育高质量发展：要点、难点与路向[J].广州体育学院学报，2023(2).

[10] 冯俣睿.社区体育服务供应链现状、问题及对策研究[D].上海：上海体育学院，2021.

[11] 国家卫生健康委.健康儿童行动提升计划（2021—2025年）[EB/OL].[2022-10-16].https://www.gov.cn/zhengce/zhengceku/2021-11/05/content_5649019.htm.

[12] 李恩.3~6岁幼儿体质健康状况与提升策略分析[J].体育视野，2023(11)：133-135.

[13] 儿童青少年肥胖防控实施方案[EB/OL].[2020-10-16].https://www.gov.cn/zhengce/zhengceku/2020-10/24/content_5553848.htm

[14] 中华人民共和国体育法[EB/OL].[2022-10-16].https://www.gov.cn/xinwen/2022-06/25/content_5697693.htm.

[15] "健康中国 2030" 规划纲要 [EB/OL]. [2020-10-25]. https://www.gov.cn/zhengce/2016-10/25/content_5124174.htm.

[16] 室外健身器材的安全 通用要求 GB19272-2011 [J]. 标准生活, 2013 (10): 26-29.

以体教融合视角应对高校体质测试困局的策略研究

——以北京化工大学为例

王昶岱 赵 震[*]

【摘 要】 在深化体教融合的时代背景下,以北京化工大学为例,通过文献资料、实地调研、访谈和数理统计等研究方法,对高校体质测试困局进行分析。结果表明,当前高校体测中存在上肢力量差、耐力差以及爆发力差等几种痼疾。究其原因主要包括:传统文化对力量练习的轻视以及学生锻炼现状与学校体育教育的脱节;学生良好的生活习惯没有养成;项目设置滞后于时代需求等。基于此,提出从政策层面提升对体育工作的重视程度,培养学生科学锻炼的习惯和良好的生活习惯,改变项目设置,从而突破在某些体测项目上的瓶颈。

【关键词】 体教融合;体质测试;困局;策略

一、引言

2020年8月,国家体育总局、教育部印发《关于深化体教融合促进青

---

[*] 王昶岱,北京化工大学体育部教师,副教授;赵震,北京电影学院体育部教师,讲师。

少年健康发展的意见》(体发〔2020〕1号),旨在解决青少年体质健康下降的问题,促进青少年体质健康的多领域发展。深化体教融合的提出给大学生体质健康问题带来了扭转契机,可以看作竞技体育与学校体育深度融合的实践探索,也是解决学校体育领域难题的重要举措。因此,必须全面推进体教融合,强化学校体育、健康教育,培养青少年热爱体育、崇尚运动的兴趣和习惯,在全社会营造"人人爱运动、人人参与运动"的良好氛围。高校作为培养人才的重要阵地,肩负着为国家培养优秀人才的重任。高校体质健康测试(以下简称"体质测试"或"体测")工作的开展直接关系着大学生身体素质和健康状况。2019年全国学生体质健康达标优良率为23.8%,东部经济发达和沿海地区的优良率较高。从《"健康中国2030"规划纲要》和《体育强国建设纲要》可以看到,实施青少年学生的健康促进计划被写进专题纲要中,而且党和国家领导人多次作出加快全面健康建设的重要部署,大学生是全民健身中的核心人群,其体质健康尤为重要。

但是,困扰高校体质测试的某些项目的难题长期难以解决。本文从体教融合视角审视这些根源性问题,希望能找到一些解决办法。

二、研究对象与研究方法

(一) 研究对象

以北京化工大学2020年全校本科生体质测试结果为研究对象,通过文献资料法、实地调研法、访谈法和逻辑分析法对高校体质测试困局进行分析,并提出相关建议。

(二) 研究方法

1. 文献资料法

通过查阅相关文献,了解了国内外大学生体质测试情况,为后续研究提供理论支持。

2. 实地调研法

在北京化工大学两个校区进行实地调研,了解高校体育教学、学生体质测试等方面的情况。

3. 访谈法

为了更深入地了解关于体质健康测试组织安排与现状，在收集资料的基础上，对负责组织体质健康测试的老师及相关人员进行访谈。访谈的主要内容包括组织方面的安排、遵循的原则、实施过程中遇到的问题等。

4. 逻辑分析法

在综合文献的基础上，结合自身对研究内容的分析与思考，用逻辑归纳法梳理出逻辑的层次，细化研究框架，对获得的各类信息进行探讨与分析，进而确定本研究的具体研究方向，最终得出结论。

三、结果与分析

（一）高校体测困局现状分析

由表1可知，大学生体测不及格率居高不下，保持在10%左右。由表2可知，在各项目中，男生引体向上不及格占比最大，接近80%；其次是1 000米跑，不及格人就超过1/3；再次是立定跳远，不及格占比将近16%。而女生的不及格项目主要集中在800米跑和立定跳远，不及格占比分别为18.80%和11.19%。从以上数据来看，虽然高校体育部门最近几年一直针对体测困难项目出台各种促进措施，但基本收效甚微，反映在体测数据上就是不及格率一直居高不下。男子的上肢力量项目测试也不能完全反映学生能力，引体向上对体重大的男生并不友好；女生仰卧起坐项目也早已被证明有违科学锻炼，而且女生的数据较好并不能掩盖高校女生上肢力量薄弱的事实。在反映学生爆发力和下肢力量的立定跳远项目上，男女生的不及格占比均较高，原因主要是下肢力量锻炼缺乏。进入大学后，很多学生一周除了体育课，基本不进行体育锻炼，更别提专门进行上肢和下肢力量练习了。即使去健身房，也甚少进行爆发力训练。缺乏锻炼的后果也反映在表3中的身体形态数据上，男生肥胖率过高。对学生的调查问卷表明，体重不达标跟学生不良作息、饮食有最大的关系。进入高校后，学生自主管理饮食，容易引起偏食，造成影响不良或营养过剩。

表1 各年级等级人数比例

年级	总体人数	优秀人数	比例(%)	良好人数	比例(%)	及格人数	比例(%)	不及格人数	比例(%)
大一	3 798	69	1.86	639	16.82	2 741	72.17	349	9.19
大二	3 747	104	2.78	695	18.55	2 673	71.34	275	7.34
大三	3 689	56	1.52	429	11.63	2 682	72.70	522	14.15
大四	3 455	76	2.20	471	13.63	2 516	72.82	392	11.35

表2 各项目等级占比及男女生不及格占比   单位:%

项目	优秀占比	及格占比	不及格占比	男生不及格占比	女生不及格占比
50米	13.81	71.06	3.46	1.34	6.98
800米跑/1 000米跑	4.01	56.69	30.85	34.31	18.80
肺活量	32.91	39.10	3.19	3.60	2.49
坐位体前屈	5.05	71.80	11.78	14.80	6.63
引体向上	4.75	13.16	79.86		
仰卧起坐	7.90	69.65	6.53		
立定跳远	6.29	64.52	14.15	15.94	11.19

表3 身体形态各等级占比及男女生占比   单位:%

	正常	超重	肥胖	低体重
身体形态	66.89	17.56	8.68	6.45
男生	58.70	21.85	12.00	6.93
女生	80.42	10.46	3.18	5.65

高校体测优秀率低、不及格率居高不下的现象不是仅仅存在于北京化工大学,而是具有一定的普遍性。这一现象反映我国体育教育的某些结构性缺陷,具有代表性,是亟待破解的困局。

(二)体测困局产生原因分析

1. 传统文化对力量、肌肉的追求限制导致家庭教育不鼓励进行力量锻炼

中华传统文化里,家庭教育强调诗书传家,很少把身体健康作为一项

值得提倡的内容。即使进入21世纪20年代，很多家庭虽然意识到健康的重要性，也鼓励孩子进行锻炼，但很少有意愿将时间和精力投入力量练习。这导致学生潜意识里以瘦为美，以弱为美。这样的审美观在今时今日仍然大行其道，不是一朝一夕可以改变的。有这样的价值观念，就不难想象学生在力量锻炼上缺乏主动性，也就不难推测为什么上肢力量薄弱。

2. 学校体育教育与学生现状脱节导致学生体育素质较差

在多年的体测工作中，笔者不止一次看到，学生短跑不会起跑、不会途中跑、不会冲刺，不会引体向上的发力，不会仰卧起坐的基本动作，不会800米跑或者1 000米跑时的呼吸与步频的节奏配合。很多学生跑前准备活动不充分，甚至认为做准备活动是一种体能浪费，跑后不做拉伸和放松。这些细节虽小，但对体测成绩都有一定的影响。比如50米跑，在起跑时掌握好起跑技术，就能大幅提升成绩。究其原因，学生在接受学校体育教育时并没有被授之以渔。虽然短跑、长跑是从小学就开展的体育活动，但学生只是被动去跑，完成数量要求，以应付中考体育测试或者其他考试，对于其中蕴含的道理、知识并不掌握。这些基本素质的缺乏，反映了学校体育教育与学生现状的脱节。

3. 学生自我锻炼的习惯较差导致学生力量以及身体形态不达标

学生进入高校后，自主时间较多，分配时间进行体育锻炼可以养成终身体育的习惯。但更多学生宁愿将时间消耗在打游戏和看剧上，也不愿来到户外参加各种体育运动。即使进行体育锻炼，也只是打羽毛球、篮球或者踢足球等，而愿意耗费时间增强自身力量或者爆发力及心肺功能的少之又少。

4. 体测项目设置滞后于时代需求

体测成绩难以提高虽然有方方面面的原因，但体测项目的设置是不可不提的影响因素。引体向上虽然反映了学生的上肢力量，但对于体重较大的学生极不友好。其实测试力量的指标很多，如实心球等，完全可以选择更科学多样的测试指标。同样，耐力素质也可以采取更多的测试方式。

5. 高校体育策略限制了体测项目成绩的提高

体质健康测试时各校参测人数巨大，对测试工作人员意味着极大的工作量。虽然教育部出台了关于学生体测的指导文件，对配套的场地、器材、经费及相关部门的协调配合都作出了明确规定，但现实中很多高校仍存在场地不固定、经费落实不到位、测试器材老化、相关部门各自为政等普遍问题。有的高校为了省事，直接将体测任务外包给专业的公司。以上这些都会直接或间接导致体测数据不准确。不准确的数据很难反映学生的身体素质，高校也难以制定正确的提升政策，从而造成某些项目的体测成绩进入瓶颈期。

四、体教融合应对困局策略

（一）体教融合概念

体教融合是指将体育和教育相结合，通过体育活动来达到教育目的的一种教育方式。体教融合不仅可以提高学生的身体素质，还可以培养学生的品德、意志和团队精神，促进学生全面发展。

（二）体教融合首先解决高校管理对体测成绩提升的限制问题

体测困局首先体现为政策层面的限制，体测成绩难以提高与高校对待体育工作的态度相关。高校主管部门割裂了体育和教育的关系，认为体育就是运动训练、体育课等内容，并没有认识到体育和教育应该是互相融合、息息相关的。只有改变对待体育的态度，才能重新审视体育在学校整体教育工作中的作用，才能改善体测的工作条件，突破前文困局中的相应限制。同样，体教融合后，体育部门将重新审视教学工作，更加重视体育课程的育人功能，以往仅仅应付考试和体育课的心态也将被改变。虽然这种改变需要时间，但必定会使学生养成科学锻炼的习惯，也能够使他们在面临体测时不仅仅从思想上重视，也从行动上重视，从而减少体测时作弊的情况，减少因为缺少科学锻炼而造成的体测成绩不理想的情况。

（三）体教融合其次去除传统文化中不重视力量练习的痼疾

体教融合是体育与教育的互动。体育融合了教育功能，如春风化雨，在科学锻炼中无声无息地教育人。在学校体育工作中，教育部门要引导学生深刻认识并努力消除传统文化中的弊端，从根本上摒弃所谓"少年感"，崇尚力量、肌肉、速度等。同样，价值观的引导加上学校体育观念的培养，将会一定程度地改变学生的饮食习惯。

（四）体教融合最终解决学校体育工作与学生现状脱节的难题

学生体育工作的难题在于培养终身体育的习惯，学生毕竟有着自己的专业，还有课堂时间以及各种活动，长年坚持体育锻炼需要学校引导，同时创造条件。如果仅仅将体育视作一门课程，那么，体育教育也就仅仅开始于体育课堂，终止于体育课堂，大多数学生会觉得体育与自己关系不大。体教融合能够打破这样的壁垒，使体育对人的教育延伸到课堂以外。这样一来，学校主管部门将创造条件让学生进行体育活动，学生也将自觉加入锻炼的人群中去。

五、结论与建议

仅仅凭借体育手段破解体测困局存在一定的局限性，体教融合提供了契机。只有从政策层面自上而下地重视体育的教育功能，学生终身体育的科学锻炼习惯才可能养成，身体形态的问题才可能得到解决，上肢力量的薄弱点才可能被突破。在体教融合以后，对体测工作的轻视局面才可能得到扭转，体测的物质条件才可能得到改善。这些限制解除以后，体测工作必将有根本性的突破。

参考文献

[1] 李乐虎，王健，高奎亭，等．深化体教融合背景下我国学校体育治理的现实困境与路径选择［J］．天津体育学院学报，2021（5）：520-527.

[2] 王光阁．体教融合背景下大学生体质健康管理困境与提升策略［J］．武术研究，2023，8（4）．

[3] 鲁娜，马艳红．体教融合视域下日本学校体育政策演变对我国青少年体质健康促进的启示［J］．沈阳体育学院学报，2021，40（3）．

增强式训练对儿童青少年篮球运动员运动表现影响的Meta分析

周静一 王 鑫 曹梓涵*

【摘 要】本文采用Meta分析的方法，探究增强式训练（plyometrics training, PT）对儿童青少年篮球运动员运动表现的影响，为PT在篮球训练实践中的应用提供理论依据。结果显示，PT可提升儿童青少年篮球运动员的跳跃、灵敏、速度、平衡素质（$P<0.05$），但对力量素质的提升并不显著（$P>0.05$）。不同年龄、性别参与不同运动内容、强度、运动时长的PT对运动表现各维度的影响不同。

【关键词】运动表现；儿童青少年；篮球；Meta

一、引言

篮球是一项以其快速、激烈的比赛风格闻名于世的运动，吸引了大量儿童青少年参与其中。篮球比赛具有攻防转换迅速、身体对抗激烈、技战术组合丰富等特点，现代篮球运动正向着"高、快、强、准"的趋势发展，这对运动员的运动表现提出了更高的要求。由此可见，具备出色的力

---

* 周静一，北京师范大学在读硕士研究生；王鑫，沈阳体育学院在读硕士研究生；曹梓涵，北京体育大学在读硕士研究生。

量、平衡、灵敏、速度、跳跃能力是适应比赛节奏，取得良好运动成绩的基础。儿童青少年正处于生长发育的关键时期，具有极强的适应性和可塑性。因此，充分抓住运动表现发展的关键时期，开展有针对性的训练，对儿童青少年篮球运动员运动表现发展意义重大。

增强式训练（plyometrics training，PT）已在高水平运动训练中应用多年，与传统抗阻训练着眼于肌肉力量不同，PT注重速度和爆发力，着重肌肉神经系统层面的刺激，追求最短时间内输出最大力量，因此特别适用于需要爆发力和快速反应的运动项目，如足球、篮球、短跑等。以往Meta分析结果表明，PT可降低儿童青少年运动损伤风险，且对儿童青少年足球运动员的跳跃、速度、敏捷等方面均有积极影响，但PT对儿童青少年篮球运动员的研究目前尚未见报道。同时，目前学界关于PT对运动表现影响的研究仍存在诸多分歧，对PT的影响机制也存在一定争议。因此，PT对儿童青少年篮球运动员运动表现（力量、平衡、灵敏、速度、跳跃）的影响是否具有选择性，对不同年龄和性别干预效果的差异性，以及不同时间、频率、次数、类型的PT对运动表现的影响差异有待进一步探究。

综上，本研究对国内外有关PT对职业或业余儿童青少年篮球运动员运动表现影响的实验研究进行Meta分析，探究PT对运动表现的影响，以期为儿童青少年篮球运动员PT提供理论依据。

二、研究方法

（一）文献检索策略

计算机检索Web of science、EMBASE、Cochrane Library、PubMed、中国知网、万方数据库，利用"儿童/青少年/运动员""增强式训练/力量训练""篮球""运动表现/跑/协调/灵敏/平衡/力量/跳跃""Children/Adolescent/Athletes""Plyometrics/Strength Training""Basketball""Physical Fitness/Running/Coordination/Agility/Balance/Strength/Jumping"等关键词进行组合检索。检索时间为各数据库起始年限至2023年10月2日，且经反复预检后确定，并辅以手工检索，必要时追溯纳入文献的参考文献。

（二）文献纳入标准

遵循国际 Meta 分析撰写指南，采用 PICOS 原则，制定文献的纳入标准。具体纳入标准有：①受试者为篮球运动员（专业或业余训练均可），年龄小于 18 岁；②干预方法为长期的增强式训练练习；③对照组采用其他不包含增强式训练的干预方式；④结局指标包含对力量、跳跃、灵敏、速度、平衡能力的测量；⑤实验类研究。

（三）文献排除标准

遵循国际 Meta 分析撰写指南，采用 PICOS 原则，制定文献的排除标准。文献排除标准有：①受试者存在运动障碍或其他疾病，年龄≥18 岁；②急性运动干预；③对照组同样采用增强式训练，或未采用运动干预；④数据不完整，无法直接或间接获取前后测数据；⑤调查类研究、信件、评论、综述等非原始研究。

（四）数据提取与编码

两名研究人员独立完成文章初筛和纳入文献基本信息（年份、作者、国家、测量方式）、受试者信息（样本量、年龄、性别）、运动干预内容（运动频率、跳跃次数、运动时间、跳跃类型）以及干预前后各指标的均值和标准差，采用以下公式（式中，R 取 0.5）：

$$\text{Mean 差值} = \text{Mean 干预前} - \text{Mean 干预后}$$

$$SD \text{ 差值} = (SD^2 \text{ 干预前} + SD^2 \text{ 干预后} - 2R \times SD \text{ 干预前} \times SD \text{ 干预后}) \div 2$$

计算各指标的净变化值及变化值的标准差。采用 PEDro 量表进行研究质量评价，主要包括以下 11 个方面：受试者纳入条件是否明确；随机分组；分组设盲；主要预后指标基线一致；被试设盲；训练设盲；至少一项主要结果的评定者全部设盲；对 85% 以上被试进行至少一项主要结果的测量；被试按分配方案接受治疗或对照条件；至少报告一项主要结果的组间统计结果；至少提供一项主要结果的点测量值和变异测量值。

利用 Stata 17.0 软件进行分析，异质性的判断标准是 Q 统计量和 I^2。若 Q 统计量对应的 $P>0.1$，且 $I^2<50\%$ 表明无异质，采用固定效应进行 Meta 分析；若 $P<0.1$，或 $I^2>50\%$，则选择随机效应进行 Meta 分析。统计分析过程选择标准化均数差法（SMD）及 95%CI 法，并进行亚组分析探讨异质性来源。随后，采用 Egger's 法和漏斗图对发表偏倚进行检验。

三、结果

（一）纳入文献的特征与评价

通过检索六个数据平台，共计获得文献 9 715 篇，通过如图 1 所示的文献筛选流程，最终纳入文献 23 篇。其中，7 篇文献报道了力量素质，10 篇文献报道了速度素质，10 篇文献报道了灵敏素质，4 篇文献报道了平衡素质，20 篇文献报道了跳跃素质。累计实验对象例，其中实验组例，对照组例，具体文献特征见表 1。文献质量评价结果显示存在一定风险偏移，风险主要来自实验未能实现双盲（见图 2）。

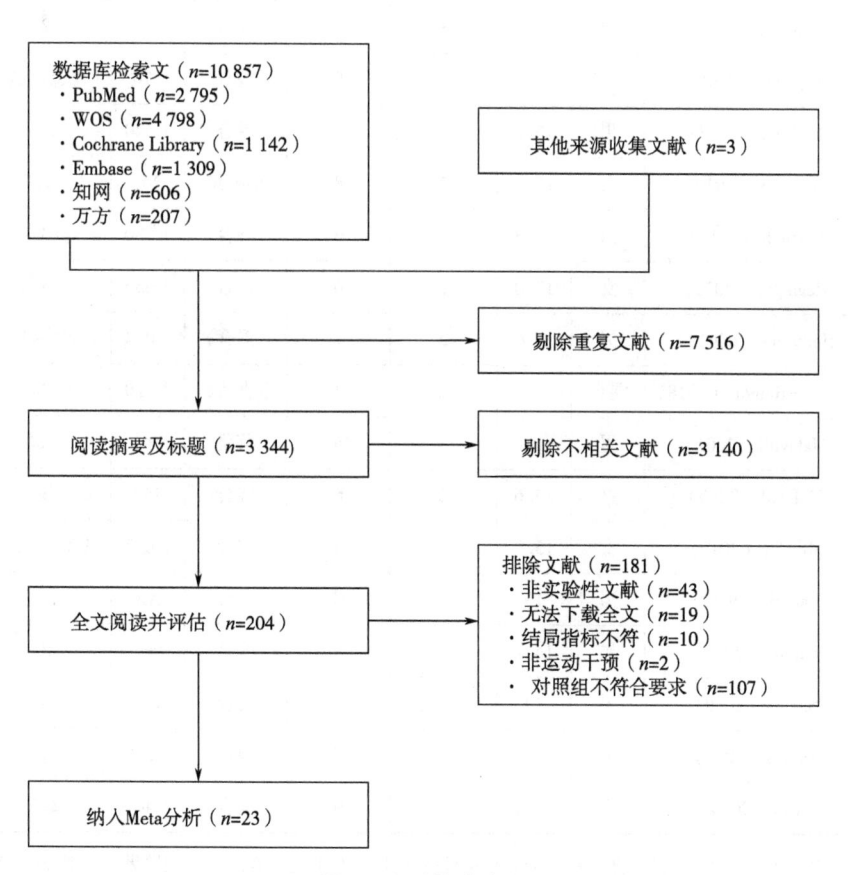

图 1　文献筛选流程

表1 文献特征

作者及出版年份	性别	年龄	干预频率（次/周）	干预时间（周）	跳跃类型	跳跃次数	运动表现指标
Adigüzel（2016）	男	15.0	3	8	混合	2129	①②
Amato（2018）	男	11.0	2	6	混合	880	②③④
Andrejic（2012）	男	12.5	2	6	混合	NA	②④
Arede（2019）	男	14.2	4	8	混合	NA	②③④
Attene（2015）	女	14.8	2	6	混合	1 102	①②
Bouteraa（2020）	女	16.4	2	8	混合	1 588	①②③④⑤
Brown（1986）	男	15.0	2~3	12	落跳	1 080	②
Chouhan（2022）	男	16.9	3	6	混合	NA	②
Cigerci（2020）	男	15.9	3	8	混合	576	①②③⑤
Fachina（2017）	男	15.2	2	8	混合	1 440	③
Fontenay（2013）	女	15.5	2	8	单腿跳	NR	②
Gottlieb（2014）	男	16.3	2	6	混合	1 080	②③④
Haghighi（2023）	女	13.0	3	6	混合	1 636	①③④
Hernández（2018）	男	9.7	2	7	混合	1 044	②③④
Latorre-Román（2018）	混合	8.7	2	10	垂直跳跃	1 920	②③④
Matavulj（2001）	男	15	3	6	落跳	540	①②
McLeod（2009）	女	15.6	2	6	混合	268	⑤
Meszler（2019）	女	15.7	2	7	混合	1 027	①②③④⑤
Pamuk（2022）	男	15	3	12	混合	NA	②
Santos（2008）	男	14.2	2	10	混合	964	②
Santos（2009）	男	14	1	16	混合	768	②
Santos（2011）	男	14.5	2	10	混合	1 808	②
Zribi（2014）	男	12.1	2	9	混合	1 440	②④

注：NA 表示未提供数据；在运动表现指标一列中，①代表力量，②代表跳跃，③代表灵敏，④代表速度，⑤代表平衡。

增强式训练对儿童青少年篮球运动员运动表现影响的 Meta 分析

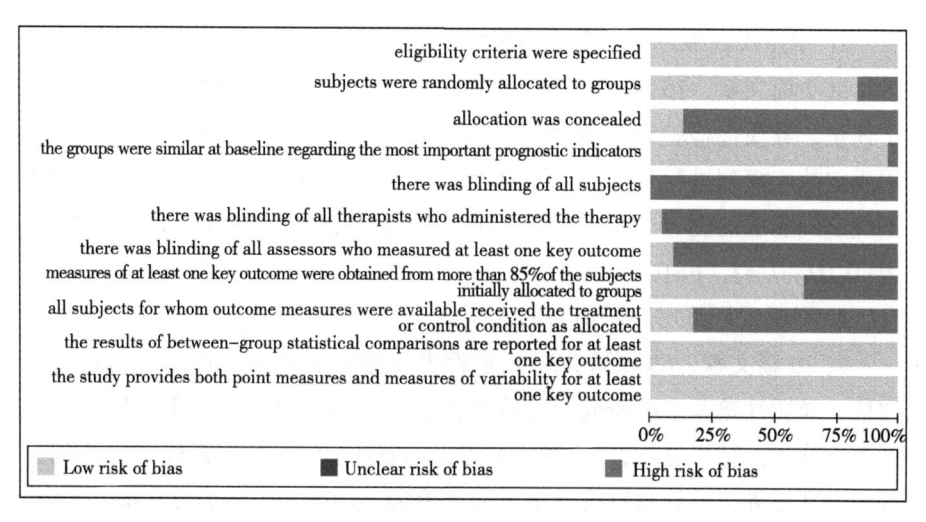

图 2　文献偏倚风险评价

（二）Meta 分析结果（见表 2）

表 2　PT 对儿童青少年篮球运动员运动表现 Meta 分析结果

运动表现	文献数量	Meta 分析结果 SMD（95%CI）	Z 值	P	I²（%）	剔除单个研究后的合并效应量 Lower CI Limit	Up CI Limit	I² 值范围（%）	发表偏倚 Egger's
力量	7	0.20（-0.02~0.42）	1.72	0.085	0	-0.01~-0.03	0.42~0.48	0~0	0.609
跳跃	20	0.53（0.43~0.63）	10.59	<0.001	39	0.40~0.43	0.63~0.65	16~40	0.699
灵敏	10	0.63（0.39~0.87）	3.82	<0.001	24	0.03~0.39	0.87~0.96	7~29	0.111
速度	10	0.41（0.20~0.62）	5.10	<0.001	59	0.07~0.13	0.85~0.92	31~69	0.543
平衡	4	1.18（0.86~1.49）	7.35	<0.001	86	0.12~0.35	2.06~2.31	45~89	0.864

1. 增强式训练对力量素质的影响

共7篇文献、15项研究对儿童青少年篮球运动员的力量素质指标进行了评估，异质性检验表明研究间异质性较低（$I^2=0\%$，$P=0.085$），故采用固定效应模型进行分析。结果显示，PT对儿童青少年篮球运动力量素质不能起到显著的提升效果，差异不具有统计学意义（$SMD=0.20$，95%CI为$-0.02\sim0.42$，$P>0.05$）。

2. 增强式训练对跳跃能力的影响

共20篇文献、63项研究对儿童青少年篮球运动员的跳跃能力进行了评估，异质性检验表明研究间异质性较小（$I^2=39\%$），故采用固定效应模型进行分析，结果显示，PT对儿童青少年篮球运动员的跳跃能力能起到显著的提升效果，差异具有统计学意义（$SMD=0.53$，95%CI为$0.43\sim0.63$，$P<0.05$）。根据测试方式的不同，将跳跃素质进一步划分为跳远和纵跳两种，结果表明PT可显著提升儿童青少年篮球运动员垂直跳跃成绩，差异具有统计学意义（P均<0.05），而对跳远成绩提升不明显，差异不具有统计学意义（$P>0.05$）。

被试特征方面：①PT均可显著提升男性和女性儿童青少年篮球运动员的跳跃能力，差异均具有统计学意义（P均<0.05）；②PT均可显著提升小于等于12岁和大于12岁儿童青少年篮球运动员的跳跃能力，差异具有统计学意义（P均<0.05）。

运动特征方面：①进行小于等于8周和大于8周的PT均能显著提升儿童青少年篮球运动员的跳跃能力（P均<0.05）；②每周进行小于等于2次和大于2次的PT均能显著提升儿童青少年篮球运动员的跳跃能力，差异均具有统计学意义（P均<0.05）；③总跳跃次数小于等于1 000次和大于1 000次的PT均可显著提升儿童青少年篮球运动员的跳跃能力，差异具有统计学意义（P均<0.05）；④采用混合式或单一跳跃训练均能显著提升儿童青少年篮球运动员的跳跃能力，差异具有统计学意义（P均<0.05）（见表3）。

表3 PT对儿童青少年篮球运动员跳跃、灵敏亚组分析结果

调节变量	亚组类别	研究数量(项)	跳跃 合并效应量 SMD (95%CI)	Z	P	异质性 P	亚组类别	研究数量(项)	灵敏 合并效应量 SMD (95%CI)	Z	P	异质性 P
年龄	≤12	11	0.32 (0.10~0.54)	10.41	<0.001	0.032	≤12	4	0.89 (0.47~1.32)	4.16	<0.001	0.135
	>12	52	0.59 (0.48~0.70)	2.89	0.004		>12	9	0.52 (0.20~0.80)	3.30	0.001	
性别	男	52	0.59 (0.48~0.70)	10.15	<0.001	0.887	男	6	0.63 (0.20~1.05)	2.89	0.004	0.938
	女	7	0.57 (0.26~0.87)	3.67	<0.001		女	6	0.60 (0.24~0.96)	3.28	0.001	
训练周数	≤8	27	0.55 (0.39~0.70)	6.79	<0.001	0.828	≤8	12	0.61 (0.34~0.88)	4.38	<0.001	0.731
	>8	34	0.52 (0.40~0.65)	8.14	<0.001		>8	1	0.71 (0.18~1.25)	2.63	0.008	
训练频率(次)	≤2	38	0.62 (0.49~0.74)	9.69	<0.001	0.055	≤2	9	0.71 (0.43~0.99)	4.94	<0.001	0.386
	>2	25	0.39 (0.23~0.55)	4.812	<0.001		>2	4	0.41 (-0.08~0.89)	1.65	0.10	
跳跃次数	≤1 000	15	0.82 (0.59~1.05)	6.92	<0.001	0.045	≤1 000	2	1.15 (0.50~1.81)	3.45	<0.001	0.119
	>1 000	31	0.54 (0.41~0.68)	8.02	<0.001		>1 000	10	0.59 (0.32~0.86)	4.26	0.001	

续表

调节变量	亚组类别	跳跃 研究数量（项）	跳跃 合并效应量 SMD (95%CI)	跳跃 合并效应量 Z	跳跃 合并效应量 P	跳跃 异质性 P	亚组类别	灵敏 研究数量（项）	灵敏 合并效应量 SMD (95%CI)	灵敏 合并效应量 Z	灵敏 合并效应量 P	灵敏 异质性 P
训练类型	混合	52	0.57 (0.46~0.68)	10.15	<0.001	0.134	混合	12	0.61 (0.34~0.88)	4.38	<0.001	0.697
训练类型	单一	9	0.38 (0.16~0.60)	3.40	0.001	0.134	单一	1	0.71 (0.18~1.25)	2.63	0.008	0.697
测试指标	跳远	5	0.20 (-0.11~0.50)	10.50	0.208	0.005	直线	7	0.00 (-0.90~0.90)	4.83	<0.001	0.151
测试指标	纵跳	44	0.67 (0.55~0.79)	1.26	<0.001	0.005	曲线	6	0.66 (0.35~0.97)	2.16	0.031	0.151

3. 增强式训练对灵敏素质的影响

共10篇文献、13项研究对儿童青少年篮球运动员的灵敏素质指标进行了评估，异质性检验表明研究间异质性较小（$I^2=24\%$），故采用固定效应模型进行分析。结果显示，PT对儿童青少年篮球运动灵敏素质不能起到显著的提升效果，差异具有统计学意义（$SMD=0.63$，$95\%CI$ 为 0.39~0.87，$P<0.001$）。根据测试方式的不同，将灵敏素质划分为直线、曲线灵敏素质，结果表明PT可显著提升儿童青少年篮球运动员直线、曲线灵敏测试成绩，差异均具有统计学意义（$P<0.05$）。

被试特征方面：①PT均可显著提升男性和女性儿童青少年篮球运动员的灵敏素质，差异均具有统计学意义（P 均<0.05）；②PT可显著提升小于等于12岁和大于12岁儿童青少年篮球运动员的灵敏素质，差异均具有统计学意义（P 均<0.05）。

运动特征方面：①总计小于等于8周和大于8周的PT均能显著提升儿童青少年篮球运动员的灵敏素质（P 均<0.05）；②每周进行小于等于2次的PT能显著提升儿童青少年篮球运动员的灵敏素质，差异具有统计学

意义（$P<0.05$），而随着练习频率的加大，每周进行大于 2 次的 PT 对灵敏素质的提升效果较弱，差异不具有统计学意义（$P>0.05$）；③共计进行小于等于 1 000 次和大于 1 000 次跳跃的 PT 均能显著提升儿童青少年篮球运动员的灵敏素质，差异均具有统计学意义（P 均<0.05）；④采用混合式或单一跳跃训练均能显著提升儿童青少年篮球运动员的灵敏素质，差异均具有统计学意义（P 均<0.001）（见表3）。

4. 增强式训练对速度素质的影响

共 10 篇文献、15 项研究对儿童青少年篮球运动员的速度素质指标进行了评估，且研究间异质性较高（$I^2=59\%$），故采用随机效应模型。结果显示，PT 可显著提升儿童青少年篮球运动速度素质，差异具有显著的统计学意义（$SMD=0.41$，95%CI 为 0.20~0.62，$P<0.001$）。根据测试距离的不同，将速度素质划分为 0~10 米或 20~30 米速度素质，发现 PT 可显著提升儿童青少年篮球运动员 0~10 米速度素质，差异具有统计学意义（$P<0.05$）。

被试特征方面：①PT 可显著提升男性儿童青少年篮球运动员的速度素质，差异具有统计学意义（$P<0.05$），而 PT 对女性儿童青少年篮球运动员速度素质的提升不明显，差异不具有统计学意义（$P>0.05$）。②PT 对大于 12 岁儿童青少年篮球运动员的速度素质提升明显，差异具有统计学意义（$P<0.05$），而对小于等于 12 岁儿童青少年篮球运动员的速度素质提升效果较弱，差异不具有统计学意义（$P>0.05$）。

运动特征方面：①进行小于等于 8 周和大于 8 周的 PT 均能显著提升儿童青少年篮球运动员的速度素质（P 均<0.05）；②每周进行小于等于 2 次和大于 2 次的 PT 均能显著提升儿童青少年篮球运动员的速度素质，差异均具有统计学意义（P 均<0.05）；③共计进行小于等于 1 000 次跳跃的 PT 对儿童青少年篮球运动员的速度素质提升效果较弱，差异不具有统计学意义（$P>0.05$），随着练习次数的增多，进行大于 1 000 次跳跃的 PT 能显著提升儿童青少年篮球运动员的速度素质，差异具有统计学意义（$P<0.05$）；④采用混合式跳跃训练能显著提升儿童青少年篮球运动员的速度素质（$P<0.05$），而采用单一类型的跳跃训练对儿童青少年篮球运动员的速度素质提升效果较弱，差异不具有统计学意义（$P>0.05$）（见表4）。

表4 PT对儿童青少年篮球运动员速度、平衡亚组分析结果

调节变量	亚组类别	研究数量（项）	速度 合并效应量 SMD (95%CI)	Z	P	异质性 P	亚组类别	研究数量（项）	平衡 合并效应量 SMD (95%CI)	Z	P	异质性 P
年龄	≤12	11	0.32 (0.10~0.54)	10.41	<0.001	0.032	≤12	0				
	>12	52	0.59 (0.48~0.70)	2.89	0.004		>12	7				
性别	男	11	0.67 (0.41~0.93)	5.07	<0.001	0.076	男	2	0.44 (-0.19~1.07)	1.36	0.173	0.101
	女	3	0.11 (-0.38~0.60)	0.45	0.653		女	5	1.51 (0.39~2.62)	7.70	<0.001	
训练周数	≤8	12	0.39 (0.12~0.67)	2.81	0.005	0.896	≤8	7				
	>8	3	0.42 (0.10~0.74)	2.59	0.010		>8	0				
训练频率（次）	≤2	11	0.34 (0.03~0.64)	2.13	0.033	0.127	≤2	5	1.51 (0.39~2.62)	7.70	<0.001	0.101
	>2	4	1.32 (0.09~2.54)	2.11	0.035		>2	2	0.44 (-0.19~1.07)	1.36	0.173	
跳跃次数	≤1 000	3	0.33 (-0.17~0.84)	1.29	0.199	0.064	≤1 000	3	0.83 (0.00~1.66)	3.23	<0.001	0.426
	>1 000	9	0.32 (0.07~0.57)	2.53	0.011		>1 000	4	1.49 (0.08~2.90)	6.81	0.001	

续表

调节变量	亚组类别	速度 研究数量(项)	速度 合并效应量 SMD (95%CI)	速度 Z	速度 P	速度 异质性 P	亚组类别	平衡 研究数量(项)	平衡 合并效应量 SMD (95%CI)	平衡 Z	平衡 P	平衡 异质性 P
训练类型	混合	14	0.55 (0.32~0.77)	4.69	<0.001	0.007	混合	7				
训练类型	单一	1	-0.31 (-0.83~0.21)	-1.17	0.242	0.007	单一	0				
测试指标	0~10米	4	1.23 (0.11~2.34)	2.16	0.031	0.107	静态平衡	2	1.94 (-1.86~5.74)	4.65	<0.001	0.616
测试指标	20~30米	10	0.27 (-0.06~0.60)	1.60	0.110	0.107	动态平衡	5	0.96 (0.55~1.36)	1.00	0.318	0.616

5. 增强式训练对平衡素质的影响

共4篇文献、7项研究对儿童青少年篮球运动员的平衡素质指标进行了评估,异质性检验表明研究间异质性较高 ($I^2=86\%$),故采用随机效应模型进行分析。结果显示,PT对儿童青少年篮球运动平衡素质能起到较大且显著的提升效果,差异具有统计学意义（$SMD=1.18$,95%CI 为 0.86~1.49,$P<0.001$）。

被试特征方面:PT可显著提升女性儿童青少年篮球运动员的平衡素质,差异具有统计学意义（$P<0.05$）,而对男性儿童青少年篮球运动员平衡素质的提升不明显,差异不具有统计学意义（$P>0.05$）。

运动特征方面:①每周进行小于等于2次的PT能显著提升儿童青少年篮球运动员的平衡素质,差异具有统计学意义（$P<0.05$）,而每周进行大于2次的PT对儿童青少年篮球运动员平衡素质的提升不明显,差异不具有统计学意义（$P>0.05$）。②共计进行小于等于1 000次和大于1 000次跳跃的PT均可显著提升儿童青少年篮球运动员的平衡素质,差异均具有统计学意义（P 均<0.05）（见表4）。

（三）发表偏倚分析

本研究使用 Egger's 法对力量、跳跃、灵敏、速度、平衡发表偏倚进行分别检验，结果显示 P 均>0.05（见表2），表明各项研究中纳入文献的发表偏倚无统计学意义，结果提示不存在明显的发表偏倚；同时对 5 种研究类型绘制漏斗图（见图3），其中各项研究在漏斗图中的分布大致对称，结果提示研究没有发表偏倚或其他偏倚。

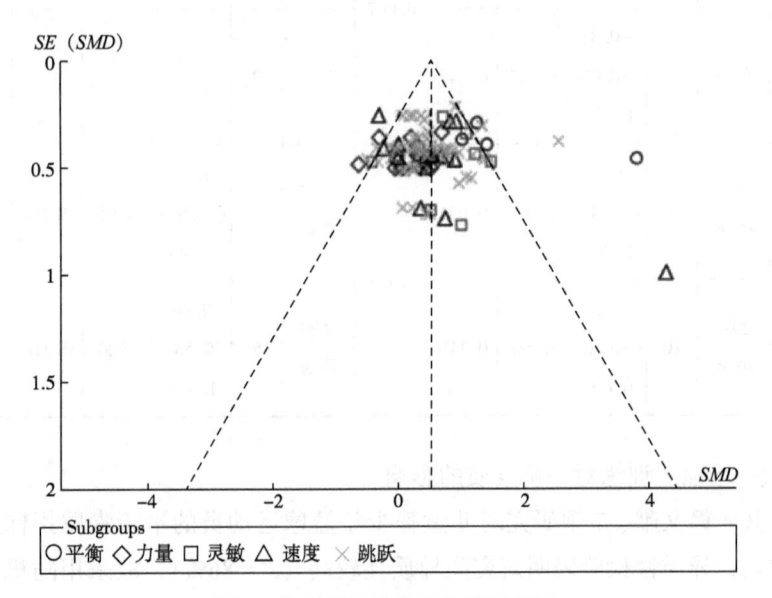

图3 纳入研究的发表偏倚漏斗图

四、结论与建议

（一）结论

第一，PT 能够提升儿童青少年篮球运动员的跳跃、灵敏、速度、平衡素质，但对力量素质的提升并不显著。

第二，不同运动表现类型上，PT 可提升儿童青少年篮球运动员的纵跳、直线灵敏、曲线灵敏、0~10 米冲刺以及动态平衡能力。

第三，小于等于 12 岁与大于 12 岁的篮球运动员均可通过 PT 提升跳跃、灵敏、速度素质。

第四，男性与女性儿童青少年篮球运动员均可通过 PT 提升跳跃、灵敏素质，而速度素质仅有男性儿童青少年篮球运动员才能显著提升，而平衡素质仅有女性儿童青少年篮球运动员才能显著提升。

第五，干预周数上未发现明显的统计量差异，进行小于等于 8 周或大于 8 周的 PT 均可显著提高儿童青少年篮球运动员的跳跃、灵敏、速度素质。

第六，每周进行大于 2 次的 PT 仅能改善跳跃、速度素质；跳跃次数小于等于 1 000 次仅能改善跳跃、灵敏、平衡素质；单一的 PT 仅能改善跳跃、灵敏素质。而每周进行小于等于 2 次、总跳跃次数大于 1 000 次、混合式的 PT 即可显著提升跳跃、灵敏、速度、平衡素质，其对运动能力提升维度更加全面。

（二）建议

为了提升儿童青少年篮球运动员的运动表现，建议采用多方面综合训练策略，结合运动员年龄、性别特征和专项比赛需求，将综合、多次、适量的 PT 融入儿童青少年篮球运动员的日常训练当中，并定期评估效果，及时调整方案以保证训练效果的最优化。此外，目前的研究未明确报告与 PT 相关的不良事件，我们建议未来的研究者记录 PT 可能引起的任何伤害，如疼痛或其他不良反应，这不仅可以帮助全面了解 PT 的效果和风险，还能为运动员提供更安全、更有效的训练。最后，未来研究者可通过网状 Meta 分析的方法探究针对不同运动表现的最佳运动方案，为儿童青少年篮球运动员提供更具针对性的建议。

五、研究不足

本研究尚存在一定的局限性。首先，文献中鲜有详细描述受试者、研究人员和结局评估者的随机分配隐蔽和盲法，可能导致结果产生偏倚。其次，由于常规 Meta 分析的局限性，本研究未能针对具体运动表现分别提供明确的最佳练习人群及相应的运动训练方案。最后，本研究中部分亚组仅依据一篇文献进行分析，因此部分结果应谨慎看待。

参考文献

[1] 谭朕斌，王保成，黄黎. 篮球运动员体能训练的理论与方法

及评价指标体系的研究[J]. 北京体育大学学报, 2004, 27(8): 4.

[2] 王保成, 匡鲁彬, 谭朕斌. 篮球运动员体能训练的评价指标与指标体系的研究[J]. 中国体育科技, 2002, 38(2): 3.

[3] RAMIREZ-CAMPILLO R, CASTILLO D, RAYA-GONZÁLEZ J, et al. Effects of plyometric jump training on jump and sprint performance in young male soccer players: a systematic review and meta-analysis[J]. Sports medicine, 2020, 50: 2125-2143.

[4] BEDOYA A A, MILTENBERGER M R, LOPEZ R M. Plyometric training effects on athletic performance in youth soccer athletes: a systematic review[J]. The journal of strength & conditioning research, 2015, 29(8): 2351-2360.

[5] LIBERATI A, ALTMAN D G, TETZLAFF J, et al. The PRISMA statement for reporting systematic reviews and Meta-analyses of studies that evaluate health care interventions: explanation and elaboration[J]. Journal of clinical epidemiology, 2009, 62(10): e1-e34.

[6] MOHER D, LIBERATI A, TETZLAFF J, et al. Preferred reporting items for systematic reviews and meta-analyses: the PRISMA statement[J]. Annals of internal medicine, 2009, 151(4): 264-269.

[7] MAHER C G, SHERRINGTON C, HERBERT RD, et al. Reliability of the PEDro scale for rating quality of randomized controlled trials[J]. Phys ther, 2003, 83(8): 713-721.

[8] CHEN H, COHEN P, CHEN S. How big is a big odds ratio? Interpreting the magnitudes of odds ratios in epidemiological studies[J]. Communications in statistics—simulation and computation, 2010, 39(4): 860-864.

[9] AMATO A, CORTIS C, CULCASI A, et al. Power training in young athletes: is it all in the genes?[J]. Physiotherapy quarterly, 2018, 26(3), 13-17.

[10] JORGE, AREDE, RAFAEL, et al. Effects of a combined strength and conditioning training program on physical abilities in adolescent male basketball players [J]. The journal of sports medicine and physical fitness, 2018.

[11] ATTENE G, IULIANO E, DI CAGNO A, et al. Improving neuromuscular performance in young basketball players: plyometric vs. technique training [J]. J sports med phys fitness, 2015, 55 (1/2): 1-8.

[12] BOUTERAA I, NEGRA Y, SHEPHARD R J, et al. Effects of combined balance and plyometric training on athletic performance in female basketball players [J]. The journal of strength & conditioning research, 2020, 34 (7): 1967-1973.

[13] ME B. Effect of plyometric training on vertical jump performance in high school basketball [J]. J sports med, 1986, 23: 1-4.

[14] CHOUHAN R, MISRA A, SONI R, et al. Effectiveness of plyometrics along with Pilates exercises in increasing vertical jump performance among basketball players [J]. Cureus, 2022, 14 (12).

[15] FONTENAY B, LEBON F, CHAMPELY S, et al. ACL injury risk factors decrease & jumping performance improvement in female basketball players: a prospective study [J]. International journal of kinesiology & sports science, 2013, 1 (2).

[16] HAGHIGHI A H, HOSSEINI S B, ASKARI R, et al. Effects of plyometric compared to high-intensity interval training on youth female basketball player's athletic performance [J]. Sport sciences for health, 2023: 1-10.

[17] HERNÁNDEZ S, RAMIREZ-CAMPILLO R, ÁLVAREZ C, et al. Effects of plyometric training on neuromuscular performance in youth basketball players: a pilot study on the influence of drill randomization [J]. Journal of sports science & medicine, 2018, 17 (3): 372.

[18] LATORRE ROMAN P A, VILLAR MACIAS F J, GARCÍA PINILLOS F. Effects of a contrast training programme on jumping, sprinting and agility performance of prepubertal basketball players [J]. Journal of sports sciences, 2018, 36 (7): 802-808.

[19] MATAVULJ D, KUKOLJ M, UGARKOVIC D, et al. Effects of pylometric training on jumping performance in junior basketball players [J]. Journal of sports medicine and physical fitness, 2001, 41 (2): 159-164.

[20] MCLEOD T C V, ARMSTRONG T, MILLER M, et al. Balance improvements in female high school basketball players after a 6-week neuromuscular-training program [J]. Journal of sport rehabilitation, 2009, 18 (4): 465-481.

[21] MESZLER B, VÁCZI M. Effects of short-term in-season plyometric training in adolescent female basketball players [J]. Physiology international, 2019, 106 (2): 168-179.

[22] SANTOS E J A M, JANEIRA M A A S. Effects of complex training on explosive strength in adolescent male basketball players [J]. The journal of strength & conditioning research, 2008, 22 (3): 903-909.

[23] SANTOS E J A M, JANEIRA M A A S. Effects of reduced training and detraining on upper and lower body explosive strength in adolescent male basketball players [J]. The journal of strength & conditioning research, 2009, 23 (6): 1737-1744.

[24] SANTOS E J A M, JANEIRA M A A S. The effects of plyometric training followed by detraining and reduced training periods on explosive strength in adolescent male basketball players [J]. The journal of strength & conditioning research, 2011, 25 (2): 441-452.

[25] ZRIBI A, ZOUCH M, CHAARI H, et al. Short-term lower-body plyometric training improves whole-body BMC, bone

metabolic markers, and physical fitness in early pubertal male basketball players [J]. Pediatric exercise science, 2014, 26 (1): 22-32.

不同体育教学方式对小学生身体素质影响的实验研究

——以北京实验学校(海淀)小学二年级学生为例

陆雯斯 苏日塔拉图[*]

【摘 要】近年来,国家高度重视学生身体素质,出台多项政策加强学校体育工作,然而学生的体质健康状况仍不尽如人意。如何改善学生身体素质是当前亟待解决的问题。本研究以北京实验学校(海淀)小学二年级8个班的学生为实验对象,采取文献资料法、实验法、数理统计法等方法,运用常规体育教学、体能训练教学、体育游戏教学、体能训练+体育游戏教学四种不同的教学方式对学生进行为期12周的教学实验,探讨不同体育教学方式对小学二年级学生身体素质的影响,旨在促进小学生体质健康,为小学体育教学提供参考。研究表明:经常参加体育运动可以促进学生身体形态、身体机能和运动素质的发展。体育教学方式不同,对学生身体素质的影响程度不同。体能训

---

[*] 陆雯斯,深圳南山外国语学校(集团)滨海学校体育部教师;苏日塔拉图,中央民族大学体育学院教师。

练+体育游戏教学对促进学生身体形态、身体机能、速度素质、灵敏素质的发展效果更好；体能训练教学对发展学生下肢爆发力和柔韧素质效果更好；常规体育教学对提高学生协调性效果更好。

【关键词】体育教学方式；身体素质；体能训练；体育游戏；小学生

一、引言

现代社会的发展和生活方式的改变，给人们的生活带来了极大便利，同时也给儿童青少年的成长带来了影响。体力活动不足、饮食摄入过量，激发了超重率和肥胖率的上升，导致身体素质的下降。屏幕时间的增加，带来了居高不下的近视率。这一系列问题，引起学校、家长以及社会各界的关注，有关学生身体素质的话题热度不减。党和国家高度重视学生的体质健康，制定一系列相关政策及措施，意图扭转这一困局。

2016年，中共中央、国务院印发了《"健康中国2030"规划纲要》，把青少年列为促进体育活动开展的重点人群，提出了要通过实施青少年体育活动促进计划，培育青少年体育爱好的要求，并制定了到2030年国家学生体质健康标准达标优秀率25%以上的目标。2020年8月，国家体育总局、教育部颁布《关于深化体教融合促进青少年健康发展的意见》，提出加强学校体育工作，树立健康第一的教育理念，面向全体学生，开齐开足体育课，帮助学生在体育锻炼中享受乐趣、增强体质、健全人格、锤炼意志，实现文明其精神、野蛮其体魄。2020年，中共中央办公厅、国务院办公厅印发了《关于全面加强和改进新时代学校体育工作的意见》，提出要不断深化教学改革，加强体育课程和教材体系建设。学校体育课程注重大中小幼相衔接，聚焦提升学生核心素养。学前教育阶段开展适合幼儿身心特点的游戏活动，培养体育兴趣爱好，促进运动机能协调发展。义务教育阶段体育课程帮助学生掌握1至2项运动技能，引导学生树立正确健康观。2022年4月21日，教育部发布《义务教育体育与健康课程标准（2022年版）》，"体育与健康"课占总课时的10%~11%，成为小学、初中阶段仅次于语文和数学的第三大主科。

  根据世界卫生组织于 2019 年公布的全球青少年身体活动报告，全球 80% 以上的在校青少年未达到目前提议的每天至少一小时身体活动标准。近几十年来，全球儿童超重肥胖率以惊人的速度增长，我国儿童超重肥胖率也呈快速上升趋势。2010 年我国中小学生超重肥胖率为 15.5%，2014 年上升到 20.4%，2019 年上升至 24.2%，2010—2019 年中小学生超重肥胖率上升了 8.7 个百分点，情况不容乐观。我国 2021 年公布的第八次全国学生体质与健康调研结果显示：学生体质与健康状况整体改善，体质健康达标优良率逐步上升，学生身高、体重、胸围等形态发育指标不断提高，学生肺活量水平全面上升，中小学生柔韧、力量、速度、耐力等素质出现好转，体育教学质量不断改善和提高。但也出现了学生视力不良和近视率过高、超重肥胖率上涨、握力水平略有下降、大学生身体素质下滑等问题。《中国儿童发展报告》（2021）对比全国 7~18 岁儿童在 2010 年、2014 年、2019 年的体质与健康数据发现：儿童青少年的柔韧素质出现好转；下肢爆发力全面下降；速度素质总体呈现下降趋势，但女生和中学生有所改善；力量素质女生和小学男生有所提高，但中学男生持续下降；耐力素质总体呈现下滑趋势，中学生有所提高。虽然学生体质健康状况有所改善，但是中小学的肥胖超重率逐年攀升，而且各项身体素质发展不均衡，部分指标还达不到我国十几年前学生的平均水平，体质健康达标优良率与国家目标还有一定距离。儿童青少年是我国未来各项事业发展的栋梁之材，是中华民族旺盛生命力的表现。体质不强，何谈栋梁？如何改善学生体质现状，是当前亟待解决事务中的重中之重。

  如何通过日常的体育教学，结合儿童青少年身体素质发展敏感期的特点设计教学内容，以提高学生的身体素质，是本文研究的重点。

二、研究对象与研究方法

（一）研究对象

  本研究选取北京实验学校（海淀）小学二年级 8 个班级学生为研究对象，随机抽签每两个班为一组，共四组。二年级 3 班和 8 班为常规体育教学组（以下简称"常规组"）、二年级 4 班和 6 班为体能训练教学组（以下简称"体能组")、二年级 1 班和 2 班为体育游戏教学组(以下简称"游戏组")、二年级 5 班和 7 班为体能训练+体育游戏教学组(以下简称"体能+游戏组")。本研究收集有效样本量共计 315 名,其中常规组 76 人,体能组 81 人,游戏组 79 人,体能+游戏组 79 人。

(二)研究方法

1. 文献资料法

根据研究的需要,以"身体素质""体育教学方式"等为关键词,通过中国知网、万方数据库、超星等网站检索文献资料,同时还查阅了《体能训练》《体育游戏》《人体成分与体能测量学》《国家学生体质健康标准》《水平一体育与健康教师用书》等相关书籍,为本文的顺利完成提供了理论支撑。

2. 教学实验法

(1)实验时间:2021 年 9 月至 12 月。正式实验为 12 周,实验的前后两周为测试周。实验课在周二和周五的整节体育课中进行,每节课 40 分钟,一共进行 24 次课的实验。

(2)实验地点:北京实验学校(海淀)小学部操场。

(3)实验器材。本研究的实验器材主要分为测试器材和实验器材,具体如表 1 所示。

表 1 测试器材和实验器材

测试器材	实验器材
身高体重测试仪、肺活量测试仪、50 米跑测试仪、坐位体前屈测试仪、立定跳远垫子、沙包、胶带、跳绳、秒表、测试纸等	软梯、敏捷圈、标志桶、标志碟、软式排球、高低栏架、接力棒、报纸、沙包、呼啦圈、垫子、手绢等

(4)测试指标。本次实验在《国家学生体质健康标准》二年级测试项目(身高、体重、肺活量、50 米跑、坐位体前屈、1 分钟跳绳)的基础上增加了立定跳远和 10 米往返跑两个指标,以更全面地反映出不同体育教学方式对学生身体素质的影响,具体测试指标及目的如表 2 所示。

表 2 测试指标及目的

测试类别	测试指标	测试目的
身体形态	身高	反映骨骼发育情况和身体纵向发育水平
	体重	反映人体横向发展水平
	BMI（身体质量指数）	衡量人体胖瘦程度以及健康水平
身体机能	肺活量	反映人体呼吸系统的最大工作能力
运动素质	50 米跑	反映人体的速度、爆发力及反应速度的能力
	立定跳远	反映人体下肢爆发力及身体协调能力
	10 米往返跑	反映人体的速度和灵敏素质
	坐位体前屈	反映人体关节柔韧性
	1 分钟跳绳	反映人体心肺功能、肌肉耐力、协调性

（5）实验控制。为了保证实验的科学合理性，排除额外变量的影响，实验前对各组别的学生进行身体素质测试，结果显示各指标差异不具有显著性，按照分组进行实验。教师上课的时间、地点、次数相同，如果遇到天气变化等不可控因素，对教学内容进行及时调整，并做好记录，保证教学进度一致。根据《中小学生体育锻炼运动负荷卫生标准》，将基本部分运动时间控制在 20~30 分钟，基本部分靶心率维持在 120~200 次/分以内。实验的测试由接受过培训的人员进行，以保证数据的准确性。

3. 数理统计法

利用 Excel 对回收的数据进行整理，运用 SPSS 20.0 对收集到的数据进行处理。对实验各组学生前、后测组间数据分别进行单因素方差分析，对各组别学生前、后测的身体素质测试数据进行配对样本 t 检验处理，为论文的研究提供数据支撑。

三、教学实验设计内容

常规组、体能组、游戏组和体能+游戏组根据计划安排进行教学，实验期间，所有组别在相同的环境下进行教学，准备部分、开始部分和结束部分基本保持一致，不同之处在于基本部分的教学内容和组织。四个组别教学设计内容如表 3 所示。

不同体育教学方式对小学生身体素质影响的实验研究
——以北京实验学校（海淀）小学二年级学生为例

表3　不同组别教学设计内容

课程部分	内容				时间
	常规组	体能组	游戏组	体能+游戏组	
准备部分	集合整队，点名，宣布上课内容和注意事项				3分钟
开始部分	慢跑热身，徒手操				7分钟
基本部分	跳跃练习、跑步练习、跳绳等素质练习	使用软梯、标志桶、标志碟、敏捷圈、垫子、小栏架等器材，进行跑步和跳跃等身体练习	使用标志桶、标志碟、软式排球、呼啦圈、报纸、沙包、手绢等器材进行跑步和跳跃等身体练习	使用软梯、标志桶、标志碟、敏捷圈、垫子、小栏架、软式排球、报纸、沙包、呼啦圈、红领巾等器材，进行跑步和跳跃等身体练习	25分钟
结束部分	拉伸，放松练习，课堂小结				5分钟

四、结果与分析

（一）常规体育教学对学生身体素质的影响分析

本研究的常规体育教学是指学校体育教师按照教学计划，以跑步、跳跃、队形队列等内容为主进行的教学。为了了解常规体育教学对学生身体素质的影响，将该组学生实验前后的测试数据进行配对样本 t 检验，结果如表4所示。

表4　常规组学生实验前后身体素质测试结果对比

	指标	实验前 均值±标准差	实验后 均值±标准差	t	P
身体形态	身高	128.79±5.56	129.50±5.63	-2.56	0.01*
	体重	26.24±5.58	27.84±5.66	-14.44	0.00**
	BMI	15.71±2.55	16.48±2.46	-8.87	0.00**
身体机能	肺活量	1 247.33±273.71	1 401.20±280.89	-6.91	0.00**

续表

	指标	实验前 均值±标准差	实验后 均值±标准差	t	P
运动素质	50米跑	12.32±1.09	11.93±0.92	4.38	0.00**
	立定跳远	118.82±16.16	123.82±16.16	-3.35	0.00**
	10米往返跑	14.65±1.33	14.42±1.03	1.99	0.05
	坐位体前屈	13.11±5.46	12.57±5.02	1.34	0.18
	1分钟跳绳	102.25±29.88	118.50±30.51	-6.83	0.00**

注：* 表示 $P<0.05$，** 表示 $P<0.01$。下同。

从表4可以看出，实验后常规组学生各项指标的数值均发生了变化。

身体形态方面，学生的身高、体重和BMI均有所提高，体重和BMI指标差异具有极显著性（$P<0.01$），身高指标差异具有显著性（$P<0.05$）。生长发育既取决于遗传因素和环境因素，也取决于两者的交替作用。在儿童青少年生长发育期，身高会出现婴儿期（0~1岁）和青春期（女生9~11岁，男生11~13岁）两个生长高峰。该组学生不处于身高增长高峰期，但是处于生长发育期，在适当营养的保证下，参加体育锻炼可以促进学生机体的新陈代谢，长期坚持体育运动可以使新陈代谢旺盛，有利于骨细胞的增殖、加速钙化过程，进而促进生长发育。体重的增长主要与学生饮食摄入和体力活动不足有关。BMI的增加与身高和体重的增加相关，但是BMI还在正常范围内。

身体机能方面，学生的肺活量大幅度提高，差异具有极显著性（$P<0.01$）。肺活量有较大的个体差异，与身材的大小、年龄、性别、体位、呼吸肌力量强弱以及肺和胸廓的弹性有关，也与体育锻炼有关。青少年的肺活量随年龄增长而增加，且与身高、胸围、体重呈正相关。随着学生身高、体重的增长，以及适量的体育锻炼，该组学生的身体机能得到明显提高。

运动素质方面，学生的50米跑、立定跳远和1分钟跳绳成绩有所提高，差异具有极显著性（$P<0.01$）；10米往返跑成绩虽然提高了，但是差异不具有显著性（$P>0.05$）；坐位体前屈成绩不升反降，差异不具有显著性（$P>0.05$）。儿童青少年各项身体素质随年龄增加而增长的现象，称为身体素质的自然增长。在不同年龄阶段，各项身体素质的增长速度不同，即使在同一年龄阶段，不同身体素质的发育速度也不一样。男女之间各项身体素质在 12 岁以前差别不大。二年级学生处于速度素质的敏感期，在此期间进行合适的体育锻炼能够有效提升学生的速度素质。常规组在教学中进行较多的直线跑和接力跑的练习，所以学生的速度素质提高显著。常规教学内容也涉及了跳跃练习，促进了学生的下肢力量和爆发力的发展，学生立定跳远成绩提高幅度明显。因为 1 分钟跳绳是二年级学生体质健康测试的加分项目，它在一定程度上可以弥补学生其他体质健康测试项目成绩的不足，所以跳绳是学生练习的重点，学生的 1 分钟跳绳成绩显著提高。该组学生 10 米往返跑和坐位体前屈成绩提升不显著，与常规组较为单一的教学内容，过于侧重体质健康测试项目的练习，不够注重各项运动素质均衡发展有关。

（二）体能训练教学对学生身体素质的影响分析

本研究的体能训练教学是指依据学生身体素质发展敏感期的特点，运用多种非专项的体能练习手段，改善学生身体形态，提高身体机能，发展运动素质，增进儿童青少年身体健康的训练。为了探讨体能训练教学对学生身体素质的影响，对该组学生实验前后测试的数据进行配对样本 t 检验，其结果如表 5 所示。

表 5 体能组学生实验前后身体素质测试结果对比

	指标	实验前 均值±标准差	实验后 均值±标准差	t	P
身体形态	身高	129.95±5.89	130.81±5.69	-2.02	0.04*
	体重	27.50±6.84	29.69±6.63	-8.05	0.00**
	BMI	16.20±3.21	17.22±2.78	-5.91	0.00**
身体机能	肺活量	1 233.21±270.79	1 328.43±342.45	-3.05	0.00**
运动素质	50 米跑	12.04±1.06	11.79±0.90	2.32	0.02*
	立定跳远	118.33±19.15	127.30±15.71	-5.48	0.00**
	10 米往返跑	14.60±1.31	14.16±1.16	3.39	0.00**
	坐位体前屈	11.19±7.19	12.46±5.91	-1.92	0.06
	1 分钟跳绳	92.02±28.20	107.02±30.60	-4.51	0.00**

从表 5 可以看出，实验后体能组学生各项指标的数值均发生了变化。身体形态方面，学生的身高、体重和 BMI 均有所提高，体重和 BMI 指

标差异具有极显著性（$P<0.01$），身高指标差异具有显著性（$P<0.05$）。身高的变化除了受自然生长因素影响以外，还与体育锻炼有关。从生理学方面分析，跳跃动作能够有效地促进下肢血液循环，增加骨骼的营养，促进生长发育。体能训练教学采用软梯、敏捷圈、标志碟和小栏架设计了并脚跳、单脚跳、单双脚交替跳、开合跳、侧跨跳等跳跃动作，且高度随着学生能力的提高而增加，能够有效刺激学生骨骼的增长。体重的变化与学生饮食摄入和体力活动不足有关。BMI 的增长与身高和体重有关，但 BMI 还处于正常范围。

身体机能方面，学生的肺活量指标差异具有极显著性（$P<0.01$）。肺活量的提高与学生身高、体重的增长，以及适量的体育锻炼有关。

运动素质方面，学生的各项指标成绩均有所提高。立定跳远、10 米往返跑和 1 分钟跳绳指标差异具有极显著性（$P<0.01$），50 米跑指标差异具有显著性（$P<0.05$），坐位体前屈指标差异不具有显著性（$P>0.05$）。体能训练方式器材多样，可设计的内容丰富。比如，运用软梯设计不同方向、不同频率的跑步练习，运用标志碟设计不同步幅的练习，运用标志桶设计 S 形、Z 字形、折返跑的练习，运用敏捷圈设计不同动作的跳跃练习，运用小栏架设计不同高度的跳跃练习，等等。这些练习有效提高了学生的速度素质、灵敏素质、下肢爆发力和协调性。由于体能组没有安排专门的柔韧练习，以结束部分的放松和伸展为主，时间较短，因此学生柔韧素质提高的效果不明显。

（三）体育游戏教学对学生身体素质的影响分析

本研究的体育游戏教学是根据学生的身心特点，利用垫子、软式排球、呼啦圈、报纸、沙包等器材，结合走、跑、跳等基本动作技能创编，以增强体质、提高学习兴趣和运动能力为目的的体育教学活动。为了研究体育游戏教学对学生身体素质的影响，对该组学生实验前后的测试数据进行配对样本 t 检验，其结果如表 6 所示。

表 6　游戏组学生实验前后身体素质测试结果对比

	指标	实验前 均值±标准差	实验后 均值±标准差	t	P
身体形态	身高	127.82±6.88	129.53±6.89	-9.39	0.00**
	体重	26.70±7.43	28.62±7.78	-11.23	0.00**
	BMI	16.14±3.24	16.83±3.15	-6.23	0.00**

不同体育教学方式对小学生身体素质影响的实验研究
——以北京实验学校（海淀）小学二年级学生为例

续表

	指标	实验前 均值±标准差	实验后 均值±标准差	t	P
身体机能	肺活量	1 287.3±269.69	1 363.70±330.08	-2.82	0.00**
运动素质	50米跑	12.05±0.98	11.76±0.89	3.83	0.00**
	立定跳远	124.09±21.84	125.11±18.45	-0.70	0.48
	10米往返跑	14.52±1.24	14.47±1.34	0.40	0.69
	坐位体前屈	12.81±7.54	12.02±6.85	1.61	0.11
	1分钟跳绳	94.41±31.86	103.80±34.35	-3.28	0.00**

从表6可以看出，实验后游戏组学生各项指标的数值均发生了变化。

身体形态方面，学生的身高、体重和BMI均有所提高，且差异具有极显著性（$P<0.01$）。除了自然生长因素影响以外，课堂中设计多样化跑步和跳跃的游戏，能够促进学生骨骼肌的生长发育。体重的变化与学生饮食摄入和体力活动不足有关。BMI的变化与身高和体重增长相关，但还维持在正常范围。

身体机能方面，学生的肺活量指标差异具有极显著性（$P<0.01$）。肺活量的提高与学生身高、体重的增长，以及适量的体育锻炼有关。

运动素质方面，学生的50米跑和1分钟跳绳成绩有所提高，差异具有极显著性（$P<0.01$）；10米往返跑、立定跳远和坐位体前屈三个指标差异不具有显著性（$P>0.05$）。在实验过程中，教学内容以跑步游戏居多，比如警察捉小偷、老鹰抓小鸡、踩影子、长江黄河等，该组学生处于速度素质发展的敏感期，游戏中的跑动、追逐、闪躲能够有效提高学生的速度素质。课堂中也进行了跳绳的练习，所以学生的1分钟跳绳成绩显著提高。该组学生的立定跳远和10米往返跑成绩有所提高，但是差异性不显著，柔韧素质不升反降，这与游戏教学的方式或者干预时间的长短有关。游戏以跑动、反应和团队协作的内容为主，较为注重培养学生参与运动的兴趣，忽略了各项运动素质的协同发展，所以导致对学生力量素质、灵敏素质和柔韧素质的提升效果不明显。

（四）体能训练+体育游戏教学对学生身体素质的影响分析

本研究的体能训练+体育游戏教学是根据小学生身心特点，结合学生身体素质发展敏感期，采用游戏和多种非专项的体能练习，以提高学生学习兴趣、增强体质、发展身体素质为目的的体育教学活动。为了研究体能训练+体育游戏教学对学生身体素质的影响，对该组学生实验前后的测试数据进行配对样本 t 检验，其结果如表7所示。

表7 体能+游戏组学生实验前后身体素质测试结果对比

	指标	实验前 均值±标准差	实验后 均值±标准差	t	P
身体形态	身高	128.65±6.17	130.42±6.25	-8.26	0.00**
	体重	26.76±6.30	27.99±6.39	-6.61	0.00**
	BMI	16.03±2.77	16.31±2.66	-2.62	0.01*
身体机能	肺活量	1 255.77±352.93	1 417.59±336.11	-4.78	0.00**
运动素质	50米跑	12.25±0.97	11.81±1.02	3.54	0.00**
	立定跳远	119.56±14.35	125.34±14.84	-4.05	0.00**
	10米往返跑	14.85±1.15	14.38±0.93	4.33	0.00**
	坐位体前屈	11.42±6.10	10.69±5.41	1.73	0.09
	1分钟跳绳	98.01±28.67	107.06±27.27	-3.68	0.00**

从表7可以看出，实验后体能+游戏组学生各项指标的数值均发生了变化。

身体形态方面，学生的身高、体重和BMI均有所提高，身高、体重指标差异具有极显著性（$P<0.01$），BMI指标差异具有显著性（$P<0.05$）。除了自然生长因素影响以外，课堂中将趣味性的游戏与形式多样的跑步和跳跃练习进行组合，促进了学生骨骼肌的生长发育。体重的变化与学生饮食摄入和体力活动不足有关。BMI随着身高和体重的增加而增加，但还处于正常范围。

身体机能方面，学生的肺活量指标差异具有极显著性（$P<0.01$）。肺活量的提高与学生身高、体重的增长，以及适量的体育锻炼有关。

运动素质方面，学生的各项指标成绩均有所提高。50米跑、立定跳远、10米往返跑和1分钟跳绳指标差异具有极显著性（$P<0.01$），坐位体前屈指标差异不具有显著性（$P>0.05$）。体能训练和体育游戏相结合的方式，一方面可以让学生在不同的游戏中跑动、闪躲和快速反应，另一方面可以利用软梯、敏捷圈、小栏架等器材对学生进行不同距离、不同高度、不同形式的跳跃练习和多样化的跑步练习等。这些练习有效提高了学生的速度素质、灵敏素质、下肢爆发力和协调性。由于该组的柔韧练习以结束部分的放松和伸展为主，时间较短，因此效果不明显。

（五）不同体育教学方式对学生身体素质影响对比

从实验干预后测-前测均值差的结果来看，四种不同的教学方式对学生的身体素质影响程度不同。

从图1可以看出，在身体形态方面，身高提升幅度体能+游戏组>游戏组>体能组>常规组，体重增加幅度体能组>游戏组>常规组>体能+游戏组，BMI增加幅度体能组>常规组>游戏组>体能+游戏组。总体来看，体能+游戏组在促进学生身高增长、控制学生体重和BMI增长方面效果更好。

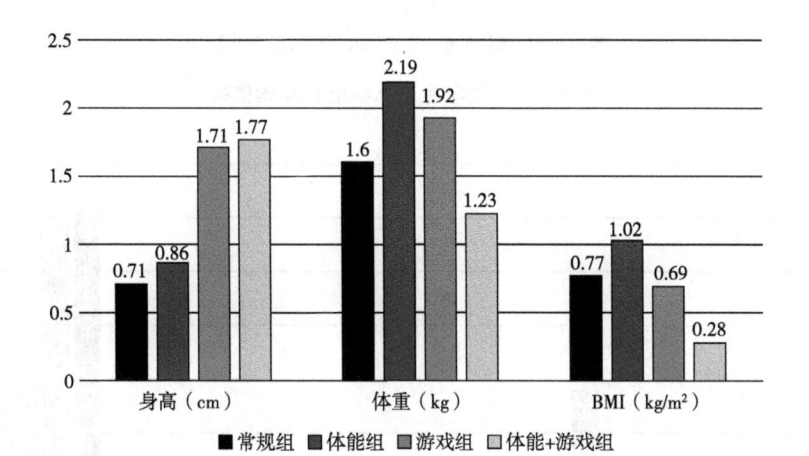

图1 各组别学生身体形态指标均值差

从图2可以看出，在身体机能方面，肺活量提高幅度体能+游戏组>常规组>体能组>游戏组，体能+游戏组提高学生身体机能效果更好。

从图3可以看出，在运动素质方面，50米跑提升幅度体能+游戏组>常规组>游戏组>体能组；立定跳远提升幅度体能组>体能+游戏组>常规组>游戏组；10米往返跑提升幅度体能+游戏组>体能组>常规组>游戏组；坐位体前屈指标仅有体能组小幅度提高，下降程度游戏组>体能+游戏组>常规组；1分钟跳绳指标常规组>体能组>游戏组>体能+游戏组。总体来看，体能组在提高学生立定跳远和坐位体前屈成绩方面效果更好，体能+游戏组在提高学生 50 米跑和 10 米往返跑成绩方面更有效果，常规组在提高学生 1 分钟跳绳成绩方面更有优势。

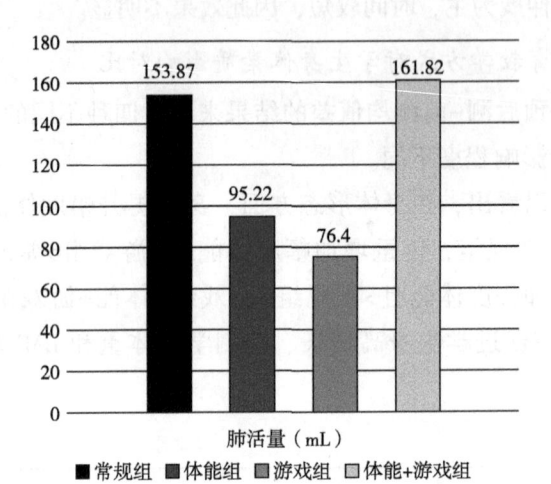

图 2　各组别学生身体机能指标均值差

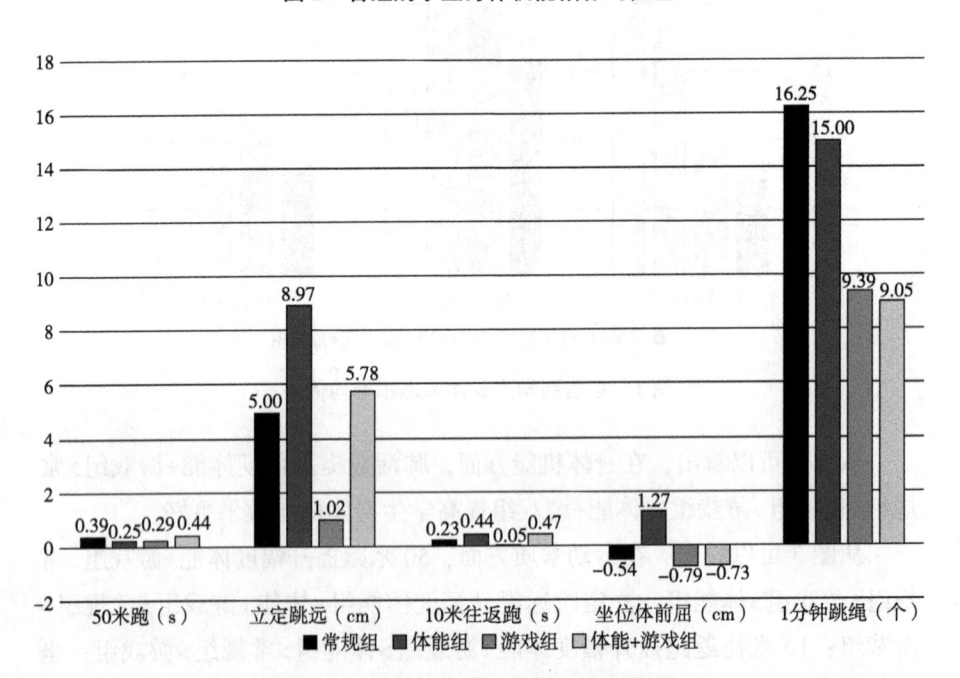

图 3　各组别学生运动素质指标均值差

五、结论

"生命在于运动",揭示了体育的重要性。在青少年生长发育期,参加体育锻炼不仅可以促进机体的新陈代谢以及呼吸、循环系统的功能发育,还能提高大脑的控制能力和指挥能力。在适当的营养保证下,长期坚持体育运动可使新陈代谢旺盛,有利于骨细胞的增殖、加速钙化过程,进而促进生长发育。本研究通过进行四种不同体育教学方式的实验,得出以下结论:经常参加体育运动可以促进学生身体形态、身体机能和运动素质的发展。体育教学方式不同,对学生体质健康的影响程度不同。体能训练+体育游戏教学对促进学生身体形态、身体机能、速度素质、灵敏素质的发展效果更好,体能训练教学对发展学生下肢爆发力和柔韧素质效果更好,常规体育教学对提高学生协调性效果更好。在日常的教学中,教师要根据教学内容和学生的身心特点选择教学方式,注意教学内容的趣味性和练习方法的多样性,注重各项身体素质的均衡发展,激发学生体育学习的兴趣,让学生能够热爱体育,养成终身体育的习惯。

参考文献

[1] "健康中国 2030"规划纲要[N].人民日报,2016-10-26 (001).

[2] 关于深化体教融合 促进青少年健康发展的意见[J].体育教学,2020,40(10):8-9.

[3] 中共中央办公厅 国务院办公厅印发《关于全面加强和改进新时代学校体育工作的意见》[J].体育教学,2020,40(10):5-7.

[4] 第八次全国学生体质与健康调研结果发布[J].中国学校卫生,2021,42(9):1281-1282.

[5] 马冠生.中国肥胖报告[M].北京:人民卫生出版社,2017.

[6] 中共中央国务院关于加强青少年体育 增强青少年体质的意见[J].体育教学,2007(4):4-5.

[7] 李晓捷.人体发育学[M].3版.北京:人民卫生出版社,2018.

［8］邓树勋. 运动生理学［M］. 3版. 北京：高等教育出版社，2015.

［9］中国学生体质与健康研究组. 中国学生体质与健康调查报告［M］. 北京：人民体育出版社.

［10］王宏建. 青少年身体素质发展敏感期的综述研究［J］. 体育科技文献通报，2017，25（6）：108-109.

［11］王步标，华明. 运动生理学［M］. 北京：高等教育出版社，2006.

首都高校大学生体质测试未达标学生体质状况追踪及影响因素分析

——以北京石油化工学院为例

于丽 王敏 董煜*

【摘　要】 大学生是国家未来的栋梁，是国家蓬勃发展的建设者和希望。青年学生体质健康状况关乎国家进步和未来发展，所以当下促进他们体质健康发展已成为整个国家、全社会关注的焦点。教育部已于2014年颁布《国家学生体质健康标准》（以下简称《标准》）。近年来，国家非常重视青年学生的体质健康状况，中共中央、国务院印发的《"健康中国2030"规划纲要》制定了到2030年国家学生体质健康标准达标优秀率25%以上的目标。而《标准》实施中，未达标学生逐年增加，给学校体育教学工作敲响警钟。本文通过对体质测试未达标学生进行运动干预，找出规律，汇总问题，探讨体质测试未达标学生体质水平提升的有效解决办法，以期引起学校的足够重视，为促使未达标学生的体质健康水平提高提供参考和借鉴。

---

* 于丽，北京石油化工学院体育部教师，讲师；王敏，北京石油化工学院体育部教师，副教授；董煜，北京石油化工学院体育部教师，讲师。

【关键词】 普通高校；体质测试；未达标；运动干预

一、引言

  广大青少年身心健康、体魄强健、意志坚强、充满活力，是一个民族旺盛生命力的体现，是国家综合实力的重要方面。体育锻炼和体育运动是促进大学生体质健康的重要途径，高校体育课程是培养他们自觉体育活动意识的摇篮。国家从 1979 年开始组织实施《中国学生体质与健康调研》，1985 年至 2010 年，六次组织全国范围的学生体质健康调查，对学生体质健康状况进行了持续、系统的调研、监测，建立了完善的中国学生体质健康调研制度。当前，学生的体质仍存在很多问题，主要体现在：身体形态稳步提高，但体重过重问题日益明显，超重和肥胖学生的比例明显增加；身体素质部分指标不断下降，耐力、力量、速度等体能指标有明显下降趋势。学校体育在提高大学生体质方面担负着重要职责。增进学生身心健康，增强学生体质是学校体育工作的基本任务之一。近三年，北京石油化工学院学生的体质情况呈现出连年下降趋势，需采取相应的措施提升学生身体素质水平，尤其是体质测试未达标学生的身体素质水平。本文通过连续跟踪 2021 学年、2022 学年体质测试中未达标学生体质状况，主要观察并对比学生身体形态、身体机能、身体素质等数据的演变，探索影响大学生体质的因素及体育教学对大学生体质的影响，找出高校体育教学中存在的问题，提出一些改善体育教学的可行性建议，以达到提高广大学生体质健康水平的目的。

二、研究对象与研究方法

（一）研究对象

  选取北京石油化工学院 2021 级体质测试未达标的女生 68 人为研究对象。根据课后有无自主锻炼分为 A 组（课后锻炼+自主运动组）和 B 组（课后锻炼+无自主运动组）。其中，A 组 39 人，B 组 29 人。

  为避免发生伤害性事故及出现教学进度效果差异，实验过程中统一设计教学内容和资料，统一教学进度，并统一授课。线上课程开学初连续 16

周，在开课初、期中、期末分别进行阶段性测试并进行对比评价，评价标准保持一致。

（二）研究方法

1. 文献资料法

通过查阅学校图书馆、Web Of Science、中国知网（CNKI）等为设计调查问卷、完成本研究奠定一定的理论基础。

2. 问卷调查法

通过问卷星软件自制学生课余体育活动情况调查问卷。经专家咨询并验证问卷的信度与效度，发放问卷 68 份，回收有效问卷 68 份，有效回收率为 100%。对回收问卷的数据资料进行整理，建立数据库，并进行统计与数据处理。

3. 测量法

采用大连万通学生体质测量仪器进行体质测试，得到学生体质测试数据，并进行对比。

4. 专家访谈法

采用线上会议形式向首都高校体育教学资深专家进行咨询。

5. 数理统计法

通过 Excel 2010 和 SPSS 17 中的相关性分析和回归分析对数据进行分析。对 A 组和 B 组 2021 学年和 2022 学年两年的身体形态、身体机能、身体素质等指标进行独立样本 t 检验，进行组间的配对样本 t 检验，对两组学生的问卷进行卡方检验。

三、研究结果与分析

（一）体质测试达标率的变化比较分析

分别对两组学生 2021 学年和 2022 学年的体质测试达标人数与达标率进行统计分析和比较后发现：两组学生体质测试达标率均有所提高，A 组进行体育锻炼干预后，体质测试达标学生由 4 个上升至 24 个；B 组体质测试达标学生由 0 个上升至 4 个，达标率由 0% 上升到 14%。在调查期间了解到，B 组学生一学年内身体质量指数（BMI）基本没有什么变化。B 组中肥胖学生占多数是影响 B 组学生体质测试未达标的重要原因之一。

（二）体质测试中身体形态变化比较分析

如表1所示，分别对2021学年和2022学年的课后锻炼+自主运动组及课后锻炼+无自主运动组学生的身体形态指标进行独立样本 t 检验，结果显示：2021学年和2022学年，A组与B组学生的身高、BMI值等指标没有显著性差异，只有2022年的体重指标表现出显著性差异（$P<0.05$）。

表1　两组学生一学年后身体形态的比较（$\bar{X} \pm S$）

学年	分组	身高	体重	BMI
2021	A组	168.30±1.46	62.11±2.55	24.49±0.73
	B组	169.50±1.81	72.94±3.56	26.38±1.03
2022	A组	167.53±1.41	63.37±2.37	23.52±0.70
	B组	166.42±1.64	73.51±3.43*	26.43±1.03

注：* $P<0.05$，** $P<0.01$。

（三）体质测试中身体机能变化比较分析

肺活量是反映肺功能的一项重要指标，反映人体呼吸系统最大工作能力，是衡量人体健康状况的重要标志。

如表2所示，分别对2021学年和2022学年两组学生的身体机能指标进行独立样本 t 检验。结果显示，2021学年和2022学年，A组与B组学生的肺活量指标没有显著性差异。只有2022学年的肺活量体重指数表现出显著性差异（$P<0.01$）。从数据对比可知，一学年后，两组学生的肺活量增长没有显著性差异。此项数据跟体重相关，说明在学生体质健康项目中，体重是很重要的一部分，它会对许多体质测试指标产生影响。所以，控制体重是学生体质测试达标率的重要保证。

表2　两组学生一学年后身体机能的比较（$\bar{X} \pm S$）

学年	分组	肺活量	肺活量体重指数
2021	A组	2 878.95±100.96	44.04±1.17
	B组	2 796.84±94.30	41.75±2.00
2022	A组	3 415.63±99.50	55.35±1.60
	B组	3 435.84±167.54	47.96±2.76**

注：* $P<0.05$；** $P<0.01$。

近年来，北京石油化工学院重视课上学生有氧耐力的训练，并结合校园健身跑 App 鼓励学生进行有氧运动。有研究表明，有氧运动可以使呼吸肌力加强，肺及胸廓的弹性增强，提高呼吸系统的循环功能，增加肺的容量和通气量，使最大摄氧量的绝对值、相对值均显著上升。由此可见，参加有氧运动能有效提高肺功能。

在本实验中，笔者认为学生的身体状态、气温以及周围环境等都会影响测试结果，多次测试结果的浮动性较大，数据的有效性有待进一步研究。

（四）体质测试中身体素质变化比较分析

身体素质指标包括耐力、力量、速度等，是衡量人的体质强弱与运动机能的指标。为便于跟踪和数据采集分析，仍采取握力项目进行数据采集及对比研究。握力主要反映前臂屈肌群静力性力量，在抓握重物的同时屈指肌肉在等张收缩时产生力量，动力性的握力是决定因素。

分别对两组学生身体素质指标进行独立样本 t 检验和配对样本 t 检验，结果如表3所示。

表3 两组学生一学年后身体素质的比较（$\bar{X}\pm S$）

学年	分组	握力体重指数	立定跳远
2021	A组	44.84±1.37	1.63±0.03
	B组	37.87±1.57*	1.53±0.04*
2022	A组	49.30±2.85	1.86±0.04
	B组	37.30±3.18*	1.61±0.05**

注：*$P<0.05$，**$P<0.01$。

由表3可知，A组与B组学生在握力指标方面并没有显著性差异。调查可知，学生们优势手比劣势手的握力数值稍大。笔者认为被试者左右手的力量是否一致也是影响数据精准度的一个重要原因，有待进一步研究。

两组的立定跳远数据表现出显著性差异。不难看出，A组学生相较B组学生的立定跳远成绩相差很大，这也说明了学生进行自主锻炼对提高学生的体质测试成绩有很大的帮助。所以，建立和培养学生自主锻炼意识和运动能力，很大程度上能提高学生的身体素质水平。

近三年来，为了提高学生身体素质，笔者始终将提升有氧耐力的课课练内容作为课堂主要教学内容之一。通过以上数据可知，经过一学年的课上+课下运动干预和运动意识培养，立定跳远的成绩有明显的提高，且具有极显著性差异。因此，将体质测试项目内容列入高校体育课内容，并在课堂上组织练习，体质测试的项目成绩就会提高。可见，未达标学生能否达标与体育教师平时组织的课堂练习也有很大关系。

课课练是北京石油化工学院体育课课堂教学中的一种组织形式，如男生素质课将跳绳列入课课练内容。课课练是指针对体育教学的目的和任务，根据体育教学的原则，为了锻炼身体、增强体质、提高运动技术水平，在所设计与讲授的每节体育课中，规划一定的时间板块，有针对性地进行一定的量与强度的身体练习。通过课课练，明确身体锻炼的重要意义，调动学生练习的积极性，按部就班，循序渐进，使学生的身心得到全面发展。

学生参加课外体育活动的频率和时间是学生课外体育活动开展效果的重要指标之一，是改善学生体质状况的前提条件。本次调查中得知，有48.46%的学生参加课外体育活动的频率为每周3次以上，18.62%的学生参加课外体育活动的频率为每周2~3次，28.92%的学生参加课外体育活动的频率为每周2次以下，有4%的学生未参加任何形式的课外体育活动。这说明大部分学生已认识到体育锻炼的重要性和必要性，但还有少部分学生很少参加课外体育活动，对体育锻炼的认识淡薄，需要体育教师进行正确引导。

四、结论与建议

（一）结论

首先，结合课后锻炼，培养自主锻炼意识能有效地改善学生的身体形态、身体机能和身体素质，从而提升体质测试达标率。

其次，体育教师在体育课堂上不做出相对应的运动指导和干预，仅凭课后学生使用校园健身跑 App 这种单纯的课后锻炼方式提升体质测试达标率的效果有限。

（二）建议

学校与体育教师要鼓励并引导学生加入学校体育社团，培养学生的体育锻炼意识、态度和习惯。同时,学校要重视体质测试中未达标学生的肥胖问题,对肥胖学生的锻炼进行有针对性的干预,并进行一对一的体育指导。

参考文献

[1] 教育部. 中共中央国务院加强青少年体育增强青少年体质的意见 [N]. 中国教育报,2007-05-25.

[2] 学生体质健康标准研究课题组. 学生体质健康标准(试行方案)解读 [M]. 北京:人民教育出版社,2003.

[3] 2008—2010年国家学生体质健康标准测试数据分析报告 [N]. 北京晚报,2012-07-03.

[4] 胡怡. 健康中国背景下湖南工业大学学生体质健康现状分析与对策研究 [D]. 株洲:湖南工业大学,2019.

[5] 侯新新. 宁夏高校大学生体质健康现状调查与分析 [D]. 西安:西安体育学院,2017.

[6] 梅进松. 北京市职业高校大学生体质健康现状调查与对策研究 [D]. 北京:北京体育大学,2016.

[7] 张强峰,周帆,刘哲瑜,等.《国家学生体质健康标准》测试结果公示:动因、问题与推进方略 [J]. 武汉体育学院学报,2020,54(9):10-15.

[8] 张潮. 体质健康标准测试对大学生体育锻炼行为的影响分析 [J]. 中国培训,2017(12).

运动类 App 对提升高校大学生第二课堂体育锻炼效果的实证研究

——以中国石油大学（北京）为例[*]

王合霞 唐 亮 朱 静 王 晶 何 帆[**]

【摘 要】 本文以中国石油大学（北京）体育第二课堂锻炼大学生为研究对象，主要采用文献资料法、问卷调查法、数理统计法等研究方法对大学生多个维度的体育锻炼数据展开调查分析。通过研究运动类 App 使大学生在第二课堂锻炼中产生的隐性体育行为，分析学生运用乐动力 App 参与 100 公里跑的数据，发现运动类 App 对学生的体育锻炼行为具有积极影响，对大学生体能提升具有明显效果。研究结论为学生使用多样化的锻炼方法和进行多元化的体育活动提供了重要依据。

---

[*] 基金项目：2022 年中国石油大学（北京）校级重点课题——运动类 App 对大学生体育锻炼行为影响因素研究。

[**] 王合霞，中国石油大学（北京）体育与人文艺术学院教师，教授；唐亮，中国石油大学（北京）体育与人文艺术学院教师，副教授；朱静，中国石油大学（北京）体育与人文艺术学院教师，副教授；王晶，中国石油大学（北京）体育与人文艺术学院教师，讲师；何帆，中国石油大学（北京）体测中心教师。

运动类 App 对提升高校大学生第二课堂体育锻炼效果的实证研究
——以中国石油大学（北京）为例

【关键词】 运动类 App；第二课堂；体育锻炼；大学生

一、前言

近年来，随着信息技术的不断更新和发展，人民的生活呈现出多元化，很多运动类 App 出现，很多人会通过运动类 App 来锻炼和学习。运动类 App 是以手机终端为传播载体，为用户提供运动数据、锻炼方法指导、运动成果分享等，以引领运动者拥有健康生活为目的的第三方应用程序。高校体育的第二课堂是对第一课堂学习的延伸、补充、发展，具有广泛的、深刻的、显著的教育功能。学校利用学生的业余时间，开设内容丰富、形式多样的第二课堂体育锻炼，旨在促进学生加强体育锻炼、提高身体素质，充分体现了学生在学习过程中的主体作用，与第一课堂教学相得益彰。现阶段广大师生的学习生活都离不开智能手机，在信息化不断发展的背景下，高校无线网络实现全覆盖，运动类 App 与高校体育第二课堂相结合能够增强学生主动锻炼的意识。运动类 App 在高校体育教学中的应用可以弥补传统体育教学的弊端，符合时代发展的潮流，属于新型的体育教育模式。

二、研究对象

以中国石油大学（北京）2022 级本科生为研究对象，对他们统一下载乐动力 App 参与 100 公里跑步的数据进行统计，分析 2022 级本科生第二课堂中 100 公里跑步任务完成效果。

三、研究方法

（一）文献资料法

根据研究需要，查阅中国石油大学（北京）图书馆文献资料，并在中国知网、万方数据库等进行文献搜索，为本研究提供理论支撑。

（二）问卷调查法

通过问卷调查，了解中国石油大学（北京）大一本科生平时生活中对运动类 App 的了解、使用及运动类 App 对体育锻炼行为的影响，为本次实证研究做充分准备。

（三）实验法

2022级本科生全部统一下载乐动力App，进行一个学期的100公里跑步实验。

（四）数理统计法

从乐动力后台导出数据，运用Microsoft Office软件对数据进行处理，运用图表的形式直观、简明地反映数据的基本特征。

具体实证过程如表1所示。2023年春季学期学生有效跑步里程累计在100公里以上，最少跑步次数在15次以上，算完成本学期跑步任务。

表1 具体实证过程

阳光体育课外锻炼要求		备注
累计里程	≥100公里	累计里程不低于100公里（男女生一致）
单次平均配速	4~10分/公里 或 6~15公里/时	
跑步距离	≥2公里/次；≤8公里/次	每次低于2公里为无效成绩，超出8公里部分不计成绩
有效跑步次数	15次	每学期至少完成15次有效跑步次数

四、结果与分析

（一）学生平时使用习惯

第二课堂开课前，对学生发放"关于学生的运动健身类App使用体验"的调查问卷100份，回收100份。

调查结果显示，在平时生活中，绝大多数受访的大学生都会自己使用运动类App，不使用的调查对象只占到了8%。在使用运动类App的大学生中，每天使用的占10%左右，经常使用的占25%左右，偶尔使用的占50%左右。在使用目的上，与课堂教师一线访问的数据相比，第二课堂的硬性要求使用的比例翻倍，主要是由于此次调查对象均为实验对象。但日常锻炼占比仍然最大，说明大学生平时就有使用运动健身类App的需求。在App的选择上，最喜欢使用Keep的人占比最高，达到了30%；其次是运动世界校园及悦跑圈，占比分别为20%及15%。对比随机抽样的调查问卷，Keep和运动世界校园占比均位于前两位。

（二）运动类App的选择

除Keep、悦动圈、咕咚、小米运动、动动等以外，当前市面上还有很多运动类App。为方便管理、便于对数据的统计和分析，以及有效督促学生主动锻炼打卡，中国石油大学（北京）规定第二课堂统一使用乐动力运动App。

（三）第二课堂体育锻炼总体完成情况

图1展示了一学期学生第二课堂使用乐动力App运动完成情况（含线下活动奖励里程）。

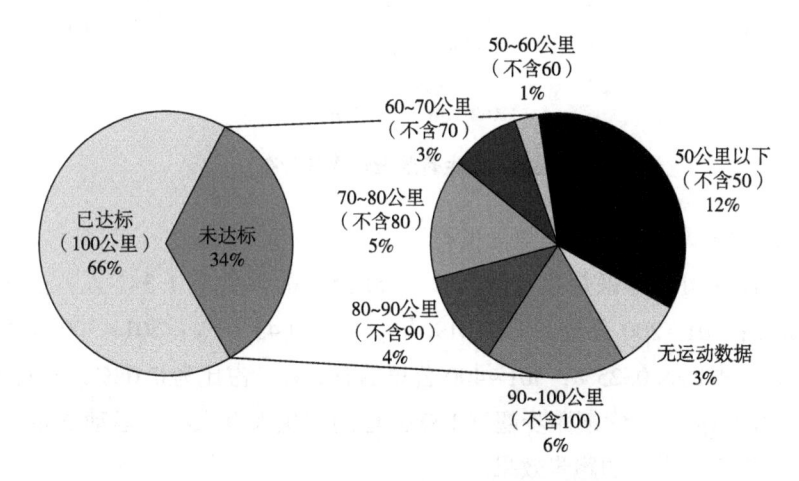

图1 学生完成运动情况

全员人数2 369人。已达标人数1 688人，占比为71.25%。未达标人数681人，占比为28.75%。未达标人数包含：疫情特殊时期完成时间冲突的、肥胖者、身体有伤有病的、因作弊被取消成绩的、未按时间节点完成的。

1. 第二课堂体育锻炼频率

体育锻炼频率是指人们参与体育活动的次数，可以反映出一个人的体育锻炼积极性。此次统计我们以一个学期为一整个大周期。

由图2可知，有效锻炼次数为0次的学生有79人，占比为3.33%；有效锻炼1~10次的学生有517人，占比为21.82%；11~20次的有1 028人，占比为43.39%；21~30次的有564人，占比为23.81%；31~40次的有118人，占比为4.98%；41~50次的有63人，占比为2.66%。可见大部分学生能够满足学校的体育锻炼频率需求。

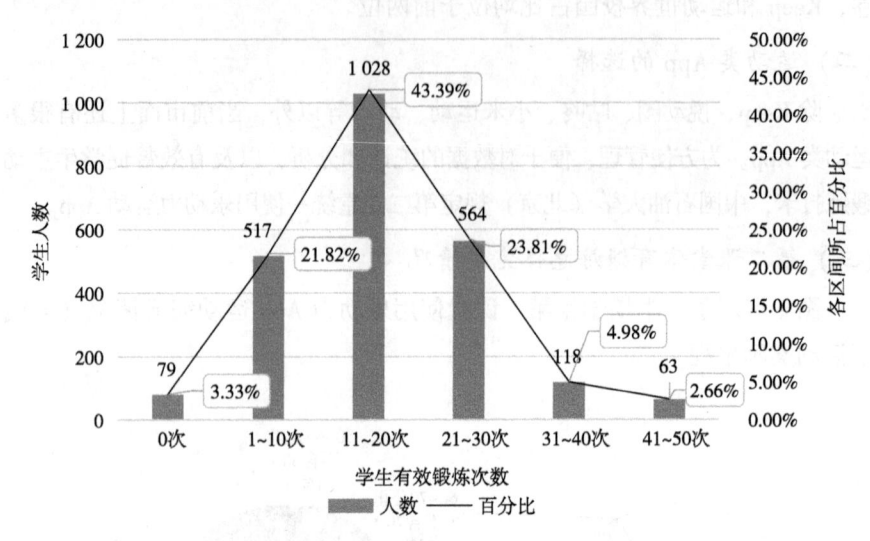

图 2　学生有效锻炼次数分布

2. 第二课堂体育锻炼累计里程

由图 3 可知，锻炼累计里程 0~100 公里的学生有 1 342 人，占比为 56.65%；101~200 公里的有 1 019 人，占比为 43.01%；201~300 公里这有 6 人，占比为 0.25%；301~400 公里的有 2 人，占比为 0.08%。这证明：通过运动 App，每学期跑步超过 100 公里的学生大有人在；运动 App 的使用有效提高了学生的跑步效果。

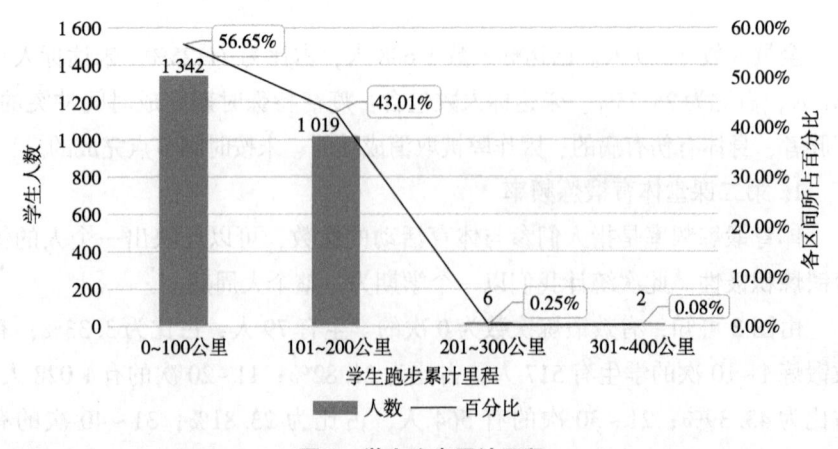

图 3　学生跑步累计里程

3. 第二课堂体育锻炼总计里程（加奖励）

总计里程包括实际跑步累计里程加上奖励里程。每日早 6：00～9：00 在红旗操场内晨跑锻炼，给予一定奖励，2 公里以上的部分乘以 1.5 的系数，单次累计上限总和为 8 公里，每人每天只记录一次有效跑步次数。

由图 4 可知，累计里程 0～100 公里的学生有 686 人，占比为 28.96%；101～200 公里的有 1 646 人，占比为 69.48%；201～300 公里的有 34 人，占比为 1.44%；301～500 公里的有 3 人，占比为 0.13%。学生通过跑步奖励，达到 100 公里的人数明显增加。由此可见，奖励措施对学生在第二课堂跑步能够起到积极的促进作用。

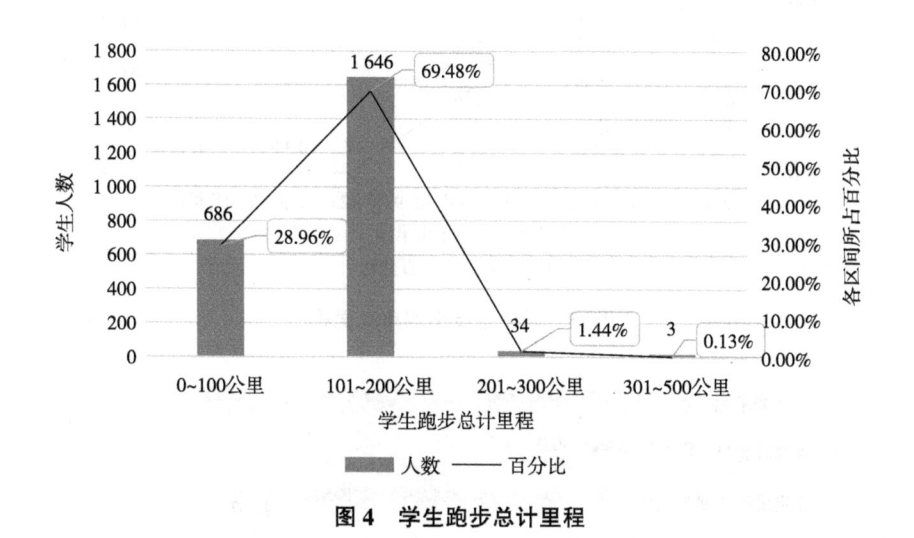

图 4　学生跑步总计里程

4. 第二课堂体育锻炼平均单次里程

由图 5 可知，平均单次里程 0～3 公里的学生有 492 人，占比为 20.77%；3.01～6.00 公里的有 1 468 人，占比为 61.97%；6.01～9.00 公里的有 398 人，占比为 16.80%；9.01～12.00 公里的有 8 人，占比为 0.34%；12.00 公里以上的有 8 人，占比为 0.13%。规定 2 公里以内的跑步无效，证明有很多学生没有仔细研究文件要求，大多数学生还是能够按照要求完成跑步打卡的。

（四）2021 级本科大一学生与 2022 级本科大一学生体质测试数据分析

1. 2021 级、2022 级大一女生体质测试单项指标对比分析

由图 6 可知，2021 级学生 1 分钟仰卧起坐比 2022 级优秀、肥胖率比

2022 级低，但是 2022 级学生 800 米跑、50 米跑、立定跳远、坐位体前屈的成绩均更加突出。这证明经过一学期的 100 公里跑步打卡，学生短跑、长跑成绩都有了一定程度的提高，高校第二课堂体育锻炼效果凸显。

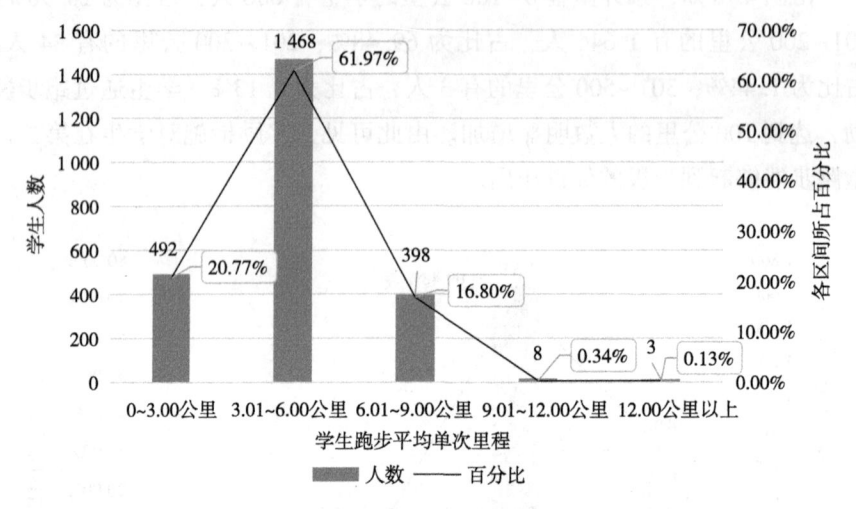

图 5　学生跑步平均单次里程

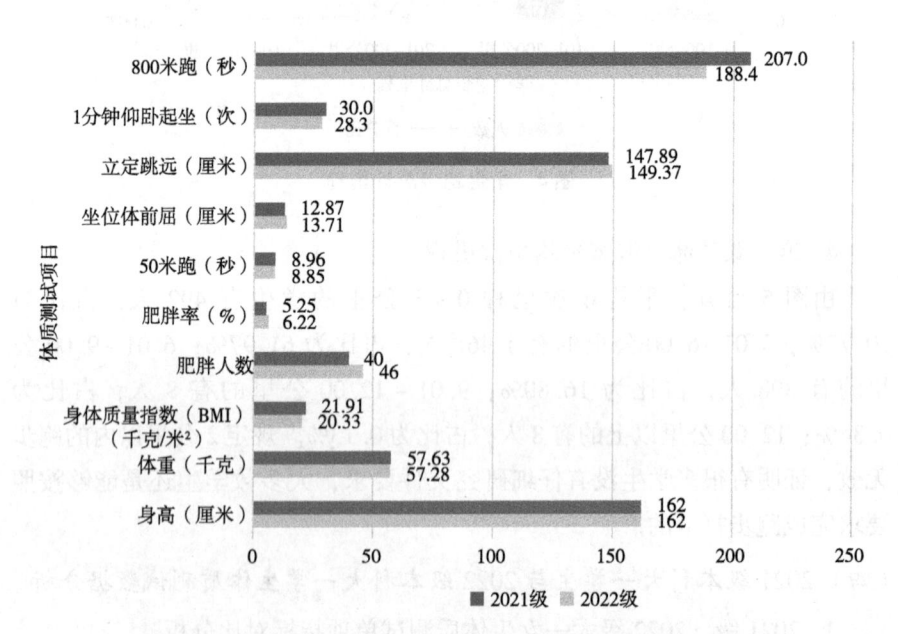

图 6　2021 级、2022 级本科大一女生体质测试单项指标平均值

2. 2021级、2022级大一男生体质测试单项指标对比分析

由图7可知，2021级学生立定跳远、肥胖率方面较2022级优秀，2022级学生1 000米跑、50米跑、引体向上、坐位体前屈的成绩均更加突出。这证明经过一学期第二课堂100公里跑步打卡，学生的成绩有所提升，但是肥胖率居高不下需引起重视。

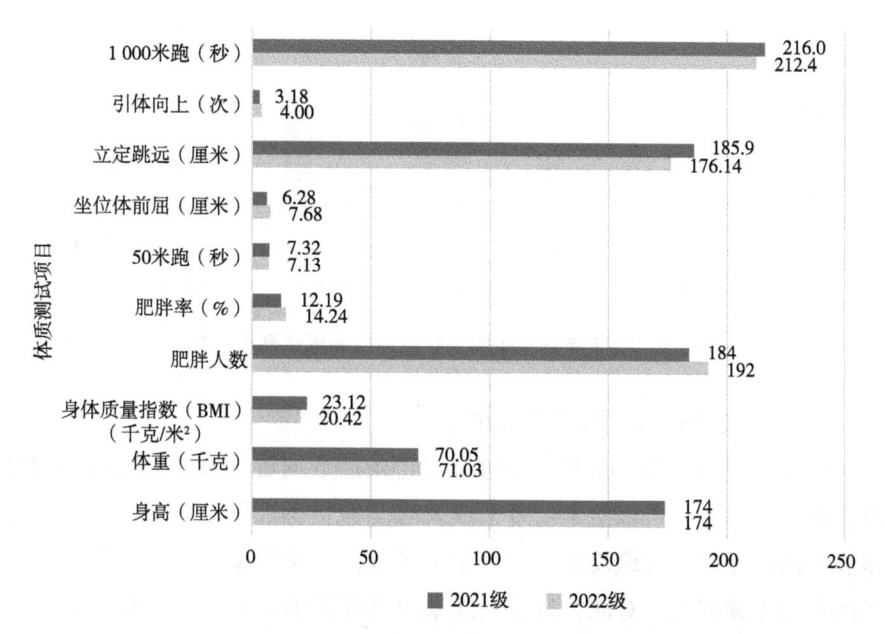

图7 2021级、2022级本科大一男生体质测试单项指标平均值

3. 2021级、2022级大一学生体质测试优良率汇总

由图8可知，2022级学生体质测试优秀率、及格率、通过率均高于2021级，整体身体素质有所提升，证明第二课堂100公里跑步打卡的锻炼效果显著。

（五）运动类App在课外体育锻炼中运用效果方面存在的问题

经过1学期16周的相关实验后，根据学生在使用运动类App进行课外体育锻炼过程中出现的问题，总结出目前运动类App主要存在以下问题。

1. 运动类App部分数据记录不够稳定

学生表示在使用运动类App进行跑步锻炼时，App的定位会出现问题，无法精准定位当前的位置，跑步结束后生成跑步轨迹时会出现公里数不对或

者轨迹与原路径不符的情况,有时候甚至还会出现系统崩溃的情况。

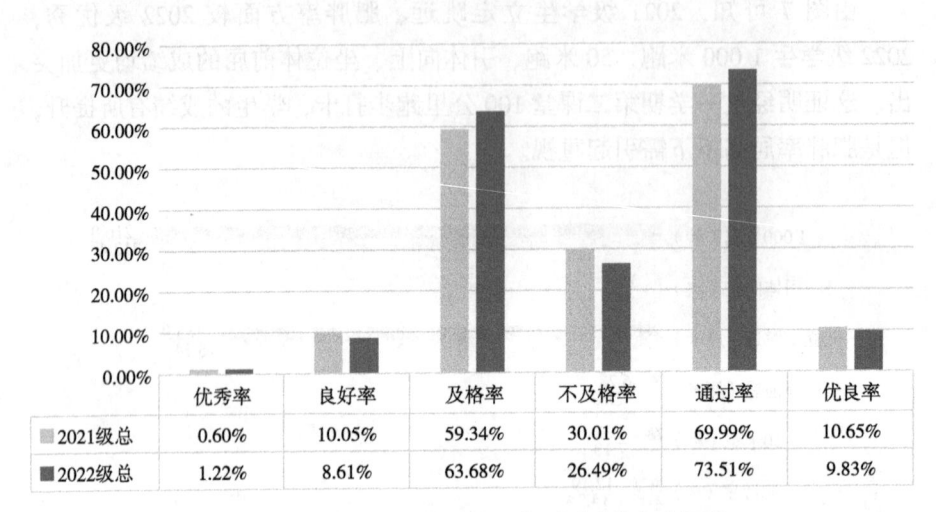

	优秀率	良好率	及格率	不及格率	通过率	优良率
2021级总	0.60%	10.05%	59.34%	30.01%	69.99%	10.65%
2022级总	1.22%	8.61%	63.68%	26.49%	73.51%	9.83%

图8　2022年各年级本科学生体质测试优良率汇总

2. 运动类App无法杜绝作弊现象

学生使用运动类App后,能够通过记录的数据看到自身每天运动的情况,在一定程度上可以给学生带来成就感与满足感。但也有个别学生不想跑步,出现让同学代跑现象。一个学生可以同时拿着多个手机跑步,系统无法辨别作弊情况。对此,目前只能采取教师讲道理和同学互相监督等措施,尚不能杜绝作弊行为。

五、结论与建议

(一) 结论

1. 运动类App对学生的体育锻炼行为具有积极影响

在高校第二课堂体育锻炼中,运动类App的运用有助于学生对待体育锻炼的态度向积极方向转变,对高校学生的体育行为具有积极影响。具体表现为学生在体育锻炼中主动参与意识增强,锻炼频率提高,锻炼强度增加,锻炼时间拉长。

2. 运动类App对大学生体能提升具有明显效果

运动类App能够促进体育锻炼,有助于学生减脂塑形、强化心肺。学生为了完成体育第二课堂打卡，经常超额完成任务。大部分学生体重减轻，体能增强，素质提高，同时养成了体育锻炼的习惯。

（二）建议

1. 高校体育教育应结合实际需求，选择运动类 App，提升教学效果

运动类 App 与高校体育教育的结合是未来发展的趋势。随着新媒体技术的不断升级和普及，运动类 App 的市场和影响力也将不断扩大，其在高校体育教育中的作用也将更加凸显，体育教师应根据实际需求选择适合体育教学的运动类 App 辅助体育教学，提升教学效果。

2. 运动类 App 应规范标准，完善功能

运动类 App 完全融入体育教育中，还有待进一步实践和探索。目前国内运动类 App 市场仍处于发展初期，市场缺乏统一标准和规范，有些运动类 App 的品质和安全性尚未得到保障。未来应加强品质和安全控制，根据用户需求提供多元化和个性化的服务，推动运动类 App 和高校体育教育有机结合。

参考文献

[1] 石璞. 不同类型大学生对运动健身类 APP 的选择研究：以北京体育大学学生为例 [J]. 体育世界（学术版），2016（2）：56-57.

[2] 陈佩，李晓晨，陈东良. 运动类 APP 对大学生体育锻炼行为的影响研究：以东南大学为例 [J]. 体育科技文献通报，2016（7）：109-111，150.

[3] 李丽莹. 运动类 APP 的"线上教学"与"数据记录"功能对高校体育教学改革的影响探究 [J]. 当代体育科技，2019，9（33）：129-130.

[4] 王振亚. 互联网+在高校体育发展中的作用与趋势 [J]. 体育世界，2018（4）：34-35.

大学生运用运动 App 提升身体素质的实证研究

刘振华　牟春蕾　王法涛*

【摘　要】 本研究选择利用文献资料、问卷调查等方法，从所在区域的高等院校中选择 500 名大学生作为研究对象，向其发放有关运动 App 应用的调查问卷，从大学生对于运动 App 的了解程度、大学生使用的运动 App 的功能和运动 App 的路径三个方面进行分析，并对 500 名大学生使用运动 App 前后的身体素质进行全方位分析和研究。研究发现，目前大学生对于运动 App 的了解程度较高，并且经常使用其中的计步、运动计划、视频指导、饮食规划、卡路里消耗等功能。同时，大学生也会利用社交平台、亲友推荐、商城推荐等多种方法得知运动 App，且经过体测发现学生的整体运动达标率有所提高。但目前的运动 App 无法满足学生的体质监测需求，并且无法为学生提供相应的锻炼指导意见，运动 App 的内容与高校体育锻炼存在一定的差距。为了保证大学生能够利用运动 App 提高个人的身体素质，需要校方结合教育实际状况与专业企业开发、宣传专业运动 App，并由教师提供相应的指导或者推荐趣味性运动项目。同时学生也需要利用可穿戴设备形成良好的运动习惯。

【关键词】 大学生；运动 App；提升身体素质

＊ 刘振华，首都经济贸易大学体育部教师，讲师；牟春蕾，首都经济贸易大学体育部教师，副教授；王法涛，北京体育大学体育休闲与旅游学院，教授。

在目前高校体育教育关注学生身体素质发展以及智能终端持续普及的背景下，运动 App 已经成为学生智能手机中应用频率较高的软件。运动 App 能够和微信运动进行关联，借助与之相对应的手表、手环，能够对学生的实际运动量进行监测，并且能够针对学生的后续运动提供相应指导。但总体来看，运动 App 的功能模块数量较多，与学生的体质监测需求和高校的体育锻炼内容始终存在一定的差距，学生只是倾向于利用运动 App 中的基础的卡路里消耗、计步的功能模块与同学和朋友进行对比，虽具备一定的锻炼作用，但学生的整体素质提升有限。故此，本文通过选择使用问卷调查、文献资料等多种方法，针对大学生群体运动 App 的使用状况进行研究，为后续大学生群体利用运动 App 提高个人身体素质提供参考。

一、研究对象与研究方法

（一）研究对象

结合本次的调查主题，研究人员从所处区域的 3 所高校选择 500 名学生参与本次研究。在本次问卷调查工作开始前，询问了参与本次研究的 500 名学生的意见，在始终坚持学生自愿参与的基础上，尊重学生的个人隐私，选择使用无记名问卷调查方法。

（二）研究方法

本次研究选择综合使用文献资料法和问卷调查法两种方法。在研究工作开始前，收集与大学生身体素质提升和运动 App 使用相关的专著以及研究文章，提炼其中的核心观念以及计量体系，根据高校体育内容以及大学生的身体素质指标设计相应的调查问卷，并综合考虑教育专家的意见，对调查问卷内容进行修改。随后，利用问卷星网站向学生发放本次问卷调查的链接，参与本次研究的 500 名学生通过点击链接在线填写问卷，避免线下问卷调查出现差错。参与本次研究的 500 名学生均完成了调查问卷，最终回收有效问卷数量为 500 份，有效回收率为 100%。

二、问卷研究结果分析

(一) 大学生对运动 App 的了解程度

如今的大学生以"00后"群体为主，因为生长于网络信息时代，对于各种运动 App 的了解程度较高。本次调查问卷结果显示，参与研究的500 名学生中曾经或者正在使用运动 App 的学生有 482 名，占本次总调查人数的 96.4%，这也代表高校里有超过 95% 的大学生曾经使用或者正在使用运动 App，意味着运动 App 与大学生个人的行为习惯有着良好的契合度，且具有良好的市场发展前景。通过与部分学生进行沟通和交流发现，运动 App 也具备一定数量的潜在用户，学生可以通过同学和家人了解全新的运动 App，但因为其他因素或者是缺少同伴的影响，并未进行尝试。从本次调查问卷的数据不难发现，尚未使用过运动 App 的大学生有 18 人，占比仅为 3.6%，通过沟通发现，这部分大学生对于体育意识的培养和日常体育教学的认知出现了混淆现象。但运动 App 能够通过记录数据和信息运动轨迹满足学生自我发展的需求，运动 App 的作用得以发挥。

同时，运动 App 的快速发展使得功能模块变得越发完善，也代表这种全新模式对于学生的吸引力明显增加。国家政府部门对于大学生体育素质的要求也在不断提高。大学生课余时间较为宽裕，可以在课下学习、应用专业知识，或者锻炼专业技能。市面上存在的运动 App 的数量较多，以大家最为熟知的 Keep、开心运动、每日瑜伽、咕咚、悦跑圈等为主，并且这类运动 App 的用户量已经超 5 000 万。本次调查研究显示，500 名学生中选择使用微信运动的人数较多，达到了 318 人，占比为 63.6%，这主要是因为微信运动是一种以微信 App 为基础衍生的小程序，学生微信好友人数较多，每日的步数在排行榜上展示，能够满足学生的虚荣感。对应用商店中的运动 App 调查排行显示，Keep 是应用人数最多的运动 App，有 320 人，占比为 64.0%；咕咚、悦跑圈选择人数也较多，分别为 83 人和 42 人，占比分别为 16.6%、8.4%。因为下载途径不一样，且各种运动 App 的功能模块存在明显的区别，这种全新的锻炼模式深受高校学生的欢迎。

(二) 大学生使用的运动 App 的功能

现如今，我国境内运动 App 的数量和类型也变得越发多样，并且功能逐渐完善。大学生群体有效利用运动 App 的功能，能够提升个人的身体素质。本次调查研究结果显示，在运动 App 的各种功能中，使用人数排在前三位的功能分别是计步、运动计划和视频指导，分别有 401 人、316 人和 298 人，占比分别为 80.2%、63.2% 和 59.6%。从这些数据看来，大部分学生只是想单纯利用运动 App 中的记录功能，确保能够在每天的好友列表中展示个人的排名，在经过几次锻炼之后便会形成相应的运动计划，逐渐实现既定的目标。同时，学生也能够利用视频教学对个人的锻炼动作进行指导，通过锻炼感知个人的动作、发力和呼吸，从而为自己参与体育运动提供指引。

(三) 大学生了解运动 App 的途径

近年来，大学生的课余时间明显增多，大学生也成为智能手机使用的主要群体，能够快速了解互联网上出现的各种新型事物。总体来看，本次调查研究发现，高校学生了解运动 App 信息的主要途径是微信、QQ 这类社交平台的推广，人数有 243 人，占比为 48.6%。亲友介绍也是学生了解运动 App 的有效途径，人数为 198 人，占比为 39.6%。通过手机应用商城推荐和其他途径了解运动 App 的人数分别为 65 人、33 人，占比分别为 13.0%、6.6%。通过学生分享运动 App 使用之后的感受可以发现，目前已有的运动 App 的学习内容较为丰富，得到了受众的喜爱和肯定，并且能够在亲友群体中广泛渗透；运动 App 能够为目标用户带来多样化的体育服务，满足不同层次使用者的锻炼需求。

(四) 运动 App 使用前后的身体素质数据分析

在本次调查研究中，为了客观反映运动 App 在学生身体素质提升方面的重要作用以及提出相应的对策，选择使用体能训练和运动 App 参与运动监测的方法，教师根据学生的身体素质针对体能锻炼内容进行调整，并利用手环和运动 App 对学生的运动时长、热量消耗进行监测。为了全方位彰显运动 App 在大学生身体素质提升方面的效果，在填写完调查问卷之后，结合已有的大学生体质测试标准针对 500 名研究对象开展体质测试工作。从单一项目来看，男、女群体存在明显的区别。男生的体质测试内容包括肺活量、坐位体前屈、引体向上以及1 000米跑，女生则是将1 000米跑换成了800米跑，主要涉及力量、耐力、柔韧性等多个方面的内容，最后由教师针对身体素质存在差异的学生提供针对性的指导。研究发现，学生的体质测试总体成绩有所提高，尤其是男生1 000米跑和女生800米跑的测试情况达标率达到了92%。

三、大学生利用运动App提升身体素质存在的问题

通过本次调查研究发现，大学生对于运动App的了解程度较高，并且能够熟练地使用其中的各项功能，整体的体测达标率有所提高。但实际上，学生身体素质提升不够明显，参与体育活动的频率较低，体育课程的内容从小学一直延伸到大学，导致学生缺乏参与体育运动的积极性和主动性，运动App的普及能够针对这一现象提出相应的策略。总体来看，大学生在利用运动App提高个人身体素质的过程中存在以下问题。

（一）现有运动App的功效无法满足学生的体质监测需求

通过本次调查研究发现，学生在利用运动App提高个人身体素质的过程中，主要是针对个人的运动量进行监测，或者将其作为学生课后完成运动打卡的主要记录方法以及工具。运动App虽然能够从某种程度上满足学生在课堂学习以及课后活动中有关运动训练和监测方面的要求，但无法进行全面监测，只能在规定的时间内反映学生的打卡运动量和消耗量，无法对不同运动强度下的学生运动量和消耗量进行监测。此外，因为男女群体的身体素质存在明显的差异，运动消耗也存在不同，系统只能够给出一个定性的运动评价。故此，在客观评价学生的运动量、促进学生运动能力发展方面，利用运动强度进行监测的方法依旧存在一定的问题。

（二）运动App无法针对学生的体质数据提供锻炼意见

在大学体育课教学工作中，学生能够根据教师提出的指导意见进行科学的锻炼，如果技术动作不正确，也能够得到教师的纠正，这是学生形成良好运动习惯的主要方法。利用运动App开展课后锻炼虽然可以充分发挥学生个人的主观能动性，但技术动作是否规范、标准并未得到客观、公正的评价，也缺乏相应的指导，学生只能依赖自己对于动作的理解进行学习、锻炼。如此一来，学生在课后锻炼的过程中，在跑步姿势、呼吸方

法、肌肉配合等方面就会出现错误。如果学生的技术动作学习不到位，很容易出现肌肉酸痛、扭伤等运动损伤，使得学生对于自主训练产生畏惧心理。由此不难发现，学生利用运动 App 参与体育教学或者训练无法得到专业的指导意见是面临的主要问题，使得学生对于利用运动 App 提高个人身体素质的态度存在明显的不确定性。

(三) 运动 App 的内容和高校体育锻炼的需求存在差距

现如今，高校体育教师都是利用大学生体质测试对学生的体质健康水平进行评价，一般都是利用分数认定学生的健康级别。我国现行的大学生体质测试从力量、柔韧、耐力、弹跳、速度等多个方面对大学生的体质健康标准提出要求。运动 App 设置的课程内容以有氧运动、柔韧运动和耐力运动为主，但对于耐力运动的训练只是进行数据监测，缺乏相应的指导性内容，并且对于其他方面的锻炼内容指向不够明确，学生只能够结合个人的兴趣爱好选择内容，无法从身体素质提升的层面出发选择相应的锻炼方式。由此可见，运动 App 的内容与高校体育锻炼的实际需求之间存在明显的差距。

四、大学生如何利用运动 App 提高个人的身体素质

(一) 校方结合专业力量开发设计、宣传针对性运动 App

本次调查研究结果显示，学生在生活中对运动 App 了解和应用频率较高，并且对于运动 App 中的各种功能模块认知较为全面。但实际上，因为运动 App 在内容和类型方面存在一定的不足，其只能够满足学生日常体育锻炼的需求，对于学生的身体素质提升而言，作用发挥相对有限。故此，高等院校需要以本校学生的体育锻炼需求为基础，综合考虑不同阶段的教学内容要求，与所处区域的专业软件开发企业合作开发具备院校特色的运动 App，以便为教师的课堂教学、学生的课后锻炼提供相应的支持。为了保障大学生能够利用校内开发的运动 App 参与课堂教学和课后锻炼，结合身体素质的变化获得专业的指导，校方也可以利用微信公众号平台以及体育教师宣传的方法，向学生普及校内开发的专业化运动 App，告知校内运动 App 在身体数据监测、教师指导方面的具体作用，确保学生能够从内心深处接纳学校开发的运动 App，并将其作为身体素质提高的主要途径。

（二）由教师结合运动 App 数据提供专业指导

学生的身体素质提升与其掌握正确的锻炼方法有着密切的联系。现如今，运动 App 设计的内容较为丰富，但其一般都采用视频录播的方式推送内容，学生只能够使用监测和模仿的方法参与体育锻炼，动作的具体完成情况和运动强度都是学生根据个人的体能自行决定的。如此一来，学生便会根据运动需求适当降低运动量，设备的监测和指导作用发挥有限。校方需要结合自行开发的专业 App，针对课堂教学以及课后活动中的使用状况收集数据，确保体育教师能够对学生的日常运动训练内容和锻炼提供必要的指导，并根据系统后台反馈的不同学生的运动以及身体素质数据，结合相应的教学内容，为学生提供课间、课中和课后的针对性辅导，使学生能够在完成课堂学习任务的同时积极参与运动训练，提高参与运动训练的热情，形成终身体育锻炼的意识，为身体素质提升奠定坚实的基础。

（三）借由运动 App 推荐趣味性运动项目

目前大学生通常都是利用运动 App 中的训练计划、数据统计以及记录等多项功能，对个人的体育锻炼状况直观地进行记录，其中的众多功能尚未被学生全面挖掘、使用。学校可以利用运动 App 开发相应的团体趣味项目，帮助学生在参与各种趣味性竞赛的过程中参与体育锻炼，避免对学生的心理情绪产生负面影响，同时也能够持续丰富学生的课余生活。以学生小时候最为熟悉的丢沙包、跳绳这类体育运动为例，可以利用视频、图片的方法在社交平台上进行展示，引导学生参与这些活动，强化对于体育价值的理解，促进学生体育行为的发展。同时，校方定期开展的篮球、排球和拔河这类趣味性比赛也能够持续提高学生对于体育活动的参与感，逐渐改变学生对于体育训练的态度。

（四）利用可穿戴设备帮助学生养成良好的运动习惯

随着运动 App 的不断普及推广，诸多厂商针对运动 App 研发了相应的可穿戴设备。这类可穿戴设备具有明显的实效性，通常会对学生的心率、血压、血氧饱和度等基础信息进行监测，已成为学生日常生活中应用较为频繁的电子设备。校方在开发专业运动 App 并由教师提供体育锻炼指导之后，需要学生利用可穿戴设备，在参与体育活动的过程中针对个人的基础身体素质进行记录。学生根据一段时间内身体指标的变化情况，积极参与有氧运动和器械运动，配合教师的指导，逐渐掌握正确的运动锻炼方法，养成良好的运动锻炼习惯，提高自身的身体素质。

五、结语

本次调查研究结果显示，虽然学生对于运动 App 及其运动模块了解较为深刻，并且能够从多种角度记录、提升身体素质，但学生的身体素质水平未能得到明显的提升，运动 App 的相关内容与学生的体质监测和体育教学需求存在一定的差距。对此，高校要开发具有院校特色的运动 App，由体育教师根据数据变化提供专业的指导，或者提供各种趣味性运动项目，配合可穿戴设备引导学生逐渐形成良好的运动习惯，最终提高学生的身体素质。

参考文献

[1] 胡浩然. 新冠疫情背景下运动 APP 对西南大学大学生体育行为的影响 [D]. 重庆：西南大学，2022.

[2] 吴凤彬，江海潮. 运动 APP 对大学生健康素养体育锻炼行为和身体素质的影响 [J]. 中国学校卫生，2022，43（3）：390-394.

[3] 陈红梅. 新媒体时代下运动 APP 与大学生体育健身融合发展的研究 [D]. 上海：上海体育学院，2021.

[4] 韩炜. 运动 APP 对西北师大学生体育行为的影响研究 [D]. 兰州：西北师范大学，2021.

[5] 张俊娜. 运动 APP 对大学生锻炼意识提升影响研究 [J]. 体育科技文献通报，2021，29（1）：111-112，115.

[6] 顾德平. 运动 APP 在上海财经大学课外体育活动中应用效果的研究 [D]. 上海：上海体育学院，2020.

[7] 陈宇，贺依晗，叶圣丽，等. 运动世界校园 APP 对大学生身心素质影响的研究：以河南科技大学为例 [J]. 运动精品，2019，38（10）：97-99.

基于可穿戴技术的大学生身体活动与体质健康关联研究*

刘威 雷燕 王思盈 祖佳薇 夏宇航 戴剑松**

【摘 要】本研究以南京体育学院非体育专业普通大学生为研究对象，基于可穿戴技术研究大学生身体活动与体质健康，并对二者进行关联研究。研究结果显示：大学生中高强度活动较少，久坐时间较长。大三学生身体活动量锐减，体质健康状况随年级增长而下降。身体活动量越多，体质健康状况越好。

【关键词】可穿戴技术；大学生；身体活动；体质健康

身体活动量不足已经被世界卫生组织确定为 21 世纪人类最大的公共卫生问题。低体力活动被认为是超重肥胖率上升的重要原因之一，并被确定为全球死亡率升高的重大危险因素。研究表明，低体力活动水平与肥胖、收缩压和舒张压、高血压以及代谢综合征等心血管风险因素息息相关。上述种种

---

* 大学生创新创业训练计划项目；2022 年省级一般项目——基于多模态测量技术的大学生健康行为研究。

** 刘威，南京体育学院运动健康学院在读本科生；雷燕，南京体育学院运动健康学院在读本科生；王思盈，南京体育学院运动健康学院在读本科生；祖佳薇，南京体育学院运动健康学院在读本科生；夏宇航，南京体育学院运动健康学院在读本科生；戴剑松，南京体育学院运动健康学院教师，副教授。

研究表明了低体力活动水平的严重危害。然而在大学生群体中，低体力活动水平问题严峻。研究显示，华中师范大学大一新生中仅有18.3%的学生达到每日75分钟的中高强度国家身体活动推荐量。对江苏省8所院校共7 298名在校大二、大三学生身体活动进行的调查发现，大学生身体活动量明显不足。据统计，只有38%的大学生规律地参加活动，20%的大学生规律参加中等活动，大约有一半的大学生毕业后体力活动减少。更糟糕的是，久坐这种生活方式正在使高校大学生体质逐年下降。目前国内外的各种研究表明了当前大学生的身体活动情况，大多都采用问卷形式，如国际体力活动问卷（IPAQ）或者根据IPAQ改编的自编问卷，但很少利用比较前沿的可穿戴测量技术，而可穿戴测量技术也较少应用于大学生运动学与生理学研究。本研究旨在运用可穿戴测量技术得到更加精确的有关大学生身体活动水平的数据。

《"健康中国2030"规划纲要》指出要制订并实施青少年体质健康干预计划。《国家学生体质健康标准》鼓励青少年积极参与体育锻炼。然而大学生的体质健康状况不容乐观。2019年全国学生体质与健康调研结果显示，大学生整体身体素质自1985年起持续下降。张涵等（2022）的调查显示，郑州大学本科2018级普通学生身体素质测试结果较差。肥胖作为体质健康的一部分，在大学生群体中问题亦尤为突出。为全面提高大学生体质健康，践行《"健康中国2030"规划纲要》，需要研究大学生体质健康现状，进一步将身体活动水平与体质健康进行关联研究，为大学生提高身体活动水平继而促进体质健康提供依据。

一、研究对象与研究方法

（一）研究对象

实验对象为106名南京体育学院非体育专业普通大一、大二、大三学生。其中，大一学生43名，大二学生27名，大三学生36名；男生49名，女生57名。采用可穿戴测量技术以及体质测试结果，对受试者身体活动量以及体质状况进行调查研究。最终运动手环有效样本数据为106人，有效率为100%。体质测试结果的有效样本数据为98人，有效率为92.45%，其中，男生46名，女生52名。测试流程及细节均提前告知受试者，并取得同意后进行测试。受试者须无重大病史。受试者基本情况如表1所示。

表 1 受试者基本情况

	大一	大二	大三
身高（厘米）	167.38±8.61	169.17±8.11	170.10±9.91
体重（千克）	64.08±15.50	70.27±17.82	63.75±12.96
BMI（千克/米^2）	22.64±3.92	24.40±5.17	21.86±2.99

（二）研究方法

1. 身体活动测量方法

为 106 名受试者发放华为运动手环 6，规定连续佩戴两周，同时要求运动手环佩戴在受试者手腕部。实验期间受试者需保持正常的生活方式，在项目成员提醒下每天晚上通过测试专用 App（基于可穿戴技术监控下的身体活动研究）上传数据至华为 Research 平台，华为 Research 平台会储存所有受试者数据。通过华为 Research 平台下载心率、步数等数据，输出为每分钟心率与步数等，最终导入 JMP 统计软件。一天中获取受试者数据超过 1 200 分钟，即佩戴超过 20 小时为有效数据，在此基础上进行统计分析。

2. 体质测试方法

根据国家学生体质健康标准测试学生身高、体重、肺活量、立定跳远、坐位体前屈、1 000 米跑/800 米跑、50 米跑等指标，所有测试均由经过培训的研究人员进行。在完成身体活动测量的一周之内，完成学生体质测试。体质测试结果由项目组从学校方面获取。根据 2014 年制定的《国家学生体质健康标准》，从各方面按分值及等级评价学生的体质状况。

3. 数据统计方法

应用 JMP 统计软件进行统计分析。采用均数±标准差（$\bar{X}±SD$）对各变量进行描述表示，运用单因素方差分析法分析受试者不同年级体质指标差异情况。采用两样本均数 t 检验，分析受试者学习日与双休日身体活动差异情况，以及男女之间体质指标差异情况和身体活动差异情况。显著性水平以 $P<0.05$ 为具有显著性差异。

二、结果

（一）身体活动情况

本次调研通过手环的计步功能对平日和周末的步数进行了监测。按照国际身体活动指南的一般要求，青少年每天至少参加 60 分钟高强度身体活动。在本研究中，将心率在 100 次/分以下定义为静坐行为（不包括睡眠），心率 100~129 次/分定义为低强度运动，心率 130 次/分及以上定义为中高强度运动。本次调研通过手环的心率监测功能对不同强度身体活动时间进行了监测，主要结果如下：

如表 2 所示，经两样本均数 t 检验，低强度运动和静坐活动不同性别之间无统计学差异（$P>0.05$），而男生的中高强度运动及总步数都远远高于女生（$P<0.05$），说明女生身体活动量较男生少，女生应该加大身体活动量。

表 2 不同强度身体活动及总步数的不同性别之间比较

	男	女
低强度（分）	115±102	117±89
中高强度（分）	22±31*	15±25
静坐（时）	12.73±1.39	12.50±1.20
总步数（步）	8 845±5 193*	7 299±4 834

注：*表示差异具有统计学意义（$P<0.05$）。

如表 3 所示，经单因素方差分析，不同年级之间中高强度活动、总步数以及静坐时间无统计学差异（$P>0.05$），而低强度活动三个年级存在统计学差异。经进一步两两检验，大三年级低强度活动低于大二年级（$P<0.05$），说明大三年级学生身体活动量较低，应该加大身体活动量，减少久坐时间。

表 3 不同强度身体活动及总步数的不同年级之间比较

	大一	大二	大三
低强度（分）	123±100	133±104	97±75*
中高强度（分）	18±29	19±29	16±25
静坐（时）	12.42±1.30	12.45±1.41	12.92±1.15
总步数（步）	7 745±4 789	8 189±5 889	7 839±4 535

注：*表示大三与大二差异具有统计学意义（$P<0.05$）。

如表 4 所示，无论是学习日还是休息日，都存在高强度运动不达标的情况，双休日尤其明显。身体活动量不足，会直接导致静坐时间过长。经两样本均数 t 检验，对比学习日男女运动强度，发现男生中高强度运动时间及总步数都要高于女生（$P<0.05$）。对比周末男女活动强度，发现女生与男生在低强度、中高强度、静坐以及总步数方面的差异均无统计学意义（$P>0.05$）。但可以看出在低强度活动方面虽无显著性差异，女生仍大于男生。

表4 各种活动强度学习日和周末步数情况不同性别对比

	男		女	
	学习日	周末	学习日	周末
低强度（分）	118±70	121±94	110±54	134±75
中高强度（分）	23±16*	19±22	15±11	16±21
静坐（时）	12.68±1.67	12.82±2.55	12.57±1.43	12.35±1.68
总步数（步）	9 005±2 861*	8 821±5 444	7 136±1 915	7 945±4 868

注：*表示学习日男女生差异具有统计学意义。

（二）体质健康状况

大学生身体活动水平在一定程度上影响了大学生体质测试结果，因而大学生体质测试结果可以有效反映大学生身体活动水平。大学生体质测试内容包括800米跑/1 000米跑、50米跑、立定跳远、坐位体前屈以及肺活量等。

如表5所示，经单因素方差分析，不同年级之间坐位体前屈有明显差异（$P=0.030\ 1$），大二年级在三个年级中坐位体前屈评分最低。不同年级之间立定跳远无明显差异（$P=0.622\ 9$）。不同年级之间50米跑评分有明显差异（$P=0.002\ 5$），大一到大三50米跑评分呈下降趋势。不同年级800米跑/1 000米跑评分有明显差异（$P=0.039\ 6$），大一到大三800米跑/1 000米跑评分呈下降趋势，大三年级在三个年级中评分最低。不同年级间肺活量有明显差异（$P=0.003\ 4$），大一肺活量在三个年级中最小，大三肺活量在三个年级中最大，大一到大三肺活量呈上升趋势。BMI（身体质量指数，简称"体质指数"或"体重指数"，英文为Body Mass Index）是体重（千克）除以身高（米）的平方所得到的商。不同年级之间BMI无明显差异（$P=0.065\ 3$）。不同年级之间总分无明显差异（$P=0.082\ 4$）。在体质测试总分等级优秀良好率方面，三个年级优秀良好率均较低，不同年级中体质优秀良好的受试者只占少数，大三年级优秀良好率最低。

表5 不同年级体质健康对比

	大一	大二	大三
坐位体前屈（厘米）	17.87±6.56*	13.81±5.52	15.42±5.76
立定跳远（厘米）	193.12±36.14	193.70±39.45	200.94±35.12
50米跑评分	78.50±11.37	77.61±12.33	64.67±25.80[#@]
800米跑/1 000米跑评分	62.76±17.59	60.35±15.46	52.00±20.80[#]
肺活量（毫升）	3 388.05±833.26	3 848.13±1 020.94	3 971.55±968.15[#]
BMI（千克/米^2）	22.64±3.92	24.40±5.17	21.86±2.99
总分	74.28±8.26	73.17±8.17	69.74±9.75
优秀良好率（%）	28.57	26.09	18.18

注：*表示大一与大二差异具有统计学意义（$P<0.05$），#表示大三与大一差异具有统计学意义（$P<0.05$），@表示大三与大二差异具有统计学意义（$P<0.05$）。

如表6所示，经两样本均数t检验，不同性别之间坐位体前屈有明显差异（$P<0.000\ 1$），女性坐位体前屈成绩明显好于男性。不同性别之间立定跳远有明显差异（$P<0.000\ 1$），男生立定跳远成绩明显好于女生。不同性别之间50米跑评分有明显差异（$P=0.001\ 9$），男生50米跑成绩明显好于女生。在800米跑/1 000米跑方面，男生整体处于不及格水平，表明男生的心肺耐力较差。不同性别之间肺活量有显著差异（$P<0.000\ 1$），男生肺活量显著高于女生。不同性别之间BMI有明显差异（$P=0.000\ 3$），男生BMI明显高于女生，且男生BMI处于略微超重范围。不同性别之间总分有明显差异（$P=0.041\ 7$），女生总分明显高于男生，说明女生体质更加健康。在体质测试总分等级优秀良好率方面，男生和女生优秀良好率均较低，不同性别中体质良好优秀的受试者只占少数，男生相对于女生优秀良好率较低。

表6 不同性别体质健康对比

	男	女
坐位体前屈（厘米）	13.52±5.18*	18.37±6.23
立定跳远（厘米）	228.16±21.74*	166.73±15.68
50米跑评分	79.56±18.85*	68.00±16.80

续表

	男	女
800米跑/1 000米跑评分	54.76±21.18	61.46±15.79
肺活量（毫升）	4 494.07±704.51*	2 983.44±451.11
BMI（千克/米^2）	24.31±4.51*	21.45±3.06
总分	70.55±10.13*	74.21±7.35
优秀良好率（%）	23.91	25.00

注：*表示男女生之间差异具有统计学意义（$P<0.05$）。

如表7所示，在BMI方面，男生超重肥胖率较高，而女生存在体重过低率较高的问题。在肺活量方面，男生肺活量良好率和优秀率均高于女生，女生大多只在及格水平。在50米跑方面，男生的良好率和优秀率均高于女生，女生大多处于及格水平。在坐位体前屈方面，女生的良好率和优秀率均高于男生，男生大多只在及格水平，且男生存在一部分不及格人群。在立定跳远方面，男生优秀率高于女生，女生良好率高于男生，男女生及格率和不及格率无明显差异。男生1 000米跑不及格率高达42.22%且无人达到优秀水平，良好率也仅有2.22%。女生800米跑不及格率达25%，大部分（65.38%）处于及格水平，良好率与优秀率较低。男生引体向上不及格率高达60%，优秀率仅为8.89%且良好率为0%。女生1分钟仰卧起坐绝大部分（84.62%）处于及格水平，良好率与优秀率较低。在体测总分方面，男生优秀率为0%，即无人达到优秀。而女生仅有1.92%的优秀率。男女生体测总分大部分处于及格水平。

表7 体质测试单项指标各等级情况   单位：%

	性别	优秀（正常）	良好（低体重）	及格（超重）	不及格（肥胖）
BMI	男	54.36	4.35	23.91	17.39
	女	73.09	11.53	11.53	3.84
肺活量	男	33.33	33.33	31.11	2.22
	女	23.08	21.15	55.77	0
50米跑	男	28.89	17.78	48.89	4.44
	女	1.92	15.38	76.92	5.77

续表

	性别	优秀（正常）	良好（低体重）	及格（超重）	不及格（肥胖）
坐位体前屈	男	2.22	20.00	73.33	4.44
	女	23.08	26.92	50.00	0
立定跳远	男	6.67	11.11	66.67	15.56
	女	1.92	19.32	65.38	13.46
1 000米跑（男）/800米跑（女）	男	0	2.22	55.56	42.22
	女	1.92	7.69	65.38	25.00
引体向上（男）/1分钟仰卧起坐（女）	男	8.89	0	31.11	60.00
	女	9.62	5.77	84.62	0
总分	男	0	22.22	66.67	11.11
	女	1.92	23.08	73.08	1.92

如表8所示，经两样本均数 t 检验，在体测总分方面，超重肥胖的学生体测总分要明显低于体重正常的学生，差异具有统计学意义（$P<0.000\ 1$）。超重肥胖的女大学生体测总分要明显低于体重正常的女大学生（$P=0.000\ 6$）。这说明超重肥胖对体测总分有影响，对体质健康有负面作用。

表8 超重肥胖与体重正常学生体测成绩差异

		超重肥胖	体重正常
总分	男	66.86±8.43	72.40±10.75
	女	66.31±7.62*	75.65±6.40
	总体	66.7±8.06*	74.5±8.27

注：*表示差异具有统计学意义（$P<0.05$）。

如表9所示，根据BMI水平的不同，可将体重分为体重正常（$18.5 \leqslant BMI<24$）、超重（$24 \leqslant BMI<28$）以及肥胖（$BMI \geqslant 28$）。经单因素方差分析，不同BMI水平大学生低强度活动存在统计学差异，经进一步两两检验发现，肥胖大学生的低强度活动大于体重正常大学生，差异具有统计学意义（$P<0.05$）。肥胖大学生的低强度活动大于超重大学生，差异具有统计学意义（$P<0.05$）。体重正常大学生、超重大学生以及肥胖大学生之间中高强度活动无明显差异（$P>0.05$）。体重正常大学生、超重大学生以及肥胖大学生之间静坐时间无明显差异（$P>0.05$）。体重正常大学生、超重大学生以及肥胖大学生之间总步数无明显差异（$P>0.05$）。

表9 不同BMI水平大学生身体活动情况

	正常	超重	肥胖
低强度活动（分）	108.91±55.60	113.22±59.68	178.54±58.13 *#
中高强度活动（分）	15.40±10.82	22.09±11.78	24.85±19.06
静坐时间（时）	13.23±1.34	11.94±1.30	12.65±1.29
总步数（步）	7 927.89±2 855.19	8 118.69±2 685.96	7 147.01±3 294.18

注：*表示肥胖大学生与体重正常大学生差异具有统计学意义（$P<0.05$）；#表示肥胖大学生与超重大学生差异具有统计学意义（$P<0.05$）。

如表10所示，将大学生每日平均步数分为大于等于1万步和小于1万步。经两样本均数t检验，在体测总分方面，步数≥1万步大学生体测总分大于步数<1万步大学生，差异具有统计学意义（$P<0.05$）。步数≥1万步大学生肺活量大于步数<1万步大学生，差异具有统计学意义（$P<0.05$）。步数≥1万步大学生50米跑评分大于步数<1万步大学生，差异具有统计学意义（$P<0.05$）。步数≥1万步大学生立定跳远评分大于步数<1万步大学生，差异具有统计学意义（$P<0.05$）。步数≥1万步大学生和步数<1万步大学生在坐位体前屈评分方面差异无统计学意义。

表10 不同步数水平大学生体质健康情况

	步数≥1万步	步数<1万步
体测总分	76.02±7.75 *	71.43±8.87
肺活量（毫升）	4 307.47±861.99 *	3 519.29±898.60
50米跑评分	83.16±9.87 *	70.97±19.48
立定跳远评分	75.68±12.23 *	65.44±15.42
坐位体前屈评分	74.84±16.13	76.54±10.88

注：*表示步数≥1万步大学生与步数<1万步大学生差异具有统计学意义（$P<0.05$）。

三、讨论

（一）身体活动情况分析

由表3可知，大三年级低强度活动减少，身体活动量明显下降。这与江玉娟取得的南宁市大三学生身体活动量显著低于大一、大二学生的研究结果一致。究其原因，可能是大三年级课业量以及升学就业压力增加。中高强度身体活动（MVPA）被认为是促进身体健康的有效运动强度，MVPA 的推荐量为 60 分/天。然而，无论是学习日还是周末，男女大学生的中高强度活动都远远未达到此标准。因而男女大学生无法从中获得有效的健康促进。在不同性别中，男生中高强度活动量大于女生，步数大于女生，总体身体活动量比女生多，这与王正伦等人取得的南京市 2 000 多名大学生中男生一天相应活动时间多于女生的研究结果相似。这说明男生相比女生可能运动得更加频繁，男生更加热爱运动，而女生生性偏静，体育活动可能参与得不够频繁。但女大学生在周末的低强度活动多于男大学生，这可能与女生周末喜欢逛街购物有关。国外学者研究发现久坐行为同样影响身体健康，同时，现在主流观点认为久坐行为对健康的危害是极大的，是再久的体育锻炼活动也无法弥补的。而本研究中，无论大一、大二还是大三学生，久坐时间都在 12 小时左右，这值得学生本身以及学校关注，要尽可能减少久坐时间。

（二）体质健康状况分析

由表 5 至表 7 可知，体质测试的整体优秀良好率较低，距离《"健康中国 2030"规划纲要》要求的"2030 年我国学生体质健康达标优秀率要达到 25%以上"还有较大差距。在一些体质测试项目上（如 1 000 米跑），甚至出现了优秀率为 0%的现象，说明大学生在这一项目上较为薄弱，心肺耐力存在较大的问题。而女生在 50 米跑测试中优秀率极低以及男生在引体向上测试中不及格率极高，说明大学生在爆发力以及肌肉力量方面较为薄弱。这都说明了大学生体质还有待进一步提升。从总体来看，大三年级体质健康状况最差。同时，优秀良好率随年级增长而下滑，体测诸项数据亦随年级增长呈下滑趋势。这与刘磊取得的大三健康水平呈下降趋势，专业课程日趋繁重，导致学生开始出现久坐、身体活动不足的研究结果相似。而不同性别相比，女生的 BMI 以及体测成绩整体好于男生，说明女生整体体质健康状况比男生好。男生超重肥胖率较高，可能是由静坐少动的生活方式以及饮食等因素所致。而女生存在体重过低率较高的问题，这同样需要引起重视。究其原因，可能是因为女性注重饮食控制体重，过分追求身材。通过超重肥胖学生与 BMI 正常学生体测成绩比较发现，BMI 正常的学生体测成绩要显著高于超重肥胖学生，可能是由于 BMI 正常的学生经常参与体育锻炼。这提示大学生要保持良好的身体形态来促进自身健康水平的提高。

（三）身体活动水平与体质健康关联分析

身体活动在体重以及体脂控制中起着非常重要的作用，身体活动会增加能量消耗，影响机体代谢率和体内的脂肪分布。研究表明，青少年在中高强度身体活动中花费更长的时间，达到健康健身区中身体成分、耐力素质、力量素质、柔韧素质标准的可能性就更高，提高体质健康的可能性就更高。因而可以认为，身体活动尤其是中高强度身体活动是与体质健康密切相关的。然而大学生的中高强度身体活动远未达到每天推荐量60分钟。对不同步数水平的大学生体测成绩的比较发现，步数大于等于1万步的大学生，体测总分更高，肺活量更高，50米跑及立定跳远成绩更好。这充分说明身体活动与体质健康间存在密切关联。每天走更多步，身体活动量更多的大学生体质更加健康。每日步数多的人群BMI普遍偏低，属于体重正常；而每日步数相对较少的人群BMI普遍偏高，属于超重肥胖。通过实验数据可以知道BMI正常的大学生身体活动量都偏大，身体活动量是影响BMI的重要因素。将BMI水平不同的大学生区分为体重正常、超重以及肥胖，可以发现肥胖大学生的低强度活动时间更长。合理推测为肥胖大学生有迫切的减肥需要，因而加大身体活动量有希望达到减肥的目的。赵苏妙等对超重女大学生的调查研究发现，将近65%的超重女生每天久坐时间超过了10小时，而本研究中，无论是体重正常、超重还是肥胖人群，每天久坐时间都在12小时左右。在对不同BMI水平与久坐时间的关联中发现不同BMI水平与久坐时间的关联无统计学意义，这可能与一些BMI水平的大学生群体过少有关。总而言之，身体活动量的增加，可以提高体测成绩，提升体质健康水平。

四、结论

第一，大学生中高强度活动存在活动不足的情况，女生比男生身体活动量小，学习日比周末身体活动量小，无论哪个年级，久坐时间都在12小时左右，需要引起重视，同时大三年级低强度活动量减少，身体活动量锐减。

第二，大学生体质测试优秀良好率较低，体测诸项数据随年级增长呈下滑趋势，男生在1 000米跑测试中无人达到优秀水平，男生在引体向上测试中不及格率极高，且在多项测试中大学生多处于及格水平，大学生在心肺耐力、爆发力以及肌肉力量方面存在较大问题。大学生体质健康状况较差，超重肥胖率较高。

第三，大学生中高强度身体活动远未达到每日推荐量60分钟，不能有效促进体质健康。超重肥胖学生存在为减肥而增加低强度活动，增加身体活动量的现象。同时，步数增加，身体活动量升高，可以提高多项体质测试的成绩，继而提高体质测试总分，提升体质健康水平。

参考文献

[1] 丁理浩，陈嘉成．大学新生身体活动现状的调查：以华中师范大学为例 [J]．湖北体育科技，2020，39（6）：554-557．

[2] 孙倩茹．江苏省大学生膳食营养与身体活动的现状分析：应用GIS的初步研究 [D]．南京：南京体育学院，2019．

[3] 朱佳华，周志雄．高校大学生久坐少动行为现状的研究综述 [J]．产业与科技论坛，2020，19（12）：112-113．

[4] 张涵，陈展，卓聪．郑州大学学生体质健康现状分析 [J]．文体用品与科技，2022（16）：53-55．

[5] 宋杰，郭涛．体质健康目标下肥胖大学生的体育干预研究 [J]．山东体育科技，2022，44（6）：68-72．

[6] 汤强．从"六科会"看我国近期体质研究 [J]．体育与科学，2001（1）．

[7] 江玉娟．南宁市本科大学生身体活动与学习倦怠的相关性研究 [D]．南宁：广西民族大学，2022．

[8] 黄玉鑫，戴剑松，徐凯．基于加速度传感器技术的中学生日常身体活动的研究 [J]．南京体育学院学报（自然科学版），2015，14（3）：18-22，57．

[9] 王正伦，孙飙，戴剑松．大学生体质与体力活动的相关分析和研究 [J]．武汉体育学院学报，2006（12）：67-72．

[10] 章慧珍，林家仕，陈建明．成年人体力活动、久坐行为与体质健康关系研究 [J]．体育科学研究，2021，25（2）：

54-62.

[11] 刘磊. 身体活动水平对大学生全人健康的影响研究 [J]. 体育科学研究, 2022, 26 (1): 49-54.

[12] 张磊. 青少年身体活动、久坐行为与体质健康关系的实证研究 [J]. 广州体育学院学报, 2019, 39 (3): 101-104.

[13] 赵苏妙, 杨亚琴, 亓昕. 超重女大学生久坐行为和饮食模式现状及干预对策 [J]. 当代体育科技, 2022, 12 (29): 11-14.

[14] TROST S G, BLAIR S N, KHAN K M. Physical inactivity remains the greatest public health problem of the 21st century: evidence, improved methods and solutions using the "7 investments that work" as a framework [J]. British journal of sports medicine, 2014, 48 (3): 169-170.

[15] KILPATRICK M, HEBERT E, BARTHOLOMEW J. College students' motivation for physical activity: differentiating men's and women's motives for sport participation and exercise [J]. Journal of American college health, 2005, 54 (2): 87-94.

自编操运动处方对大学生久坐人群骨盆前倾的干预效果研究

杨咏琪*

【摘　要】 本研究主要运用实验法对 16 名骨盆前倾的大学生进行为期 8 周的运动处方干预，根据训练强度的要求每周进行 4~5 次的锻炼，每次锻炼 5~7 组，并在干预结束后 2 周进行回访。对比实验前后各节点的骨盆前倾角、臀部肌力、腹部力量、腰椎活动度、托马斯测试的数据，结果显示，8 周的自编操训练后，受试者的骨盆前倾角有所下降，臀部和腹部肌力有所提高，腰椎柔韧性提高，托马斯测试阴性比例上升，受试者的核心区健康状况有所改善。该运动处方在一定程度上改善了大学生久坐人群的骨盆前倾，能够帮助骨盆周围的肌肉恢复其解剖功能，让骨盆保持中立位。

【关键词】 运动处方；久坐人群；骨盆前倾

一、引言

《"健康中国 2030"规划纲要》《全民健身计划（2021—2025 年）》等

---

* 杨咏琪，上海大学在读硕士研究生。

多个文件都指出，要将体育和医疗康复相结合，将体育锻炼和一些慢性病的治疗相结合，要加强体医融合和非医疗健康干预，积极推广运动处方，建立针对不同人群、不同身体状况的运动处方库。大学生在其个体特征、不良生活方式、锻炼意识淡薄等因素的影响下逐渐形成了久坐的生活习惯，成为典型的久坐人群。相关研究表明，久坐对人体的危害是方方面面的，最先体现在人体姿态上，最常见的就是会造成骨盆前倾。骨盆形态是否正常直接影响着人们的生活质量，久坐会导致骨盆周围的肌肉和韧带失衡，骨盆前侧所受的拉力大于骨盆后侧，导致骨盆偏离中立位向前倾斜，重度骨盆前倾甚至会压迫内脏，造成便秘、月经不调等症状。运动处方是改善大学生体质状况的有效手段。开展运动处方的相关研究，对完善我国运动处方库、促进健康中国的实现有重要意义。

二、文献回顾

（一）运动处方

"运动处方"一词最早由美国学者卡波维奇提出，1969 年被世界卫生组织使用后，运动处方开始在全球流行起来。运动处方是根据个人的性别、年龄、运动能力、健康问题等，通过处方的方式规定锻炼者的运动形式，从而达到提高个人健康水平的目的。

运动处方在我国的发展受国家政策的影响。2016 年《"健康中国2030"规划纲要》的出台，很大程度上促进了我国运动处方的研究。同时在"健康中国"背景下，人们逐渐认识到运动的重要性，越来越多的人开始参与体育锻炼，这就需要学者不断完善运动处方库，让人们在锻炼时取得更好的效果。目前我国运动处方的制定与实施水平不够完善，无法满足各类人群对运动处方的需求。有学者研究统计了国内外的研究热点：国内当前的研究热点为体医融合，国外的研究则更关注身体活动、对照实验、康复、生活方式干预、久坐行为等。从全球看，我国关于运动处方的研究起步较晚，不够深入全面，和国外还有较大差距。目前，运动处方在大学生群体中的运用还不完善，大部分是增强大学生体质健康的运动处方，对于骨盆前倾的关注较少。在大学生轻度骨盆前倾时，通过运动纠正大学生不正确的体态，就能有效避免后期手术介入治疗。针对久坐大学生这一细化人群骨盆前倾问题设计的自编操运动处方，也是体医融合的一次良好实践。

（二）骨盆前倾

正常情况下，站立时人体髂前上棘与髂后上棘在一条水平线上，但受多种因素影响，髂前上棘与髂后上棘连线与水平线存在一定夹角。受男女生理结构差异影响，男性夹角在 0~5 度可视为正常，女性夹角在 5~15 度为正常，前倾夹角大于 15 度则视为骨盆前倾。骨盆前倾的诱因有许多：长期重复一个动作或保持同一个姿态，如以不正确的姿态久坐；身体姿态稳定性改变，如女性长期穿高跟鞋、男性大腹便便；运动不当也会导致骨盆前倾，过分锻炼腹部而忽视下背部的锻炼，导致核心区前后肌肉力量悬殊；还有可能是先天性的骨盆前倾。针对不同原因导致的骨盆前倾需采用不同的运动处方。本运动处方主要针对久坐导致的骨盆前倾，对于其他原因导致的骨盆前倾有一定的效果。

骨盆前倾的干预手段多为力量训练，着重训练骨盆周围较为薄弱的肌肉来对骨盆前倾进行干预；还有一些学者采用功能性训练或柔韧性训练来改善骨盆前倾。对于病理性的骨盆前倾问题，医学研究者采用专业的医学手段进行干预。实验证明，这些干预手段对改善骨盆前倾都有一定的效果，但都是针对某一块或几块肌肉，缺乏整体性。在已有的研究中，干预人群多为少年儿童，对于大学生人群骨盆前倾问题的关注较少。本次自编操运动处方的设计针对骨盆周围的主要肌肉，力求全面改善骨盆周围的肌肉状况，让这部分大学生恢复到正常体态。

三、研究对象与研究方法

（一）研究对象

本文以自编操运动处方对大学生久坐人群骨盆前倾的干预效果为研究对象。

研究首先通过问卷筛选出符合条件的自测有骨盆前倾的大学生久坐人群。问卷采用自编问卷的方式，参考了体育锻炼等级量表。本次调查共回收有效问卷 149 份。根据问卷填写的结果，将每天久坐超过 6 个小时、自测有骨盆前倾且不主动参与体育锻炼的人群定为本次实验的初筛对象。

根据问卷筛选出37名骨盆前倾的大学生，随后对这37名学生进行体态评估筛选。采用体态评估的侧面观，标准的人体体态侧面观为：耳垂、肩峰、股骨大转子、膝关节腓骨小头前部和踝关节外踝前部在一条直线上。受试者需穿着紧身的服饰，露出腹部，眼睛目视前方，腰背自然挺直，双手自然垂于身体两侧，双脚并拢，脚尖朝前。检查员在受试者侧面拍照。使用PS等图片处理软件，在照片中标记出髂前上棘和髂后上棘，髂前上棘和髂后上棘应在同一水平线上或髂后上棘稍高于髂前上棘，如男生髂后上棘高于髂前上棘5度以上，女生高于15度以上，则判定为有骨盆前倾，最后选取16名自愿参加实验的大学生（基本信息见表1）。

表1 受试者基本信息

性别	人数	身高（厘米）	体重（千克）	年龄（岁）	骨盆前倾角度（度）
男	4	176.25±3.50	68.50±3.12	22.00±0.82	10.98±1.15
女	12	168.06±7.80	59.69±8.95	21.33±1.37	21.06±1.81

（二）研究方法

1. 文献资料法

通过输入"久坐""大学生""骨盆前倾""运动处方"等关键词，在中国知网、万方数据知识服务平台、谷歌学术、学校图书馆等网站查阅相关文献，了解世界前沿的研究热点和成果。

2. 专家访谈法

通过访问运动解剖、运动训练、运动处方等相关方面的教授，对该处方的科学性和可行性进行了解，以确保本次实验能达到预期的目标和效果。

3. 问卷法

设计了针对大学生群体的问卷，共回收有效问卷149份。通过问卷筛选出属于久坐人群的大学生，通过问卷的形式让学生进行自测来调查其是否有骨盆前倾的问题。

4. 实验法

进行为期8周的运动处方干预实验。在实验前两周、实验中、实验后两周这三个阶段对受试者的骨盆前倾角、臀部肌力指数、腹部力量指数、腰椎活动度、托马斯测试进行记录。

5. 数理统计法

运用 SPSS 26.0 对实验前后各个时间节点所获得的骨盆前倾角、臀部肌力指数、MMT 臀部测试指数、腹部肌力及肌耐力指数、腰椎活动度、托马斯测试等数据进行单因素重复测量方差分析，得出实验结果。

四、运动处方设计

运动处方设计主要包括 6 个部分：频率、强度、持续时间、运动类型、运动总量、运动进阶。在制定运动处方时需遵循以下原则：安全性、科学性、有效性、个体化、全面性。在遵循以上原则的同时结合运动解剖、运动生理、运动训练等理论设计处方。该处方主要的运动方式是功能性训练和瑜伽运动相结合。在处方中设计了 8 个动作，其中有 5 个增强肌力的动作，3 个增强柔韧性的动作（见表2）。在实验前两周，处方中的跳跃性动作采用踏步式。两周后，受试者如果适应运动强度，则可进行跳跃式动作的尝试。除了动作本身的强度设计，还通过控制完成的组数和组间间隔时间来调整强度。运动时间每次 40 分钟，每周运动 4~5 次。

表2 动作设计原理

动作名称	锻炼部位	改善方式	提高指数
站立提膝	股直肌、腹直肌、臀大肌、斜方肌	加强肌力	腹部力量
站立对角卷腹	腹直肌、腹外斜肌、股直肌、臀大肌	加强肌力	腹部力量
深蹲箭步蹲	臀大肌、髂腰肌、股直肌、竖脊肌、腹直肌	加强肌力	臀部力量
直腿悬空上摆	臀大肌、腘绳肌、竖脊肌	加强肌力	臀部力量
单腿绕膝半蹲	臀大肌、股直肌、腘绳肌、腹直肌、竖脊肌	加强肌力	臀部力量
鸵鸟式	竖脊肌、腘绳肌	拉伸牵引	腰椎活动度
下犬式	腘绳肌、小腿肌群、臀大肌、背阔肌	拉伸牵引	腰椎活动度
战士一式	髂腰肌、股直肌、臀中肌、腹直肌	拉伸牵引	托马斯测试

该运动处方不需要借助任何器材装备，对场地也没有限制，仅需运动者穿着宽松的服装和合脚舒适的运动鞋。8 个动作简单易学，针对久坐导致的骨盆前倾"量身定做"，能有效强化因久坐而肌力退化的肌群，精准拉伸因久坐而僵硬的肌群。让骨盆周围的肌肉肌力保持平衡，从而让我们

的骨盆恢复到正确的解剖学位置。同时，还能调整人身体的整体姿态，具有一定的美学意义。

五、评价指标

（一）骨盆前倾角

受试者穿着紧身的服饰，露出腹部，双眼目视前方，腰背部自然挺直，双手自然下垂，双脚并拢，脚尖朝前。测试员在受试者侧面拍照。运用图片处理软件，标记出髂前上棘和髂后上棘，在髂前上棘处做一条水平线，再做一条连接髂前上棘和髂后上棘的直线，测量两条直线之间的夹角的度数（见表3）。

表3 受试者实验前骨盆前倾角结果

性别	人数	平均数（度）	标准差
男	4	10.975	1.150
女	12	21.067	1.809

（二）臀部肌力

臀部肌力是骨盆能否保持中立位的重要指标，臀部肌力的提升可以帮助骨盆保持中立位，臀部肌力测试主要测试臀大肌的肌肉力量。受试者呈俯卧位趴在理疗床上，主要工具为皮尺。受试者小腿垂直于地面，大腿和小腿之间保持直角。臀部发力，尽力将大腿抬离床面，保持3秒以上。注意在抬的过程中两膝盖收紧，不要向外扩展。用皮尺测量膝盖到床面之间的距离，测量3次，取平均值（见表4）。

表4 受试者实验前臀部肌力结果

性别	人数	平均数（米）	标准差
男	4	6.150	0.719
女	12	4.483	1.239

为了确保实验的严谨，臀部肌力除了采用以上方式测量侧面说明肌力问题，还采用徒手肌力检查（MMT）。受试者俯卧屈膝，伸髋10~15度，

测试者在大腿远端施加阻力，根据肌力评价标准给出结果（见表5）。

表5 受试者实验前MMT测试结果

性别	人数	平均数（度）	标准差
男	4	4.875	0.250
女	12	4.542	0.144

（三）腹部肌力与肌耐力

受试者保持仰卧起坐姿势，背部与地面夹角为55度，两侧屈髋屈膝，大腿和小腿之间夹角为90度；两侧手臂交叉放于胸前且手置于对侧肩部；足部由测试者固定。保持等长收缩姿势，当受试者无法坚持或背部下降时，停止计时，并记录时间（见表6）。

表6 受试者实验前腹部肌力与肌耐力结果

性别	人数	平均数（秒）	标准差
男	4	95.750	9.811
女	12	52.080	12.738

（四）腰椎柔韧性

腰椎柔韧性测试采用坐位体前屈测量，受试者坐在垫子上，两腿伸直，脚尖可以自然分开踩在测量计平板上。保持双臂包括手指绷紧，双手掌心向下相靠，上半身尽力前屈，用两只手的中指去轻轻推动标尺上的游标，使游标尽可能地远，直到手臂不能继续前伸为止。注意不能做突然下振动作，且在推动游标的过程中膝盖不能弯曲。测试3次，取平均值（见表7）。坐位体前屈指数越大，表明腰椎柔韧性越好。

表7 受试者实验前腰椎柔韧性结果

性别	人数	平均数（厘米）	标准差
男	4	-0.750	2.500
女	12	5.170	7.043

（五）托马斯测试

受试者仰卧在床上，在确保腰椎与床面完全贴合的同时最大限度地弯曲双膝，注意避免骨盆向后倾斜，然后受试者将测试侧肢体向下放平，同时对侧髋关节和膝关节仍保持最大屈曲以稳定骨盆。如果受试者在背部贴紧桌面的情况下大腿无法与床面平行，则说明该实验为阳性。实验前托马斯测试结果见表8。通过托马斯测试可以观察受试者髂腰肌以及股四头肌紧张程度。长期久坐会让髂腰肌和股四头肌处于紧张状态，这也是造成骨盆前倾问题的原因之一。托马斯测试结果分为阴性和阳性，为了方便统计，我们将阳性赋值为1，阴性为0，分别测试左右两侧。

表8 受试者实验前托马斯测试结果

性别	n	平均数	标准差
男	4	1.75	0.500
女	12	1.17	0.835

六、结果

将实验前后各个时间节点所获得的骨盆前倾角、臀部肌力、MMT臀部测试、腹部肌力及肌耐力、腰椎柔韧性、托马斯测试等数据进行记录。在SPSS中运用探索性分析得出骨盆前倾角、臀部肌力、腹部肌力及肌耐力、腰椎柔韧性四个指标符合正态分布（见表9）。运用SPSS 26.0对实验中各节点的数据进行单因素重复测量方差分析，结果（见表10）显示，实验前和实验后骨盆前倾角、臀部肌力、腹部肌力及肌耐力、腰椎柔韧性都存在显著性差异（$P<0.001$）。

表9 各测试指标正态分布情况

项目	性别	统计	自由度	显著性
骨盆前倾角	男	0.997	4	0.989
	女	0.961	12	0.797
臀部肌力	男	0.828	4	0.163
	女	0.873	12	0.071
MMT臀部测试	男	0.630	4	0.001
	女	0.327	12	0.000
腹部肌力及肌耐力	男	0.327	4	0.787
	女	0.961	12	0.079

续表

项目	性别	统计	自由度	显著性
腰椎柔韧性	男	0.877	4	0.911
	女	0.982	12	0.728
托马斯测试	男	0.956	4	0.001
	女	0.630	12	0.010

表10 重复测量方差检验

项目	自由度	F	显著性	偏 Eta 平方
骨盆前倾角	1.792	184.291	0.000	0.929
臀部肌力	2.425	183.767	0.000	0.929
腹部肌力及肌耐力	2.792	184.971	0.000	0.930
腰椎柔韧性	2.576	183.633	0.000	0.929

在8周的自编操训练后，受试者的骨盆前倾角有所下降，臀部和腹部肌力有所提高，腰椎柔韧性提高，托马斯测试阴性比例上升，受试者的核心区健康状况有所改善。8周的运动干预在一定程度上改善了大学生久坐人群的骨盆前倾状况，能够帮助骨盆周围的肌肉恢复其解剖功能，让骨盆保持中立位。本次运动处方实验为矫正大学生骨盆前倾问题量身定做，具备科学性和健身性，能够有效改善骨盆前倾状况。实验结束后有所反弹，说明我们需要继续健康教育，促使受试者养成定期运动的习惯，培养他们终身运动的意识。

七、讨论

近年来，运动处方作为体医融合的手段对慢性病的显著疗效已被认可，它能有效预防心血管疾病、癌症、常见慢性病、肥胖、骨质疏松症等。我国运动处方研究从1980年开始萌芽，2001年以后国内研究成果数量迅速增多，学者在国内外期刊上发表的论文数量逐年上升。同时，运动处方研究领域相关的多项课题获国家社会科学基金、国家自然科学基金等资助，这很大程度上促进了我国运动处方的研究。现如今研究人群更加细化，干预手段多重结合是我国运动处方前沿的研究热点。

随着研究的深入，久坐这一现象引起了人们的重视。久坐会对人体的心肺功能产生不良的影响，提高心肺疾病的发病率。同时，久坐会减慢血液循环，导致胸腔供血不足，从而进一步造成心肺功能的下降。久坐且坐姿不正确，会让我们的髂腰肌、股直肌、竖脊肌等屈髋、伸腰的肌群长期处于紧张的状态，进而增加肌肉的张力，而臀大肌、腹直肌、腘绳肌等伸髋、屈腰的肌群长期处于被拉伸的状态会弱化这些肌肉的解剖功能。骨盆周围的肌肉和韧带失衡，骨盆前侧所受的拉力大于骨盆后侧就会导致骨盆偏离中立位向前倾斜，这就造成了骨盆前倾。大学生受其个体特点的影响，需要长时间坐着。久坐在大学生人群中成为普遍现象。本文针对久坐大学生这一细化人群，在设计运动处方的过程中，将力量性训练和瑜伽运动多重结合，通过8周的实验，有效改善了受试者的骨盆前倾状况。

（一）不足

本次实验只统计了干预结束后2周的数据，可以更深入地收集干预结束后4周、6周的数据，观察本次实验效果的保持情况。受实验经费的影响，在实验设计和开展方面还存在着一些不足，如臀部肌力若采用拉力计测量，所得结果将更精准。在本次实验的样本选择上，女生12人，男生4人，男生样本较小，可以扩大样本进行更深入的研究，以增强实验结果的说服力。实验过程中，对于每个受试者本套操的完成程度要求不够严格，导致最后的干预结果没有成功地让每个受试者的骨盆前倾角回到正常范围；对于少数受试者骨盆前倾角未能恢复到正常区间内，需考虑天生骨盆前倾问题或者运动不当等其他原因导致的骨盆前倾。

（二）建议

首先，体育教师在上课时要充分调动学生的积极性，鼓励学生积极参与体育运动；其他教师要加强对久坐问题的认识，课前提醒学生采用正确的坐姿，课间鼓励学生多起身活动，其次，学校要加大对学生健康教育的宣传力度，开设健康教育的选修或必修课程，从根本上改变学生对久坐的认识，促进他们养成终身锻炼的意识；同时，定期开展有关健康方面热点话题的讲座，让学生了解正确的健康知识。最后，推动家、校、社协同联动，加强政策支持，拓展体育资源，丰富赛事活动，打造以家庭体育为基础、学校体育为中心、社区体育为延伸和补充的立体发展模式，促进家庭、学校、社区的资源共享和优势互补，形成合力，共同促进大学生体质健康水平的提升。

参考文献

[1] 刘若江,张翔.运动处方对大学心理健康的干预作用研究分析[J].当代体育科技,2022,12(2):5-9.

[2] 龚丽景,高镐,陈晓可,等.全球运动处方研究热点、发展趋势与启示：基于CiteSpace V的分析[J].北京体育大学学报,2021,44(5):21-33.

[3] 幸仁凡.中外运动处方研究的文献计量与可视化分析[D].赣州：赣南师范大学,2021.

[4] 门洪学,杨传铎,吕德芳,等.骨盆倾斜的外科治疗[J].中华外科杂志,1983(12):752-753,774.

[5] 朱小棠,杨利,黎德聪.浅谈骨盆前倾[J].世界最新医学信息文摘,2020,20(72).

[6] 王浩然.办公室人群瑜伽体式的创编模式与实验研究[D].重庆：西南大学,2017.

[7] 孙驰宇,梁辰.2010—2020年慢性病运动处方相关研究的可视化分析[J].当代体育科技,2022,12(19):145-150,165.

[8] 江蔚苇.运动处方对大学生体质健康的影响研究[J].普洱学院学报,2022,38(3):46-48.

[9] 邹港嘉,吴俊芳,李桥兴.基于CiteSpace的国内运动处方领域研究述评[J].体育科技,2022,43(3):18-21,24.

[10] 贺池斓,井宏颖,魏铭一.不同疾病运动处方的应用研究进展[J].文体用品与科技,2022(12):58-60.

[11] 温英英,王云涛.不同静坐时间人群身体成分特征及体育锻炼的影响分析[J].体育科技,2020,41(5):19-21.

[12] 李子荣.骨盆倾斜的病因与治疗[J].中华外科杂志,1988(4):244-246.

[13] 谷梦云.矫正小学生骨盆倾斜运动干预方案的研制与应用[D].北京：北京体育大学,2019.

[14] 杨传铎,杨洪,高春华,等.盆下型骨盆倾斜的分型与治

疗［J］．中国矫形外科杂志，2005（11）：828-830．

[15] 管培琪，李建设，顾耀东．久坐姿态对人体健康影响的研究进展［J］．浙江体育科学，2017，39（5）：98-101，112．

[16] 廖顺建．弹力带抗阻训练对办公久坐人群功能性运动能力的影响研究［J］．吉林体育学院学报，2020，36（3）：43-48．

[17] 朱佳华，周志雄．高校大学生久坐少动行为现状的研究综述［J］．产业与科技论坛，2020，19（12）：112-113．

[18] 邓成龙．武医融合视域下八卦掌锻炼对久坐人群疼痛症状的影响研究［D］．北京：首都体育学院，2021．

[19] 田宇豪，黄思洁，孙梓彦，等．髂腰肌训练对改善骨盆前倾的效果研究［J］．当代体育科技，2021，11（33）：32-35．

[20] 李永超．不同运动干预方案对女性A型下交叉综合征干预效果的研究［D］．北京：北京体育大学，2019．

[21] 赵娜，万凯．腘绳肌训练纠正骨盆前倾疗效观察［J］．临床医学，2013，33（11）：97．